국어 보조용언 구성 연구

국어 보조용언 구성 연구

호 광 수

도서출판 역락

머리말

　　이 책은 저자의 박사학위 논문인 "국어 보조용언 구성 연구"(1999)를 수정 보완한 것이다. 제2장 의미론적 특성, 제3장 통사론적 특성, 제4장 문법화 과정은 학위논문의 큰 틀을 유지하면서 그 동안 연구한 성과들을 보충하고 수정하여 담았고, 제5장 '싶다' 구성의 통사·의미 특성은 국어문학 35집(2000)에 발표했던 "'싶다' 구성의 통사·의미 특징과 연결소"를 보완하여 덧붙인 것이다.

　　저자가 보조용언이란 주제에 관심을 둔 것이 1992년도 석사논문을 준비하면서부터니까 햇수로는 10년이 넘은 셈이다. 그 동안 자료를 수집하고 비슷한 주제로 짤막한 논문들을 학회지에 발표하면서 나름대로 맺은 첫 결실이 박사학위 논문이었다. 그러나 너무도 빠르게 변화하는 학계의 분위기 속에서 세상에 내 놓는 것이 두려워 오랫동안 출판을 망설여 왔다. 그러다가 그 동안의 생각들을 정리하고 다듬어 검토의 시간을 새롭게 갖자는 뜻으로 이 책의 출판을 결심하게 되었다. 아울러 이 책이 세상에 태어나도록 직접 동기부여를 주신 분은 고영근 교수님이시다. 저자의 학위 논문의 심사위원장을 맡아 주셨던 교수님은 최근 초청강연을 위해 광주에 오셨을 때 학위 논문이 아직 책으로 출판되지 않고 있음을 안타까워하시면서 친히 출판사를 소개해 주시고, 또 이대현 사장님께 직접 연락까지 해 주셨다.

　　이 책에 보조용언과 관련된 모든 내용을 망라해서 담고 싶었으나 우선 '보다'에 집중을 하였다. 보조용언 '보다'는 아주 다양한 구성과 의미를 보여 준다. 보조용언 '보다' 구성은 선행용언과의 결합에서 보조용언 구성이 갖는 거의 대부분의 유형을 보여 주고 있기 때문에 통사적·의미적·화용적 특성을 고찰한다면 다른 보조용언들의 특성을 규명하는 데 큰 기여를 할 것이라 믿었다. 그리하여 제2장에서는 보조용언 '보다' 구성의 유형을 의미를 중심으로 분류하였다. 자립적인 서술 기능으로 의미의 주된 담당 요소가 되는 본용언과는 달리 보조용언은 양상 의미의 주된 담당 요소가 되지 못한다. 또한 연결어미와 결합한 보조용언 구성과 종결어미와 결합한 보조용언 구성은 양상 의미의 담당 요소를 각각 다르게 설정하여야 한다.

제3장에서는 제2장에서 유형별로 분류한 보조용언 '보다' 구성들의 다양한 통사적 특징을 다루고 있다. 보조용언 구성의 각 유형들이 보여 주는 통사적 특징은 1차적으로 '의미'로 말미암아 발생된다. 여기에서는 주어의 실현 양상과 논항 구조의 문제를 비롯하여 어미의 분포 양상, 선행용언의 생산성과 주어의 의지, 대용 양상, 부정 표현의 제약, 그리고 연결소의 역할과 통사 구조 등을 다룬다.

제4장은 보조용언 '보다' 구성의 역사적 변천 과정을 통해 인간의 심리적 현상이 다양하게 표현되는 과정을 살피고 있다. 보조용언 중에는 현대 국어에서만 그 쓰임의 용례가 발견되는 것도 있으나, 중세 국어 자료에서 부터 발견되는 것들도 있다. 보조용언은 주로 심리적인 차원에서 의미의 첨가가 이루어지기 때문에 문어 중심의 국어사 자료에서 심리 표현의 다양한 용례를 구하기란 쉽지 않지만, 각 시대의 텍스트 자료를 통해서 보조용언의 변천 과정을 살피는 것은 의의가 있다고 본다. 이 장에서는 문법화의 발전 단계, 의미 추상화 과정의 공시적인 고찰, '보다' 구성에 대한 통시적 고찰 등을 다룬다.

제5장은 보조용언 '싶다' 구성을 다루고 있다. '싶다'는 본용언에 뿌리를 두지 못하고 본래부터 보조용언으로만 쓰이는 형태이나 보조용언 중 '하다' 구성 다음으로 다양한 모습을 보이는 유형이다. 그러므로 다양한 구성과 의미를 보여 주는 '싶다' 구성의 의미와 연결소의 역할을 고찰하고, 각 구성의 통사적 특징을 규명한다.

저자는 실증적인 연구가 이루어질 수 있도록 하기 위해 소설과 같은 텍스트에서 예문을 가져오는 데 심혈을 기울였다. 또한 이 책의 내용 가운데 많은 부분은 선행 연구의 도움이 없었다면 불가능했을 것이다. 그럼에도 여전히 부족한 것은 저자의 한계라 아니할 수 없다. 다만 시간을 두고 충분히 보완할 것을 약속한다. 아울러 선배 동학들의 애정 어린 질정을 기대한다.

이 책이 나오기까지 너무도 많은 분들의 도움을 받았다. 먼저 최재희 교수님께서는 학부 과정부터 저자가 국어학에 눈을 뜨도록 해 주셨고, 석사와 박사 과정 때는 논문의 지도교수로서 학문하는 사람의 태도가 어떠해야 하는지를 몸소 보여 주시면서 끊임없는 사랑을 베풀어 주셨다. 교수님의 자상한 지도가 없었다면 오늘과 같은 기쁨도 없었을 것이다. 고영근 교수님은 먼길을 마다하지 않으시고 광주까지 내려오셔서 제대로 된 논문이 되도록 큰 그림을 그려 주셨고, 그 후에도 지속적인 관심을 보여 주시는 분이시다. 또한 논문 작성과 심사 과정 내내 아낌없는 가르침과 지도로 부족함을 메워 주신 윤평현 교수님, 이성연 교수님, 강옥미 교수님께 특별히 감사의 말씀을 올린다.

학부 과정 때 지도 교수이셨던 지춘수 교수님은 정년 퇴임 후까지도 저자가 무던히 괴롭힘을 드린 분이다. 학문에 있어서만은 무척이나 꼼꼼하신 교수님은 저자의 논문을 자세히 읽으시고 함께 토론해 주셨다. 특히 중세나 근대 국어와 관련된 부분은 예문을 직접 찾아 주시고 확인에도 많은 노력을 해 주셨다. 공부하면서 직접 도움을 받았던 강희숙 선생님, 김재봉 선생님께도 고마운 뜻을 표한다. 국어학 분야는 아니지만 제자가 학문의 길에서 벗어나지 않도록 채찍과 격려를 주신 모든 스승님들께도 이 자리를 빌어 감사를 드린다. 이 책의 초고를 읽고 글을 다듬는 데 도움을 준 조경순, 천명은, 이명진 선생에게도 고마운 마음을 전한다. 아울러 우리문화사 최주호 사장님의 도움에 깊이 감사한다.

공부를 한다는 명목으로 가족들에게 많은 짐을 안겨 주었다. 부족한 자식을 변함없이 믿어 주신 부모님이 안 계셨다면 학문의 길에 들어서지도 못했을 것이다. 이 작은 책이 부모님께 약간이라도 위안거리가 되었으면 한다. 오랫동안 형제들의 인내와 희생이 없었다면 이 책은 나오지 못했을 것이다. 누나, 매형을 비롯해 큰 형님과 큰 형수님, 작은 형님과 작은 형수님 그리고 동생들과 매제들 모두에게 감사의 마음을 전한다. 언제나 한발 뒤에서 사위를 믿음으로 지켜봐 주시는 장인, 장모님께도 감사드린다. 아내는 저자의 가장 큰 후원자이다. 그 동안 크고 작은 어려움 속에서도 변함없는 믿음과 후원을 아끼지 않은 아내 정상효에게 이 책이 조그마한 위로라도 되었으면 한다. 두 아들 성철이와 성주는 저자의 청량 음료이다. 큰 아들 성철이는 아빠가 선생님이어서 자랑스럽단다. 작은아들 성주는 항상 아빠가 엄마보다도 더 좋단다. 엄마, 아빠 도움 없이도 자신의 일을 척척 잘 해 나가는 두 아들에게 고마움을 전한다.

이 책의 출판에 기꺼이 응해 주신 역락의 이대현 사장님과 까다로운 원고의 편집과 교정 작업에 정성을 다해서 깔끔한 책으로 만들어 주신 편집부 여러분께도 두루 감사드린다.

2003년 8월

호광수 씀

차 례

A	Aspect Role
Acc	Accusative Marker
Aux	Auxiliary Verb
Comp	Complementizer
E	Event Role
INFL	Inflectional Elements
K	Case Marker
M	Modality
NP	Noun Phrase
O	Object Case
P	Proposition
S	Sentence
SVC	Serial Verb Construction
V	Verb
V1	First Verb
V2	Second Verb
VP	Verb Phrase
x, y, z	Variables
가례	家禮諺解
경민	警民編諺解
구간	救急簡易方
구방	救急方諺解
금삼	金剛 般若波羅密多經 三家解
남명	南明集諺解
내훈	內訓
노번	飜譯老乞大
노해	老乞大諺解
능엄	楞嚴經諺解

동삼 ·· 東國新續三綱行實圖: 三綱
동속 ·· 東國新續三綱行實圖: 續三綱
동신 ·· 東國新續三綱行實圖
두해 ·· 杜詩諺解
목우 ·· 牧牛子修心訣
박번 ·· 飜譯朴通事
박해 ·· 朴通事諺解
번소 ·· 飜譯小學
법화 ·· 法華經諺解
벽신 ·· 辟瘟新方
분문 ·· 分門瘟疫易解方
삼강 ·· 三綱行實圖
석보 ·· 釋譜詳節
선사내훈 ·· 宣祖 內賜本 內訓
소해 ·· 小學諺解
속삼 ·· 續三綱行實圖
신합 ·· 新增類合
어해 ·· 語錄解
언두 ·· 諺解痘瘡集要
여범 ·· 女範
여훈 ·· 女訓諺解
역해 ·· 譯語類解
염초 ·· 新傳煮取焰硝諺解
용가 ·· 龍飛御天歌
월곡 ·· 月印千江之曲
월석 ·· 月印釋譜
자초 ·· 煮硝方諺解
첩신 ·· 捷解新語
화포 ·· 火砲式諺解
훈몽 ·· 訓蒙字會

제1장

서   론

1. 연구의 목적과 범위

이 연구는 국어의 보조용언 중에서 다양한 유형으로 나타나는 '보다' 구성의 전반적인 특성을 고찰함으로써 보조용언 구성 연구에 기여함을 목적으로 한다. 특히 소설과 같은 텍스트를 활용함으로써 실증적인 연구가 이루어지게 된다.

국어의 보조용언은 독립적인 서술어로서의 기능을 수행하지 못하고, 연결소와 함께 본용언 뒤에 위치하여 의미의 보조자 역할만을 수행하는 특징이 있다. 이러한 보조용언은 '싶다', '지다', '대다' 등과 같이 본래부터 보조용언으로만 쓰이는 것도 있으나, '보다', '버리다', '두다', '주다' 등과 같이 대부분은 본용언과 관련성을 가지고 있다.

보조용언 '보다'는 아주 다양한 구성과 의미를 보여 주기 때문에 통사적·의미적·화용적 특성을 고찰한다면 다른 보조용언의 특성을 규명하는 데 큰 기여를 할 것이라 예상된다. 왜냐 하면 보조용언 '보다' 구성이 선행 용언과의 결합에서 보조용언 구성이 갖는 거의 대부분의 유형을 보여 주고 있기 때문이다.

　　보조용언 구성은 본용언에 의미의 중심이 있다. 이것은 선·후행용언 모두에 의미의 중심이 있는 접속용언 구성이나 후행용언에 의미의 중심이 있는 합성용언 구성과 구별되는 특징이다.

　　보조용언 구성에서 보조용언을 본용언과 연결시켜 주는 장치로 연결소가 있다. 이 유형으로는 연결어미 계열, 종결어미 계열, [관형사형＋의존명사] 계열 등이 있다. 이들 중 가장 일반적인 유형은 연결어미 계열(특히 '-어/아, -게, -지, -고' 등)이고, 종결어미 계열('-나, -ㄴ(은,는)가, -(으)ㄹ까' 등)과 [관형사형＋의존명사] 계열('-ㄴ(은,는) 체, 척, 양, 듯, 성' 등)은 특수한 형태이다. 특히 [관형사형＋의존명사] 계열은 그 동안 많은 논란을 불러 일으켰던 것으로, 아직까지도 보조용언의 범주에 포함시키는 데 부정적인 견해들이 많이 있는 유형이다. 그러나 본고는 이들 유형도 모두 보조용언의 범주에 포함시켜 논의를 전개할 것이다.

　　종결어미 계열과 [관형사형＋의존명사] 계열은 연결어미 계열과 통사적 결합 양상이 다른 것들이다. 그러나 이들의 경우 기본적으로는 각자의 고유 기능, 즉 종결의 기능과 명사구 기능을 유지하고 있으나, 보조용언 구성에 쓰일 경우 문맥적으로 연결어미와 같은 기능을 하는 연결소의 문법 특성을 보여 주고 있다. 본고에서는 보조용언 구성의 연결소 중 보조용언 '보다' 구성을 생산하는 연결소를 중심으로 고찰할 것이나, 그 외 다른 유형의 연결소도 통합적인 연구 차원에서 부분적으로 다루게 될 것이다.

　　보조용언 구성은 [본용언＋연결소＋보조용언]의 구조로 이루어져 있다. 이들 세 가지 요소는 각각 독립적으로는 보조용언의 기능을 수행하지 못한다. 이들이 보충적인 의미를 나타내기 위해서는 서로 유기적인 결합이 이루어져야 하기 때문에 보조용언보다는 보조용언 구성이 더 적절하다. 한편 보조용언 구문은 위의 세 요소가 필수적으로 나타나야 한다. 그러나 보조용언의 의미를 제대로 표현하거나 해석하기 위해서는 이들 이외에 다른 문장 성분이나 상황들도 중요하다. 예를 들어, '나는 집에 가 보았다'라는 예문을 제시하고서 '보다'의 의미를 파악하라고 한다면, 본용언의 의미와 보조용언의 의미가 함께 나타나는 것으로 해석할 수 있을 것이다. 이렇게 되면 '보다'의 의미를 명확하게 규명하지 못하는 결과를 초래하게 된다.

그러므로 본 연구는 각 구성의 의미를 명확하게 파악할 수 있는 실증적인 예문인 문학 작품의 텍스트를 이용할 것이다.

2. 연구 방법

이 연구는 현대 국어의 공시적 연구를 중심으로 전개해 나가며, 역사적 변천의 규명이 필요한 경우(특히 문법화 연구)에 한정하여 통시적 연구를 병행해 나갈 것이다.

보조용언 구성은 형태 구조상 유사한 접속용언 구성이나 합성용언 구성과는 구별되는 통사적·의미적 특성을 가지고 있다. 따라서 보조용언 '보다' 구성의 특성을 분석함으로써 이들과의 차이를 규명할 수 있을 것이다. 보조용언이 통사적·의미적으로 독립적인 기능을 발휘하지는 못하지만 서술어임은 부인할 수 없다. 주어가 하나만 나타나는 주어 일치 구문에서는 서술 기능이 약하게 나타나지만, 보조용언과 호응하는 주어가 따로 있는 구문에서는 서술 기능이 강화되어 나타나기 때문이다.

본 연구에서는 보조용언 '보다' 구성에 대해 의미를 중심으로 분류하고, 각 유형의 문법적 특성을 규명한다. 보조용언 '보다' 구성은 1차적 의미에 따라 연결어미와 결합한 구성과 종결어미와 결합한 구성으로 나눌 수 있다. 이들을 다시 연결소를 기준으로 하위 분류하고, 각 유형의 특성을 고찰한다.

따라서 본 연구의 내용은 다음과 같이 전개된다.

제2장에서는 보조용언 '보다' 구성의 유형을 의미 중심으로 분류한다. 보조용언을 분류하는 중요한 요소는 의미이다. 의미에 따른 분류 과정에서 본용언과 보조용언으로 동시에 해석할 수 있는 구문이 있는데, 이러한 구문을 '중의적(重意的)'이라고 부를 수 있다. 이들이 중의적으로 보이는 이유 중의 하나는 이들 구문의 예가 단편적으로 제시되기 때문이다. 보조용언은 일반적으로 심리 현상을 표현하기 때문에 전후 문맥을 통해서만 그 의미

를 파악할 수 있다. 그런데 전후 상황을 살필 수 없는 예문이 제시되면 여러 가지로 해석이 가능한 중의적인 구문이 된다. 그러므로 보조용언의 의미를 제대로 파악하기 위해서는 완전한 것을 그 용례로 이용하는 것이 필요하다. 본 장에서는 중의적인 구문은 인정하지 않는 입장에서 논의를 전개해 나갈 것이다.

한편 자립적인 서술 기능으로 의미의 주된 담당 요소가 되는 본용언과는 달리 보조용언은 양상 의미의 주된 담당 요소가 되지 못하고 있다. 즉 보조용언 구성에서 양상 의미를 담당하는 요소는 명확하지가 않다는 것이다. 따라서 제2장 제2절에서는 연결어미와 결합한 보조용언 구성과 종결어미와 결합한 보조용언 구성이 양상 의미의 담당 요소를 각각 다르게 설정해야 함을 고찰하게 된다. 제2장 제3절에서는 보조용언의 생략에 따른 의미 전달력의 양상을 고찰한다. 이 절에서는 보조용언의 생략에 따라 나타날 수 있는 의미와 구조 변화의 유형을 변화가 없는 구문과 변화가 있는 구문으로 나누어 파악한다.

제3장에서는 제2장에서 유형별로 분류한 보조용언 '보다' 구성들의 다양한 통사적 특징을 살펴본다. 보조용언 구성의 각 유형들이 보여 주는 통사적 특징은 1차적으로 '의미'로 말미암아 발생된다. 여기에서는 주어의 실현 양상과 논항 구조의 문제를 비롯하여 어미의 분포 양상, 선행용언의 생산성과 주어의 의지, 대용 양상, 부정 표현의 제약, 그리고 연결소의 역할과 통사 구조 등을 다룬다. 특히 연결소의 역할과 통사 구조에서는 보조용언을 본용언과 결합시켜 주는 매개체인 연결소에 대해 살펴볼 것인데, 보조용언 구성에 참여하는 연결소는 접속용언 구성의 연결소와 그 기능이 다르기 때문에 독립적으로 다루기보다는 [연결소＋보조용언]을 함께 다루어야 한다는 것을 설명할 것이다. 또한 보조용언 구문의 통사 구조는 일률적으로 처리하기보다는 구문의 특성에 따라 다르게 보아야 한다는 것을 고찰하게 된다.

제4장에서는 보조용언 '보다' 구성의 역사적 변천 과정을 알아봄으로써 인간의 심리적 현상이 다양하게 표현되는 과정을 밝히고자 한다. 보조용언 중에는 현대 국어에서만 그 쓰임의 용례가 발견되는 것도 있으나, 중

세 국어 자료에서부터 발견되는 것들도 있다. 보조용언은 주로 심리적인 차원에서 의미의 첨가가 이루어지기 때문에 문어 중심의 국어사 자료에서 심리 표현의 다양한 용례를 구하기란 쉽지 않지만, 각 시대의 텍스트 자료를 통해서 보조용언의 변천 과정을 살피는 것은 의의가 있다고 본다. '보다'의 경우를 보더라도 중세 국어에서는 보조용언으로의 쓰임에 많은 제약이 있었으나, 점차 그 쓰임이 일반화되어 현대 국어에 이르러서는 매우 다양한 유형과 의미를 보여 주고 있다. 심리적 표현은 사회 현상과 깊은 관계가 있는데, 사회가 복잡해짐에 따라 표현의 방식도 다양해짐을 알 수 있다. 이 장에서는 문법화의 발전 단계, 의미 추상화 과정의 공시적인 고찰, '보다' 구성에 대한 통시적 고찰 등을 다룬다.

제5장은 보조용언 '싶다' 구성에 대한 고찰이다. '싶다'는 본용언에 뿌리를 두지 못하고 본래부터 보조용언으로만 쓰이는 형태이다. 그러나 보조용언 중 '하다' 구성 다음으로 다양한 모습을 보이는 유형이다. 그러므로 다양한 구성과 의미를 보여 주는 '싶다' 구성의 의미와 연결소의 역할을 고찰하고, 각 구성의 통사적 특징을 규명하게 된다.

보조용언 '싶다' 구성은 '희망'을 기본 의미로 하는 ① '-고 싶다' 구성과 ② '-면 싶다' 구성이 있고, '추측'을 기본 의미로 하는 ③ '듯 싶다' 구성, ④ '성 싶다' 구성, ⑤ '-다 싶다' 구성, ⑥ '-냐 싶다' 구성, ⑦ '-라 싶다' 구성, ⑧ '-랴 싶다' 구성, ⑨ '-지 싶다' 구성, ⑩ '-나 싶다' 구성, ⑪ '-ㄴ(은,는)가 싶다' 구성, ⑫ '-(ㄹ)려나 싶다' 구성, ⑬ '-(으)ㄹ까 싶다' 구성 등 모두 13 종류로 매우 다양한 모습을 보여 주고 있다. 그런데 이들 '희망'과 '추측'의 의미는 '싶다'에 의해 생성된다기보다는 선행하는 연결소에 의해 생성되는 것으로 보인다. 이것은 보조용언 구성의 연결소 중 가장 높은 생산력을 보이는 '-어/아'나 '-고'에서는 볼 수 없는 특징이다. 그러므로 본 장에서는 보조용언 '싶다' 구성에 참여하는 연결소들이 그들 구성의 의미에 어떤 영향을 주고 있는지 알아 본다. 논의의 순서는 먼저 보조용언 '싶다' 구성의 의미적 특징을 살피는데, '싶다' 구성의 의미에 대한 연결소의 역할을 중점적으로 다룬다. 다음으로는 각 '싶다' 구성의 통사적 특징을 고찰하는데, 주어 실현 양상, 어미 분포 양상, 선행용언의 선택 양상, 대용 양상, 부정 표현의 제약 양상 순으로 살핀다.

3. 선행 연구

국어의 보조용언에 대한 연구는 국어 문법 연구의 초창기부터 다양한 방법으로 활발하게 진행되어 오고 있다. 보조용언 연구에서 가장 활발하게 논의되어 왔던 것은 보조용언의 범주를 인정할 것이냐 하는 문제와 보조용언의 범주를 인정할 때 어떤 것까지 보조용언으로 할 것인가 하는 범위 설정의 문제, 그리고 보조용언 구성의 통사 구조에 관한 문제 등으로 나눌 수 있다.

먼저 보조용언의 범주 설정에 대한 논의는 보조용언을 독립된 범주로 인정하자는 부류와 인정하지 않으려는 부류로 나눌 수 있다. 보조용언을 독립 범주로 인정하자는 견해는 보조용언의 통사적·의미적 특성이 다른 문법 범주와 구분될 수 있다는 것으로 최현배(1937/1991), 김민수(1971), 권재일(1986), 김기혁(1986), 류시종(1994), 손세모돌(1996) 등에서 주장되고 있다.

이에 반해 보조용언의 범주를 인정하지 않으려는 견해는 다시 두 부류로 나누어진다. 하나는 보조용언을 선행용언과 후행용언이 하나로 결합되어 이루어진 합성용언 구성의 후행성분이라는 주장이고, 다른 하나는 보조용언을 상위문의 본용언으로 처리하려는 견해이다.[1]

본고는 보조용언의 범주를 인정하자는 입장이다. 보조용언은 접속용언 구성의 본용언과 달리 문장 내에서 중심적인 서술어 기능을 수행하지 못한다. 그리고 합성용언 구성과 달리 후행성분인 보조용언을 생략하더라도

---

1) 전자의 논의로는 서정수(1971), 양인석(1972), 손호민(1976), Abasolo(1977), 황병순(1986) 등이 있다. 이 견해가 타당하지 않음을 여러 곳에서 지적하고 있다(김영희 1993, 류시종 1994, 손세모돌 1996 등). 한편 후자의 논의로는 이홍배(1970), 양인석(1972), 남기심(1973), 박병수(1974), 임홍빈(1975), 서태룡(1979), 홍종선(1986) 등이 있다. 이 견해에 대한 장·단점을 김기혁(1986), 류시종(1994), 손세모돌(1996), 호광수(1996) 등에서 논의하고 있다.

문장의 기본 의미에는 영향을 주지 않는다. 이것은 보조용언이 다른 범주와 구별되는 특징이 있음을 보여 준다.[2]

한편 보조용언의 범위 설정과 관련한 선구적인 연구는 최현배(1937/1991)라 할 수 있다.[3] 최현배(1937/1991) 이후의 연구에서는 최현배(1937/1991)에서 인정하고 있는 용례들에 대해 일부를 제외시키려는 부류(손호민 1973, 서정수 1980, 유목상 1980, 허웅 1983, 김용석 1983, 이관규 1987 등)와 더 많은 용례들을 보조용언으로 포함시키려는 부류(김민수 1971, 권재일 1986, 류시종 1994 등)로 나눌 수 있다. 이들 중에서 류시종(1994)이 새롭게 보조용언의 범위 문제를 다루고 있다.

류시종(1994)은 원형 이론의 측면에서 접근하여 보조용언의 범주를 원형적인 예들과 주변적인 예들로 나누고 있다.[4] 류시종(1994)의 접근 방법은 일면 타당성을 지닌다. 엄격한 기준으로 보조용언을 분류할 수도 있겠지만, 그렇게 하기가 어려운 것도 많기 때문에 이것에 대한 해결 방안의 하나가 될 수 있다.

마지막으로, 보조용언 구성의 통사 구조를 보는 관점은 크게 세 가지로 나누어 볼 수 있다.

첫째, 본용언과 보조용언은 독립된 서술어로 기능하지 못한다는 견해로 최현배(1937), 김윤경(1948), 이희승(1949), 이숭녕(1956) 등이 있다.

---

2) 이들 세 구성 간의 구별되는 특징에 대해서는 김석득(1992), 김기혁(1986), 김영희 (1993) 등에서 다루고 있다.
3) 최현배(1937) 이전에 유길준(1909), 김규식(1909), 안확(1917), 이규방(1923) 등에서도 부분적인 연구가 이루어지고 있으나, 이들의 연구에서는 조사, 어미 등도 포함시키고 있어 개념 정립부터 제대로 되어 있지 않음을 알 수 있다. 한편 국어의 보조용언 은 Ridel(1881), Underwood(1890), Eckardt(1923) 등 서양인의 문법서에서도 다루고 있다.
4) 류시종(1994)은 이러한 원형과 주변의 예들을 하나의 범주로 묶어 주는 것은 어떤 필요·충분 조건의 자질에 의해서가 아니라 가족 유사성과 같은 특성에 의해 서로 관련을 가진다고 말하고, 보조용언의 범주와 이와 유사한 접속용언, 합성용언, 형식 용언 등의 범주 사이에는 어떤 필요·충분 조건의 자질들에 의한 명확한 경계가 존 재하는 것이 아니라, 서로 중복되는 일면들이 있어서 범주들 사이의 경계에 위치해 있는 언어 요소들이 있다고 하였다.

둘째, 보조용언 구문에서 보조용언은 선행용언에 의해 구성된 내포문을 이끄는 상위문의 본용언으로 처리하자는 견해이다. 이것은 다시 내포문을 동사구로 보려는 견해(양인석 1972, 남기심 1973, 박병수 1974, 서태룡 1979 등)와 명사구로 보려는 견해(이홍배 1970, 양인석 1972, 임홍빈 1975, 홍종선 1986 등)로 나누어진다.

셋째, 본용언과 보조용언이 형태·통사론적 구성을 하고 있다는 측면에서 접근하여(김석득 1986, 김기혁 1986) V_1과 V_2가 결합된 구성체를 VP와 V의 중간 층위인 $\bar{V}$로 설정하자는 견해가 있다(김기혁, 1986).

한편 위와 같은 기존의 접근 방법과는 달리 손세모돌(1996)은 보조용언은 문법 형태소들과 문장에서의 기능이 유사하기 때문에 시제나 상, 서법 등과 같은 자리에 위치해야 한다고 설명하고 있다.

본고는 보조용언 구성의 다양성을 인정하여 연결어미 계열의 연결소와 결합한 보조용언 구성은 단문으로 처리하고, 종결어미 계열의 연결소와 결합한 것은 복문으로 처리할 것을 제안한다. 이에 대한 구체적인 논의는 제3장 제6절에서 자세히 다루게 된다.

한편 보조용언의 개별적인 연구도 활발히 이루어져 왔는데, '보다' 이외의 연구로는 이기동(1977, 1978a,b, 1979a,b)을 비롯하여 김홍수(1983), 차현실(1984), 김선희(1984), 김종태(1986), 성낙수(1987, 1988), 김지은(1990), 최재희(1992), 김미영(1995) 등이 있다.

'보다'는 보조용언과 관련된 연구에서 거의 빠지지 않고 등장해 왔다. 보조용언 '보다'만을 단독으로 다루고 있는 연구로는 차현실(1983), 김청자(1983), 이상복(1986), 우형식(1986), 이기동(1988), 황병순(1989) 등이 있다. 이들은 대부분 의미적 측면에 중심을 두고 보조용언 '보다'의 특징을 규명하고 있다.[5]

---

5) 보조용언에 대한 연구를 의미론적 측면에서 접근하고 있는 것으로는 양태(modal) 표현으로 보는 입장과 상(aspect)의 표현으로 보는 입장이 있다. 전자의 연구로는 차현실(1983, 1984, 1986), 김용석(1983), 김선희(1984), 이관규(1986), 김미영(1989), 이기동(1993) 등이 있고, 후자의 연구로는 油谷幸利(1978, 1979), 송상목(1985), 옥태권(1988), 김성화(1990) 등이 있다.

먼저 차현실(1983)은 '보다'를 양상 조동사(modal auxiliary)[6]로 규정하고, 이들을 완형 보문 구조와 불완전 보문 구조로 나누어 통사·의미적 특성을 고찰하고 있다. 김청자(1983)는 보조용언 '보다'의 의미를 주로 다루고 있는 논문이다. 여기에서는 '보다'의 구문을 '-아 보다', '-ㄴ가 보다', '-(으)ㄹ까 보다'의 세 유형으로 나누어 설명하고 있다. 이상복(1986)은 '-어 보다' 구성을 중심으로 보조동사 '보다'의 의미와 통사적 특성을 다루고 있다. 그러나 이들 연구는 '보다' 구성의 다양한 유형과 의미를 제대로 파악하지 못하고 있다.

우형식(1986)은 본동사로서의 '보다'가 유정성을 띤 주체와 동작의 대상 또는 지각의 대상과 공기하는 동작적 지각동사라는 것에서 출발하고 있다. 이기동(1988)은 보조용언 '보다'의 의미를 내적 용법과 외적 용법으로 나누어 다루고 있다. 황병순(1989)은 '보다'를 감각동사와 행위동사라는 양상동사로 구분지어 이들의 특징을 설명하고 있다. 이들 연구는 주로 보조용언 '보다'의 의미 특성을 규명하고 있는데, 각 구성의 의미 특성에 대한 설명의 근거가 부족해 보인다. 본고는 '보다' 구성에서 나타날 수 있는 의미 유형과 각 유형의 특징을 제2장에서 자세히 다루게 된다.

한편 전반적인 보조용언의 연구로는 김기혁(1986), 손세모돌(1996), 김미영(1998) 등이 있다. 김기혁(1986)은 복합동사 구성이나 합성동사 구성과의 비교를 통해 보조동사의 통어적 특징을 고찰하고 있다. 손세모돌(1996)은 보조용언에 대한 연구 중 가장 광범위한 논의를 보여 주고 있다. 그러나 보조용언 '보다'에 대한 설명에서 [종결어미＋보조용언('보다, 싶다')]의 구조로 이루어진 것과 '-고 보다'의 유형을 보조용언에서 제외하고 있는데, 이에 대한 부당함은 뒤에서 다루게 된다. 김미영(1998)은 국어 보조용언의 접어화 과정을 통시적으로 규명하고 있다. 그러나 각 단계의 논거로 제시

---

6) 차현실(1983)은 양상 조동사에 대해 "본동사와 함께 사용되어 본동사가 나타내는 행위나 상태에 대하여 혹은 본동사가 통어(command)하는 문장 전체에 대하여 화자가 갖는 인식의 태도를 나타내는 조동사"라 정의하고 있다. 보조동사를 양상 조동사의 관점에서 접근하고 있는 연구로는 손호민(1976), 이기동(1976), 김용석(1983), 김선희(1984), 이관규(1986), 김미영(1989), 허철구(1991) 등이 있다.

하는 예문의 선정에 문제가 있음을 제4장에서 다룬다.

이상에서 보듯 보조용언에 대한 연구가 다양한 방법으로 꾸준히 이어져 오고 있음을 알 수 있다. 그러나 아직까지 해결되지 않고 있는 문제들이 있으며 깊이 있는 논의에 접근하지 못한 면들도 있다. 그러므로 본고는 선행 연구들을 바탕으로 하여 '보다' 구성을 중심으로 보조용언 구성의 다양한 특징을 규명하고자 한다.

제 2 장
의미론적 특성

1. 보조용언 '보다' 구성의 의미 양상

'보다'가 문맥에서 보조용언으로 기능하려면 1차적으로 [본용언＋연결소＋보조용언]의 구조를 갖추어야 한다. 이들 세 요소는 표현되는 의미에 따라 각각 적절한 요소들의 배치가 이루어진다. 가령 '시행'을 의미로 표현할 경우에는 선행용언으로 동작성 동사를, 연결소는 '-어/아'나 '-고' 등을 선택해야 하는 제약을 갖는다. 표현 의미가 '의지'일 경우에는 선행용언으로 동작성 동사만을 요구하고, 연결소는 '-(으)ㄹ까'만을, 그리고 보조용언의 종결 형태는 부정형인 '보다'로만 제약되는 특징을 보인다. 이와 같이 '보다'는 다양한 연결소와 결합하여 문맥에 따라 여러 가지 의미로 쓰이기 때문에 각각의 특징에 대한 면밀한 검토가 이루어져야 보조용언 '보다'의 의미를 제대로 파악할 수 있게 된다.

보조용언 '보다' 구성은 연결소에 따라 [연결어미＋보다] 구성과 [종결어미＋보다] 구성으로 나눌 수 있다. 이들 두 구성은 의미적 특성뿐만 아니라 통사적 특성에 있어서도 구별되는 면이 많이 나타나기 때문에 연결소가 이들 두 유형을 분류하는 적절한 기준이 될 수 있다.

보조용언 '보다' 구성의 1차적 의미는 두 가지이다.[1] 하나는 '시행'이고, 다른 하나는 '추측'이다. 그런데 '시행'은 '보다'가 연결어미('-어/아, -고, -다(가)' 등)와 결합하여 나타내는 의미이고,[2] '추측'은 '보다'가 종결어미('-나, -ㄴ(은,는)가, -(ㄹ)려나, -(으)ㄹ까' 등)와 결합하여 나타내는 의미이다. 이들 각 구성은 문맥에 따라 다양하게 2차적 의미를 나타낸다.

그러므로 이 절에서는 보조용언 '보다' 구성의 의미를 연결어미와 결합한 '보다' 구성과 종결어미와 결합한 '보다' 구성으로 나누고, 각 구성이 보여 주는 다양한 의미 특성에 대해 고찰하기로 한다.

(1) 연결어미와 결합한 '보다' 구성의 의미

연결어미와 결합한 보조용언 '보다' 구성의 1차적인 의미는 '시행'이라고 할 수 있다.[3]

> (1) a. 하지만 나는 오늘도 희망을 가져 <u>본다</u>(삼대 上, 6).
> b. "아냐, 어쨌든 그걸 전해 놓구 <u>봐야겠어</u>. 그래야 내 책임은 벗지."(나무들 비탈에 서다: 36)

---

1) 여기에서 1차적 의미란 보조용언 구성이 나타낼 수 있는 보충 의미 중에서 가장 일반적이고 중심이 되는 의미를 말한다. 그런 면에서 실질 의미와는 구별해서 이해해야 한다. 다시 말해 우리가 말하는 1차적 의미, 2차적 의미는 본용언의 실질 의미가 아닌 보조용언으로서의 1차적·2차적 의미인 것이다.

2) 보조용언 구성에서 연결소로 기능하는 '-아, -게, -지, -고' 등은 부사형 어미(최현배, 1937/1991), 보조적 연결어미(허웅, 1975), 동사구 보문소(박병수 1974, 이익섭·임홍빈 1983, 권재일 1985 등), 명사구 보문소(이홍배 1970, 양인석 1972 등) 등 여러 가지 용어로 쓰여 오고 있다. 우리는 종결어미와 대립되는 개념으로 연결어미라는 용어를 사용하기로 한다.

3) 최현배(1991)는 '해보기 도움움직씨(시행 조동사)'로 분류했고, 이희승(1989: 954)은 "동사의 어미 '-어', '-아' 등의 아래에서 시험삼아 하는 뜻을 나타내는 말"이라 했고, 신기철·신용철(1986)은 '시험삼아 하다'라고 설명하고 있다. 이들 외에 김민수(1971), 김용석(1983), 손세모돌(1996) 등도 '시행'을 '보다'의 1차적 의미로 보고 있다.

(1)은 '보다'가 연결어미 '-어/아'나 '-고'와 결합하여 보조용언 구성을 이루고 있는데, 여기에 '시행'의 의미가 나타나고 있다. 뒤에서 다시 보겠지만, '시행'의 의미를 나타내는 '보다' 구성은 연결소로 '-어/아'와 '-고'만을 취하는 특징이 있다.

보조용언 '보다' 구성의 2차적인 의미로는 '경험'(한글학회 1992, 신기철·신용철 1986, 사회과학원 언어연구소 1992, 손세모돌 1996 등), '가정'(한글학회 1992, 신기철·신용철 1986, 사회과학 언어연구소 1992, 손세모돌 1996 등), '결과'(한글학회 1992, 신기철·신용철 1986, 사회과학 언어연구소 1992 등), '지속', '원인'(신기철·신용철 1986, 사회과학 언어연구소 1992 등) 등이 있다.

> (2) a. 그 외고집은 스스로 겪어 <u>보지</u> 않고는 깨닫기 틀렸으니까(목마른 계절: 61).
> b. 몸이 아파 <u>봐</u>, 먹을 것도 귀찮지(한글학회, 1992: 1794).
> (3) 그러나 가 놓고 <u>보니</u>, 오늘이 공일인 것을 깜박 잊었다(삼대 上, 293).
> (4) a. 살다 <u>보면</u>, 좋은 날이 반드시 올 것이다.
> b. 그는 정직하다 <u>보니</u>, 남을 속이지 못한다.

(2)는 '-어/아 보다' 구성, (3)은 '-고 보다' 구성, (4)는 '-다(가) 보다' 구성이다. 이들 중 (2a)는 '-어/아 보다'가 '경험'의 의미로 쓰이고 있고, (2b)는 '가정'의 의미로 쓰이고 있으며, (3)은 '-고 보다'가 '결과' 또는 '완료'의 의미로 쓰이고 있다. 그리고 (4a)는 '-다(가) 보다'가 '지속'의 의미로, (4b)는 '원인'의 의미로 쓰이고 있다.

1) '-어/아 보다'의 의미

보조용언 구성을 만드는 가장 전형적인 형태는 연결어미 '-어/아'에 보조용언을 결합(['-어/아'+보조용언])하는 것인데, 보조용언 '보다' 구성도 마찬가지이다. 이 형태는 가장 기본적인 구조일 뿐만 아니라 문장에서 다양한 의미로 쓰인다.

(5) a. "출신 성분의 오욕을 씻어 <u>보고</u> 싶어."(목마른 계절: 151)

　　b. 덕기는 좌석이 거북하니만큼 거진 노기를 품은 소리로 이렇게 비꼬아 <u>본다</u>(삼대 上, 18).

　　c. "여봐, 색시도 심심할텐데 뭐 하나 봐 <u>보지</u> 않겠어?"(목마른 계절: 363)

(6) a. 시어머니가 바꾸어 가며 자라고 하여도 꼬박꼬박 졸기는 하여도 팔베개를 하고라도 누워 <u>본</u> 일이 없다(삼대 下, 290).

　　b. 그러나 꼭 한 번 개인 탄광의 갱에 들어가 볼 기회를 얻었는데 그 때는, 그만 내가 질려 버렸다(젊은 날의 초상: 170).

　　c. 눈물을 흘려 <u>보기는</u> 그 때가 처음이었지?(신용철·신기철, 1986: 1468)

　　d. 넌 평생 이런 모욕 받아 <u>본</u> 일이 없을거야(손세모돌, 1996).

(7) a. 몸이 아파 <u>봐</u>, 먹을 것도 귀찮지(한글학회, 1992: 1794).4)

　　b. 그 녀석이 권력만 잡아 <u>봐라</u>. 너 같은 건 안중에도 없을 걸(손세모돌, 1996).

　　c. 우리에게 힘이 있어 <u>봐</u>. 누가 우리를 깔보겠어?

　　d. 오라고만 해 <u>봐요</u>. 모두가 달려올테니까요(한글학회, 1992: 794).

　　(5~7)에서, (5)는 보조용언 '보다'의 1차적인 의미인 '시행'의 의미가 나타나는 예이다. 여기에서 '시행'은 '어떤 행위를 시험삼아 하거나 또는 그러한 행위를 실제로 하는 것'을 의미하고 있다.5) 그래서 (5a)는 '출신 성분의 오욕을 씻는 일'을, (5b)는 '비꼬는 일'을, (5c)는 '무엇을 놓는 일'을 시행한다는 것으로 풀이할 수 있다. '시행'의 '-어/아 보다' 구성은 순수한 '시행'(試行＋施行)의 의미 이외에 다음과 같은 용례들도 나타난다.

　　(8) a. 마당 끝에 있는 헛간 같은 허름한 창고가 생각이 나서 그곳으

---

4) 이미 앞에서 다룬 예문이지만 설명의 편의를 위해 재인용의 표시를 하지 않고 사용하기로 한다. 이후에 재인용되는 예문들도 마찬가지이다.

5) '시행'의 뜻풀이를 '시험삼아 하다', 즉 '試行'으로 규정하고 있는 곳(최현배 1991, 이희승 1989, 신기철·신용철 1986, 사회과학원 언어연구소 1992 등)이 많다. 그러나 '-어/아 보다'가 나타내는 의미인 '시행'에는 '試行'뿐만 아니라 '실제로 하다'라는 '施行'의 의미가 함께 나타난다고 보는 것이 자연스럽다. 그러므로 본고에서 말하는 '시행'은 '試行'과 '施行'을 모두 포괄하는 개념이다.

로 가 <u>보았다</u>(잃어버린 너 上, 199).

b. 유리창에 하얗게 번져 있는 성에를 손가락으로 찍어 <u>보았다</u>(잃어버린 너 中, 138).

c. 약수동에 도착해 <u>보니</u> 두 사람은 다투기나 한 듯 화가 난 표정들이었다(잃어버린 너 中, 187).

d. 가끔 듣던 목소리에 정신을 차려 <u>보니</u>, 종환씨 회사의 교환양이었다(잃어버린 너 中, 83).

e. "윤희야, 어서 일어나 <u>봐</u>."(잃어버린 너 上, 229)

f. "시원한 소리한다. 내 안내할게 자네 좀 내 <u>보게</u>."(삼대 上, 6)

위의 예문에서, (8a, b)의 '-어/아 보다'는 '시행'과 '본용언'의 의미로 동시에 해석할 수 있는 구문이다. 두 가지 이상의 의미를 가진다고 하여 '중의적'인 구문이라고 말하기도 한다. 그러나 (8a, b)는 본용언의 의미로 해석해서는 안 되는 구문이다. 이들 구문에서 '보다'가 본용언으로 기능하기 위해서는, 본용언 '보다'가 타동사이기 때문에 호응하는 목적어가 나타나 있거나 그러한 대상을 상정할 수 있는 분명한 근거가 있어야 한다. 그런데 (8a, b)에서는 이러한 근거를 찾기가 어렵다. 그러므로 (8a, b)와 유사한 유형의 구문은 '시행'의 의미를 나타내는 보조용언 구문으로 보아야 한다.6)

---

6) (8a, b)와 같이 중의적으로 해석될 수 있는 구문을 종종 볼 수 있는데, 이러한 구문을 생산하는 대표적인 선행용언은 '가다, 오다' 등이다. 한편 이러한 구문은 중세나 근대 국어에서도 자주 발견된다.

(i) a. 須達이 … 부텻긔 發心을 니르와다 언제 새어든 부텨를 가 <u>보ᅀᄫ려뇨</u>ᄒ더니<석보 6: 19>

b. 쇼비 나지어든 고을희 역ᄉᄒ고 밤이어든 어미 가 <u>보더라</u>(小非晝役于 官 夜往省母)<동신 孝 4: 79>

(ii) a. 太子ㅣ 門 밧긔 가 <u>보신</u> 後로 世間 슬흔 ᄆᅀᅳ미 나날 더으거시늘<석보 3: 22>

b. 도적이 믈러난 후의 지아비 가 <u>보니</u> 어미와 안해 서ᄅ 아나 누엇더라(賊 退其夫往視之 母妻遺體相抱而臥矣)<동신 烈 8: 41>

(i a~b)는 '보다'가 본용언의 의미로 해석되는 구문이다. 그러므로 이들은 목적어를 상정할 수 있고, 선행용언과 후행용언 사이에 보조사 '-셔'의 삽입도 가능하다. 즉 (i a)는 '부텨', (i b)는 '어미'가 목적어로 상정된다. 또한 (i b)의 '보다'는 '見, 視'의 의미가 아니라 '省(보살피다)'의 의미로 쓰이고 있다. 한편 (ii a~b)는 (i a~b)와 유사한 '가 보다' 구문이기는 하나, '시행'의 의미로 쓰인 보조용언 구문이다. 이 구문은 목

다음으로 (8c, d)에서 '-어/아 보다'는 행위의 과정보다는 결과에 중심이 있으므로 '시행'보다는 '완료'의 의미 기능을 하는 것으로 보인다. 이것은 뒤에서 다루게 되는 '결과'의 '-고 보다' 구성의 의미 기능과 유사한 측면이 있다. 본고에서는 (8c, d)와 유사하게 나타나는 유형은 '결과'의 '-고 보다' 구성의 변형으로 간주하여 '-어/아 보다' 구성의 논의에서 제외시킨다.

한편 (8e, f)는 '공손'(손세모돌 1996)이나 '완곡'(차현실 1983, 김청자 1983, 서정수 1996 등)의 의미로 분류하기도 하나, '시행'의 '-어/아 보다' 구문이 서법으로 명령형을 취할 때 일어나는 현상으로 보인다. 그러므로 우리는 (8e, f)의 유형을 명령적 '시행'으로 처리하고자 한다. 이와 관련된 내용은 뒤에서 다시 다루게 된다.

이상에서 '-어/아 보다' 구성이 '시행'의 의미로 나타나는 구문들을 살펴보았다. (5)와 (8)에서 (8c, d)를 제외하고는 모두 '시행'에 포함시킬 수 있는 구문들이다.

다시 (6)의 예문을 살펴보자. (6)은 '보다' 구성이 '경험'의 의미로 쓰인 구문인데, 여기에서 '경험'이란 '어떤 행동을 스스로 겪거나 체험하는 것'을 의미한다. 물론 이 때의 '경험'은 육체적인 것뿐만 아니라 정신적인 것도 포함된다. 그래서 (6a)는 '팔베개를 하고라도 눕는 일'을, (6b)는 '갱에 들어가는 일', (6c)는 '눈물을 흘리는 일', (6d)는 '모욕을 받는 일'을 경험했다는 의미로 볼 수 있다. 한편 '경험' 구문은 다시 주어 의지의 개입 여부에 따라 두 가지로 나눌 수 있다. 하나는 주어가 과거에 시행한 일을 표현하는 구문으로 주어의 의지가 개입된 구문이고, 다른 하나는 주어가 어떤 일을 피동적으로 겪게 된 일을 표현하는 것으로 이 때에는 주어의 의지가 개입되었다고 볼 수 없는 구문이다. (6a~d)에서, (6a~b)는 전자에 해당하는 구문이고, (6c~d)는 후자에 해당하는 구문이다. 그런데 여기에서 우리

적어가 상정되지 않을 뿐만 아니라, '-셔'의 삽입도 용인되지 않는다. 물론 (ii b)와 같이 문장 표면에 본용언 '보다'에 대응되는 한자어(視)가 나타나 있는 경우도 있다. 그러나 '見, 視' 등의 한자어가 있다고 하여 모두 본용언으로 해석해야 하는 것은 아니다. 중세, 근대 국어에서 '보다'의 쓰임에 대한 내용은 제4장에서 다시 다루게 될 것이다.

가 발견할 수 있는 것은 (6a~b)는 '시행'의 의미가 드러나지만, (6c~d)는 '시행'의 의미가 전혀 드러나지 않는다는 점이다. 이것은 (6a~b)의 경우 주어의 의지가 개입되어 있는 구문으로써 행위에 대한 시행의 시점이 과거라는 특징이 있고, 선행용언은 '시행'의 '-어/아 보다' 구성의 경우와 마찬가지로 동작성 동사만이 선택된다. 그러나 (6c~d)의 경우, 사건 발생의 시점은 과거라 하더라도 주어의 의지가 개입되어 있지 않기 때문에 순수히 '경험'의 의미만이 드러난다. 그러므로 선행용언으로 올 수 있는 서술어 유형에 제약을 받지 않는 특징이 있다.[7] 여기에서는 두 유형의 차이를 인정하기는 하나 두 유형을 구분 짓지 않고 '경험'이라는 하나의 범주로 묶어서 고찰할 것이다.

다음으로 (7)은 '-어/아 보다'가 '가정'의 의미를 나타내는 구문들이다. 이 때에는 단문의 경우보다는 복문의 형태를 취하는 것이 일반적인데, '가정'의 의미가 담긴 '보다' 구성의 문장이 선행절로 오고, 이에 대한 결과에 해당하는 문장이 후행절로 온다. (7)의 문장을 다음과 같이 바꾸어 보면 더욱 명백해진다.

> (7)′ a. 만약 몸이 아파 봐, 먹을 것도 귀찮지.
> b. 만약 그 녀석이 권력만 잡아 봐라, 너 같은 건 안중에도 없을 걸.
> c. 만약 우리에게 힘이 있어 봐, 누가 우리를 깔보겠어?

---

7) 이기동(1988)은 '보다'가 과거 지향의 관점을 택할 때와 미래 지향의 관점을 택할 때 서로 다른 점이 있다고 설명한다. 즉 '보다'가 미래 지향적으로 쓰일 때에는 같이 쓰이는 동사는 의도적인 과정을 나타내는 동사들이다. 그러나 '보다'가 과거 지향적으로 쓰일 때는 의도성이 전혀 문제가 되지 않기 때문에 의도성이 없는 동사와도 자연스럽게 쓰인다는 것이다.
>   (i) a. 나는 그들을 밀어 보았다.
>   b. 나는 그 산을 올라가 보았다.
>   (ii) a. 나는 낭떨어지에서 떨어져 보았다.
>   b. 나는 눈길에서 넘어져 보았다.
> 이상에서 우리는 '보다'가 미래 지향적으로 쓰일 때는 '시행'의 의미가 나타나고, 거 지향적으로 쓰일 때는 '경험'의 의미가 나타난다는 것을 알 수 있다.

  한편 손세모돌(1996: 243~245)에서는 '-어/아 보다'에 '공손'의 문맥 의미가 있다고 설명한다.

> (9)   a. 푸름아, 장난감 여기다 넣어 <u>봐</u>.
>   b. 환자 모시고 한 번 나와 <u>보세요</u>.
> (10) a. 그럼 가 <u>보겠습니다</u>. 사모님께서는 나오시지 마세요.
>   b. 선생님, 이번 발표는 제가 해 <u>볼게요</u>.

  (9~10)에서, (9)는 상대의 행동에 대한 지시의 경우에, 보조용언 '보다'를 첨가하여 상대방의 자발적인 '시도'로 표현하는 방법이며, (10)은 말할이의 행위에 대한 '의도'를 '시도'로 바꾸어 표현하는 경우에 '공손'의 뜻으로 해석되는데, 이들에 관해서는 각각 다르게 생각해 볼 수 있다.

  먼저 (10)의 경우는 보조용언 '보다'가 연결어미 '-어/아'와 결합한 형태로써 이 때에 나타나는 '공손'의 의미는 '보다' 자체에 있다기보다는 존대나 겸양의 표시에 의해 나타나는 것으로 보아야 한다.

  그럼 다음과 같이 존대나 겸양 표시를 제거해 보자.

> (10)' a. 그럼 가 보겠다.
>   b. 이번 발표는 내가 해 볼게(보겠다).

  따라서 (10)의 '-어/아 보다' 구성이 나타내는 의미는 행위자의 의지가 담긴 '시행'으로 보는 것이 자연스럽다.

  다음으로 (9)의 예문들은 (10)의 예문들과는 다른 양상을 보인다. 이것은 '-어/아 보다' 구성이 2인칭 주어와 명령형의 어말 형태를 취할 때 나타나는 현상으로 보아야 하는데, 이 때 [존대]의 유무에 따라 명령문이 되거나 권유문이 되거나 한다. 즉 (9a)와 같이 [−존대]일 경우에는 명령문이 되고, (9b)와 같이 [+존대]일 경우에는 권유문이 되는 것이다. 이러한 특징으로 말미암아 보조용언 '보다'가 생략되는 상황이 발생하더라도 [±존대] 자질은 그대로 유지된다.

(9)′ a. 푸름아, 장난감 여기다 넣어(라).
　　 b. 환자 모시고 한 번 나오세요.

　그러므로 (9)와 같은 유형은 명령적 '시행' 구문으로 보는 것이 좋을 듯
싶다. 이와 관련된 예를 좀더 보도록 하자.

(11) a. "여자가 모양을 낼려는데 수단 방법 가리게 됐어? 좀 여자라는
　　　자각을 가져 봐."(목마른 계절: 22)
　　 b. "잠깐 기다려 봐요."(잃어버린 너 上, 28)

　(9)와 (11)에서, 연결소 '-어/아'를 종결어미라고 볼 수도 있으나 여기에
서는 연결어미로 다루기로 한다. 이들 구문에서 '-어/아'가 종결어미로 보
이는 것은 연결소 '-어/아'와 명령형 어미 '-어/아'가 동일 형태이기 때문으
로 보인다.[8]
　그러므로 우리는 (9)와 (11)을 연결어미 '-어/아'에 보조용언 '보다'가
결합하여 명령적 '시행'을 나타내는 구문으로 처리하고 '시행'의 '-어/아
보다' 구성에 포함시키고자 한다.[9]
　이상에서 '-어/아 보다' 구성은 '시행'을 1차적 의미로 하고, 문맥에 따
라 '경험', '가정' 등의 2차적인 의미가 나타난다는 것을 살펴보았다.

---

8) (9)와 (11)에서 연결소 '-어/아'가 종결어미라면 아래 문장에서 사용한 연결소와의 차
　이를 설명할 수 있겠는가?
　　a) 나도 그 책을 읽어 보았어.
　　b) 너도 그 책을 읽어 보았어?
　　c) 우리 함께 그 책을 읽어 보자.
　위의 예문에서, (a)는 평서문, (b)는 의문문, (c)는 청유문이다. 이들과 (9), (11)의 명
　령문과는 서법의 차이만 있을 뿐이다. 그렇기 때문에 (9), (11)의 연결소가 종결어미
　라면, (a~c)의 연결소들도 종결어미로 처리해야 할 것이다. 그러나 (a~c)의 연결소
　들을 종결어미로 처리하는 데에는 누구도 동의하지 않을 것이다.
9) '-어/아 보다' 구성 중 '바람'의 의미를 나타내는 것이 있다.
　　a) 나도 놀이 동산에 가 봤으면 좋겠다.
　　b) 나도 너처럼 건강해 봤으면 좋겠다.
　　c) 나도 그 사람처럼 부자여 봤으면 좋겠다.
　이들 구성은 항상 '-어/아 봤으면'의 형태로 굳어져 나타나는데, 제3자의 '바람'을
　나타낼 수도 있으나 주로 화자의 '바람'을 표현할 때 쓰인다.

2) '-고 보다'의 의미

'-고 보다'의 구성은 생산적이지 않아 많이 쓰이지는 않지만, 다음과 같이 두 가지 유형으로 나타난다.[10]

> (12) a. "아냐, 어쨌든 그걸 전해 놓구 <u>봐야겠어</u>, 그래야 내 책임은 벗지."(나무들 비탈에 서다: 36)
> b. 하여튼 일을 저질러 놓고 <u>보자</u>(한글학회, 1992: 1794).
> (13) a. 그러나 가 놓고 <u>보니</u>, 오늘이 공일인 것을 깜빡 잊었다(삼대 上, 293).
> b. "얘길 듣고 <u>보니</u>, 오히려 잘 되었군요."(잃어버린 너 上, 41)
> c. 알고 <u>보면</u>, 그 사람도 희생자지요.

(12)의 '-고 보다'의 구성은 어떤 행동을 '시험삼아 하거나 실제로 한다'는 '시행'의 의미를 가지고 있다. 앞에서 다룬 예문 (5)의 '-어/아 보다' 구성과 함께 '시행'이라는 유사한 의미를 나타내지만, (5)의 '-어/아 보다' 구성에서 나타내는 의미 '시행'보다는 (12)의 '-고 보다' 구성이 더 강한 의지를 담은 '시행'으로 보인다. 이것은 연결소의 영향 때문인데, '-고'가 '-어/아'보다 분리성이 더 강해서 '시행'의 행위성이 강화되어 나타나기 때문이다. 그래서 (12b)를 '-어/아 보다' 구성으로 바꾸어 보면 다음과 같다.

> (12) b′. 하여튼 일을 저질러 놓아 보자.

(12b)′과 같이 '-고 보다' 구성을 '-어/아 보다' 구성으로 바꾸었는데, (12b)보다는 '시행'의 의미가 약화되었음을 확인할 수 있다.

---

10) 손세모돌(1996: 84~90)은 '-고 보다'의 유형을 보조용언의 범주에서 제외시키고 있다. '-고 나다/말다'를 함께 다루면서 이들은 독립된 서술어로 쓰이고, 의미가 일반 용언의 의미로 설명될 수 있다고 말한다. 그러나 여기에는 몇 가지 문제점이 있는 것으로 보인다. 첫째, '시행'의 '-어/아 보다' 구성과 유사한 의미로 쓰이고 있는 '시행'의 '-고 보다' 구성을 제외해 두고서 설명하고 있는 점이고, 둘째, 접속용언 구성과는 구별하여 다루어야 할 구문을 접속용언 구문으로 분류하여 설명하고 있는 점이다.

다음으로 (12)는 1차적 의미인 '시행'의 의미로만 해석되나, (13)은 '시행' 이외에 또 다른 의미가 첨가되어 복합적인 의미를 형성하는 구문이다. 이러한 현상은 (12)의 경우 '보다' 구문이 단문의 형태로 나타날 수 있지만, (13)의 경우는 항상 후행절을 가진 복문의 형태로 나타나는 특징으로 말미암은 것 같다. 그러므로 (13)은 선행절의 '-고 보다'가 종결형으로 나타나지 않고, '-니', '-면' 등과 같은 연결형으로 나타나며, 선행절의 결과에 대한 내용이 후행절에 진술된다. 이러한 특징 때문에 (13)에 나타난 '-고 보다' 구성의 의미를 '결과'라고 하게 된 것이다.

한편 '-고 보다' 구성의 경우, 선행용언으로 동작성 동사가 올 때에는 본용언 '보다'와 상당히 가까운 의미가 된다. 그래서 (12b)는 '하여튼 일을 저질러 놓고, 그리고 상황을 보자.'로, (13a)는 '가 놓고 상황을 보니'로 바꾸어도 가능한 문장이 될 수 있다. 그러나 '결과'의 '-고 보다' 구성은 (13)과 같이 동작성 동사를 선행용언으로 취하는 경우도 있지만, 다음과 같이 선행용언으로 비동작성 동사가 오는 경우도 있다.

> (14) a. 그녀가 예쁘고 <u>보니</u>, 많은 남자들이 좋아한다.
>   b. 서울이 수도이고 <u>보니</u>, 많은 관청이 자리하고 있다.

(14)의 '보다'에서는 본용언의 의미를 발견할 수 없다. 하지만 이들은 다음과 같이 '원인'의 '-다(가) 보다' 구성의 변형으로 볼 수도 있다.

> (14)′ a. 그녀가 예쁘다 보니, 많은 남자들이 좋아한다.
>   b. 서울이 수도이다 보니, 많은 관청들이 자리하고 있다.

따라서 (13), (14)의 '-고 보다'의 의미는 '행위나 상태의 결과'라고 할 수 있다.

이상에서 보조용언 '-고 보다' 구성에는 1차적인 '시행'의 의미와 2차적인 '결과'의 의미가 나타난다는 것을 확인하였다.

3) '-다(가) 보다'의 의미

'보다' 구성의 특이한 형태로 '-다(가) 보다' 구성이 있다.[11] 연결어미 '-다(가)'와 결합하는 '보다'의 어말 형태는 일반적으로 종결형으로 나타나지 못하고 '보니'나 '보면'처럼 연결형으로 나타나, '그 행동이나 상태 때문에'(신기철 · 신용철, 1986: 1468), '앞에서 한 행동이나 상태의 결과가 원인이 되어'(사회과학원 언어연구소, 1992: 1413), 그 움직임의 '경우'(한글학회, 1992: 1794) 등의 의미를 나타내게 된다.

'-다(가) 보다' 구성은 다음과 같이 의미의 차이를 보이는 두 가지 유형이 있다.

> (15) a. 어머니와 함께 이야기를 하다 <u>보니</u>, 날이 밝아 오고 있었다(잃어버린 너 上, 118).
> b. 돈을 쓰다 <u>보니</u>, 나도 모르는 새에 주머니가 비었더군(신기철 · 신용철, 1986: 1468).
> c. 살다 <u>보면</u>, 좋은 날도 있기 마련이지.
> d. 일을 하다 <u>보면</u>, 그럴 수도 있겠지(한글학회, 1992: 1794).
> (16) a. 순이는 예쁘다 <u>보니</u>, 많은 남자들이 그녀를 따라 다닌다.
> b. 서장훈 선수는 키가 크다 <u>보니</u>, 다른 선수들보다 덩크슛을 더 잘 한다.
> c. 그는 정직하다 <u>보니</u>, 남을 속이지 못한다.
> d. 길이 미끄럽다 <u>보니</u>, 사람들이 조심스럽게 길을 걷는다.

(15~16)에서, (15)는 보조용언 '보다' 앞에 오는 연결소로 '-다'뿐만 아니라 '-다가'가 자유롭게 선택될 수 있고, '보다'의 어말 형태는 연결형 '-니'나 '-면'이 주로 온다. 그리고 의미에 있어서도 본용언의 '상태나 행위

---

11) 류시종(1994: 101)은 '-다(가) 보다' 구성의 '-다(가)'를 접속어미로 분류해 놓고 있다. 물론 '-다(가)'가 접속어미의 기능을 하기도 한다.
　a) 길을 <u>걷다가</u> 뒤를 보니, 누군가 나를 따라오고 있었다.
　b) 밥을 <u>먹다가</u>, 밖으로 뛰어 나갔다.
그러나 우리는 여기에서 다루고 있는 '-다(가) 보다' 구성의 '-다(가)'를 선행용언과 후행용언을 강하게 결합시켜 주는 보조적 연결어미로 보고자 한다.

가 지속적임'을 나타낸다.

그러나 (15)와는 달리, (16)은 '보다' 앞에 오는 연결소로 '-다'의 형태만을 취한다. 이러한 현상은 (15)와 구별되는 특징이다. 만약 '-다가'를 연결소로 취하면 다음과 같이 어색한 문장이 된다.

> (16)′ a. *순이가 예쁘다가 보니, 많은 남자들이 그녀를 따라 다닌다.
> b. *서장훈 선수는 키가 크다가 보니, 다른 선수들보다 덩크슛을 더 잘 한다.
> c. *그는 정직하다가 보니, 남을 속이지 못한다.
> d. *길이 미끄럽다가 보니, 사람들이 조심스럽게 길을 걷는다.

위의 (16)′의 비문들은 연결어미 '-다'와 '-다가' 중에서 기본형을 무엇으로 잡아야 하느냐에 대한 해결의 실마리를 암시해 준다. 논자에 따라서는 '-다가'형을 기본형으로 잡고, '-다'는 '-다가'에서 '-가'가 생략된 것으로 볼 수 있다. 그러나 본고는 이와 반대로 '-다'형을 기본형으로 설정한다. 이것은 (16)에서 '-다가'가 연결소로 올 수 없다는 것에서, 또한 (15)에서 '-가'의 생략이 가능하다는 것에서 확인할 수 있었다.

> (15)′ a. 어머니와 함께 이야기를 {ㄱ.하다/ ㄴ.하다가} 보니, 날이 밝아 오고 있었다.
> b. 돈을 {ㄱ.쓰다/ ㄴ.쓰다가} 보니, 나도 모르는 새에 주머니가 비었더군.
> c. {ㄱ.살다/ ㄴ.살다가} 보면, 좋은 날도 있기 마련이지.
> d. 일을 {ㄱ.하다/ ㄴ.하다가} 보면, 그럴 수도 있겠지.

연결소 '-다(가)'에 대한 논의는 제3장 제6절에서 다시 자세하게 다루게 된다.

한편 (16)의 구문은 '보다'의 어말 형태에 있어서도 연결어미 '-니'의 형태만을 취하는 특징을 보인다.[12] 그리고 의미는 본용언의 '상태에 대한

---

12) 물론 '보다'의 어말 형태로 연결어미 '-면'을 취할 수도 있다. 그러나 이 때에는 '원인'이 아닌 '조건'의 문장이 되어 이와 다른 유형으로 변하게 된다.

원인'을 나타낸다. 그러므로 (16)을 다음과 같이 바꾸어도 자연스러운 문장
이 된다.

> (16)″ a. 순이가 예쁘기 때문에, 많은 남자들이 그녀를 따라 다닌다.
>   b. 서장훈 선수는 키가 크기 때문에, 다른 선수들보다 덩크슛을
>   더 잘 한다.
>   c. 그는 정직하기 때문에, 남을 속이지 못한다.
>   d. 길이 미끄럽기 때문에, 사람들이 조심스럽게 길을 걷는다.

이상에서 '-다(가) 보다'는 '상태나 행위의 지속적인 시행'을 나타내는
구문과 '상태에 대한 원인'을 나타내는 구문으로 나누어지고, 후행절에는
선행절의 '지속'이나 '원인'에 대한 결과의 내용이 온다는 것을 확인하였다.

(2) 종결어미와 결합한 '보다' 구성의 의미

종결어미를 연결소로 취하는 '보다' 구성의 경우 '시행'이라는 의미는
잘 드러나지 않고, '추측'이 1차적인 의미로 나타난다. 이것은 연결어미와
결합한 구성과 종결어미와 결합한 구성을 구분하여 중심 의미를 다르게
설정해야 함을 말해 준다.

한편 손세모돌(1996: 90~97)은 [종결어미+보조용언('보다, 싶다')]의 구조
로 이루어진 것에 대하여 다음 세 가지 이유를 들어 보조용언에서 제외하
고 있다. 첫째, 이들은 홀로 문장 서술어로 사용될 수 있다는 것이다. 즉
이들은 선행어미가 종결어미이므로 뒤에 결합되는 용언은 상위문의 본동
사로 볼 수 있다는 것이다. 둘째, 이들 구문에서 '보다, 싶다'는 '하다'로
대용될 수 있는데, '하다'로 대용될 수 있는 것은 보조용언이 아니라는 것
이다. 셋째, 의미면에서 '추측'의 의미는 '보다'와 '싶다'의 의미가 아니라,

 · 키가 크다 <u>보면</u>, 농구 경기에서 다른 선수보다 유리할텐데.

이와 같이 '원인'의 '-다 보니' 구문은 '조건'의 '-다 보면' 구문으로 교체가 가능
하다. 그러나 선행절로 조건절이 오면, 후행절의 형태도 이에 따라 변화가 일어난다.

선행어미들과 일반용언 '보다', '싶다'의 의미가 만나서 이루어 내는 의미일 뿐이라는 것이다.

그런데 우리가 보조용언으로 설정하고 있는 어떤 것도 독립적으로 의미를 나타내지 못한다. 대신 항상 본용언과 연결소의 결합이 선행 조건으로 이루어진 환경에서 보조용언의 의미가 나타나는 것이다. 보조용언은 선행용언까지의 어떤 행위나 상태에 의미의 첨가만을 수행할 뿐이다. 본고에서 보조용언의 의미를 설명할 때 보조용언 '보다'의 의미라 하지 않고, 보조용언 '보다' 구성의 의미라 하는 이유가 여기에 있다. 즉 보조용언은 독자적으로는 제 의미를 표현할 수 없고, 본용언과 연결소를 필수적으로 앞에 배치해야 하는 제약이 있기 때문에 보조용언 구성이라는 용어를 사용하는 것이다.13)

세 번째로 제시한 이유가 의미적 측면에서 접근했다면, 첫 번째로 제시한 이유는 구조적 측면에서 접근한 것이다. [종결어미＋보다] 구문에서 '보다'를 상위문의 서술어로 처리하는 것은 타당하다. 그러나 '보다'를 본용언으로 다루는 데는 문제가 있다. [종결어미＋보다] 구문에서 '보다'가 대용언의 특성이 나타나는 것은 부인할 수 없다. 그러나 이 때 '보다'는 본용언의 의미를 대신하는 기능만을 하는 것이 아니고, 여기에 '추정'이라는 또 다른 의미 첨가의 기능을 하기 때문에 본용언과는 구별해야 할 필요가 있다.14)

---

13) 위에서 들고 있는 세 번째 이유는 [종결어미＋'보다, 싶다']의 구문에만 해당하는 문제가 아니며, 일반적으로 우리가 보조용언 구문으로 다루고 있는 것들도 함께 관련되는 내용이다.

　　a) 부친의 친구를 찾아가서 물으면 알리라 하는 생각이 들자, 물어 봄직한 사람을 속으로 <u>골라 보았다</u>(삼대 上, 34).

　　b) 그가 누워 있는 <배암골>의 산지기 박씨는 친절하게 <u>맞아 주었다</u>(잃어버린 너 中, 268).

　　c) 경애는 시비판을 차리려는 듯이 주저 <u>앉아 버린다</u>(삼대 上, 235).

　　d) 낮에는 자고 날만 어두워 지면 밤을 새고 <u>마셔 댄다니까</u>(잃어버린 너 中, 35).

위의 예문들은 모두 '-어/아'와 연결된 보조용언들이다. 이들도 [본용언＋연결소＋보조용언('보다, 주다, 버리다, 대다')]의 구조를 이룰 때에만 각각의 보조용언의 의미를 나타낼 수 있는 것이다. 다만 종결어미의 경우는 의미가 뚜렷하다는 점이 약간 다르다.

본 절에서는 종결어미와 결합한 '보다' 구성이 보조용언 구성으로서 충분한 자격을 가지고 있음을 규명한다.

> (17) a. 눈은 사람을 한층 깊이 잠재워 주나 <u>보다</u>(목마른 계절: 260).
>   b. 신을 바꿔 신고 간 걸 보니, 그 사람 무척 바빴던가 <u>보다</u>(한글
>   학회, 1992: 1794).
>   c. 가방을 꾸리는 걸 보니 집을 나가려나 <u>보다</u>.
>   d. 그런 축과 얼려서 술을 배우고 돈을 쓰러 다닐까 <u>보아서</u> 걱정
>   을 하는 것이었다(삼대 上, 7).
>   e. 아무래도 마음이 놓이질 않아서 내가 가 볼까 <u>봐</u>(한글학회,
>   1992: 1794).

(17a)는 '보다'가 의문형 종결어미 '-나'와 결합한 구문이고, (17b)는 '-ㄴ(은,는)가', (17c)는 '-(ㄹ)려나', 그리고 (17d~e)는 '-(으)ㄹ까'와 결합한 구문이다. 이들 중에서 (17e)의 경우를 제외하고는 보조용언 '보다' 구성이 모두 '추측'의 의미로 쓰이고 있다. 그러나 (17a~c)와 (17d)는 '추측'의 내용이 약간 다르다. (17a~c)가 단순한 추정이라면, (17d)는 '염려'나 '걱정'을 동반한 추정인 것이다. 한편 구문상에 있어서도 이들간의 차이를 볼 수 있는데, (17a~c)의 구문들은 주로 추측의 근거가 선행절에 나타나고, 이 선행절을 근거로 하여 후행절에서 '-나/-ㄴ(은,는)가/-(ㄹ)려나 보다'를 이용하여 추정을 하게 된다. 그러나 (17d)의 구문은 이와는 달리 선행절에서 추측이 이루어지고, 후행절에서 그 추측의 결과에 해당하는 행위가 일어나게 된다. 다시 말해 (17d)의 구문은 후행절의 행위에 대한 이유가 선행절에서 추측(염려, 걱정)의 형태로 이루어지고 있는 것이다. 반면에 (17e)는 '의지'라는 2차적인 의미로 쓰이는 구문이다.

한편 종결어미와 결합한 '보다' 구성들의 특징 중 하나는 추측을 하는

---

14) 한편 본고는 대용언의 기능을 가진 어휘들 중에 반복을 피하기 위해 쓰이는 대용언('그러하다')은 보조용언의 범주에서 제외하지만, 문맥에서 바꾸어 쓸 수 있는 대용언('보다, 싶다, 하다' 등)은 보조용언의 범주에 포함시키고자 한다. 후자는 [종결어미+서술어] 구성에 쓰이게 되면 대용 이외에 '추측' 등의 또 다른 의미 기능을 수행하기 때문이다.

시점이 항상 현재라는 점이다. 그리하여 시상 선어말 어미가 '보다'에 삽입되지 못하는 제약을 가지고 있다.[15] 시상 선어말 어미의 결합 제약에 대해서는 다음 제3장의 제2절 제1항에서 다시 다루게 된다.

1) '-나 보다'의 의미

의문형 종결어미 '-나'에 '보다'가 결합한 '-나 보다'의 구성은 과거나 현재의 본용언의 동작이나 상태에 대한 화자의 '추측'을 그 의미로 하고 있다.[16]

    (18) a. "애, 누가 찾아왔나 <u>보다</u>, 그 누구냐?"(삼대 上, 5)

        b. 눈은 사람을 한층 깊이 잠재워 주나 <u>보다</u>(목마른 계절: 260).

        c. 은영이는 그냥 아무 생각 없이 말을 했나 <u>본데</u>, 난 늙었다는

           말이 그렇게 우스울 수가 없었다(잃어버린 너 上, 98).

(18)의 예들은 모두 본용언의 동작이나 상태에 대해서 화자가 추측 또는 추정을 하고 있는 구문이다. 그래서 (18a)는 찾아온 사람의 신상에 대해 정확히 알지 못하는 상황에서 쓸 수 있는 표현이고, (18b)는 눈에 대해 가지고 있는 화자의 주관적인 견해를 표현하고 있다. 그리고 (18c)는 상대의 행동에 대한 화자의 추측을 보조용언 '-나 보다'를 이용해 표현하고 있다.

---

15) 만약 시상 선어말 어미가 '보다'에 분포될 경우에는 다음과 같이 본용언의 의미로 해석되는 구문이 된다.

    a) 잠재워 주나 <u>보았다</u>.

    b) 바빴던가 <u>보겠다</u>.

    c) 집을 나가려나 <u>보았다</u>.

    d) 돈을 쓰러 다닐까 <u>보았다</u>.

이러한 특징은 이들과 유사한 종결어미와 결합하는 '싶다', '하다' 구성과 구별되는 특징이다.

16) 우형식(1986: 43)은 보조동사 '보다1'은 의도적 동작에 대한 시행과 의도적·비의도적 동작의 결과에 대한 지각 또는 경험의 뜻을 지니는 것을 보조동사 '보다1'이라 하고, '-ㄴ가/-나/-(으)ㄹ까'에 의해 선행동사와 연결되어 화자의 추정이라는 의미 기능을 하는 것을 보조동사 '보다2'라 하였다. 이들은 '보다1'이 주체의 경험을, '보다2'가 화자의 추정을 나타내기 때문에 전자를 주어 중심적, 후자를 화자 중심적이라고 하였다.

한편 차현실(1983: 43~44)은 화자가 본 사실이나 생각한 사실, 즉 명제
문을 사실 그대로 전달하면 청자에게 어떤 영향을 준다고 화자가 판단할
경우, 화자의 입장을 불투명하게 나타내는 완곡 표현으로 '-나 보다' 구성
이 쓰인다고 설명한다.

     (19) a. 그가 떠났나 <u>봐요</u>.
           b. 유리가 깨졌나 <u>봐요</u>.

(19)는 앞의 (18)처럼 화자가 아직 모르고 있거나 확인되지 않은 사실에
대한 '추측'의 의미로 받아들일 수도 있고, 다른 한편으로, 화자는 이미 알
고 있지만 청자를 위해 불투명하게 표현한 것으로 받아들일 수도 있는 중
의적인 구문이다. 그러나 후자는 전후 상황을 통해서만 파악할 수 있는 의
미이다.

화자의 견해가 배제되어 나타나는 완곡 표현법으로 다음과 같은 유형
을 볼 수 있다.

     (20) a. 김씨 딸이 이번에 초등학교에 입학한다나 <u>봐요</u>(봅니다).
           b. 이번에 새로 개봉된 영화가 재미있다나 <u>봐요</u>.
           c. 독자들이 가장 선호하는 문학 장르는 소설이라나 <u>봐요</u>.

(20)은 화자가 직접 확인한 사실은 아니지만, 다른 사람을 통해 간접적
으로 확인된 정보[17)에 대해 화자의 주관적 견해를 배제하고서 또 다른 사
람에게 비단정적으로 전달할 때 쓸 수 있는 표현이다.[18) 그러므로 (20a~c)

---

17) 예문 (20)에서 화자가 전달하는 정보는 화자가 직접 확인한 것이 아니고, 다른 사
   람을 통해 간접적으로 확인한 것이기 때문에 다음과 같이 '한다고 하나 보다'에서
   '-고 하'의 생략이 이루어진 것으로 볼 수 있다.
   a) 김씨 딸이 이번에 초등학교에 입학한다고 하나 봐요.
   b) 이번에 새로 개봉된 영화가 재미있다고 하나 봐요.
   c) 독자들이 가장 선호하는 문학 장르는 소설이라고 하나 봐요.
18) 여기에서 비단정적으로 전달한다는 것은 명제 내용을 다른 사람이 확인했다 하더
   라도 화자가 사실 여부를 직접 확인하지 않았기 때문에 화자의 입장을 중립화시켜
   나타내게 된다. 한편 화자가 명제 내용을 확인하지 않았더라도 다음과 같이 단정적

는 다음과 같이 해석될 수 있다.

> (20)′ a. (내가 직접 확인한 것은 아니지만, 다른 사람이 확인한 바로
> 는) 김씨 딸이 이번에 초등학교에 입학을 한다고 합니다.
> b. (내가 그 영화를 직접 보고 느낀 것은 아니지만, 영화를 직접
> 본 사람들의 말을 들어 보니) 이번에 새로 개봉된 영화가 재
> 미있다고 합니다.
> c. (내가 직접 조사한 것은 아니지만, 다른 사람들이 조사한 내
> 용을 보니) 독자들이 가장 선호하는 문학 장르는 소설이라고
> 합니다.

그런데 이들 (20)의 구문에서는 '추측'의 의미를 발견하기 어렵다. 이
것은 완곡 표현으로 해석될 수 있는 (19)와 구별되는 특징이다. (19)는 완
곡 표현으로 쓰일 경우에도 '추측'의 의미를 발견할 수 있다. 다만 '추측'
의 '-나 보다' 구문이 화자에게 확인되지 않은 사실에 대해 주관적 추측이
이루어진 것이라면, '완곡'의 '-나 보다' 구문은 화자가 명제 내용을 이미
알고 있지만 자기의 입장을 불투명하게 나타내기 위해서 '추측'의 방식을
이용하고 있다는 것이 다르다.

2) '-ㄴ(은,는)가 보다'의 의미

'-ㄴ(은,는)가 보다'는 과거와 현재의 사태에 대한 화자의 '추측'을 의미
하는데, 앞에서 다룬 '-나 보다'와 거의 유사한 쓰임을 보여 준다.

> (21) a. 비가 오는가 <u>보다</u>.
> b. 신을 바꿔 신고 간 걸 보니, 그 사람 무척 바빴던가 <u>보다</u>(한글
> 학회, 1992: 1794).
> c. "여기서 쑥덕거리지 않으면 틈틈히 거기로 모여서 갖은 흉계를

으로 표현할 수 있다.
  a) 김씨 딸이 이번에 초등학교에 입학한대요{입학한답니다}.
  b) 이번에 새로 개봉된 영화가 재미있대요{재미있답니다}.
  c) 독자들이 가장 선호하는 문학 장르는 소설이대요{소설이답니다}.

꾸며 가지고는 모든 일을 잡질러 놓는가 <u>보데</u>."(삼대 下, 99)

(21)의 '-ㄴ(은,는)가 보다' 구성은 (18)의 '-나 보다' 구성과 통사적, 의미적으로 거의 구별 없이 쓰이고 있다. 다만 추측의 근거가 되는 선행절이 (18)의 '-나 보다' 구성의 경우는 문장 표면에 나타나는 것을 관여하지 않는다. 물론 이 때에도 추측의 근거가 있다면 좀더 분명한 문장이 될 수는 있다. 그러나 (21)의 '-ㄴ(은,는)가 보다' 구성의 경우는 '-나 보다' 구성에 비해 추측의 근거가 표면 문장에 나타나는 것에 대해 강하게 관여하고 있음을 알 수 있다. 즉 '-ㄴ(은,는)가 보다' 구성은 추측의 근거를 선행절에 두고서 이것을 바탕으로 후행절에서 '추측'을 하게 되는 복문의 형태를 취하고 있다는 것이다. 물론 (21a)처럼 단문으로 나타날 수도 있지만, 이러한 경우도 아래 (21a)'처럼 화자가 비가 오는 것을 추측할 수 있는 근거가 문장 표면상 생략되어 있다고 보는 것이 자연스럽다.

(21) a'. 사람들이 우산을 쓰고 가는 걸 보니, 비가 오는가 보다.

이와 같이 '-나 보다' 구성과 '-ㄴ(은,는)가 보다' 구성의 유사한 특징은 이들 구성을 하나로 묶을 수 있는 근거가 될 수 있다.

3) '-(ㄹ)려나 보다'의 의미

앞의 두 구성('-나 보다', '-ㄴ(은,는)가 보다')이 과거나 현재의 사태에 대한 화자의 '추측'이라면, '-(ㄹ)려나 보다'는 미래의 사태에 대한 화자의 '추측'이라 할 수 있다.

(22) a. 가방을 꾸리는 걸 보니, 집을 나가려나 <u>보다</u>.
　　　b. 물을 떠 오는 걸 보니, 세수를 하려나 <u>보다</u>.
　　　c. 먹구름이 끼는 걸 보니, 비가 오려나 <u>보다</u>.

(22)를 보면, 선행절을 근거로 하여 후행절에서 미루어 짐작한다는 내

용을 '-(ㄹ)려나 보다' 구성을 통해 표현하고 있다. 즉 (22)는 선행절에서 어떤 상황을 관찰한 화자가 뒤에 일어날 사태를 후행절에서 '-(ㄹ)려나 보다'를 이용하여 추측을 하고 있다. 그래서 (22a)는 가방을 꾸리는 상황을 관찰하고 난 후, 가방을 꾸리는 행위자가 집을 나갈 것이라는 것을 추측하는 구문이고, (22b)는 어떤 이가 물을 떠오는 상황을 관찰하고 난 후, 그가 가까운 장래에 세수를 할 것이라는 상황을 추측하는 구문이다. 그리고 (22c)는 하늘에 먹구름이 끼어 있는 상황을 관찰하고 난 후, 화자의 경험으로 볼 때 머지않아 비가 올 것이라는 것을 추측하는 구문이다.

4) '-(으)ㄹ까 보다'의 의미

'-(으)ㄹ까 보다' 구성은 '추측'과 '의지'의 두 가지 의미로 쓰인다.

> (23) a. 그런 축과 얼려서 술을 배우고 돈을 쓰러 다닐까 <u>보아서</u>, 걱정을 하는 것이었다(삼대 上, 7).
> b. 덕기는 자기의 낯빛이 친구에게 이상히 보일까 <u>보아</u>, 술고뿌를 선뜩 들어서 입에 댄다(삼대 上, 16).
> c. 아들이 예수교식으로 장사를 지내 줄까 <u>보아</u>, 그것이 큰 걱정이었다(삼대 上, 112).
> d. 날이 무더운 것이 아마도 비가 좀 올가(까) <u>보다</u>(사회과학원 언어연구소, 1992: 1413).
> (24) a. 아무래도 마음이 놓이질 않아서 내가 가 볼까 <u>봐</u>(한글학회, 1992: 1794).
> b. 이것도 먹을까 <u>보다</u>(한글학회, 1992: 1794).
> c. 시간이 다 돼 가니 이제는 떠나야 할가(까) <u>봐</u>(사회과학원 언어연구소, 1992: 1413).
> d. 이 녀석 말을 안 들으니, 때려 줄까 <u>보다</u>.

(23~24)에서, '-(으)ㄹ까 보다'가 (23)은 '추측'의 의미로, (24)는 '의지'의 의미로 쓰인 경우이다. 먼저 (23)을 보면, '보다'의 어말 형태가 종결형으로 나타나기보다는 연결형 '-아'나 '-아서'와 같은 형태로 나타나 뒷문장과 유기적으로 연결시켜 주는 구실을 한다. 그러므로 이들 구문은 '-(으)ㄹ

까 보다'가 포함된 선행절에서 '추측(염려)'이 이루어지고, 이에 대한 결과적 행위가 후행절에 나타나게 된다. 이것은 '-나 보다', '-ㄴ(은,는)가 보다', '-(ㄹ)려나 보다' 등의 구성과 구별되는 특징이다. 즉 '-(으)ㄹ까 보다' 구성과 다르게 세 유형의 구성들은 추측의 근거가 선행절에 나타나고, 이것을 바탕으로 후행절에서 추측이 이루어진다는 것이다.

그런데 (23d)의 경우는 '보다'의 어말 형태가 종결형으로 되어 있는데, 문맥상으로 볼 때 이 구문은 연결소로 '-(으)ㄹ까'보다는 '-(ㄹ)려나'가 오는 것이 좀더 자연스러운 것으로 보인다.

(23) d'. 날이 무더운 것이 아마도 비가 좀 오려나 보다.

한편 (23d)를 제외하고 (23)의 예문들을 보면, 어떤 공통점을 찾을 수 있다. 그것은 (23)의 구문에서 나타나는 '추측'이 단순한 추측이 아니라, '염려(걱정)'를 동반하고 있는 '추측'이라는 것이다. 그래서 (23a~c)에 '보다' 대신에 '염려되다'나 '염려하다'를 넣어도 문장이 자연스러운 것을 볼 수 있다.

(23)″ a. 그런 축과 얼려서 술을 배우고 돈을 쓰러 다닐까 <u>염려되어</u>, 걱정을 하는 것이었다.
　　　 b. 덕기는 자기의 낯빛이 친구에게 보일까 <u>염려되어(걱정되어)</u>, 술고뿌를 선뜩 들어서 입에 댄다.
　　　 c. 아들이 예수교식으로 장사를 지내 줄까 <u>염려되어</u>, 그것이 큰 걱정이었다.

다음으로 (24)는 어떤 행동에 대한 화자의 '의지'를 잘 드러내 주는 예문들이다. 이들 '의지'의 '-(으)ㄹ까 보다' 구문은 본래 화자가 자신의 행동에 대해 나타내는 '추측'이다. 그런데 이 '추측'은 제3자의 행동에 대해 내리는 추측이 아니고, 행위의 주체인 자신에게 내리는 것이었기 때문에 화자의 '의지' 표현이 된 것이다.[19] 그래서 (24a)는 '가는 행위'에 대한 화자

___

19) 제3자의 행동에 대한 추측이 이루어질 수 있다. 그런데 이 때에는 '-(으)ㄹ까 보다'

의 의지를, (24b)는 '먹는 행위'에 대한 화자의 의지를, (24c)는 '떠나는 행위'에 대한 화자의 의지를, 그리고 (24d)는 '때리는 행위'에 대한 화자의 의지를 표현하고 있다. 이들 구문에 나타나는 '의지'는 어떤 행동에 대한 화자의 강한 의지라기보다는 화자가 어느 정도 주저하고 있는 약한 의지로 보인다.

이상에서 우리는 '-(으)ㄹ까 보다' 구성이 염려를 동반한 '추측'과 화자의 '의지'를 그 의미로 표현한다는 것을 확인하였다.

5) '싶다', '하다' 구성과의 비교

[종결어미+보조용언] 구성에는 '보다' 이외에 '싶다'와 '하다'가 있다. 이들은 서로 유사한 통사 · 의미 특성을 가지고 있어 한 자리에서 다루기에 충분한 것들이다. 종결어미와 결합하는 '싶다', '하다'는 '보다' 구성에 나타나는 연결소인 '-나, -ㄴ(은,는)가, -(ㄹ)려나, -(으)ㄹ까' 등과의 결합이 자유롭게 이루어진다.

    (25) a. 그가 오나/ 오는가 <u>싶어</u>, 마중을 나갔다.
          b. 1등은 철수가 했나/ 했는가 <u>싶다</u>.

구성으로 나타나기보다(ⅰa)는 '-다(고) 보다'의 형태로 나타나는 것(ⅰb)이 좀더 자연스럽다.
   (ⅰ) a. 나는 그가 <u>갈까</u> 보다.
      b. 나는 그가 <u>간다고</u> 본다.
한편 이와 유사한 유형인 '싶다', '하다' 구성과 비교해 보자.
   (ⅱ) a. 나는 그가 갈까 싶다.
      b. *나는 그가 간다고 싶다.
   (ⅲ) a. ?나는 그가 갈까 한다.
      b. *나는 그가 간다고 한다.
      c. 그는 그만 갈까 했다.
'싶다'의 경우는 ⅱa와 같이 화자가 제3자의 행위에 대해 추측할 경우에 '-(으)ㄹ까 싶다' 구성으로 나타내는 것이 자연스럽다. 그러나 ⅱb)처럼 '-다고 싶다' 구성은 제약을 받는다. '하다'의 경우를 보면, 화자가 제3자의 행위에 대해 추측할 때는(ⅲa, b)처럼 어색하거나 부자연스럽다. 다만 '하다' 구성은 '보다', '싶다'와는 달리 3인칭이 그 자신의 행위에 대한 의지를 직접 표현할 수 있는 특징(ⅲc)을 보인다.

      c. 그녀가 *미인이나/ 미인인가 <u>싶다</u>.
  (26) a. 출장은 철수가 가나/ 가는가 <u>했으나</u>, 정수가 갔다.
      b. 얼굴은 순희가 예쁘나/ 예쁜가 <u>했더니</u>, 영희가 예쁘더라.
      c. 그가 *선생님이나/ 선생님인가 <u>했더니</u>, 학생이더라.
  (27) a. 물을 떠 오는걸 보니, 세수를 하려나 <u>싶다</u>.
      b. 하늘이 갑자기 어두어지는 걸 보니, 비가 오려나 <u>싶다</u>.
  (28) a. 물을 떠 오는걸 *보니/ 보고, 세수를 하려나 <u>했다</u>.
      b. 가방을 꾸리는 걸 *보니/ 보고, 집을 나가려나 <u>했다</u>.
  (29) a. 동생이 과자를 다 먹을까 <u>싶어</u>, 조바심이 났다.
      b. 이 일은 내가 할까 <u>싶다</u>.
      c. 나는/ *그는 그가 갈까 <u>싶다</u>.
  (30) a. 난 혹시 어머님께서도 그런 생각을 갖는 것이 아닐까 <u>하는</u> 불
        안한 마음이 들었다(잃어버린 너 上, 121).
      b. 나는 이제 그만 갈까 <u>한다</u>.
      c. 나는 도움을 얻을까 <u>해서</u>, 친구를 찾아 갔다.
      d. 철수는 그만 갈까 <u>하고(해서)</u>, 자리에서 일어났다.

    (25~26)은 연결소로 '-나/-ㄴ(은,는)가'가 선택된 구문이고, (27~28)은 '-(ㄹ)려나', (29~30)은 '-(으)ㄹ까'가 연결소로 선택된 구문이다. 이들 구문은 모두 '추측'이 1차 의미로 나타나고, '의지'나 '기대' 등이 2차 의미로 나타남을 알 수 있다. 먼저 (25)의 '싶다' 구성은 '추측'이 원인절에 나타나기도 하고 결과절에 나타나기도 하여 자유로운 문장 구조를 이루고 있다. 다만 (25c)에서 연결형 '-나'의 결합이 부자연스럽다.

    (26)의 '하다' 구성은 단문, 복문의 형태가 모두 가능하나, 단문일 경우에도 후행절이 생략된 것으로 보아야 한다. 그리고 선행절과 후행절의 내용이 대립되어 있는 것이 특징이다. 즉 추측의 선행절은 대조나 대립관계 연결어미 '-으나, -는데, -더니' 등이 결합되어 있고, 후행절에서는 선행절과 반대되는 내용이 기술된다.

    (27~28)의 '-(ㄹ)려나'와 결합한 구성은 세 유형이 유사하다. 이들은 선행절에 추측의 근거를 두고, 후행절에서 미루어 짐작하는 구조로 이루어져 있다. (27)의 '싶다' 구성은 선행절이 '보니, 보면'의 형태로 나타나고, 후행

절이 '싶(었)다'의 형태를 취한다. 다만 선행절이 '보면'형이면, 후행절은 '싶었다'의 형태로만 나타난다.

(28)의 '하다' 구성은 선행절이 '보고'의 형태만을 취하고, 후행절이 과거형인 '했다'형으로만 나타난다. 그래서 '-(ㄹ)려나 하다' 구성은 과거의 일에 대한 추정의 구문에만 쓰이는 특징을 보인다.

(29~30)의 '-(으)ㄹ까'와 결합한 구성은 '보다' 구성과 유사하게 '추측'과 '의지'의 의미를 나타낸다. 다만 각 구성간의 차이는 조금씩 보이고 있다. (29)의 '싶다' 구성에서, (29a)는 '염려'를 동반한 '추측'이 그 의미로 나타나고 있다. 이 때 통사 특징은 '보다' 구성과 거의 유사하다. (29b, c)는 '의지'의 의미를 표현하는 구문들인데, (29b)는 화자의 의지가 자연스럽게 표현되고 있음을 보여 준다. 그러나 (29c)는 제3자의 의지를 나타내려고 하였으나 부자연스러운 구문이 되었다. 다만 화자가 제3자의 행동에 대해 추측을 하는 구문으로는 가능하다. 이것은 '염려'가 동반되지 않은 단순한 추측이기 때문에 '-(으)ㄹ까 보다' 구성에서는 나타나지 않는 특징이다.

(30)의 '하다' 구성에서, (30a)는 '염려'의 의미가 동반된 '추측'이나, 여기서는 상당히 약화되어 나타나고 있다. 이 때 추측을 나타내는 선행절의 종결 형태는 '하는'이나 '하고' 등으로 제한되어 나타난다. '의지'의 의미와 관련된 (30b~d)에서, (30b)는 화자의 행동 의지를 표현하고 있고, (30c, d)는 화자나 제3자의 행동 의지나 기대를 표현하고 있다. 여기서 특이한 점은 (30c, d)와 같이 '의지' 표현이 복문의 형태로 나타나고 있다는 점과 1인칭 화자 이외에 2인칭이나 3인칭 주어의 행동 의지에 대한 표현도 가능하다는 점이다. 이것은 '보다, 싶다' 구성과 구별되는 특징이다.

이상에서 종결어미와 결합한 '보다' 구성과 유사한 '싶다', '하다' 구성의 특징을 개략적으로 살펴보았다. 이들 '싶다', '하다' 구성과 '보다' 구성은 추측을 하는 시점이 서로 다른데, '보다' 구성의 경우는 추측의 시점이 주로 현재로만 제한되어 이루어지는데 반해, '싶다'나 '하다' 구성의 경우는 현재뿐만 아니라 과거에도 추측의 시점이 놓일 수 있다는 특징이 있다. 그러므로 '싶다', '하다'에 과거시상 선어말 어미의 삽입이 자유롭게 이루어지는 것이다. 이들의 통사 특성에 대해서는 제3장에서 부분적으로 다루

게 된다.[20)]

(3) 보조용언 '보다' 구성의 의미 분류

앞에서 '보다'가 보조용언으로 쓰일 때 문맥에 따라 연결소가 달리 선택되고, 의미 또한 다양하다는 것을 살펴보았다. '보다'가 '시행'의 의미를 나타낼 때는 연결소 '-어/아'나 '-고'를 선택한다. 그러나 주어의 강한 의지를 담은 '시행'을 표현할 때는 '-어/아'보다는 '-고'가 연결소로 선택된다. 또한 '보다'가 '경험'이나 '가정'의 의미를 표현할 때는 연결소로 '-어/아'를 선택하지만, '결과'를 표현할 때는 '-고'를 선택한다. 한편 연결어미 '-다(가)'가 선택된 구문의 경우는 '시행'이 일회적으로 끝난 것이 아니라 지속적으로 이루어지고 있음을 나타내, '-어/아'나 '-고'와 다른 특성을 보여 준다. 또한 이들 유형은 '-다 보다'의 형태로 나타나 '원인'의 의미를 표현하기도 한다.

다음으로 '보다'가 '추측'의 의미를 표현할 때에는 문맥에 따라 다른 종결어미를 선택하는데, 이러한 경우 의미 '추측'은 보조용언 '보다' 구성의 또 다른 1차적인 의미로 구별해야 한다는 것을 살펴보았다. 한편 '-(으)ㄹ까 보다' 구성은 '추측' 이외에 화자의 '의지'를 그 의미로 표현하는 특징을 보인다. 종결어미와 결합한 보조용언 '보다' 구성은 유사한 형태로 나타나는 '싶다', '하다' 구성과 의미적·통사적 측면에서 유사한 점이 많다는 것을 확인할 수 있었다.

그러므로 위에서 고찰한 보조용언 '보다' 구성의 의미는 다음과 같이 정리해 볼 수 있다.

---

20) '보다, 싶다, 하다'의 통사적 특징에 대하여는 최재희(1996)를 참고할 수 있다.

(31) 보조용언 '보다' 구성의 의미 분류

'보다' 구성 유형	1차적 의미	2차적 의미
'-어/아 보다'		'경험', '가정'
'-고 보다'	'시 행'	'결과'
'-다(가) 보다'		'지속', '원인'
'-나 보다'		
'-ㄴ(은,는)가 보다'	'추 측'	
'-(ㄹ)려나 보다'		
'-(으)ㄹ까 보다'		'의지'

2. 보조용언의 의미 담당 요소

이 절에서는 보조용언 구문에서 보조용언의 의미를 담당하는 요소가 무엇인지를 규명하고자 한다. 즉 의미를 담당하는 요소가 보조용언 자신인가 아니면, 그 외에 다른 요소인가 하는 것을 살피고자 하는 것이다. 예를 들어, '시행'의 '-어/아 보다' 구성에서, 의미 '시행'은 '보다'가 담당하는지, 아니면 연결소 '-어/아'가 담당하는지, 그것도 아니면 어말 형태와 같은 또 다른 요소가 담당하는지와 같은 문제를 밝히려는 것이다.

일반적으로 보조용언은 본용언과 다른 의미 기능을 한다. 본용언의 경우는 자립적으로 의미 표현을 할 수 있기 때문에 구문의 서술 기능과 함께 그것이 표현하려는 의미를 쉽게 파악할 수 있다.

(32) a. (그 물건은 쓸모가 없으니) 버려라.
     b. (배가 고플테니) 어서 먹어라.
     c. (소문으로만 들었는데 실제로 보니) 아름답구나.
(33) a. 철수는 그 물건을 버렸다.
     b. 영희는 과자를 먹었다.
     c. 그녀는 아름답다.

(32~33)에서, (32)는 발화 상황이 주어졌을 때 서술어 혼자 독립적으로 쓰일 수 있음을 보여 주고 있다. 그리하여 (32a, b)는 명령의 상황인데, (   ) 속의 내용을 생략시키고, 행위의 주체와 목적 대상이 생략되더라도 '버리다'와 '먹다'의 의미를 제대로 파악할 수 있는 구문이다. (32c)는 감탄문의 경우로, 형용사인 서술어가 단독으로 쓰이고 있는 구문이다. (33)은 문장 성분의 생략이 일어나지 않은 정상적인 구문인데, 각 본용언이 요구하는 논항들이 표면에 나타나 있다.

이와 같이 본용언은 기본적인 환경만 조성되면 그 쓰임이 비교적 자유롭다. 그러므로 본용언의 의미 담당 요소는 본용언 그 자신이 된다.

다음으로 접속용언(또는 보문) 구성을 보기로 하자.

> (34) a. 영희는 화병에 꽃을 다듬어 <u>꽂았다</u>.
>   b. 하늘이 맑고 <u>푸르다</u>.
>   c. 어머니는 아들이 오는가 <u>보았다</u>.

(34)에서 후행용언은 모두 본용언이다. 이들 본용언들은 단독으로 '꽂다', '푸르다', '보다'의 의미를 나타내고 있다. 이것은 (34)를 다음과 같이 두 문장으로 분리시켜도 자연스러운 것에서 확인할 수 있다.

> (34)′ a. 영희는 꽃을 다듬다.
>   영희는 화병에 꽃을 꽂다.
>   b. 하늘이 맑다.
>   하늘이 푸르다.
>   c. 아들이 오다.
>   어머니가 보다.

그러므로 이들도 본용언 자신이 홀로 의미 담당자 역할을 한다고 볼 수 있다. 그런데 보조용언은 이들과 다른 특징을 보인다. 보조용언 구문에서 보조용언은 자신이 나타내려는 문맥 의미를 단독으로 이루어 내지 못한다. 이들은 항상 어떤 것의 도움을 받아야 하고, 의미 해석에 있어서도 필요한 환경의 도움이 있어야만 가능하다.

여기에서는 보조용언 '보다' 구성을 중심으로 보조용언 의미의 담당 요소를 살펴보려고 한다.

(1) 연결어미와 결합한 '보다' 구성

먼저 연결어미와 결합한 '보다' 구성을 보면 다음과 같다.

> (35) a. 덕기는 제 방으로 들어가 누우면서 지금 안에서 듣던 말을 생각하여 <u>보았다</u>(삼대 上, 40).
> b. 눈물을 흘려 <u>보기는</u> 그 때가 처음이었지?(신기철·신용철, 1986: 1468)
> c. (어머니는 나에게) 이렇게 불쑥 남자 문제가 생기고 <u>보니</u>, 처음에는 무척 놀라셨다는 거야(잃어버린 너 上, 48).
> d. 조용한 곳에서 학생들과 생활을 하다 <u>보면</u>, 마음도 안정을 찾을 것이다(잃어버린 너 上, 163).
> e. 주소를 모르다 <u>보니</u>, 그 동안 한 번도 찾아 가지 못했다.

연결어미와 결합한 '보다' 구성인 (35)에서, 각각 '시행'(35a), '경험'(35b), '결과'(35c), '지속'(35d), '원인'(35e) 등 보조용언의 의미를 추출해 낼 수 있다. 그런데 이들의 의미는 보조용언 '보다'가 독자적으로 나타내는 것이 아니다. (35a~e)에서 '보다'만을 분리시키면, 다음과 같이 본용언의 의미 이외의 다른 의미는 발견할 수 없다.

> (35)′ a. 덕기는 생각하다.
> 덕기는 보다.
> b. 눈물을 흘리다.
> 눈물을 보다.
> c. 남자 문제가 생기다.
> 어머니는 보다.
> d. 생활을 하다.
> 나는 보다.

    e. 주소를 모르다.
       나는 보다.

    그러므로 (35a~e)의 각 구문에서 보조용언의 의미를 발견하기 위해서는 선행용언을 포함한 독립된 '명제'가 있어야 하고,21) 이 명제를 보조용언과 연결시켜 주는 기능을 하는 '연결소'가 있어야 한다. 이 때 선행 명제가 행위적인 것이냐, 상태적인 것이냐에 따라, 그리고 연결소가 무엇이냐에 따라 표현되는 문맥의 의미가 달라지게 된다.

(35)″ a. ['덕기가 안에서 듣던 말을 생각하는' 행위] + '-어/아' + '보다' ⇒ '덕기는 안에서 듣던 말을 생각하는 행위를 시행하다'
    b. ['눈물을 흘리는' 일(행위)] + '-어/아' + '보다' ⇒ '눈물을 흘리는 일을 경험하다'
    c. ['어머니는 나에게 남자 문제가 생기는' 일(상황)] + '-고' + '보니' ⇒ '어머니는 나에게 남자 문제가 생기는 상황이 일어나니(그 결과에 대한 행동으로)'
    d. ['조용한 곳에서 학생들과 생활하는' 일] + '-다(가)' + '보면' ⇒ '조용한 곳에서 학생들과 생활하는 일을 지속적으로 시행

---

21) 여기에서 '명제'라 하는 것은 연결소 앞에 위치하는 본용언만을 지시할 수도 있으나, 우리는 완전한 문장으로 이루어진 것을 명제로 본다. 가령 본용언만 중시하게 되면, 다음과 같이 자칫 중의적인 구문의 생산을 촉진시킬 수 있다.
    a) 가 보았다.
    b) 던져 버렸다.
위의 예문들은 선행 명제가 완전하지 않기 때문에 여러 가지 해석을 유도한다. (a)는 '~에 가서 ~을/를 보았다'는 본용언의 의미로 해석할 수도 있고, '~에 가는 것을 시행했다'는 보조용언의 의미와 '~에 간 경험이 있다'는 보조용언의 의미로 해석할 수도 있다. (b)도 마찬가지이다. (b)는 '~을/를 던져서 버렸다'는 본용언의 의미, '~을/를 던지는 행위를 종결했다'는 보조용언의 의미, 그리고 '~을/를 던지는 행위를 하여 아쉽거나 마음의 부담이 제거되었다'는 보조용언의 의미 등으로 해석할 수 있다. 이와 같이 여러 가지 의미로 해석되는 것은 보조용언에 선행하는 명제를 명확하게 제시하지 않았기 때문이다. 가령 (ⅰa)에서 '보다'가 본용언으로 쓰일 경우에는 다음과 같이 '보다'와 호응되는 대상을 제시해야 한다.
    a)′ 나는 독립문을 가 보았다.
(a)′에서 '보다'와 호응하는 목적 대상으로 '독립문'이 제시되었기 때문에, '보다'는 본용언의 기능을 하게 되는 것이다.

하다'
    e. ['주소를 모르는' 상황] + '-다' + '보니' ⇒ '주소를 모르는 상황으로 인해(상황이 이유가 되어)'

(35)″은 (35)의 보조용언 구문을 세 부분, 즉 명제, 연결소, 보조용언으로 나누어 본 것이다. 이들 세 요소 중 어느 하나라도 생략이 되거나 제기능을 하지 못하면 보조용언 구문은 이루어질 수 없다. 만약 명제가 적절하게 주어지지 않으면 여러 가지 의미로 해석되는 중의적인 구문이 되거나 어색한 구문이 된다. 그리고 연결소가 적절하지 못하면 비문이 되거나 다른 문맥 의미가 된다.[22] 그러므로 보조용언의 의미는 '보다' 단독으로 담당하는 것이 아니고, 선행 명제와 연결소, 그리고 보조용언이 유기적으로 결합하여 담당하는 것임을 알아야 한다.

한편 보조용언인 '보다'는 어말 형태가 자유로운 경우도 있으나 제약을 받는 경우도 있다. 다시 말해 보조용언의 의미는 명제와 연결소, 그리고 보조용언이 결합하여 담당하지만, 보조용언 뒤에 연결되는 어말 요소도 중요한 역할을 담당한다는 것이다.

(35)에서, (35a)는 '-어/아 보다' 구성이 '시행'의 의미를 나타낼 경우에 어말 형태가 자유롭다. (35b)는 '-어/아 보다' 구성이 '경험'의 의미를 나타낼 때, 상황에 따라 종결형과 비종결형이 나타난다. (35c)의 '결과'를 나타내는 '-고 보다' 구성의 경우는 연결형 '-보니'의 형태만을 취하는 제약이 있다. (35d)는 '-다(가) 보다' 구성이 '지속'의 의미를 나타낼 때에는, '보니

---

22) 가령 예문 (35)의 연결소들을 다음과 같이 바꾸어 보자.
    a) 덕기는 제 방으로 들어가 누우면서 지금 안에서 듣던 말을 {ㄱ.*생각하다 보았다/ ㄴ.생각하다 보니}
    b) 눈물을 {ㄱ.*흘리고 보기는/ ㄴ.흘리다 보니}
    c) 이렇게 불쑥 남자 문제가 {ㄱ.*생기어 보니/ ㄴ.생기다 보니}
(a)는 '시행'의 '-어/아 보다'를 '-다(가) 보다'로 바꿀 경우, 비문이 되거나 또는 의미가 '시행'에서 '지속'으로 변하게 된다. (b)는 '경험'의 '-어/아 보다'를 '-고 보다'와 '-다(가) 보다' 구문으로 바꾸어 보았다. 이 때 '-고 보다' 구문은 비문이 되고, '-다(가) 보다' 구문은 의미가 '지속'으로 바뀌게 되었다. (c)는 '결과'의 '-고 보다'를 '-어/아 보다'와 '-다(가) 보다'로 바꿀 경우, '-어/아 보다' 구문은 비문이 되고, '-다(가) 보다' 구문은 '시행'의 의미가 사라지고 '원인'의 의미를 나타내게 된다.

(까)'와 '보면'의 형태로만 나타나야 되는 제약이 있다. (35e)의 '-다 보다' 구성이 '원인'의 의미를 나타낼 경우에는 '보니(까)'의 형태로만 나타나는 제약이 있다. 이와 같은 어말 형태의 제약은 이것이 자유로운 본용언 '보다'와 다른 점이다.[23] 한편 (35c)의 '결과'나 (35e)의 '원인'은 어말 형태의 영향이 큰 것으로 보인다. 즉 (35c)와 (35e)의 구문에서 '결과'와 '원인'의 의미는 이들이 취하는 어말 형태로 인해 만들어지고 있는 것이다.

그러므로 연결어미와 결합하는 보조용언 구성의 의미는 선행 명제와 연결소, 보조용언, 그리고 보조용언 뒤에 연결되는 어말 요소 등이 서로 유기적으로 조화를 이루어 결합되어야 한다. 물론 4가지 요소 중에서도 보조용언은 가장 중요한 역할을 담당한다. 곧 보조용언을 중심축으로 하여 다른 세 요소, 즉 명제, 연결소, 어말 형태가 유기적으로 결합하여 보조용언 구성을 이루고, 보조용언의 의미를 담당하는 것이다. 물론 각 구성의 의미에 따라 중심적인 요소가 다를 수 있다. 즉 '결과'나 '원인'의 의미를 나타낼 경우에는 '-니'와 같은 어말 형태가 중요한 요소가 된다는 것이다.

이상에서 연결어미와 결합하는 보조용언 구성의 경우, 보조용언의 의미를 담당하는 요소는 어느 하나가 아니라 명제, 연결소, 보조용언, 어말 형태, 이 4가지가 공동으로 보조용언의 의미를 담당한다는 것이다.[24] 이러한 특징은 '보다' 구성뿐만 아니라 다른 보조용언 구성에서도 볼 수 있는 유사한 현상이다.

---

23) 각 구성의 의미에 맞는 어말 형태를 갖추어야 하는데, 그렇지 못할 경우 다음과 같은 결과가 초래될 수 있다.
　　a) 이렇게 불쑥 남자 문제가 생기고 {ㄱ.*보다/ ㄴ.*보았다/ ㄷ.*보아서}
　　b) 조용한 곳에서 학생들과 생활을 하다 {ㄱ.*보다/ ㄴ.*보았다/ ㄷ.*보아서}
　(a～b)는 문맥 의미에 맞지 않는 어말 형태가 결합되었기 때문에 어색한 구문이나 비문이 된 것이다.
24) 보조용언의 의미가 결정되는 요인에는 이상의 4가지 이외에 표면적으로 드러나지는 않지만 언어 외적인 '상황'이 요인으로 작용한다. 그런데 '상황'은 필수적인 요인이기는 하지만 항상 기본적으로 나타난다는 것이 전제된다. 만약 '상황'이 설정되지 않고 발화나 언어 표현이 이루어진다면, 청자나 독자의 측면에서는 이해력이 떨어지게 될 것이다. 한편 구문에 따라서는 상황의 중요성이 훨씬 높은 것도 있다. 특히 '가정'이나 '바람'의 경우가 그러한데, 이들 구문에서는 표현될 내용과 반대의 상황이 설정되어 있을 때에만 표현의 적절성이 성립되기 때문이다.

(36) a. 그 모습이 떠올라 더욱 빡빡 문질러 댔다(잃어버린 너 中, 51).
　　 b. "병실에 전화 걸어 <u>가지고</u> 절 보고도 그랬어요."(잃어버린 너
　　　　 中, 208)
　　 c. 막상 불에 태워 버리고 <u>나니</u>, 마음이 더 괴로웠다(나무들 비탈
　　　　 에 서다: 93).

　　(36a)는 '대다' 구성이고, (36b)는 '가지고' 구성, (36c)는 '나다' 구성이
다. 이들 구성도 (35)에서 살펴본 '보다' 구성과 마찬가지로 선행 명제, 연
결소, 보조용언, 어말 형태 등이 유기적으로 결합되어 보조용언의 의미를
담당한다. (36a)는 연결소로 '-어/아'만이 선택되고, 어말 형태로는 종결형
이나 연결형 모두 자유롭게 올 수 있는 특징을 보이고 있다. 이에 비해
(36b, c)는 어말 형태의 제약이 아주 심한 유형들이다. (36b)는 연결소로
'-어/아'만 선택되고, 어말 형태로 종결형은 결합되지 못하고 연결형만 결
합되는데, 연결형 중에서도 '가지고'처럼 '-고'의 형태로만 제약된다. (36c)
는 연결소로 '-고'의 형태만을 요구하고, 어말 형태는 연결형으로 제약된
다. (36b)와는 달리 (36c)는 어말 형태로 연결형이 올 경우에는 제약이 없이
비교적 자유롭게 결합되는 특징이 있다.

(2) 종결어미와 결합한 '보다' 구성

　　종결어미와 결합한 보조용언 구성은 (35)의 연결어미와 결합한 보조용
언 구성과 의미의 생산 및 담당에 있어 다른 양상을 보여 준다.

(37) a. "시험 공부를 열심히 했나 <u>보죠</u>? 얼굴이 핼쑥해 졌어요."(잃어
　　　　 버린 너 上, 31)
　　 b. "내가 덕이 없어 그런가 <u>보다</u>."(잃어버린 너 上, 135)
　　 c. 내일은 비가 오려나 <u>보다</u>.
　　 d. "혹시나 그이가 옛날 생각에 우울해 할까 <u>봐</u> 걱정이 돼요."(잃
　　　　 어버린 너 上, 225)
　　 e. 암만해도 한바탕 싸워야 할까 <u>봐</u>(신기철 · 신용철, 1986: 1468).

(37a)는 '-나 보다' 구성, (37b)는 '-ㄴ(은,는)가 보다' 구성, (37c)는 '-(르)려나 보다' 구성, (37d~e)는 '-(으)르까 보다' 구성이다. 이들 구성은 '추측'을 기본 의미로 나타내고 있는데, (37e)는 화자가 자신의 행동에 대해 내리는 강한 추측, 즉 '의지'가 되어 다른 구성과 다소 차이를 보인다.

(35)와 마찬가지로 (37)도 명제와 연결소, 보조용언, 어말 형태 등이 각 구성에 나타나 있는데, 보조용언이 단독으로 '추측'의 의미를 담당하는 못한다. 그런데 (35)와는 달리 '추측'의 구문에서는 연결소인 종결어미가 상당히 중요한 역할을 담당한다.

> (37)' a. 시험 공부를 열심히 <u>했나</u>? 얼굴이 핼쑥해 졌어요.
> b. "내가 덕이 없어 <u>그런가</u>."
> c. 내일은 비가 <u>오려나</u>.
> d. "혹시나 그이가 옛날 생각에 우울해 <u>할까</u> 걱정이 돼요."
> e. 암만해도 한바탕 싸워야 <u>할까</u>?

(37)은 (37)'과 같이 보조용언 '보다'의 생략이 이루어지더라도 어색한 면이 있기는 하나 '추측'의 의미를 어느 정도 나타낼 수 있다. 특히 (37c)'과 (37d)'의 경우는 선행 성분만으로도 '추측'의 의미를 상당 부분까지 나타내고 있다. 다만 (37)과는 달리 (37)'은 명제 내용에 대한 화자의 추정을 나타낼 뿐만 아니라 상대방에게 하는 질문으로도 해석이 가능하다. 그리하여 (37a)'은 '시험 공부를 열심히 했느냐?'로, (37b)'은 '내가 덕이 없어 그러느냐?'로 해석이 이루어질 수 있다. 그러나 이들 중 (37c)'과 (37d)'은 '추측'이 아닌 질문의 구문으로 해석하기는 어려워 보인다. 이와 같이 '추측'의 구문에서 종결어미가 중요한 역할을 담당한다. 그러나 '보다'와 함께 나타나지 않으면, 추측이 아닌 질문이나 의문의 의미가 강하게 나타난다. 그러므로 연결어미에 비해 의미의 분담량이 높기는 하지만 다른 요소들의 도움도 절대적으로 필요함을 알 수 있다.

종결어미와 결합한 보조용언 구성인 (37)에 나타나는 '보다'의 역할은 '추측'의 의미를 선명하게 하는 촉매제로 보인다. (37)에서 의문형 종결어미에 '보다'가 결합되어 다른 의미로 해석되는 것을 방지하고 '추측'의 의미를 강화하는 기능을 한다. 이것은 '보다'를 생략했을 때 '추측' 이외의 질문과 같은 다른 의미를 나타낼 수 있었던 (37)′에서 확인할 수 있다.

한편 '추측'의 구문에서 '보다'가 담당하는 의미의 분담량은 (37a~d)와 같이 '추측'을 주된 의미로 나타내는 구문에서는 매우 약하다. 그러나 (37e)처럼 화자의 '의지'를 나타내는 구문에서는 '보다'의 역할이 상당히 중요하다. (37e)에서, [선행용언+'-(으)ㄹ까']에 '보다'가 결합되어야만 화자의 의지 표현이 이루어질 수 있다. (37e)′과 같이 '보다'가 생략되면 상대방에 대한 질문으로만 해석되고 화자의 의지를 발견하기는 어렵다.

(37)에서 '보다'의 생략이 가능하다는 것은 종결어미와 결합한 보조용언 구성에 나타나는 '보다'가 본용언이 아니라는 것을 보여 주는 하나의 증거가 될 수 있다.

 (38) a. 철수가 오고 있는가 <u>보았다</u>.
    b. 친구가 넘어질까 <u>염려되어</u>, 그를 잡아 주었다.

(38)은 종결어미에 본용언이 결합되어 있는 복문 구성이다. 다음과 같이 본용언을 생략하면 의미의 차이를 확인할 수 있다.

 (38)′ a. 철수가 오고 <u>있는가</u>.
    b. *친구가 <u>넘어질까</u>, 그를 잡아 주었다.

(38)′과 같이 본용언을 생략하게 되면, (38)에서의 의미와는 아주 다르게 된다. (38a)′과 같이 본용언 '보다'를 생략했을 때 비문은 되지 않으나, '눈으로 느끼다'라는 '보다'의 의미는 어느 곳에서도 발견할 수 없게 되고, '철수가 오고 있느냐?'는 질문만 남는다. (38b)의 경우도 (38b)′으로 바꾸면 '염려되다'에 대한 본용언의 의미는 어느 곳에서도 발견할 수 없다. 그리고 생략해서는 안 되는 본용언이 생략되었으므로 비문이 되고 만다.

이와 같이 보조용언 구성의 (37)과 보문 구성의 (38)이 다르다는 것은 종결어미와 결합하는 보조용언이 대용언의 기능을 하고 있지만, 단순한 대용언의 기능에 머무르는 것이 아니라 '추측'과 같은 또 다른 의미 기능을 담당하고 있음을 보여 준다. 그러므로 보조용언은 본용언과 반복을 피할 목적으로 사용하는, 즉 1 대 1 대응으로 이루어져 있는 대용언과는 구별을 해야 한다.

한편 (37)과는 약간 다른 대용언의 기능을 하는 유형으로 다음과 같은 용례가 있다.

(39) a. 나는 그가 불합격하리라(고) <u>본다</u>.
  b. 그 자리는 철수가 적임자라고 <u>보고</u>, 강력하게 추천하였다.
  c. 종환씨는 일단 괜찮다 <u>싶으면</u> 결혼을 하고 사랑해 주면 된다는 생각이었다(잃어버린 너 上, 60).
  d. 발소리가 선생님이다(고) <u>싶으면</u> 아이들은 조용해지곤 했다.
  e. 원삼이가 그 집 번지는 모른다 <u>하여</u> 병화는 집만 자세히 물어 두었다(삼대 上, 292).
  f. "사랑문은 꼭 닫아 두고, 누가 오든지 없다고 <u>해라</u>."(삼대 上, 157)

(39a~b)는 '보다', (39c~d)는 '싶다', (39e~f)는 '하다'가 각각 대용언으로 쓰인 구문들이다. 이들 구문에서 대용언은 생략될 수 없는 독립된 의미를 담당하고 있다. 그래서 다음과 같이 (39a~f)의 대용언을 생략하면 비문이 되어 버린다.

(39)′ a. *나는 그가 불합격하리라.
  b. 그 자리는 철수가 적임자라고, 강력하게 추천하였다.
  c. *종환씨는 일단 괜찮다(면) 결혼을 하고 사랑해 주면 된다는 생각이었다.
  d. *발소리가 선생님이다(고) 아이들은 조용해지곤 했다.
  e. *원삼이가 그 집 번지는 모른다, 병화는 집만 자세히 물어 보았다.
  f. *"사랑문은 꼭 닫아 두고, 누가 오든지 없다(고).

(39)′은 대용언인 '보다', '싶다', '하다'를 생략한 구문이다. (39a)′에서 '보다'는 1인칭 '나'와 호응하는데, '나'는 그대로 있고 서술어인 '보다'만

생략되었기 때문에 비문이 되었다. (39b)′은 대용언 '보다'가 생략되었으나 비문은 되지 않았다. 그러나 이 구문에서 주어의 비단정적 판단의 의미는 발견하기 힘들고, 명제 내용에 대한 주어의 단정만을 볼 수 있다. (39c)′은 추측의 주체가 '종환씨'인데 '싶다'의 생략으로 '추측'의 의미를 발견할 수 없어 비문이 되었다. 또한 (39c)에서는 '괜찮다'의 주체가 '종환씨'였는데, (39c)′에서는 '종환씨' 이외에 또 다른 제3자를 설정할 수 있는 구문으로 바뀌게 되었다. (39d)′은 원래 (39d)에서 추측의 '싶다'가 '아이들'과 호응하여 조건절을 만들고 있는데, '싶다'의 생략으로 '추측'의 의미가 사라졌고, 선행절과 후행절도 단절되는 구문이 되고 말았다. (39e)′은 '말하다'류의 의미를 가진 대용언 '하다'가 생략되어, 선행절과 후행절의 내용이 연결되지 않는 비문이 되었다. (39f)′은 (39f)의 명령의 구문에서 명령 서술어인 대용언 '하다'는 필수 서술어로 생략하면 안 되는데, 생략되어 비문이 되고 말았다.

이상에서 살펴본 (39)의 대용언들은 (37)의 대용언들과는 의미는 물론이고 구문에서의 의미 분담량이 다르다는 것을 알 수 있다. 즉 (37)의 대용언들은 구문에서 의미 분담량이 적기 때문에 어느 정도 생략이 가능하지만, (39)의 대용언들은 의미 분담량이 아주 높기 때문에 생략이 불가능하다. 이러한 특징은 전자를 보조용언, 후자를 본용언으로 나눌 수 있는 근거가 될 수도 있다.

종결어미와 결합하는 보조용언 구성으로 '보다' 이외에 '싶다'와 '하다'가 있는데, 이들 두 구성도 보조용언의 역할과 의미 분담량에서 '보다' 구성과 유사한 특징을 보인다.

(40) a. 1등은 철수가 했나/ 했는가 <u>싶다</u>.
    b. 물을 떠 오는 걸 보니, 세수를 하려나 <u>싶다</u>.
    c. 이 일은 내가 할까 <u>싶다</u>.
(41) a. 출장은 철수가 가나/ 가는가 <u>했으나</u>, 정수가 갔다.
    b. 가방을 꾸리는 걸 보고, 집을 <u>나가려나</u> 했다.
    c. 나는 이제 그만 갈까 <u>한다</u>.

(40)은 '싶다' 구성이고, (41)은 '하다' 구성이다. 이들 구문에서는 연결소인 의문형 종결어미가 보조용언의 의미 담당자로 중요한 역할을 한다.

   (40)′ a. 1등은 철수가 <u>했나/ 했는가</u>
        b. 세수를 <u>하려나</u>
        c. 이 일은 내가 <u>할까</u>
   (41)′ a. 출장은 철수가 <u>가나/ 가는가</u>
        b. 집을 <u>나가려나</u>
        c. 이제 그만 <u>갈까</u>

(37)의 '보다' 구성과 마찬가지로, (40~41)은 화자의 '추측'을 나타내는 구문으로 쓰이는데, (40)′, (41)′과 같이 보조용언이 생략되더라도 어색한 면이 있기는 하나 '추측'의 의미가 많이 남아 있다. 다만 (37)′에서 확인했듯이 보조용언이 생략될 경우, '추측'의 의미만 나타나는 것이 아니라, 질문이나 의문의 형태로 쓰이기도 하기 때문에 문맥 의미가 불명확하다는 특징이 있다. 그러므로 이들의 경우에도 '싶다'와 '하다'가 의문형 종결어미 뒤에 연결됨으로써 '추측'의 의미를 선명하게 하는 역할을 하게 된다.

이상에서 우리는 보조용언이 문장에서 의미의 보조 기능만을 담당한다는 것을 알 수 있었다. 이들 중 연결어미와 결합한 보조용언 구성에서는 보조용언 의미의 주된 담당 요소를 판단하기가 어려웠으나, 종결어미와 결합한 보조용언 구성에서는 연결소인 의문형 종결어미가 보조용언 의미의 주된 담당 요소가 된다는 것을 확인할 수 있었다.

3. 보조용언의 생략에 따른 의미 전달력 양상

이 절에서 논의하게 되는 '보조용언의 생략'이란 보조용언이 문장의 문법성을 해치지 않고, 또한 문장의 기본 의미에 커다란 변화가 없이 생략 가능한가의 문제이다. 따라서 생략은 문장의 필수적 요소와 수의적 요소를 나누는 하나의 기준이 될 수 있다. 문장의 필수적 요소는 생략했을 경우 문장 전체가 비문이 되거나 의미의 변화가 크게 일어나는 데 반해, 문장의 수의적 요소는 생략했을 경우 그 언어 요소가 문장에 들어감으로써 덧보태어진 의미만 없어질 뿐, 문장의 문법성이나 전반적인 의미 변화는 일어나지 않는다.

보조용언은 실질 의미를 갖지 못하고 전체 문장에 보충적인 의미만을 첨가하는 문법적인 요소이므로, 문장에서 필수적인 요소라기보다는 수의적인 요소에 해당한다. 그러나 이러한 규칙이 일률적으로 적용되지는 않는다.

이 절에서는 보조용언 '보다' 구성을 중심으로 보조용언의 생략에 따른 의미 전달력에 대해 살펴보고자 한다. 보조용언은 유형에 따라 생략이 이루어졌을 때 원래 문장의 기본 의미와 구조에 미치는 영향이 다소 다른 것으로 보인다. 여기에서는 보조용언의 생략에 따라 나타날 수 있는 의미와 구조 변화의 유형을 첫째, 기본 문장에 문법적인 의미 첨가 이외에 거의 영향을 주지 못하는 유형, 둘째, 보조용언을 생략했을 때 기본 문장의 의미나 구조에 영향을 줄 수 있는 유형의 두 가지로 나누어 고찰하고자 한다. 전자는 보조용언의 생략이 이루어진 뒤에도 원래 문장에 대한 의미의 전달력에 변화가 일어나지 않는 구문이고, 후자는 보조용언의 생략이 이루어지면 기본 문장의 의미나 구조가 영향을 받아 원래 문장에 대한 의미의 변화가 일어나는 구문이다.

(1) 변화가 없는 구문

이 유형은 보조용언을 생략했을 경우, 그 문장의 문법성에 변화가 없다. 뿐만 아니라 의미면에서도 보조용언이 문장에 첨가했던 문법적인 의미만 없어질 뿐, 원래 문장의 기본 의미에는 영향을 주지 않는다. 이 유형에 속하는 구문으로는 '시행', '경험'의 '-어/아 보다' 구성, '시행', '결과'의 '-고 보다' 구성, '지속', '원인'의 '-다(가) 보다' 구성 등이 있다.

> (42) a. "삼국지가 그렇게 좋은 책이면, 그럼 우리 진희도 좀 빌려다
>   읽혀 <u>볼까</u>?"(새의 선물: 41)
>   b. 운전사는 차가 아까부터 덜컹거리는 소리가 심해진다 싶더니
>   급기야는 이 고갯길 앞에 이르고 <u>보니</u> 도저히 브레이크를 믿
>   지 못하겠다는 마음이 들었다(새의 선물: 371).
>   c. 찬물을 조금씩 끼얹다 <u>보면</u> 얼마 안 가 물이 차갑다는 걸 모
>   르게 된다(새의 선물: 187).

(42a)는 '시행'의 '-어/아 보다' 구성이고, (42b)는 '결과'의 '-고 보다'
구성이며, (42c)는 '지속'의 '-다(가) 보다' 구성이다. 각 구문의 보조용언은
기본 문장에 문법적인 의미인 '시행', '결과', '지속'의 의미를 첨가하고 있
다. 그런데 보조용언을 생략하면 다음과 같은 변화가 일어난다.

> (42)′ a. "삼국지가 그렇게 좋은 책이면, 그럼 우리 진희도 좀 빌려다
>   <u>읽힐까</u>?"
>   b. 운전사는 차가 아까부터 덜컹거리는 소리가 심해진다 싶더니
>   급기야는 이 고갯길 앞에 <u>이르니</u> 도저히 브레이크를 믿지 못
>   하겠다는 마음이 들었다.
>   c. 찬물을 조금씩 <u>끼얹으면</u> 얼마 안 가 물이 차갑다는 걸 모르게
>   된다.

(42a∼c)′과 같이, 보조용언을 생략하면 기본 문장에 첨가하였던 문법
적인 의미가 없어진다. 그러나 원래 문장의 기본 의미나 구조의 변화는 일
어나지 않는다. 즉 의미 전달력에 손상이 일어나지 않는다.

이 유형에 속하는 보조용언 구성으로는 연결어미 계열의 '-어/아'형('주
다'의 일부 제외), '-고'형, '-지'형,25) '-어야'형, '-려고/자고(고자)'형, '-다(가)'

---

25) 연결소 '-지'와 결합하는 '아니하다, 못하다, 말다'는 기본 문장의 구조와 의미에 영
   향을 줄 것으로 보이나, 다음과 같이 양상 의미의 첨가 이외에는 영향이 없다.
   a) 몇 달 사이에 그 여고시절에서 벗어나 질 것 <u>같지</u> 않았다(잃어버린 너 上, 16).
   b) 제 날짜에 원고를 <u>쓰지</u> 못했다(잃어버린 너 上, 10).
   c) "윤희 너 앞으로 그 사람 <u>만나지</u> 마라."(잃어버린 너 上, 49)
   a)′ 몇 달 사이에 그 여고시절에서 벗어나 질 것 같다.
   b)′ 제 날짜에 원고를 썼다.

형, [관형사형＋의존명사] 계열('만 하다' 제외), 명사형 어미 계열의 '-기'형 등을 들 수 있다.

(2) 변화가 있는 구문

이 유형은 보조용언을 생략했을 경우 문장의 문법성에 영향을 줄 뿐만 아니라 의미면에서도 원래 문장의 기본 의미에 변화가 일어난다. 또한 문장의 구조에도 변화를 줄 수 있다. 이 유형에 속하는 구문으로는 '가정'의 '-어/아 보다' 구성과 종결어미와 결합한 '-나/-ㄴ(은,는)가/-(ㄹ)려나/-(으)ㄹ까 보다' 구성 등이 있다.

(43) a. 식량이 떨어져 <u>보시오</u>.
　　　b. 그런 생각을 하면서도 깜빡 잠이 들고 말았나 <u>보다</u>(새의 선물: 178).
　　　c. 사랑이 이해라는 말은 사실인가 <u>보다</u>(새의 선물: 185).
　　　d. 신발을 신는 걸 보니 그가 가려나 <u>보다</u>.
　　　e. 이모는 샐쭉하게 대꾸를 하면서 혹시 지금 그와 말을 나누는 것을 아는 사람이 볼까 <u>봐</u> 주위를 한 번 휘 둘러본다(새의 선물: 83).
　　　f. 배가 부르니 이제 그만 먹을까 <u>보다</u>.

(43a)는 '가정'의 '-어/아 보다' 구성, (43b)는 '-나 보다' 구성(43c)는 '-ㄴ(은,는)가 보다' 구성, (43d)는 '-(ㄹ)려나 보다' 구성, (43e)는 '추측'의 '-(으)ㄹ까 보다' 구성, (43f)는 '의지'의 '-(으)ㄹ까 보다' 구성이다. 이들 구문들은 기본 문장에 [연결소＋보다]가 결합하여 보조용언 구문이 된 것들이다. 그럼 (43)에서 보조용언을 생략해 보면 다음과 같다.

---

　　c)′ "윤희 너 앞으로 그 사람 만나라."
(a~c)에서, 보충 의미인 (a)의 '부정', (b)의 '미완성', (c)의 '금지' 등이 생략되어 나타난 것이 (a′~c′)이다. 이들 구문은 보조용언이 생략되었어도 기본 문장의 구조나 의미에 변화가 일어났다고 볼 수 없다.

(43)′ a. 식량이 <u>떨어진다</u>.
　　　 b. 그런 생각을 하면서도 깜빡 잠이 들고 <u>말았다</u>.
　　　 c. 사랑이 이해라는 말은 <u>사실이다</u>.
　　　 d. *신발을 신는 걸 보니 그가 <u>간다</u>.
　　　 e. *이모는 샐쭉하게 대꾸를 하면서 혹시 지금 그와 말을 나누는
　　　　　 것을 아는 사람이 <u>본다</u>.
　　　 f. 배가 부르니 이제 그만 <u>먹는다</u>.

(43)′은 (43)에서 [연결소＋보다]를 생략한 구문인데 일반 서술문이 되었다. (43a~f)의 구문들은 보조용언의 주어를 상정할 수 있는 복문의 구조를 가지고 있다. 그런데 보조용언이 생략된 (43a~f)′의 구문에서는 복문의 특성은 찾을 수 없다. 이것은 단문으로의 구조 변화가 일어난 것을 의미한다. 특히 (43d~e)′은 비문이 되고 말았는데, (43d)의 '-(ㄹ)려나 보다' 구문은 추측의 전제 조건을 선행절에 두고 후행절에서 추측을 수행하는 것이 일반적인 특징이다. 그러나 (43d)′과 같이 일반문이 되면 선행절의 전제에 대한 내용과 후행절의 호응이 어긋나기 때문에 비문이 되는 것이다. (43e)의 '-(으)ㄹ까 보다' 구문은 본용언의 주어와 다른 명시적인 보조용언의 주어(즉 '이모')가 표면 문장에 나타나 있는데, (43e)′과 같이 후행 서술어만 생략하면 문장의 호응 관계가 어긋나기 때문에 비문이 된다.

(43)′의 구문에 (43)의 본용언의 서법을 유지시켜 보자.

(43)″ a. *?식량이 떨어지시오.
　　　 b. ?그런 생각을 하면서도 깜빡 잠이 들고 말았나?
　　　 c. ?사랑이 이해라는 말은 사실인가?
　　　 d. ?신발을 신는 걸 보니 그가 가려나?
　　　 e. ?이모는 샐쭉하게 대꾸를 하면서 혹시 지금 그와 말을 나누는
　　　　　 것을 아는 사람이 볼까 주위를 한 번 휘 둘러본다.
　　　 f. ?배가 부르니 이제 그만 먹을까?

(43)″에서도 (43)의 복문의 특성을 찾을 수 없다. 다만 (43a)″을 제외한 나머지는 (43)′에 비해 (43)에 가까운 '추측'의 의미가 되기도 하나 여전히 어색하다. 한편 (43b~f)″의 경우는 종결어미의 영향으로 의문문의 형태를

취하고 있으나, '추측'의 의미를 찾기는 어려우며, 질문이나 의문의 의미를 나타내는 것으로 보인다. 이와 같이 이들 유형은 보조용언의 생략이 일어나면, 원래 문장의 구조에 변화가 일어나고 문장의 의미에도 영향을 주는 구문이다. 다시 말하면 보조용언의 생략으로 인해 기본 문장의 의미 전달력에 변화가 일어나는 것이다.

이 유형에 속하는 보조용언 구성으로는 연결어미 계열에서 '-어 주다'의 일부, '-게'형, '-면'형, 종결어미 계열의 '하다', '싶다' 구문, [관형사＋의존명사] 계열의 '만 하다', 명사형 어미 계열의 '-음'형 등을 들 수 있다.

먼저 '-어 주다' 구문은 문장에 '주다'와 호응하는 보어가 나타나기 때문에 생략하면 구조에 변화가 일어난다.

> (44)　a. 바로 아래 동생이 문을 열어 <u>주는데</u> 울고 난 뒤의 얼굴이었다
> 　　　　 (잃어버린 너 上, 131).
> 　　　b. 종환씨는 정말 빨리 나와 <u>주었다</u>(잃어버린 너 上, 138).

(44a~b)에서, '주다'와 호응하는 '~을 위해'라는 의미의 '-에게' 보어가 표면 문장에는 직접 나타나 있지 않지만 있는 것으로 상정할 수 있다.

> (44)′ a. 바로 아래 동생이 문을 <u>열었는데</u> 울고 난 뒤의 얼굴이었다.
> 　　　 b. 종환씨는 정말 빨리 <u>나왔다</u>.

(44a~b)′은 (44)의 구문에서 보조용언 '주다'를 생략한 경우인데, (44)의 '상대방을 위한' 행동의 의미를 발견할 수 없고, '-에게' 보어도 나타나지 않고 있다. 이것은 보조용언 '주다'가 생략되면, 그에 따라 문장 구조에도 변화가 일어남을 의미한다. 따라서 '-에게' 보어의 생략이 이루어지지 않고 보조용언만을 생략할 경우에는 의미가 바뀌거나 부자연스러운 구문이 된다.

사동의 '-게 하다' 구문은 본용언의 주어와 다른 주어가 표면 문장에 나타난다.

(45) a. "좀 더 크면 이 녀석이 아빠의 죽음에 대해 꼬치꼬치 물어 싸
서 우릴 난처하게 <u>하겠죠?</u>"(목마른 계절: 391)
　　b. 크리스마스 추리를 화려하게 장식해 놓은 상점의 쇼윈도우가
나를 더 쓸쓸하게 <u>해</u> 주었다(잃어버린 너 上: 138).

(45a)에서 본용언 '난처한'의 주체는 '우리'이고, '하다'의 주체는 '이
녀석'이다. (45b)에서 '쓸쓸한'의 주체는 '나'이고, '하다'의 주어는 '상점의
쇼윈도우'이다. 이렇듯 이들 구문은 본용언의 주어와 보조용언의 주어가
표면 문장에 명백히 나타나 있다. (45)의 구문에 보조용언이 생략되면 다음
과 같다.

(45)′ a. "좀 더 크면 이 녀석이 아빠의 죽음에 대해 꼬치꼬치 물어 싸
서 우리가 <u>난처하겠죠?</u>"
　　　b. 크리스마스 추리를 화려하게 장식해 놓은 상점의 쇼윈도우 때
문에 나는 더 <u>쓸쓸하다</u>.

(45)′과 같이 보조용언을 생략하면, 원래 문장의 기본 의미와 구조의 변
화가 일어난다.
'-면'형의 '싶다'와 '하다'는 본용언의 주어와 다른 주어가 나타날 수
있기 때문에 문장 구조의 변화가 일어날 수 있다.

(46) a. 이런 날이면 학교에 가지 않고 아랫목에 엎드려서 볶은 콩이
나 주워 먹으며 뒹굴었으면 <u>싶다</u>(새의 선물: 170).
　　b. 맛이 달면 <u>했는데</u>, 역시 약 맛이라 쓰구나(한글학회, 1992:
1390).

(46a)에서, 본용언 '뒹굴다'의 주체는 '나'이고, '희망'의 주체도 '나'이
다.[26] (46b)에서, '달다'의 주어는 '맛'이고, 그것을 원망(희망)한 주체는 '화

---

26) (46a)는 동일 주어 구문이나, 이와 달리 본용언과 보조용언의 주어가 다른 구문도 있다.
　　나는 철수가 우승했으면 <u>싶다</u>.
위의 예문에서, '우승하다'의 주체는 '철수'이고, 그것을 희망하는 주체는 '나'이다.

자'이다. 이와 같이 이들 구문은 본용언과 보조용언의 주어를 따로 설정할 수 있는데, 보조용언을 생략하면 다음과 같다.

> (46)′ a. 이런 날이면 학교에 가지 않고 아랫목에 엎드려서 볶은 콩이
> 　　　　 나 주워 먹으며 <u>뒹굴었다</u>.
> 　　　 b. 맛이 <u>달다</u>.

(46)′과 같이, 보조용언을 생략하면 복문이 단문으로 변하는 문장 구조의 변화가 일어난다.

이상의 구문들은 보조용언이 독자적으로 논항을 가지는 특징이 있기 때문에 보조용언 구문에서 제외할 수도 있다. 그러나 보조용언 구성의 특징을 가지고 있기 때문에 주변적인 보조용언으로 처리하여 보조용언의 범주에 두는 것이 좋을 것으로 보인다.

다음으로 종결어미 계열의 '하다'와 '싶다' 구문은 종결어미와 결합하는 '보다' 구문과 유사하기 때문에 따로 설명하지는 않는다. 다만 (43b~f)의 구문에 보조용언의 생략이 이루어지면 문장 구조의 변화가 일어나듯이, '하다'와 '싶다' 구문도 같은 현상이 일어난다는 것을 밝혀 둔다.

마지막으로 [관형사형＋의존명사] 계열의 '-(으)ㄹ만 하다' 구문과 명사형 어미 계열의 '-음직 하다' 구문은 문장 구조의 변화가 심한 것으로 보인다.

> (47) a. 이 떡이 먹을 만 <u>하다</u>(한글학회, 1992: 1299).
> 　　 b. 이 책은 어디서 보았음 직 <u>하다</u>.

(47a)는 '-을 만 하다'가 '값어치가 있다'는 의미로 쓰이고 있고, (47b)는 '-음직 하다'가 '그렇게 한 듯 하다'는 의미로 쓰이고 있다.

이들 구문에서 보조용언을 생략하면 다음과 같은 변화가 일어난다.

> (47)′ a. (나는) 이 떡을 먹는다.
> 　　　 b. (나는) 이 책을 어디서 보았다.

(47)′과 같이 보조용언이 생략되면, (47a~b)에서 주어의 기능을 하던 '떡'과 '책'은 목적어가 되고, (47a~b)에서 나타나지 않아도 되었던 행위자가 (47a~b)′에서는 필수적으로 나타나야 하는 문장 구조의 변화가 일어난다.

이상에서 보조용언을 생략했을 때 원래 문장의 기본 의미나 구조의 변화가 일어나는 구문들을 살펴보았다. 이들 유형은 일반적으로 보조용언의 주어와 본용언의 주어가 다르게 설정된 경우에 일어나는 현상이며, 단문보다는 복문의 구조를 가지고 있는 구문이다. 결국 이들 유형의 구문은 보조용언이 생략되면 원래 문장의 기본 의미뿐만 아니라 문장 구조에도 변화가 일어나는 것으로, 문장의 의미 전달력에 변화가 일어날 수 있다.

본 절에서 고찰한 보조용언의 생략에 따른 의미 전달력 양상은 다음의 두 가지로 정리할 수 있다.

(48) 보조용언의 생략에 따른 의미 전달력 양상

	'시행', '경험'의 '-어/아 보다' 구성
변화가 없는 구문	'시행', '결과'의 '-고 보다' 구성
	'지속', '원인'의 '-다(가) 보다' 구성
변화가 있는 구문	'가정'의 '-어/아 보다' 구성
	'-나/-ㄴ(은,는)가/-(ㄹ)려나/-(으)ㄹ까 보다' 구성

(48)에서, 변화가 없는 구문은 기본 문장에 문법적인 의미 첨가 이외에 거의 영향을 주지 못하는 유형으로, 보조용언을 생략하면 원래 문장의 의미 전달력에 손상이 일어나지 않는 구문이다. 변화가 있는 구문은 보조용언을 생략했을 때 기본 문장의 의미나 구조에 영향을 줄 수 있는 유형이다. 이 유형은 주로 보조용언의 주어가 본용언의 주어와 다른 경우에 일어나는 현상이고, 단문보다는 복문의 구조를 가지고 있다.

제 3 장

통사론적 특성

1. 주어 실현 양상과 논항 구조

본 절은 보조용언 구성의 통사 특징 중 주어의 실현 양상과 논항 구조를 다루게 된다. 제1절 제1항에서는 주어의 실현 제약과 실현 유형에 대해 간략히 살펴보고, 제1절 제2항에서는 제1절 제1항을 바탕으로 하여 보조용언 '보다' 구성의 주어 실현 양상에 대해 고찰한다. 한편 제1절 제3항에서는 보조용언 구성의 논항 구조에 대해 고찰하는데, 본용언과 보조용언의 결합력이 강한 보조용언 구성과 내포문의 구조를 가진 보조용언 구성의 논항 실현 양상이 다름을 살피게 된다.

(1) 주어의 실현 제약과 실현 유형

1) 주어의 실현 제약

문장에 서술어가 있으면 그것과 호응할 수 있는 주어가 나타나는 것은 일반적인 현상이다.[1] 하나의 문장 속에서 주어와 서술어가 어떻게 나타나느냐에 따라 단문, 복문, 중주어문 등 여러 유형으로 나눌 수 있다.

대개 주어는 기능상 세 가지로 분류할 수 있는데(김영희, 1988: 9~12), 논리적 주어(logical subject), 심리적 주어(psychological subject), 문법적 주어(grammatical subject) 등이 그것이다.

논리적 주어는 동작의 행동주(agent), 또는 상태의 수혜자(patient)로서 개념적 의미의 기능을 지닌다. 즉 문장의 의미 층위에서 파악되는 기저의 격범주(의미격, case category)이다. 심리적 주어는 화맥이나 상황으로 결정되는 문장의 주체로서 문맥적 기능을 지닌다. 즉 이것은 사용적 의미(use)를 가지므로 화용상, 즉 사용 층위에서 다루어져야 한다. 문맥적 주어는 문장 구조에서 순수한 통사론적 기능을 갖는 관계로써 의미 층위의 격범주들이 지닌 계층적 순위(hierachical order)나 사용 층위의 화용적 동기(pragmatic motivation)로, 주어 되기(subjectivization) 변형을 거쳐 유도된 표면 구조의 관계 기능이다.[2]

우리가 사용하는 많은 문장들 중에서 우선 다음의 문장들을 살펴보도록 하자.

    (1) a. 나는 하늘을 한 번 보았다.
        b. 서울이 사람이 많다.
        c. 먹구름이 끼면, 비가 내린다.
        d. 정수는 사과를 깎아 먹는다.
        e. 순희는 하늘을 쳐다보았다.
        f. 영주는 별을 세어 보았다.
        g. 날씨가 추워 봐라.
        h. 도둑은 주인이 알아차릴까 봐, 여간 조심하는 게 아니었다.

예문 (1a)는 단문으로 주어와 서술어가 한 번만 나타나 있다. (1b)는 서

---

1) 임홍빈(1985)은 "주어에 있어서 모든 서술어는 주어를 가져야 한다."는 '주어 전제 조건'의 원리를 제안하고 있다. 본고에서도 이 원리는 타당하다고 본다.
2) 김영희(1988: 10)는 문법적 주어는 표면적 통사 층위의 관계로 파악되어야 하기 때문에, 겹주어는 문법적 주어가 거듭 나타난 것이라고 설명한다.

술어는 하나밖에 없으나, 주어가 두 개인 중주어문에 해당하는 문장이다. 그러나 표면에 나타나 있는 두 주어 중 '서울'은 의미 층위에서는 처소격으로 파악될 수 있으므로 별문제가 되지 않는다. (1c)는 주어-서술어의 호응 관계가 두 번 이루어져 있는 접속문의 예이다.

한편 (1d~h)에서, (1d~g)는 표면 구조에서 서술어는 두 개인데 주어는 하나만 나타나 있는 구문이고, (1h)는 주어가 둘 나타나 있는 구문이다. 이들 중 (1d)는 선행용언과 후행용언이 각각 독립적인 의미 기능을 하는 접속용언 구성의 예이고, (1e)는 선행용언과 후행용언이 본래에는 서로 독립성을 가진 어휘였으나 둘이 하나로 녹아 붙어 하나의 서술 기능만을 하게 되는 합성용언 구성의 예이다. 한편 (1f~h)는 선행용언은 독립적인 어휘 기능을 가지지만 보조용언은 선행용언의 보조적인 기능밖에 할 수 없는 보조용언 구성의 예이다.

(1d)의 접속용언 구성은 표면상 주어가 하나밖에 나타나 있지 않지만, 다음과 같이 공범주 주어가 있는 것으로 간주되는 구문이다.

(1) d′. 정수는 사과를 깎아 (정수는) (사과를) 먹었다.

그러므로 (1d)의 문장은 (1d)′에서 동일 주어가 삭제되어 이루어진 것이므로 문법적으로 문제가 되지 않는다.

(1e)의 합성용언 구성은 선·후행용언이 하나의 서술어로 기능하기 때문에 주어가 하나만 나타나는 것은 자연스러운 현상이다.

(1f~h)의 보조용언 구성에서, (1f)는 본용언과 보조용언의 주어가 일치하는 주어 일치 구문이고, (1g, h)는 본용언과 보조용언의 주어가 일치하지 않는 주어 불일치 구문이다. 그런데 후자의 경우는 보조용언의 주어 실현 양상이 다르게 나타난다. 즉 (1g)는 보조용언의 주어가 표면에 나타나 있지 않은 유형이고, (1h)는 보조용언의 주어가 표면에 직접 나타나는 유형인 것이다. 그래서 (1g)에서 본용언의 주어('날씨')는 표면에 나타나 있으나 보조용언의 주어는 표면에 나타나지 않아 확인할 수 없다. 반면 (1h)는 본용언의 주어('주인')와 보조용언의 주어('도둑')가 각각 표면에 나타나 쉽게 확인

할 수 있다.

(1)의 예문들 중에서, (1a~e)의 주어-서술어의 호응 관계는 앞에서 살핀 것으로 어느 정도 설명이 될 수 있다. 그러나 (1f~h)의 보조용언 구성은 우선 다음과 같은 두 가지 문제가 제기될 수 있다. 첫째, 보조용언 구성에서 과연 본용언의 주어와 보조용언의 주어를 따로 설정할 수 있는가? 둘째, 만약 주어를 따로 설정할 수 있다면, 보조용언이 논항을 배당할 수 있는 자격을 가진 서술어라는 것을 의미하는가?[3]

본 절은 이러한 문제를 해결하기 위해서 보조용언 '보다'를 중심으로 논의를 전개해 나가려 한다. 앞의 예문(1f~h)에서 그 일단을 보았듯이, 보조용언 '보다' 구문은 본용언의 주어와 보조용언의 주어가 일치한 것(1f)이 있는 반면, 본용언과 보조용언의 주어를 서로 다르게 보아야 하는 것(1g, h)도 있기 때문에 이들을 고찰함으로써 보조용언 구성의 주어 실현 양상을 파악할 뿐만 아니라 위에서 제기한 논항 구조에 대한 문제도 해결할 수 있으리라 본다.

2) 주어의 실현 유형

보조용언 구성에서 본용언과 보조용언은 함께 하나의 문장에 나타난다. 이 때 보조용언과 호응하는 주어의 유형은 크게 주어가 일치하는 구문과 주어가 일치하지 않는 구문으로 나눌 수 있다.[4] 주어 일치 구문(본고에

---

3) 보조용언 구성은 보편적으로 본용언의 주어와 보조용언의 주어가 일치하고, 문장에서 주된 행위는 핵심 내용 핵어인 본용언이 수행하고, 보조용언은 여기에 양상적인 의미만을 부여한다. 그렇기 때문에 주어 공유는 논항 구조의 합병이 일어난 후에 본용언의 주어를 보조용언이 공유하게 되는 것이 일반적인 특징이다(이숙희 1992, 정태구 1993, 호광수 1995 등 참조). 그러나 (1f~h)에서 보았듯이 보조용언 구성은 주어가 일치하지 않는 것도 있다는 데에 주목해야 한다. 보조용언의 논항 구조에 대한 논의는 뒤의 제3항에서 다시 다루게 된다.
4) 김주미(1993: 91~95)는 매인풀이씨 구문을 첫째, 내포문, 둘째, 매인풀이씨의 주어가 필수적으로 동일한 동일 주어 제약 구문('-어 두다, -고 있다, -어 버리다' 등), 그리고 셋째, 이들의 제약이 수의적인 구문('-게/도록 하다, -구나 싶다, -도록 하다' 등)으로 분류하여 설명하고 있다. 그러나 다음과 같은 구문도 주어가 동일한 것으로 보고 있다.

서는 '동일성 주어 구문'이라 부른다.)은 본용언의 주어와 보조용언의 주어가 일치하여 표면 문장에 하나만 나타나는 구문이고,[5] 주어 불일치 구문은 본용언의 주어와 보조용언의 주어가 서로 달라 따로 표면에 나타나는 구문을 말한다.

한편 주어 불일치 구문은 다시 다음의 세 가지 유형으로 나누어진다.

첫째, 보조용언의 주어가 표면 문장에 직접 출현하거나 적어도 문맥상 명시적으로 확인이 가능한 구문이다. 여기에는 본용언의 주어와 다른 주어가 표면 문장에 직접 출현한 구문과 보조용언의 주어가 표면 문장에 직접 나타나 있지는 않았지만 문맥상 쉽게 확인 가능한 구문이 포함된다. 본고

---

 a) 철수가 학교에 감직 하다.
 b) 봄이 오는가 보다.
위의 예문에서 후행용언 '-음직 하다'나 '-는가 보다'는 '추측'의 의미로 쓰이고 있다. 이 때 추측의 주체는 (a)의 '철수'나 (b)의 '봄'이 아니고 화자로 보아야 한다. 한편 이해영(1992)도 보조동사의 주어는 내포문의 것과 반드시 동일해야 하는 경우와 다른 경우가 있다 하고, 다시 다른 경우는 표면 구조에 음성적으로 실현되는 경우와 생략되는 경우로 나누어 설명하고 있다.

5) 이 유형에 속하는 보조용언으로는 연결어미 계열의 '-어/아'형, '-고'형, '-지'형, '-게'형의 '되다', '-려고/자고(고자)'형, '-다(고)'형 등과 [관형사형+의존명사] 계열의 '양하다', '척(체) 하다' 등이 있다.
 a) 갑자기 어머니가 나의 몸을 밀어 <u>내었다</u>(잃어버린 너 上, 135).
 b) "집사람에게는 이미 말을 해 <u>놓았어요</u>."(잃어버린 너 上, 261)
 c) "그 말씀 잘 기억해 <u>두겠어요</u>."(목마른 계절: 174)
 d) '그러나 어째서 그건 찢다가 <u>말고</u> 넣어 두었나?'(삼대 上, 281)
 e) 강릉 색시가 묻지도 않은 말을 귀뜸해 <u>주었다</u>(나무들 비탈에 서다: 75).
 f) "궁금하겠지만 모른 <u>척 하고</u> 계셔요."(잃어버린 너 上, 252)
 g) "널 때려 주고 <u>싶다</u>."(목마른 계절: 36)
 h) "그 쪽에서 사람들 올 시간이 거의 되어 <u>간다</u>."(잃어버린 너 上, 284)
 I) "약이나 좀 지어 가지고 <u>왔니</u>?"(삼대 上, 76)
 j) 그곳에는 뜻밖에도 명륜동 가족들이 모두 모여 <u>있었다</u>(잃어버린 너 上, 115).
 k) 그곳에서 정미는 울고 <u>있었다</u>(잃어버린 너 上, 108).
 l) 우리는 엄청난 주제들을 잘도 떠들어 <u>댔다</u>(젊은날의 초상: 35).
 m) 경애는 시비판을 차리려는 듯이 주저앉아 <u>버린다</u>(삼대 上, 235).
 n) "좀더 크면 이 녀석이 아빠의 죽음에 대해 꼬치꼬치 물어 <u>싸서</u> 우릴 난처하게 하겠죠?"(목마른 계절: 391)
 o) 그래도 어김없이 아침은 밝아 <u>왔다</u>(목마른 계절: 258).
 p) "이젤 널 보고 <u>나니</u>, 마음이 놓이는구나."(잃어버린 너 上, 55)

에서는 이러한 구문을 '명시성 주어 구문'이라 부르기로 한다.[6]

    (2) a. 아버지는 아들이 잘못될까 <u>봐</u>, 항상 걱정을 하신다.
        b. 운전사는 차가 흔들릴까 <u>봐</u>, 조심스럽게 운전한다.

    (2a)는 본용언의 주어가 '아들'이고, 보조용언의 주어는 '아버지'이다. (2b)는 본용언의 주어가 '차'이고, 보조용언의 주어는 '운전사'이다. 이와 같이 보조용언의 주어가 표면에 명시적으로 제시되어 있다.

    둘째, 보조용언의 주어를 파악할 수는 있으나 표면 문장에 나타나지 않는 것이 자연스러운 구문이다. 이는 보조용언의 주어가 표면 문장에 명시적으로 드러나 있지 않지만 그것이 '화자'임을 쉽게 추측할 수 있는 구문이다. 이 유형의 구문을 '암시성 주어 구문'이라 부르기로 한다.[7]

    (3) a. 따사로운 햇볕이 그들의 마음을 녹여 주었나 <u>보다</u>.
        b. 그는 어제 바빴던가 <u>보더라</u>.
        c. 그가 공을 차려나 <u>보다</u>.

    (3)에서, 보조용언의 주어는 표면에 나타나지 않았다. 그러나 여기에서 추측의 주체가 '화자'임을 파악하기란 어렵지 않다.[8]

---

6) 이 유형에 속하는 보조용언으로는 연결어미 계열 중 '-게'형의 '만들다', '하다'가 있다.
  a) 시아버지의 말이 점점 더 나를 웃게 <u>만들었다</u>(잃어버린 너 中, 27).
  b) 억양 없이 잔잔한 목소리와 가식 없는 눈동자가 진이를 다시 마음 놓이게 <u>했으</u><u>나</u> 그녀는 마음을 다잡아 먹는다(목마른 계절: 195).

7) 이 유형에 속하는 보조용언으로는 연결어미 계열의 '-어야'형, '-면'형, [관형사형＋의존명사] 계열의 '듯 하다', '듯 싶다', '뻔 하다', '만(법) 하다', 명사형 어미 계열의 '-기'형, '-음직'형, 그리고 종결어미 계열이 있다.
  a) 쌀쌀하고 찬바람과 함께 진눈깨비가 내리는가 <u>싶더니</u> 이내 겨울이 찾아왔다(잃어버린 너 上, 230).
  b) 그가 전화를 끊을 것만 <u>같았다</u>(잃어버린 너 上, 284).
  c) "우리 아저씨도 아마 그럴 <u>겁니다</u>."(잃어버린 너 中, 283)
  d) 오히려 시골에 내려가면 기분 전환도 될 터이니 건강에도 좋을 듯 <u>싶었다</u>(잃어버린 너 上, 162).
  e) 동호는 이 친구가 또 무슨 예길 지껄거리려나 <u>싶으면서도</u> 고개를 돌리지 않았다(나무들 비탈에 서다: 14).

셋째, 보조용언의 주어가 무엇인지 단정하기가 매우 어려운 구문이다. 앞의 두 유형처럼 보조용언의 주어가 명시적으로 문장에 나타난 것도, 그리고 암시적이나마 주어의 존재가 추측 가능한 것도 아닌 구문이다. 이 구문은 보조용언의 주어가 명확하지 않기 때문에 주어를 따로 설정할 수도, 그렇다고 설정하지 않을 수도 없는 모호한 구문을 말한다. 그래서 이러한 구문을 '모호성 주어 구문'이라 부르기로 한다.9)

    (4) a. 그는 정직하다 <u>보니</u>, 남을 속이지 못한다.
       b. 길이 미끄럽다 <u>보니</u>, 사람들이 조심스럽게 걷는다.

이제 위에서 분류한 주어의 유형을 바탕으로, 보조용언 구성에서 보조용언과 주어가 어떻게 호응하며 실현되는지 살펴보기로 한다. 또한 주어로 실현되는 요소의 자질과 인칭의 제약도 더불어 살피게 되는데, 주어의 자질은 'Human'을 기준으로 주어가 사람인 경우에는 [+Human], 사람이 아닌 개체의 경우에는 [−Human], 제약이 없는 경우에는 [±Human]으로 표시한다.10)

---

8) 최재희(1995)는 불구 내포문 구성의 경우 상·하위문의 주어가 일치하면 내포문의 주어는 공대명사('e')로 실현되며, 오직 상위문은 주어에 의해서만 통제되는 의무 통제(obligatory control) 구문(철수 i 가 처음으로 [e i/*j 술을 마셔] 보았다.)이 되고, 주어가 일치하지 않으면 비의무 통제 구문(영수가 [{그가, 동생이} 들어오게] 했다.)이 된다고 했다. 또한 완형 내포문 구성의 경우는 내포문에 공대명사가 실현되지 않고 상위문 주어 위치에 공대명사가 상정(e [형이 그 사과를 먹었나] 보다.)되며, 상위문 공대명사의 주어는 화자인 '나'로 상정된다. 그런데 이 공대명사는 화자에 의하여 의무 통제되는 특이한 범주라 하였다. 한편 최재희(1996)는 내포문의 공대명사를 다시 PRO로 간주하고 있다.

9) 이 유형은 사용 예가 많지 않은 특이한 형태이다. 한편 류시종(1994)은 보조용언 중 시상과 양태의 문법적 요소에 해당하는 것들은 이 유형에 속한다고 하면서 '동일성 주어 구문'의 예에 속하는 것 중 일부(각주 5의 h~p만)를 그 예로 들어 놓았다. 그러나 시상, 양태의 문법적 요소라 하더라도 그것과 관련된 주체가 설정될 수 있다면 주어를 상정할 수 있다고 본다.

10) 주어에 대한 자질에서 보조용언의 주어는 [+Human]이 거의 예외 없이 나타나기 때문에 별로 문제가 되지 않지만, 본용언의 주어는 구문에 따라 [+Human]의 자질도, [−Human]의 자질도, 그리고 [±Human]의 자질도 나타날 수 있으므로 여기에서 다루는 주어의 자질은 본용언의 주어에 중심을 두고 살피게 된다.

(2) 보조용언 '보다' 구성의 주어 실현 양상

1) '-어/아 보다' 구성

'시행'과 '경험'의 '-어/아 보다' 구성은 본용언과 보조용언의 주어가
일치하고 인칭에 대한 제약은 없으나, 주어가 [+Human]의 자질을 가지고
있어야 한다.

> (5) a. 내가 웃으며 의자 뒤로 가서 가만히 밀어 <u>보았다</u>(잃어버린 너
>   上, 176).
>   b. 너도 물건을 골라 <u>봐라</u>.
>   c. 덕기는 제 방으로 들어가 누우면서 지금 안에서 듣던 말을 생
>   각하여 <u>보았다</u>(삼대 上, 40).
> (6) a. 나는 낭떠러지에서 떨어져 <u>보았다</u>.
>   b. 너도 전에 100점을 맞아 <u>보았니</u>?
>   c. 그는 지금까지 이렇게 난감해 본 적이 없었다.

위의 (5), (6)의 예문들은 모두 본용언과 보조용언이 동일 주어이며, 주
어에 대한 인칭의 제약이 없음을 보여 준다. 즉 각 (a)는 1인칭, (b)는 2인
칭, (c)는 3인칭이 본용언과 보조용언의 주어로 설정되어 있다. 그리고 '시
행'이나 '경험'의 주체는 [+Human]의 자질을 가진다.

한편 '가정'의 '-어/아 보다' 구성은 다른 유형의 구성과 구별되는 특이
한 양상을 보인다. 즉 보조용언의 주어는 가정의 주체인 화자이고, 본용언
의 주어는 자유로워 제약을 받지 않는다.

> (7) a. 내{네/그}가 힘이 있어 <u>봐</u>. 누가 나{너/그}를 깔보겠어?
>   b. 내{네/그녀석}가 권력만 잡아 <u>봐라</u>. 너{나}같은 건 안중에도 없
>   을 걸.
>   c. 날씨가 추워 <u>봐라</u>. 연탄값이 또 올라갈거야.

예문 (7)에서, (7a, b)는 본용언의 주어로 1, 2, 3인칭의 선택이 자유롭

고, (7c)의 경우는 비인칭이 본용언의 주어로 설정되어 있다. 그런데 보조용언의 주어는 가정의 주체로 화자만을 상정해야 한다.

보조용언 '-어/아 보다' 구성으로 '가정'의 의미를 표현하는 구문은 주로 담화 상황이다. 이러한 담화 상황에서는 '가정'의 주체는 화자이다. 그러나 다른 구문과의 차이점은 화맥상(話脈上) 청자가 함께 나타난다고 전제할 때 자연스러운 문장이 된다는 것이다. 즉 (7a)에서 '힘이 있는' 주체는 '나, 너, 그' 중 누구나 될 수 있다. 그러나 힘이 있는 상황을 가정하는 주체는 화자이다. 그러나 만일 화자가 어떤 일에 대해 가정할 때 청자의 존재를 전제하지 않으면 부자연스러운 표현이 되고 만다. 이러한 특징 때문에 존칭 선어말 어미 '-시-'의 분포가 보조용언에도 자연스럽게 이루어지게 되는 것이다.11) 이와 같이, '가정' 구문은 보조용언의 주어가 화자이므로 주어의 자질은 당연히 [+Human]이 된다. 한편 본용언의 주어는 인칭의 제약을 받지 않으므로 [±Human]의 자질을 가진다.

2) '-고 보다' 구성

'시행'의 '-고 보다' 구성은 본용언과 보조용언의 주어가 일치하고 인칭에 대한 제약도 없으며 주어는 [+Human]의 자질을 가진다. 한편 '결과'의 '-고 보다' 구성은 본용언의 주어가 화자나 1인칭이면 본용언과 보조용언의 주어가 일치하나 그 외의 경우는 주어가 일치하지 않는다.

먼저 '시행'의 '-고 보다' 구성을 보자.

> (8) a. 어쨌든 그걸 전해 놓고 <u>봐야겠어</u>.
> b. 일단 먹고 <u>보자</u>(봐라).
> c. 주머니 사정이야 어떻든 일단 가고 <u>보았다</u>.

---

11) 존칭 선어말 어미 '-시-'의 삽입 제약에서, '가정'의 '-어/아 보다' 구성은 가정의 주체인 화자가 청자의 존재를 전제하면서 가정을 하기 때문에 청자가 존대의 대상일 경우에는 '-시-'의 분포가 자연스럽게 이루어진다. 그러므로 다른 구문과는 달리 본용언과 보조용언 양쪽에도 '-시-'의 분포가 자연스럽게 이루어지는 특징을 보인다. 이와 관련된 내용을 호광수(1997)에서 자세히 다룬 바 있고, 본 장의 제2절 제1항에서 이것을 다시 정리하고 있다.

(8)은 본용언과 보조용언의 주어가 모두 일치하고 있으며, 주어에 대한 인칭의 제약도 없다. 즉 (8a)는 1인칭, (8b)는 1인칭 복수와 2인칭, (8c)는 1인칭과 3인칭이 주어로 상정될 수 있다. 이 때 주어는 항상 [+Human]의 자질이어야 한다. 이러한 특징은 앞에서 다룬 '시행'의 '-어/아 보다' 구문과 거의 동일하다.

한편 '결과'의 '-고 보다' 구성은 다음과 같다.

(9) a. "애길 듣고 <u>보니</u>, 오히려 잘 되었군요."(잃어버린 너 上, 41)
    b. 알고 <u>보면</u>, 그 사람도 희생자지요.
    c. 그는 그런 문제가 생기고 <u>보니</u>, 무척 놀라게 되었다.
    d. 철수는 몸이 아프고 <u>보니</u>, 환자들의 심정을 조금은 이해할 수 있을 것 같았다.
    e. 마음에 드는 일이고 <u>보니</u>, 무엇이나 다할 수 있을 것만 같았다.
    f. 기차가 빠르고 <u>보니</u>, 일찍 도착했다.

(9a~b)는 주어 일치 구문이고, (9c~f)는 주어 불일치 구문이다. (9a~b)는 본용언과 보조용언의 주어로 1인칭이 상정되는 주어 일치 구문이고, 주어의 자질은 [+Human]이 된다. 반면에 (9c~f)에서 (9c, d)는 본용언의 주어와 다른 주어가 표면에 직접 나타나는 주어 불일치 구문이다. 즉 (9c)에서 본용언 '생기다'의 주어는 '문제'이고, 보조용언과 호응하는 결과에 대한 판단의 주체는 '그'이다. 한편 (9d)에서 본용언 '아프다'의 주어는 '몸'이고, 이에 대한 판단의 주체는 '철수'가 된다. 그리고 (9e, f)는 보조용언의 주어로 화자를 상정할 수 있는 주어 불일치 구문인데, 본용언의 주어가 (9e)는 의미상 주어인 '일'이고, (9f)는 '기차'이다. 이 때 보조용언과 호응하는 판단의 주체는 표면에 나타나지 않은 '누구', 곧 화자이다. 이러한 특징 때문에 주어 불일치 구문의 경우, 본용언의 주어는 [±Human]의 자질을 갖고, 보조용언의 주어는 [+Human]의 자질을 가져야 하는 제약이 있다.

3) '-다(가) 보다' 구성

'지속'의 '-다(가) 보다' 구성은 본용언과 보조용언의 주어가 일치하고 인칭에 대한 제약도 없으며 주어는 [＋Human]의 자질을 가진다.

> (10) a. 그런 생각을 하며 걷다 <u>보니</u>, 집 앞이었다(잃어버린 너 中, 181).
>   b. "나야 우연히 그 사람을 만나게 됐고, 오빠같이 따르다 <u>보니까</u>, 이렇게 된 거지."(잃어버린 너 上, 58)
>   c. 내 사람이다 하고 살다 <u>보면</u>, 정은 들게 마련이다(잃어버린 너 上, 283).

'지속'의 구문 (10)은 본용언과 보조용언의 주어가 일치하고 인칭에 대한 제약도 없음을 보여 준다. 즉 (10a)는 1인칭과 3인칭, (10b)는 1인칭, (10c)는 1인칭과 2인칭이 주어로 설정될 수 있다. 이 '-다(가) 보다'가 '지속'의 의미로 쓰일 때는 행위가 연속으로 일어나야 하기 때문에 본용언과 보조용언의 주어가 일치해야 하며, 그렇지 않으면 다음과 같이 이상한 문장이 되어 버린다.

> (10)′ a. *<u>철수가</u> 그런 생각을 하며 걷다 <u>내가</u> 보니, 집 앞이었다.
>   c. *<u>네가</u> 내 사람이다 하고 살다 <u>{내가/그가}</u> 보면, 정은 들게 마련이다.

(10)′에서 보는 바와 같이, 본용언과 보조용언의 주어가 서로 다르게 분포되면 행위의 지속을 찾을 수 없을 뿐만 아니라 비문이 되어 버린다. 한편 이들 유형은 본용언과 보조용언의 주어가 행위자이기 때문에 주어의 자질은 [＋Human]으로만 제약된다.

한편 '원인'의 '-다(가) 보다' 구성은 보조용언의 주어가 무엇인지 명확하지 않아 단정하기 어렵다. 그러나 본용언의 주어는 인칭의 제약이 없이 쓰이며 [±Human]의 자질을 가진다.

 (11) a. 나{너, 그}는 정직하다 <u>보니</u>, 남을 속이지 못한다.
   b. 나{그}는 주소를 모르다 <u>보니</u>, 그 동안 한 번도 찾아가지 못했
    다(사회과학원 언어연구소, 1992: 1413).
   c. 길이 미끄럽다 <u>보니</u>, 사람들이 조심스럽게 걷는다.

 (11)의 '원인' 구문은 보조용언의 주어로 무엇을 상정해야 할지 어려움이 있다. 이것은 '-다(가) 보다' 구성이 (11)에서는 행위성과 관련된 표현이 아니고 어떤 상태에 대한 원인이나 이유를 나타내는 표현이기 때문이다. 그러므로 다음과 같이 바꾸면 더욱 분명한 문장이 된다.

 (11)′ a. 정직하기 때문에, 남을 속이지 못한다.
   b. 주소를 모르기 때문에, 그 동안 한 번도 찾아가지 못했다.
   c. 길이 미끄럽기 때문에, 사람들이 조심스럽게 걷는다.

 (11)′과 같이 '-다 보다'를 '-기 때문에'로 바꾸어 쓸 수 있는데, 이 때 '때문에'는 부사의 기능을 한다. 그런데 부사의 경우는 주어와 호응 관계가 꼭 필요한 성분이 아니기 때문에 상위문의 주어를 따로 설정하지 않아도 된다. 그러므로 '원인'의 '-다 보다' 구문에서 '-다 보다'는 통사적으로는 서술어이지만 의미적으로는 부사로 볼 수 있는 구문이다. 한편 이들 유형은 본용언의 주어로 인칭의 제약이 매우 약한데, (11a)는 1, 2, 3인칭이 모두 주어로 설정될 수 있고, (11b)는 1인칭과 3인칭, (11c)는 비인칭이 주어로 설정될 수 있다. 이러한 특징으로 말미암아 [±Human]이 본용언의 주어 자질이 된다.

4) '-나/-ㄴ(은,는)가/-(ㄹ)려나 보다' 구성

 '-나 보다', '-ㄴ(은,는)가 보다', '-(ㄹ)려나 보다'의 세 구성은 모두 보조용언의 주어로 화자만을 설정할 수 있다. 그런데 이 때 '화자'는 표면에 나타나지 않는 것이 자연스럽다. 한편 본용언의 주어에서 '-나 보다'와 '-ㄴ(은,는)가 보다' 구성의 경우는 인칭의 제약이 없고 [±Human]의 자질을 가

진다. 그러나 '-(ㄹ)려나 보다' 구성의 경우는 본용언의 주어가 [±Human]
의 자질을 가지나 1인칭의 분포는 제약을 받는다.

먼저 '-나 보다'와 '-ㄴ(은,는)가 보다' 구성을 보기로 하자.

(12) a. "(너희는) 나도 모르게 결혼식을 했나 <u>보지</u>."(잃어버린 너 上,
         269)

   b. 그이도 깨어 있었나 <u>보다</u>(잃어버린 너 上, 202).

   c. 눈은 사람을 한층 깊이 잠재워 주나 <u>보다</u>(목마른 계절: 260).

(13) a. 우등상은 내가 받는가 <u>보더라</u>.

   b. 너도 바빴던가 <u>보구나</u>.

   c. 그 사람 무척 바빴던가 <u>보다</u>, 신을 바꿔 신고 간 걸 보니(한글
      학회, 1992: 1794).

   d. 사람들이 넘어지는 걸 보니, 길이 얼어서 미끄러운가 <u>보다</u>.

(12)는 '-나 보다' 구문이고, (13)은 '-ㄴ(은,는)가 보다' 구문이다. 이들
구문은 보조용언의 주어가 표면 문장에 나타나 있지 않으나 그것이 화자
임을 곧 알 수 있다. 이들 구문에서 보조용언 '보다'는 어떤 일에 대해서
화자가 추측할 때 쓰는 표현이기 때문에 주어가 문장 표면에 안 나타나는
것이 더 자연스럽다. 그러나 본용언의 주어 실현은 각 구성마다 차이를 보
인다.

(12)의 '-나 보다' 구성은 본용언의 주어로 2인칭(12a), 3인칭(12b), 비인
칭(12c) 등이 올 수 있으나, 1인칭의 주어는 생산적이지 않다.[12) (13)의 '-ㄴ
(은,는)가 보다' 구성은 본용언의 주어로 제약이 없다. 즉 1인칭(13a), 2인칭
(13b), 3인칭(13c), 비인칭(13d)이 자유롭게 실현된다.

한편 '-나 보다' 구성과 '-ㄴ(은,는)가 보다' 구성은 모두 과거나 현재의
일에 대한 화자의 추정을 나타낸다. 그런데 화자의 추정이 '-나 보다' 구성

---

12) 본용언의 주어로 다음과 같이 1인칭이 오는 경우도 있다.
   a) 내일 출장은 내가 가나 <u>보다</u>.
   b) 그 일은 내가 잘못했나 <u>보다</u>.
   (a~b)와 같이 1인칭이 주어로 오는 경우는 어떤 사태에 대해 행위자가 현재의 정
   황으로 미루어 볼 때 화자 자신과 관련이 있음을 나타낼 때 쓸 수 있는 표현이다.

은 미온적인데13) 반해, '-ㄴ(은,는)가 보다' 구성은(확인은 되지 않았지만) 화자 나름대로 강한 확신을 가진 추정으로 보인다. 그리하여 '-나 보다' 구성은 본용언의 주어가 1, 2인칭과 같이 화자와의 거리나 관계가 가까운 것보다는 어느 정도 거리가 있는 제3자의 일에 대해 추정할 때 자연스럽다. 반면에 '-ㄴ(은,는)가 보다' 구성은 본용언의 주어에 대해 특별한 제약이 없다.

다음으로 '-(ㄹ)려나 보다' 구성을 보기로 하자.

> (14) a. 물을 떠 오는 걸 보니, (네가) 세수를 하려나 <u>보구나</u>{*<u>보다</u>}.
> b. 가방을 꾸리는 걸 보니, 그가 집을 나가려나 <u>보다</u>.
> c. 먹구름이 끼는 걸 보니, 비가 오려나 <u>보다</u>.

(14)의 '-(ㄹ)려나 보다' 구성에서, 보조용언의 주어로는 '화자'만이 상정될 수 있어 '-나 보다' 구성과 '-ㄴ(은,는)가 보다' 구성과 동일한 특징을 보인다. 한편 본용언의 주어는 1인칭을 제외하고는 제약이 없다.14) 그래서 (14a)는 2인칭, (14b)는 3인칭, (14c)는 비인칭이 본용언의 주어로 설정되어 있다. 이들 중 (14b)도 (14a)처럼 2인칭 주어로의 교체가 가능한데, 그러면 어말 어미는 평서형보다 감탄형이 더 자연스럽다. 이것은 당사자를 앞에 두고 있는 상황이므로 직접적인 서술보다는 '-보구나'와 같은 감탄형으로 표현되어야 화자의 추측이 자연스럽게 이루어지기 때문이다.

한편 이들 세 유형은 보조용언의 주어가 화자이기 때문에 [+Human]의 자질로 제약되지만, 본용언의 경우는 주어의 인칭에 제약이 없기 때문

---

13) '-나 보다' 구성의 이와 같은 특징은 화자의 입장을 불투명하게 나타내는 완곡 표현법(차현실, 1983: 49~50)으로 나타나기도 한다.

그가 떠났나 봐요.

실제 담화에서나 쓰일 수 있는 표현이지만 화자가 본 사실이나 생각한 사실, 즉 명제문을 사실 그대로 전언(傳言)하면 청자에게 어떤 영향을 준다고 화자가 판단할 경우 화자의 입장을 불투명하게 나타내는 것이다. 본고는 이와 관련된 내용을 앞장의 제1절 제2항에서 이미 다룬 바 있다.

14) 만약 1인칭이 주어로 오게 되면 주어의 '의지'를 표현하는 것이 되기 때문에 비문이 되고(a), 이 때는 오히려 '의지'의 '-(으)ㄹ까 보다' 구성(b)이 훨씬 자연스럽다.

　a) *나도 세수를 하려나 <u>보다</u>.

　b) 나도 세수를 할까 <u>보다</u>.

에 [±Human]의 자질을 갖는다.

5) '-(으)ㄹ까 보다' 구성

'추측'의 '-(으)ㄹ까 보다' 구성은 본용언과 보조용언 모두 주어의 인칭 제약이 없다. 그러나 이 구문은 본용언과 보조용언의 주어가 일치하는 경우도 있지만, 그렇지 않은 경우도 있다.

> (15) a. "염려들 마라, 내가 생전에 이런 꼴 볼까 <u>보아</u> 다 마련해 놓았다."(삼대 下, 67)
> b. 너{그}는 시험에 떨어질까 <u>봐</u> 걱정을 하고 있구나.
> c. 덕기는 무슨 일이 있을까 <u>보아</u> 인력거꾼까지 응원대로 데리고 다닌 것이었다(삼대 下, 134).
> d. 아들이 예수교식으로 장사를 지내 줄까 <u>보아</u> 그것이 큰 걱정이었다(삼대 上, 112).
> e. 차가 흔들릴까 <u>봐</u> 조심스럽게 운전한다.

(15a~b)는 주어가 일치하는 구문이고, (15c~e)는 주어가 서로 다른 구문이다.

주어 일치 구문인 (15a~b)에서, (15a)는 본용언과 보조용언의 주어가 화자이고, (15b)는 2인칭 또는 3인칭이다. 주어 불일치 구문인 (15c~e)는 보조용언의 주어가 표면 문장에 직접 나타나거나 문맥상 확인이 가능한 구문이다. 즉 보조용언의 주어가 (15c)는 표면 문장에 직접 나타나 있는 '덕기'이고, (15d, e)는 표면에 직접 나타나지는 않았지만 문맥상 확인이 가능한 대상인 '아버지' 또는 '어머니'(15d), '운전자'(15e)이다. 이에 반해 본용언의 주어는 '일'(15c), '아들'(15d), '차'(15e) 등이 각각 설정되어 있다.

이와 같이 '추측'의 '-(으)ㄹ까 보다' 구성이 바로 앞의 '-나/-ㄴ(은,는)가/-(ㄹ)려나 보다' 구성에서 다룬 '종결형+보다' 구성의 경우와는 달리 보조용언의 주어로 1, 2, 3인칭이 자유롭게 분포할 수 있는 것은, '염려'나 '걱정'을 1인칭인 화자만 할 수 있는 것이 아니고 2, 3인칭도 자유롭게 할 수 있기 때문이다.

한편 '의지'의 '-(으)ㄹ까 보다' 구성은 본용언과 보조용언의 주어가 일치하고 1인칭의 화자만이 주어로 와야 하는 제약이 있다.

> (16) a. 이것도 먹을까 <u>보다</u>(한글학회, 1992: 1794).
>   b. 이 녀석 말을 안 들으니, 때려 줄까 <u>보다</u>.
>   c. "충식씨, 내일 집을 나와 버릴까 <u>봐요</u>."(잃어버린 너 上, 277)

(16)의 '의지' 구문에서, 본용언과 보조용언의 주어는 동일 주어로서 1인칭 화자이다. 이것은 '-(으)ㄹ까 보다' 구성이 화자의 '의지'를 나타내기 때문에 보조용언의 주어로 1인칭 화자만 가능하고, 본용언의 주어도 화자인 1인칭만 가능하다. 그런데 만약 2, 3인칭이 본용언의 주어가 된다면, 다음에서 보는 바와 같이 화자의 '의지'를 표현하는 것이 아니라 '추측'의 의미를 표현하는 구문이 되고 만다.

> (16)′ a. 그가 이것도 먹을까 봐 (염려된다).
>   c. 그가 집을 나와 버릴까 봐 (걱정이다).

(16)′에서, 화자 이외의 2, 3인칭이 본용언의 주어가 되면, 화자의 '의지'는 나타나지 않고 '추측'의 의미만 나타난다. 이렇게 되면 '추측'의 '-(으)ㄹ까 보다' 구성과 동일한 구문이 된다.

이상에서 보조용언 '보다' 구성의 주어 실현 양상을 살펴보았다. 보조용언 '보다' 구성의 주어는 다음의 네 가지 유형으로 실현된다.15)

---

15) '결과'의 '-고 보다' 구성에서 동일성 주어 구문이면 '1', 명시성 주어 구문이면 '2', 암시성 주어 구문이면 '3'으로 구별한다. 한편 '추측'의 '-(으)ㄹ까 보다' 구성은 동일성 주어 구문에 속하는 것은 '1', 명시성 주어 구문에 속하는 것은 '2'로 구별한다. 이들은 본 장의 제1절 제2항에서 확인했듯이 주어 실현에서 차이를 보여 주고 있다.

(17) 보조용언 ‘보다’ 구성의 주어 실현 양상

동일성 주어 구문	‘시행’, ‘경험’의 ‘-어/아 보다’ 구성
	‘시행’의 ‘-고 보다’ 구성
	‘시행’의 ‘-고 보다’ 구성
	‘지속’의 ‘-다(가) 보다’ 구성
	‘추측’의 ‘-(으)ㄹ까 보다 1’ 구성
	‘의지’의 ‘-(으)ㄹ까 보다’ 구성
명시성 주어 구문	‘결과’의 ‘-고 보다 2’ 구성
	‘추측’의 ‘-(으)ㄹ까 보다 2’ 구성
암시성 주어 구문	‘가정’의 ‘-어/아 보다’ 구성
	‘결과’의 ‘-고 보다 3’ 구성
	‘-나 보다/-ㄴ(은,는)가/-(ㄹ)려나 보다’ 구성
모호성 주어 구문	‘원인’의 ‘-다(가) 보다’ 구성

본 절은 보조용언 구성에서 본용언의 주어와 구별되는 보조용언의 주어를 따로 설정할 수 있는가라는 물음에서 출발하였다. 보조용언이 실질적인 의미를 가지고 있지는 않지만, 문장에서 서술 기능(주로 문법적인 기능이지만)을 담당하고 있기 때문에 보조용언과 호응하는 주어를 설정할 수 있었다. 한편 보조용언 구성은 다양한 주어 실현 양상을 보여 주는데, 이것은 그만큼 보조용언 구성이 다양한 유형으로 발달되어 있고 통사·의미적으로도 복잡함을 의미한다.

(3) 보조용언 구성의 논항 구조

근래 연속 동사 구성(serial verb construction)이라는 이름 아래 일련의 연구들이 이루어지고 있는데, 최현숙(1988), 강선영(1992, 1993), 이숙희(1992), 정윤석(1992), 김병권(1993), 정태구(1993, 1994, 1995), 이인(1994) 등이 이 부류에 속한다. 이들의 연구는 주로 ‘-어/아’가 개재되어 있는 보조용언 구문이나 접속용언 구문, 그리고 합성용언 구문 모두에 적용하여 이들의 공통점과 차이점을 상당히 밝혀 주고 있다.

이곳에서는 국어의 보조용언 구성의 논항 구조에 대해 고찰하는데, 이론적 배경을 바탕으로 하여 논항 실현 양상을 살펴보고자 한다.

1) 이론적 배경

① 논항 구조

Grimshaw(1990)에 의하면 논항 구조란 논항들 중에서 현저함 관계의 구조화된(structured) 표시라 한다. 즉 논항 구조는 한 서술어가 취하는 논항들 간의 관계를 나타내는 구조로서 서술어의 어휘적 특성에 속하는 것이다(정태구, 1994). 논항이란 주어 또는 목적어와 같이 한 서술어가 꼭 필요로 하는 요소로서 각 서술어에 따른 의미역(thematic role)을 갖는다. 그래서 한 서술어가 몇 개의 논항을 취하고 그 논항이 어떤 의미역을 갖느냐 하는 것은 그 서술어의 어휘적 자질에 속하게 된다.

Grimshaw(1990)에 따르면 논항 구조는 어휘 개념 구조(lexical conceptual structure)로부터 투사되고, D-구조는 논항 구조와 X-바 이론의 원리들로부터 투사된다고 한다. 현저함 관계(prominence relations)는 서술어의 의미적 속성과 양상적 속성에 따라 결정되는데, 만약 제시된 서술어의 의미적 차원과 양상적 차원이 일치하지 않으면 논항의 배열은 다음과 같이 Jackendoff(1972)에 의해 제안된 의미 층위에 따라 조직된다.[16)

    (18) agent > experience > source / goal / location > theme / patient

(18)의 의미 층위에서 가장 왼쪽에 있는 것이 가장 현저한 논항이고, 가장 오른쪽에 있는 것이 가장 덜 현저한 논항이다.

---

16) 의미 층위에 대해 서로 다른 주장들이 있다. 즉 Jackendoff(1972), Grimshaw(1990) 등은 (17)과 같이 goal을 theme보다 상위 층위에 두고 있으나, Baker(1989), Larson(1988) 등은 theme을 goal보다 상위 층위에 두고 있다.

Grimshaw(1990)는 양상적 배열에서 가장 최상위 논항은 양상적인 'cause' 기능을 가지고 있는 논항이고, 양상적으로 'causer'인 논항은 D-구조의 주어라고 주장한다. 그래서 타동사에 근거한 사역동사의 논항 배열을 (a (x (y)))로 표시하고 있다. 여기에서 각 변항들은 논항을 나타내고, 가장 덜 내포된 논항(즉 'a')이 가장 현저한 논항이 된다.

② 핵 어

하나의 절 또는 문장에서 '핵어(head)'는 각 논항에서 의미역을 할당하는 기능을 하는 서술어이다. 핵어는 의미론적 측면에서 결정된다. 만약 두 서술어가 연속된 구성(V_1 +V_2)[17]이라면 사건의 의미적 핵심을 나타내는 서술어가 핵심 내용 핵어(core content head)가 된다.[18] 뒤에서 다시 살피겠지만, 두 서술어가 결합된 구성에서 핵심 내용 핵어가 V_1과 V_2 중 어느 것이냐에 따라 문장 구성 유형이 달라지게 된다. 즉 V_1이 핵심 내용 핵어이면 보조용언 구성이 되고, V_1과 V_2 모두에 있거나 V_2에 있으면 접속용언 구성이 된다. 합성용언 구성은 V_1과 V_2가 자립성을 가지고 결합된 것이 아니라 두 성분이 하나로 결합되어 굳어진 형태로 되었기 때문에 하나의 핵어로만 나타나게 된다. 그리고 내포문 구성은 내포문 서술어인 V_1과 모문의 서술어인 V_2의 결합이므로 V_2가 핵심 내용 핵어가 된다.

Li(1990)는 핵어에 의해 할당된 의미역은 핵어 자질 삼투(head-feature percolation) 규칙에 따라 합성어에서의 그 현저함이 강력하게 유지되어야 한다고 주장한다. 반면 정태구(1992)는 핵어 현저함 보존(head prominence pre-servation: 핵어의 각 논항은 합성어에서 그 현저함을 보존한다.)을 제안하였다. 물론 논항의 상대적 현저함은 앞에서 언급한 Jackendoff(1972)의 의미적 층위에 바탕을 두고 결정된다.

이숙희(1992: 201∼205)는 Awóyalé(1988)가 제안한 의미적 형판(semantic

---

17) 보조용언 구성([V_1+Vaux]), 접속용언 구성([V_1]+[V_2]), 합성용언 구성([V_1+V_2]), 내포문 구성([(V_1)+V_2]) 등으로 구조화할 수 있으나, 여기에서는 다른 조건을 붙이지 않고 선행서술어(V_1)와 후행서술어(V_2)가 연결된 것만을 나타낸다.

18) 핵심 내용 핵어에 대한 설명은 이숙희(1992)를 참고 바람.

template)을 바탕으로 한국어 SVC(serial verb construction) 구성에서 두 서술어가 결합된 의미적 관계를 조직하고 있다. 한국어 SVCs의 의미적 형틀에서 SVC₁은 국어의 보조용언 구성에 해당하는데 두 서술어의 의미 관계를 [EVENT + STATE]로 표시한다. SVC₂는 국어의 접속용언 구성에 해당하는데 다시 두 가지로 나누어진다. 그 중 첫째는 두 서술어의 의미 관계가 [MODALITY + EVENT]로 V_1이 동시성이나 목적 등을 나타내고 V_2가 핵심 내용 핵어인 경우이고, 둘째는 V_1과 V_2가 모두 핵심 내용 핵어로써 연속성을 나타내는 경우이다.

Baker(1989)는 핵어가 할당하는 의미역에 관한 원칙을 다음과 같이 제안하고 있다.

> (19) 의미역 할당 원칙
>   a. 서술어의 모든 의미역은 문장에서 어떤 논항으로 할당되어야 한다.
>   b. 하나의 논항은 다른 서술어로부터도 동일한 의미역을 받을 수 있다. 즉 상반된 의미역을 받을 수 없다.

> (20) 정수가 <u>뛰어 갔다</u>.

(20)에서, '정수'는 '뛰다'와 '가다'로부터 행동주라는 동일한 의미역을 할당받는다. 물론 다음과 같이 두 서술어가 동일한 의미역으로 행동주를 할당하지 않는 경우가 있다.

> (21) 주정뱅이가 어젯밤에 <u>얼어 죽었다</u>.

(21)에서 두 동사 '얼다'와 '죽다'가 할당하는 의미역은 '행동주'가 아니라 '피동주'이다.[19]

---

19) '행동주'역을 확인하는 시험으로는 첫째, 부사 '일부러'의 삽입, 둘째, 명령형으로 전환, 셋째, '애쓰다', '요구하다'의 결합 등이 있다.
  (i) a. 정수는 (일부러) 뛰어 갔다.
     b. *주정뱅이가 (일부러) 얼어 죽었다.

③ 논항 구조 합병

두 서술어가 연속된 구성에서 논항 구조의 합병은 두 서술어가 가지고 있는 두 개의 독립된 논항 구조를 단일한 복합 논항 구조로 만들기 위해 구성하는 과정이다. 합병은 앞에서 언급한 핵어 현저함 보존과 이숙희 (1992: 75)에서 제안한 주어 공유 가설(subject sharing hypothesis)에 의해 통제가 이루어진다. 주어 공유 가설은 Baker(1989)의 목적어 공유 가설(object sharing hypothesis)을 보완한 것인데 다음과 같다.

> (22) 주어 공유 가설(subject sharing hypothesis)
>   a. 두 동사가 타동사일 때만 목적어 공유는 이루어져야 한다.
>   b. 모든 연속 동사는 주어를 공유한다.

두 서술어가 연속된 SVC 구성에서 주어 공유 가설은 의무적이지만, 내포문 구성은 이와 다른 양상을 띤다.

> (23) a. 정수는 공을 <u>차</u> <u>보냈다</u>.
>   b. 우리는 그들이 서로 <u>사랑한다고</u> <u>생각했다</u>.

(23a)는 SVC 구성으로 V_1과 V_2가 주어를 공유하고 있다. 반면에 (23b)은 내포문 구성으로 V_1의 주어는 '그들'이지만 V_2의 주어는 '우리'이다. 이와 같이 SVC 구성은 주어를 공유해야 하지만, 내포문 구성은 주어를 공유하지 않아도 된다.

논항의 공유는 서술어 결합의 긴밀도와 밀접한 관계를 갖는데, V_1과 V_2의 결합에서 접속용언 구성보다는 보조용언 구성이, 보조용언 구성보다는 합성용언 구성이 더 긴밀한 관계로 결합되어 있기 때문에 논항 공유의 의

(ii) a. 뛰어라.
   b. *얼어라
(iii) a. 가려고 애썼다.
   b. *얼려고 애썼다.
(iv) a. 가기를 요구했다.
   b. *얼기를 요구했다.

무성이 강화된다.

둘 또는 그 이상의 동사들이 결합할 때 그 결합 구성은 각 동사의 논항 구조를 이어 받는데, 각 동사의 논항 구조는 다음의 논항 연결 규약에 따라 서로 합병하게 된다(김병권, 1993: 185).

> (24) 논항 연결 규약(argument-linking convention)
>   a. 동사의 논항은 가장 현저한 것에서 가장 덜 현저한 것까지 일대 일로 합병한다.
>   b. 합병된 논항은 의미역에서 일치해야 한다. 즉 두 논항은 동일한 의미역을 가지고 있을 때에만 합병이 허락된다.

이상의 이론적 배경을 바탕으로 보조용언 구성의 논항 실현 양상을 살펴보고자 한다.

2) 논항 실현 양상

① 단문 구조

보조용언 구성에서 본용언은 핵심 사건의 의미를 나타내는 핵심 내용 핵어이고, 보조용언은 본용언에 의해 묘사된 사건 의미에 단지 양상 의미만을 더하는 기능을 한다. 그러므로 이들 구성에서 대부분의 보조용언은 그 자신의 실질적인 논항은 가지지 못하고 양상역(aspect role)만을 갖는다(이숙희, 1992). 따라서 보조용언 구성은 핵심 내용 핵어인 본용언에서 주된 행위가 끝나고 보조용언이 여기에 양상적인 의미를 부여하기 때문에, 주어 공유는 논항 구조 합병이 일어난 후에 본용언의 주어를 보조용언이 공유하게 되는 것이 일반적이다.

먼저 연결어미와 결합하고 있는 보조용언 구성을 보도록 한다.

> (25) 민우는 실력을 쌓아 갔다.
> (26) 날씨가 추워 온다.
> (27) 정수는 옥상에 올라가 보았다.

(28) 민우는 과자를 <u>먹어 버렸다</u>.

(29) a. 영주는 친구를 <u>도와 주었다</u>.

    b. 정수는 영주에게 노래를 <u>불러 주었다</u>.

(30) 정수는 벽보를 <u>떼어 내었다</u>.

(31) a. 얼음이 <u>녹아 졌다</u>.

    b. 도둑이 순경에게 <u>잡혀 졌다</u>.

(32) 개가 밤새도록 <u>짖어 쌓는다</u>.

(33) 영수는 숙제를 <u>해 놓았다</u>.

(34) 봉우리가 <u>솟아 있다</u>.

(35) 민우는 이야기를 <u>듣고 있다</u>.

(36) 정수는 과자를 <u>먹고 보았다</u>.

(37) 정수는 일을 <u>저지르고 말았다</u>.

(38) 나는 대공원에 <u>가고 싶다</u>.

(39) 너는 그 과자를 <u>먹지 말아라</u>.

(40) 민우는 서울에 <u>가게 되었다</u>.

이들 구문들은 연결어미 계열로 모두 주어가 일치하고 있다. 이들 중 '-어/아' 구성은 아주 긴밀하게 결합되어 있는데 반해,[20] 다른 구성들은 어느 정도 자립성을 가진 것으로 보인다.

(35~37)의 예문들은 의미의 중심이 본용언에 있다. 이들 구문에서 보조용언을 생략하면 다음과 같다.

(41) a. 민우는 이야기를 <u>듣는다</u>.

    b. 정수는 과자를 <u>먹었다</u>.

    c. 정수는 일을 <u>저질렀다</u>.

(41)의 예들은 (35~37)의 예에서 표현하려는 의미 범주를 크게 벗어나지 않고 있다.[21]

---

20) 이에 대해 이숙희(1992)는 '-아/어'를 '허형태소(dummy morpheme)'로, 최현숙(1988)은 '시제 없는 INFL(tenseless INFL)'로 표현했고, 이시형(1990)은 선행용언과 후행용언 사이에 아무런 의미론적 제약도 주지 않는 [−방벽성]을 가진다고 언급하였다.

21) (39)의 '-지 말다' 구문은 다음과 같이 보조용언을 생략할 경우 전혀 다른 의미가

한편 의미의 중심이 본용언에 있는 (35～37)의 구문들과는 달리, (38)은 보조용언의 의미 기능이 상당히 중요하다.

> (38) a. 나는 대공원에 <u>가고</u> <u>싶다</u>.
>   b. 나는 대공원에 간다.

(38a)는 '나는 대공원에 가기를 희망한다'는 의미인데 (38b)에서는 (38a)의 의미를 추정하기가 어렵다. 따라서 '싶다'는 보조용언으로만 쓰이는 어휘이지만 다른 보조용언과 달리 자립성이 상당히 강한 것으로 보인다.

> (42) 정수는 밥을 먹고 안 a. ┌ *있었다.
>   b. │ *보았다.
>   c. │ *말았다.
>   d. └ [?]싶었다.
> (43) 정수는 밥을 먹고 a. ┌ *있지 않았다.
>   b. │ *보지 않았다.
>   c. │ *말지 않았다.
>   d. └ ^{??}싶지 않았다.

(42)는 단형 부정이 후행성분에만 적용된 경우이고, (43)은 장형 부정이 후행성분에만 적용된 경우이다. 여기에서 확인할 수 있는 것은 (42～43)의 예문에서 각 (a～c)는 의미의 분화가 일어나 보조용언의 의미를 상실했기 때문에 부자연스럽지만, 각 (d)는 의미의 분화는 일어났지만 '희망', '원망'이라는 보조용언의 의미를 그대로 유지하고 있어 어색하기는 하나 가능하다는 것이다. 이것은 '싶다'가 어느 정도 자립성을 가지고 있다는 것을 의미한다.

된다.
  a) 너는 그 과자를 <u>먹지</u> 말아라.
  b) 너는 그 과자를 먹어라.
(a～b)와 같이 이들은 상반된 의미를 표현하고 있으나, 여전히 (a)의 의미 중심이 본용언에 있는 단문으로 보아야 한다. 그리하여 '-지 말다'가 양상역인 '금지'의 의미를 가지고 '너는 과자를 먹는 행위를 금지하라'는 의미로 해석할 수 있다.

보조용언 구성에서 본용언과 보조용언의 논항 구조를 표시하면 다음과
같다.22)

(25)′ 쌓아 가다 ;	a. 쌓다	(x (z))	<E>
	b. 가다	( )	<A>
(26)′ 추워 오다 ;	a. 춥다	((z))	<E>
	b. 오다	( )	<A>
(27)′ 올라가 보다 ;	a. 올라가다	(x (y))	<E>
	b. 보다	( )	<A>
(28)′ 먹어 버리다 ;	a. 먹다	(x (z))	<E>
	b. 버리다	( )	<A>
(29 a)′ 도와 주다 ;	a. 돕다	(x (z))	<E>
	b. 주다	( )	<A>
(29 b)′ 불러 주다 ;	a. 부르다	(x (z))	<E>
	b. 주다	(y)	<A>
(30)′ 떼어 내다 ;	a. 떼다	(x (z))	<E>
	b. 내다	( )	<A>
(31 a)′ 녹아 지다 ;	a. 녹다	((z))	<E>
	b. 지다	( )	<A>
(31 b)′ 잡혀 지다 ;	a. 잡히다	(x (z))	<E>
	b. 지다	( )	<A>
(32)′ 짖어 쌓다 ;	a. 짖다	(x)	<E>
	b. 쌓다	( )	<A>
(33)′ 해 놓다 ;	a. 하다	(x (z))	<E>
	b. 놓다	( )	<A>
(34)′ 솟아 있다 ;	a. 솟다	((z))	<E>
	b. 있다	( )	<A>
(35)′ 듣고 있다 ;	a. 듣다	(x (z))	<E>
	b. 있다	( )	<A>
(36)′ 먹고 보다 ;	a. 먹다	(x (z))	<E>

---

22) 변항 표시는 (18)에 제시한 의미 층위에 따라 agent와 experience는 'x', source, goal,
location은 'y', theme과 patient는 'z'로 나타내고, 'E'는 사건역(event role), 'A'는 양
상역(aspect role)의 의미로 사용한다. 또한 지금부터 사용되는 논항 구조 표시는 이
숙희(1992)를 참고한 것임을 밝힌다.

	b. 보다	( )	<A>
(37)′ 저지르고 말다 ;	a. 저지르다	(x (z))	<E>
	b. 말다	( )	<A>
(38)′ 가고 싶다 ;	a. 가다	(x (y))	<E>
	b. 싶다	( )	<A>
(39)′ 먹지 말다 ;	a. 먹다	(x (z))	<E>
	b. 말다	( )	<A>
(40)′ 가게 되다 ;	a. 가다	(x (y))	<E>
	b. 되다	( )	<A>

위의 논항 구조에서 (29b)′을 제외하고는 보조용언이 논항을 할당받지 못하고 있다. (29b)′도 '주다'가 직접적인 논항으로 'goal'을 할당하는 것이 아니다.

(44) a. 정수는 영주에게 노래를 불러 주었다.
    b. *영주에게 노래를 주었다.
(45) a. 정수는 영주에게 꽃을 사 주었다.
    b. 영주에게 꽃을 주었다.

(44b)는 보조용언으로 사용된 (44a)의 의미가 아니라 본용언으로 사용된 (45a)의 의미가 되기 때문에 비문이 된 것이다. 그러므로 (29b)′의 의미역은 'goal'이 아니라 'beneficiary'로 보아야 한다.

(25)′~(40)′의 논항 구조들에 합병이 일어나면 다음과 같이 될 것이다.

(25)″ a. 쌓다   (x (z))   <E>
     b. 가다   (   )   <A>
     c. 쌓아 가다   (x (z))   <E> <A>
                            지속

(29 a)″ a. 돕다   (x (z))   <E>
     b. 주다   (   )   <A>
     c. 도와 주다 (x (z))   <E> <A>
                            베풂

(29 b)″ a. 부르다   (x (z))   <E>

　　　　　 b. 주다   (y)   <A>

　　　　　 c. 불러 주다(x (y (z)))   <E> <A>

　　　　　　　　　　　　　　　　　　베풂

(38)″ a. 가다   (x (y))   <E>

　　　　 b. 싫다   ( )   <A>

　　　　 c. 가고 싶다 (x (y))   <E> <A>

　　　　　　　　　　　　　　　　원망

(39)″ a. 먹다   (x (z))   <E>

　　　　 b. 말다   ( )   <A>

　　　　 c. 먹지 말다 (x (z))   <E> <A>

　　　　　　　　　　　　　　　　금지

　　논항 구조의 합병은 앞에서 '주어 공유 가설'을 준수해야 한다고 했다. 이것은 보조용언 구성에서 보조용언은 본래 독자적으로 주어 논항을 가지지 못하고, 본용언과 합병이 일어난 후에 본용언이 가지고 있던 주어 논항을 공유하게 되기 때문이다.

　　성광수(1976), 이기갑(1981a), 정태구(1994) 등은 보조용언의 주어를 하나의 개체로 설정하면서, 그에 대한 이유로 '있다'를 '계시다'로 대치하는 것이 가능하다는 것과, 구문을 명령형으로 전환할 수 있음을 들었다. 그러면 이 때에도 보조용언이 독립적으로 기능할 수 있는지를 알아 보자.

(46) a. 아버지께서 <u>누워</u> <u>계신다</u>.

　　　 b. 아버지께서 누우셨다.

　　　 c. *아버지께서 계신다.

(47) a. 아버님은 옥상에 <u>올라가</u> <u>보셨다</u>.

　　　 b. 아버님은 옥상에 올라가셨다.

　　　 c. *아버님은 옥상에 보셨다.

(48) a. 나는 사과를 <u>먹어</u> <u>보았다</u>.

      b. 너는 사과를 먹어 보아라.
      c. 너는 사과를 먹어라.
      d. *너는 사과를 보아라.

(46a)는 '있다'를 '계시다'로 대치시켰고, (46b)는 '눕다'가 (46a)의 의미를 그대로 보유한 경우인데 모두 자연스럽다. 그러나 (46c)는 '계시다'가 (46a)의 의미를 가지고 자립적으로 기능할 수 없다. 만약 자립성을 가진다면 보조용언이 아니라 본용언이 된다. 이것은 (47)를 보면 더욱 분명해진다. (47a)는 보조용언이 본용언과 합병이 일어난 후에 본용언이 가지고 있던 주어 논항인 '아버님'을 공유하므로 보조용언에 존대 선어말 어미 '-시-'가 삽입되었다. (47b)는 의미의 중심인 본용언이 자립적으로 쓰이고 '-시-'가 자연스럽게 삽입된다. 그러나 (47c)의 경우 (47a)에서의 보조용언이 자립성이 없기 때문에 비문이 된 것이다.

(48b)는 구문 전체를 명령형으로 전환한 경우이고, (48c)는 주된 행위를 나타내는 본용언에 명령형이 적용된 경우이다. 그러나 (48d)는 명령형이 보조용언 '보다'에 적용되었는데 비문이 되었다.[23]

그러므로 보조용언 구성에서는 주된 행위는 핵심 내용 핵어인 본용언에서 이미 끝나고 보조용언은 여기에 양상적인 의미만를 부여하기 때문에, 주어 공유는 논항 구조 합병이 일어난 후에 본용언의 주어를 보조용언이 공유하는 것이다.

② 복문 구조

한편 본용언의 주어와 보조용언의 주어가 일치하지 않는 구문이나, 통

---

23) 이것은 보조용언 구성의 어말 어미 활용 양상과 관련되는데, 보조용언 구성에서 어말 어미 활용은 본용언과 보조용언의 합병이 일어난 후에 주어가 공유되는 것이 전제되어야 한다.
  a) (우리는) 사과를 먹어 보자.
  b) (너는) 사과를 먹어 보았니?
  c) (너는) 사과를 먹어 보아라.
여기에서도 '우리는 보자'라는 문장만 가지고는 (a)의 '먹는 행위를 시도하자'라는 의미를 파악할 수 없다.

사적으로 보문 구성이 명확한 구문들은 (25~40)의 논항 구조와 다르게 설정해야 한다. (25~40)의 주어 일치 구문들은 합병이 일어난 후에 부수적으로 보조용언이 본용언의 주어 논항을 공유하게 되지만, 주어 불일치 구문은 보조용언이 독립적으로 주어 논항을 가지고 있기 때문에 각각의 주어 논항이 합병하게 된다. 이들 유형은 주어가 일치하는 구문도 있지만 일치하지 않는 구문도 있기 때문에, 접속용언 구성보다는 내포문 구성으로 보아야 한다.[24]

일반적으로 내포문 구성은 하나의 모문에 또 하나의 문장이 내포된 것을 말한다. 이 때 모문의 주어와 내포문의 주어를 다르게 설정할 수 있다.

(49) 사회자는 영희가 <u>예쁘다고</u> <u>소개한다</u>.
(49)′ a. 예쁘다   ((z))   <E>
　　　 b. 소개하다   (x)   <E>

(49)′에서, (49a)′은 내포문의 논항 구조이고, (49b)′은 모문의 논항 구조이다. 그런데 이들은 접속용언 구성과 달리 합병이 잘 이루어지지 않고 있다. 이것은 (49)의 경우 모문과 내포문의 주어가 동일한 대상이 아니기 때문에 논항 공유 현상이 일어나지 않는 것이다. 그러므로 이들 구문은 V_1과 V_2가 합병되는 것이 아니라, 모문의 서술어가 핵어가 되어 내포문을 포함하는 구조로 설정하는 것이 좋을 것 같다.

---

24) 접속용언 구성의 경우, 핵심 내용 핵어는 V_2에 있지만, V_1과 V_2가 자립성을 가지고 결합되었기 때문에 합병이 일어나면 독립적으로 가지고 있던 주어를 의무적으로 공유하는 특징이 있다.
　(i) 나는 사과를 <u>깎아</u> <u>먹었다</u>.
　(ii) a. 깎다   (x   (z))   <E>
　　　 b. 먹다   (x   (z))   <E>
　　　 c. 깎아 먹다   (x   (z))   <E>
　(i)은 타동사와 타동사가 결합한 접속용언 구성이다. V_1과 V_2가 모두 타동사이기 때문에 행동주와 대상의 논항을 각각 가지고 있다. 여기에 합병이 일어나면, 주어 공유 가설에 따라 주어와 목적어를 공유하게 된다. 이와 같이 접속용언 구성은 V_1과 V_2가 자립성을 가지고 있어 주어를 독자적으로 설정할 수 있지만 항상 주어 일치 구문이다.

(49)″ 소개하다　　　(x (α))　　<E>

　　(49)″은 모문의 주어(x)가 '누가 예쁘다(α)'고 소개한다는 것을 나타내고 있다.25) 그런데 보조용언 구성의 경우 표면 구조는 내포문 구성과 유사하지만 중요한 차이점이 있다. (49b)′에서 볼 수 있듯이, 내포문 구성의 모문 서술어는 본용언의 기능을 하는 것으로 사건역(event role)의 의미를 할당받고 있다. 그러나 보조용언 구성의 모문 서술어는 문법적인 기능의 양상 의미만을 나타낼 뿐이다.26)

　　(50) 그이도 <u>깨어 있었나 보다</u>.
　　(51) 너도 <u>바빴던가 보구나</u>.
　　(52) 너는 시험에 <u>떨어질까 봐</u> 걱정하고 있구나.
　　(53) 운전사는 차가 <u>흔들릴까 봐</u> 조심스럽게 운전한다.
　　(54) 담배 연기를 내뿜을 때마다 그는 한숨을 <u>내쉬는 듯 했다</u>.
　　(55) 나는 철수가 <u>우승했으면 싶다</u>.

　　(50~55)는 내포문으로 볼 수 있는 보조용언 구문들이다. 이들 구문에서 본용언과 보조용언의 논항 구조는 다음과 같다.

---

25) (49)″에서 ' α ' 부분을 풀어서 논항 구조를 제시할 수도 있겠으나, 그렇게 되면 내포문의 특성을 발견하기 어렵기 때문에 (49)″과 같이 제시하는 것이 좋을 것 같다.
26) 한편 합성용언 구성은 의미의 중심이 어느 한 곳에 있거나 분리되어 있는 것이 아니고 V1과 V2가 형태적 구성으로 단일 어휘처럼 기능하기 때문에 단문과 같은 논항 구조를 취한다.
　(i) 아버지께서 <u>돌아오셨다</u>.
　(ii) 민우는 운동장에서 <u>쓰러졌다</u>.
　(i)′ 돌아오시다　(x)　　　<E>
　(ii)′ 쓰러지다　(x (y))　<E>
이와 같이 합성용언 구성은 형태적 구성의 특징으로 말미암아 다음과 같이 단문의 논항 구조와 유사하다.
　(iii) a. 정수는 민우를 <u>때렸다</u>.
　　　 b. 때리다　(x (z))　　<E>
만약 접속용언 구성처럼 V₁과 V₂를 분리시킨다면 전혀 다른 의미가 되거나, 본용언의 기능을 하게 되어 합성용언 구성 본래의 의미를 전혀 찾을 수 없게 된다.

(50)′ a. 깨어 있다   (z)   <E>
     b. 보다   (x)   <A>
(51)′ a. 바쁘다   (z)   <E>
     b. 보다   (x)   <A>
(52)′ a. 떨어지다   (x (y))   <E>
     b. 보다   (x)   <A>
(53)′ a. 흔들리다   (z)   <E>
     b. 보다   (x)   <A>
(54)′ a. 내쉬다   (x (y))   <E>
     b. 하다   (x)   <A>
(55)′ a. 우승하다   (z)   <E>
     b. 싶다   (x)   <A>

(50~55)′에서, 내포문의 서술어는 자립성을 가진 본용언이기 때문에 사건역(event role)의 기능을 한다. 그러나 모문의 서술어는 주어 논항을 가지기는 하나 문법적인 기능만 할 뿐이다. (50~55)′에 논항 구조의 합병이 일어나면 다음과 같다.

(50)″ 보다   (x (α))   <A>
(51)″ 보다   (x (α))   <A>
(52)″ 보다   (x (α))   <A>
(53)″ 보다   (x (α))   <A>
(54)″ 하다   (x (α))   <A>
(55)″ 싶다   (x (α))   <A>

(50~55)″과 같이 모문과 내포문의 논항 구조가 합병하면 (49)′의 구조와 유사하게 된다. 그러나 (49)″은 모문의 서술어가 사건역(event role)의 기능을 하는데 반해, (50~55)″의 모문 서술어는 양상역(aspect role)의 기능을 하는 차이가 있다. 한편 (50~55)″에서도 동일 주어 구문은 합병 후 의무적으로 주어를 공유해야 한다.

이상에서 보조용언 구성의 논항 구조를 살펴보았다. 이들 구성에서 단문의 구조를 가진 보조용언 구성은 논항 구조의 합병이 일어난 후에 본용언의 주어를 보조용언이 공유하게 된다. 그러나 복문의 구조를 가진 보조용언 구성은 보조용언이 독립적으로 주어 논항을 가지고 있기 때문에 모문과 내포문 각각의 주어 논항이 합병하게 된다. 이 때 주어가 일치하는 구문은 합병 후에 독립적으로 가지고 있던 주어를 의무적으로 공유해야 한다.

2. 어미 분포 양상

본 절에서는 보조용언 구성의 통사 특징 중 선어말 어미와 어말 어미의 분포 양상을 고찰하고자 한다.

어말 어미에 선행되어 나타나는 활용 어미인 선어말 어미에는 경어법에 관한 것('-시-', '-옵-', '-오-' 등)과 시상에 관한 것('-았-/-었-', '-겠-', '-더-', '-리-' 등)이 있다. 여기에서는 경어법에 관한 것으로 주체 존대의 '-시-'를, 그리고 시상에 관한 것으로 '-았-/-었-'과 '-겠-' 등을 이용하여 이들이 보조용언 구문에 어떻게 분포되어 나타나는지를 고찰하게 된다. 이들 존칭과 시상의 선어말 어미들은 분포에 있어 일치하는 면도 있으나 그렇지 않은 면도 많기 때문에 함께 다루지 않고 따로 다루게 된다.

본 절의 제1항에서는 선어말 어미의 분포 양상을 다루게 되는데, 존칭 선어말 어미 '-시-'의 분포 양상과 시상 선어말 어미의 분포 양상을 나누어 고찰한다. 한편 존칭 선어말 어미 '-시-'의 분포 양상은 보조용언에 '-시-'의 분포가 가능한 구문, 본용언에만 가능한 구문, 양쪽에 불가한 구문, 양쪽에 가능한 구문 등으로 나누어 고찰하고, 시상 선어말 어미의 분포 양상은 보조용언에만 분포되는 구문, 본용언에만 분포되는 구문, 그리고 본용언과 보조용언 양쪽에 분포가 불가한 구문으로 나누어 고찰한다.

제2항에서는 어말 어미의 분포 양상을 다루는데, 제약이 없는 구문, 약한 제약 구문, 강한 제약 구문 등으로 나누어 고찰한다.

(1) 선어말 어미의 분포 양상

1) 존칭 선어말 어미 '-시-'의 분포 양상

글이나 담화상에서 말하는 이가 듣는 이나 화제(話題)의 인물에 대해 상황에 알맞는 대접을 하게 되는데, 이를 존대법 또는 대우법이라 부른다(서정수, 1996: 995~1000).

존대법은 사람들의 위 아래 관계, 친소 관계 또는 그 밖의 인간 관계를 드러낸다. 말하는 이는 말을 하기 전에 듣는 이와의 관계나 그 밖의 인간 관계를 파악하고 분별하여 알맞은 말씨를 골라서 사람들 사이의 질서가 원만하게 유지되도록 한다.

문장에서 존대 대상자에 따라, 주체를 대우하는 경우, 객체를 대우하는 경우, 그리고 청자를 대우하는 경우가 있다. 주체를 대우하는 표현을 할 때에는 존칭 선어말 어미 '-시-'를 용언에 첨가하고 그와 동시에 주체를 직접 표시하는 말이나 주체와 관련된 사람이나 사물을 가리키는 말도 존대 형태로 바꾸게 된다.[27]

이곳에서는 보조용언 '보다' 구성을 중심으로 '-시-'의 분포에 관한 문제에 대해 다루게 된다.[28] 보조용언 '보다' 구성의 '-시-'의 분포 양상은 대체로 다음 4 가지 유형으로 나눌 수 있다. 첫째는 보조용언에 '-시-'의 분포가 가능한 구문이다. 이 유형은 본용언과 보조용언의 주어가 일치하며

---

27) 주체 대우는 한 문장의 주어가 높임의 주체가 됨이 일반적이나, 특수한 경우에는 주어라고 볼 수 없는 주제 따위도 높임의 주체가 된다. 중주어 문장에서 주어에 해당하는 명사가 사물을 표시하는 명사일 경우 이에 해당한다(서정수, 1996: 1039).
  a) 할아버지께서는 병환이 나셨다.
  b) 그 신사는 말씀이 점잖으십니다.
(a~b)에서, 존대의 대상은 주제인 '할아버지'와 '신사'이다. 이와 같이 존대의 주체가 무엇인지 명확히 밝혀져 있지 않은 것도 있지만, 문장에 존대의 대상이 있으면 존대 표현은 자연스럽게 이루어진다.
28) 유동석(1996: 407~429)은 보조용언 구문에서 '-시-'의 실현 양상을 일치라는 통사적 현상으로 설명하고 있다. 이곳에서 설명하고 있는 '-시-'의 실현 양상은 본고에서 다루고 있는 것과 크게 벗어나지 않고 있다.

보조용언이 [＋동작성]을 가진다는 특징이 있다. 둘째는 본용언에만 '-시-'의 분포가 가능한 구문이다. 이 유형은 보조용언이 [－동작성]이라는 특징으로 말미암은 듯 하다. 셋째는 본용언과 보조용언 양쪽에 '-시-'의 분포가 불가한 구문이다. 이 유형은 본용언과 보조용언의 주어가 오직 화자일 경우에만 나타나는 특징이 있다. 넷째는 본용언과 보조용언 양쪽에 '-시-'의 분포가 가능한 구문이다. 이 유형은 각 구문에 따라 독특한 특징을 지닌다.

① 보조용언에 '-시-'의 분포가 가능한 구문

보조용언 구문에서 존대의 대상이 있을 경우, 존칭 선어말 어미 '-시-'는 보조용언에 분포되는 것이 가장 일반적이다.[29] '보다' 구성 중 이 유형에는 '시행'과 '경험'의 '-어/아 보다' 구성과 '시행'의 '-고 보다' 구성이 있다.

(56) a. 어머니는 지나가는 사람에게 길을 {ㄱ. 물어 보셨다/ ㄴ. ??물으셔 보았다/ ㄷ. ?물으셔 보셨다}.

  b. 어렸을 때 배가 몹시 {ㄱ. 고파 보신/ ㄴ. ??고프셔 본/ ㄷ. ?고프셔 보신} 경험이 있습니까?

(57) a. 아버지께서는 주머니 사정이야 어떻든 일단 {ㄱ. 가고 보셨다/ ㄴ. ??가시고 보았다/ ㄷ. ?가시고 보셨다}.

  b. 그 손님은 식당에 들어오시더니, 음식을 일단 {ㄱ. 먹고 보셨다/ ㄴ. 잡숫고 보셨다/ ㄷ. ??잡수시고 보았다/ ㄹ. 잡수시고 보셨다}.

(56)은 '시행'(56a)과 '경험'(56b)을 나타내는 '-어/아 보다' 구성이고, (57)은 '시행'의 '-고 보다' 구성이다. 이들은 본용언과 보조용언의 행위나 상태가 각각 따로 이루어진 것이 아니고 하나로 이루어져 있기 때문에, 존칭 선어말 어미 '-시-'는 두 서술어 중 한 군데에만 분포되는 것이 자연스럽

---

29) 기존의 논의에서 보조용언의 범주로 분류했던 것들(가다, 오다, 있다, 두다, 버리다, 주다 등)을 보면, '-시-'의 분포가 보조용언에 이루어질 때 가장 자연스러운 것으로 설명되고 있다(김기혁 1986, 류시종 1994 등).

다. 이 때 본용언보다 보조용언에 분포될 때 더 자연스럽다.[30] 다시 말해 이들 구문은 주어가 일치하여 본용언과 보조용언의 행위가 동일인에 의해 이루어지기 때문에 보조용언에만 '-시-'가 분포될 때 자연스럽고, 그 외에 본용언에만 '-시-'가 나타나면 비문법적이라고 할 수는 없으나 잘 쓰이지 않는다. 그리고 본용언과 보조용언 모두에 분포될 경우에는 잉여적인 표현이 된다.[31]

이상에서 '-시-'의 분포가 보조용언에 이루어질 때 자연스러운 구문들을 살펴보았다. 여기에서 발견할 수 있는 특징 중의 하나는 보조용언이 [+동작성]을 가지고 있다는 것이다. 그런데 이러한 보조용언의 [+동작성]은 본래부터 가지고 있던 것이 아니고 [+동작성]인 본용언의 영향으로 발생한 것이다. 이로 인해 본용언과 보조용언은 두 개의 서술어이지만 하나의 행위만을 표현하게 되고, '-시-'는 보조용언 한 군데에만 분포되는 특징을 보인다. 즉 본용언의 [+동작성]이 보조용언인 '보다'에 그 영향이 작용

---

30) 김영희(1993: 176~178)는 보조용언 구문에서 주어 존칭 접미사 '-시-'가 보조용언에 분포되는 것이 일반적인 특징이나 본용언이 존대를 가지는 경우를 비롯한 몇몇 구어체에서 보조용언뿐만 아니라 본용언에도 '-시-'가 분포될 수 있다고 설명한다.
   (i) a. 어머니께서 그걸 먹어 버리셨어.
      b. 어머니께서 그걸 드셔 버리셨어.
   (ii) a. 할아버지께서도 연애를 해 보셨나?
      b. 할아버지께서도 연애를 하셔 보셨나?
(i b)는 '먹다'가 '드시다'로 바뀐 경우인데 자연스럽게 쓸 수 있는 표현이다. 그러나 (ii b)와 같이 본용언과 보조용언에 각각 '-시-'를 삽입할 경우에는 담화 상황에서 쓸 수 있는 표현이나 주체 높임이 중복되어 잉여적인 표현이 된다. 즉 (ii b)에서 본용언의 주어는 '할아버지'이고 보조용언의 주어도 '할아버지'인 동일 주어 구문이다. 이러할 때 본용언에도 '-시-'를 첨가하면 존대의 대상인 '할아버지'를 의식적으로 존대하려는 의도적인 표현으로 보이게 된다.

31) 한편 (57b)는 (57a)와는 다른 특징을 보여 준다. 즉 (57a)의 본용언 '가다'에 존대 표현이 이루어질 때에는 다른 존대어로 바뀌는 일이 없이 '-시-'의 분포만이 이루어진다. 그러나 (57b)의 '먹다'는 존대어로 '잡숫다'나 '잡수시다'가 있어 이들로 바뀌어 나타나는 것이 자연스럽다. 그러므로 (57b)에서 (ㄱ), (ㄴ), (ㄹ)이 모두 주체 존대 표현으로 가능하다. 다만 (57b)의 (ㄹ)이 본용언과 보조용언 양쪽에 '-시-'가 나타나 잉여적인 표현으로 보일 수 있으나, 국어 사전(한글학회, 1992: 3500)에서도 '잡수시다'를 '잡숫다'보다 더 높임말이라고 풀이하고 있다. 이것은 '잡수시다'가 일반 어휘에 '-시-'가 분포된 것과는 다르다는 것을 보여 주는 것이다.

하여 [＋동작성]의 '보다'로 나타나게 된 것이다. 그러나 이 때 '보다'의 동작성은 본용언에 비해 훨씬 약화된 것이다.[32]

② 본용언에만 '-시-'의 분포가 가능한 구문

이 유형은 앞에서 고찰한 보조용언에 '-시-'의 분포가 가능한 유형과는 달리 존칭 어미 '-시-'가 본용언에만 분포될 수 있는 구문이다. 여기에 해당하는 구문으로는 '결과'의 '-고 보다' 구성, '원인'의 '-다(가) 보다' 구성, '-나/-ㄴ(은,는)가/-(ㄹ)려나 보다' 구성, '추측'의 '-(으)ㄹ까 보다' 구성 등이 있다.

먼저 연결어미와 결합한 구성을 보도록 하자.

(58) a. 오랜만에 비행기를 {ㄱ. 타시고 보니/ ㄴ. *타고 보시니/ ㄷ. *타시고 보시니} 기분이 상쾌하시죠?

b. (주인은) 갑자기 손님들이 {ㄱ. 들어오시고 보니/ ㄴ. *들어오고 보시니/ ㄷ. *들어오시고 보시니} 정신이 없었다.

(59) a. 그 분은 {ㄱ. 정직하시다 보니/ ㄴ. *정직하다 보시니/ ㄷ. *정직하시다 보시니} 남을 속이지 못한다.

---

32) 호광수(1996)에서 '시행'의 '-어/아 보다' 구성이 명령의 형태로 나타날 때 본용언의 주어는 2인칭 청자로, 그리고 보조용언의 주어는 화자로 상정될 수 있다고 하였다. 다음 예문을 보자.
 a) "아버지 {ㄱ. 일어나 보세요/ ㄴ. ??일어나셔 보세요/ ㄷ. *일어나셔 봐}."
 b) "서울을 {ㄱ. 떠나 보세요/ ㄴ. ??떠나셔 보세요/ ㄷ. *떠나셔 봐}."
만약 후행용언의 주어를 화자로 상정한다면 위의 예문에서 (ㄷ)의 형태를 취해야 가장 자연스러울 것이다. 왜냐 하면 이 때 존대의 대상은 본용언의 주어인 청자이고, 보조용언의 주어인 화자는 자신을 존대할 수 없기 때문이다. 그런데 이와는 달리 (ㄷ)은 비문이 되고 (ㄱ)이 자연스러운 문장이 되고 있다. 이것은 본용언과 보조용언의 행위가 분리될 수 없는 하나의 행위로서 이들의 주어가 분리되어 나타날 수 없음을 보여 주는 증거이다. 그러나 이렇게 되면 본용언의 주어는 청자, 보조용언의 주어는 화자라고 규정했던 것과 상치(相馳)하게 된다. 따라서 이것은 다음과 같이 보는 것이 좋을 것 같다. (a~b)에서 어떤 행위에 대한 명령자는 화자이고 그 명령에 대한 이행자는 청자이다. 그런데 청자는 본용언의 행위자이기도 하다. 그러므로 본용언의 행위는 청자라는 동일인에 의해 이루어지기 때문에 '-시-'의 분포가 한 번만 이루어져야 자연스럽다. 한편 (ㄷ)은 존대의 대상인 청자를 낮추어 대접한 경우가 되어 부자연스러운 구문이 된 것이다.

　　b. 우리 삼촌은 {ㄱ. 선생님이시다 보니/ ㄴ. *선생님이다 보시니/
　　　ㄷ. *선생님이시다 보시니} 많은 시간을 학교에서 보내신다.

　(58)은 '결과'의 '-고 보다' 구성이다. 이들은 존칭의 선어말 어미 '-시-'
가 분포될 수 있는 환경일 때, 존대의 대상과 호응하는 서술어는 주로 본
용언이다. 이들 중 (58a)는 본용언과 보조용언의 주어가 일치하는 구문으로
보조용언의 주어는 행위의 주체가 되는 동시에 판단의 주체이기도 하다.
한편 (58b)에서 '들어오는' 주체는 '손님들'이고, 판단의 주체는 '주인'이
다. 그러므로 '보다'에 '-시-'가 분포되면, 판단의 주체가 자신을 존대하게
되기 때문에 부자연스러운 구문이 된다.

　'원인'의 '-다(가) 보다' 구성인 예문 (59)는 행위나 상태의 주체와 그에
대한 판단의 주체를 따로 상정해야 한다. 다시 말해 본용언은 행위나 상태
의 주체와 호응하고, 보조용언은 판단의 주체와 호응한다. 이 때 행위나 상
태의 주체에는 존대 표현이 자연스럽게 이루어지나 판단의 주체에는 그렇
지 못하다. 이것은 판단의 주체가 자신을 존대하는 표현이 되기 때문이다.
예문 (59)는 보조용언과 호응하는 판단의 주체가 명확하지 않은 모호한 구
문이다. 이 때에도 존대의 표시는 본용언에만 이루어져야 한다. 그러므로
다른 구성에서는 '보다'에 '-시-'가 분포되면 본용언의 의미로 해석되는 경
우가 있으나, '원인'의 '-다(가) 보다' 구성에서는 본용언의 의미로도 해석
되지 않고 부자연스러운 문장이 될 뿐이다.

　다음은 종결어미와 결합한 구성이다.

　(60) a. "자세한 것은 모르지만 친구분들이 가끔 {ㄱ. 오시나 봐요/
　　　ㄴ. *오나 보세요/ ㄷ. *오시나 보세요}."
　　b. 그 분은 우리들 모르게 결혼을 {ㄱ. 하셨나 보다/ ㄴ. *했나
　　　보시다/ ㄷ. *하셨나 보시다}.[33]

---

33) 보조용언에 '-시-'의 분포는 제약을 받지만, 상대에 대한 화자의 겸손 표현은 자연
　　스럽게 이루어진다.
　　a) 친구분들이 가끔 오시나 봅니다.
　　b) 결혼식을 하셨나 봅니다.
　　이것은 보조용언의 주어가 화자이기 때문에 상대에 대한 화자의 겸손을 표현한 것

  (61) a. 그 분은 무척 {ㄱ. 바쁘셨던가 보다/ ㄴ. *바빴던가 보시다/
      ㄷ. *바쁘셨던가 보시다}.

    b. 나를 두고 {ㄱ. 말하시는가 보다/ ㄴ. *말하는가 보시다/ ㄷ.
     *말하시는가 보시다}.34)

  (62) a. 집을 {ㄱ. 나가시려나 보다/ ㄴ. *나가려나 보시다/ ㄷ. *나가
     시려나 보시다}.

    b. 친구 집에 {ㄱ. 가시려나 보다/ ㄴ. *가려나 보시다/ ㄷ. *가시
     려나 보시다}.

  (63) a. 그 분은 생전에 이런 일을 {ㄱ. 당하실까 봐/ ㄴ. *당할까 보
     셔/ ㄷ. *당하실까 보셔} 늘 걱정을 하셨다.

    b. 그는 선생님께서 야단을 {ㄱ. 치실까 봐/ ㄴ. *칠까 보셔/ ㄷ.
     *치실까 보셔} 늘 걱정을 하셨다.

  '추측'을 표현하는 (60~62)의 '-나/-ㄴ(은,는)가/-(ㄹ)려나 보다' 구성은
본용언과 호응하는 주어는 제약 없이 나타날 수 있으나, 보조용언과 호응
하는 주어는 '추측'의 주체인 화자만 올 수 있다. 그러므로 화자는 자기의
행위에 대해 존대의 표현을 할 수 없기 때문에 보조용언에 존칭의 '-시-'가
분포할 수 없는 것이다.

  마지막으로, '추측'의 '-(으)ㄹ까 보다' 구성인 예문 (63)에서, (63a)는 주
어 일치 구문으로 보조용언의 주어는 행위의 주체임과 동시에 판단의 주
체이기도 하다. 그러므로 '추측'의 주체가 화자가 아닌 2인칭이나 3인칭이
라 하더라도 자신을 직접 존대할 수는 없기 때문에 보조용언에 '-시-'의 분
포가 제약을 받는다. 한편 (63b)는 본용언의 주어와 다른 주어가 보조용언
의 주어로 표면에 나타난 구문으로, 화자뿐만 아니라 2, 3인칭이 자유롭게
보조용언의 주어로 올 수 있다. 이 때에도 '-시-'는 본용언에만 분포되어야

이다.

34) 다음의 예문처럼 선행용언에도 '-시-' 분포가 제약되는 경우가 있다.

  "종환씨 아무리 사랑하는 사이라도 고통을 같이 나누기란 어려운 {일인가 봐요/
 *일이신가 봐요/ *일인가 보셔요}."

그러나 이 경우는 본용언의 주어가 '고통을 같이 나누는 것'과 같이 존대의 대상이
아니기 때문에 존칭의 선어말 어미 '-시-'의 분포가 제약을 받은 것이고, 보조용언
에 '-요'가 분포된 것은 청자를 존대하기 위해서 화자가 사용한 것이다.

하는데 '걱정(염려)'의 주체가 자신을 존대할 수 없기 때문이다.

이상에서 본용언에만 '-시-'의 분포가 가능한 구문을 살펴보았다. 이 유형은 본용언과 보조용언의 주어 일치 여부는 관여하지 않고 있으며, 다만 보조용언의 자질이 [−동작성]일 때 나타나는 현상이다.

③ 양쪽에 '-시-'의 분포가 불가한 구문

이 유형은 존칭의 '-시-'가 본용언과 보조용언 어느 곳에도 분포할 수 없는 것으로, '의지'의 '-(으)ㄹ까 보다' 구성과 '바람'의 '-어/아 보다' 구성 등이 있다.

(64) a. 이것도 {ㄱ. 먹을까 보다/ ㄴ. *잡수실까 보다/ ㄷ. *먹을까 보시다/ ㄹ. *잡수실까 보시다}.
 b. 이제 그만 {ㄱ. 갈까 보다/ ㄴ. *가실까 보다/ ㄷ. *갈까 보시다/ ㄹ. *가실까 보시다}.
 c. 내가 먼저 그이를 {ㄱ. 만날까 보다/ ㄴ. *만나실까 보다/ ㄷ. *만날까 보시다/ㄹ. *만나실까 보시다}.[35]
(65) a. 나도 너처럼 {ㄱ. 건강해 봤으면/ ㄴ. *건강해 보셨으면/ ㄷ. *건강하셔 봤으면/ ㄹ. *건강하셔 보셨으면} 좋겠다.
 b. 나도 그 사람처럼 {ㄱ. 부자여 봤으면/ ㄴ. *부자여 보셨으면/ ㄷ. *부자이셔 봤으면/ ㄹ. *부자이셔 보셨으면} 좋겠다.

(64)는 '의지'의 '-(으)ㄹ까 보다' 구성이고 (65)는 '바람'의 '-어/아 보다' 구성이다. 이들은 본용언과 보조용언의 주어가 1인칭 화자이기 때문에 자기 자신의 행위에 대해 존대를 하게 된다면 언어 직관에도 어긋나고, 설령 가능하다 하더라도 농담에서나 쓸 수 있는 표현이 되기 때문에 존칭 선어말 어미 '-시-'의 분포가 제약되는 구문이다.

이와 같이 존칭 선어말 어미 '-시-'의 분포가 양쪽에 제약되는 것은 본

---

35) 다음과 같이 존칭 선어말 어미 '-시-'가 분포되는 경우도 있다.
 a) ?이몸께서 먼저 가실까 보다.
 b) ?이몸께서는 이제 주무실까 보다.
 이들은 일상 담화에서는 잘 쓰이지 않지만 농담으로는 쓸 수 있는 표현이다.

용언과 보조용언의 주어가 1인칭 화자라는 제약 때문에 발생하는 현상이다. 특히 이 두 구성은 주어가 1인칭 이외는 나타날 수 없는 특징이 있다.

④ 양쪽에 '-시-'의 분포가 가능한 구문

이 유형에는 '가정'의 '-어/아 보다' 구성과 '지속'의 '-다(가) 보다' 구성이 있다. 그러나 이들 두 구성은 존칭 어미의 분포 양상에서 차이를 보인다.

먼저 '가정'의 '-어/아 보다' 구성을 보면 다음과 같다.

(66) a. 그 분이 권력만 {ㄱ. 잡아 보시오/ ㄴ. 잡으셔 봐라/ ㄷ. 잡으셔 보시오/ ㄹ. *잡아 봐라}.

　　 b. 우리 아버지가 {ㄱ. 시장이어 보시오/ ㄴ. 시장이셔 봐라/ ㄷ. 시장이셔 보시오/ ㄹ. *시장이어 봐라}.

(66)은 보조용언의 주어가 화자이기 때문에 보조용언에 '-시-'의 분포가 불가능할 것처럼 생각되나 이와는 다른 양상을 보여 준다. '가정'의 '-어/아 보다' 구문에서, 본용언은 표면 문장의 주어와 호응하고 보조용언은 화자와 호응한다. 그런데 이 구문은 청자의 존재가 전제되기 때문에 청자를 존대할 경우에는 보조용언에 '-시-'의 분포가 자연스럽게 이루어질 수 있다.

(66a~b)에서, 각 (ㄱ)은 보조용언에만 '-시-'가 분포되었는데 문장의 주어와 청자를 함께 존대하고 있는 구문이다. 즉 본용언의 행위나 상태가 보조용언으로 이어진다고 보아 보조용언에만 '-시-'가 분포되었고, 또한 이것은 청자에 대해서도 존대가 이루어진 것으로 볼 수 있는 구문이다. 그러나 이 때 청자에 대한 존대는 확실히 느껴지나 문장의 주어에 대한 존대는 약해 보인다. 이것은 각 (ㄴ)을 보면 명확해지는데, 각 (ㄴ)은 존대의 대상인 문장의 주어만을 존대하고 청자는 존대하지 않은 구문이다. 그럼에도 불구하고 자연스러운 문장이 되었다. 이것은 '가정'의 '-어/아 보다' 구문에 청자의 존재가 뚜렷하게 자리잡고 있음을 보여 주는 증거이다. 한편 각 (ㄷ)

은 본용언과 보조용언에 모두 '-시-'가 나타나 있는데 잉여적인 표현으로 보이지 않고 자연스럽다. 이것은 본용언이 문장의 주어에 대해 존대를 담당하고, 보조용언이 청자에 대해 존대를 담당하고 있기 때문이다. 마지막으로 각 (ㄹ)은 존대의 대상이 있음에도 불구하고 존대의 표시가 어느 곳에도 나타나지 않았기 때문에 부자연스러운 구문이 되었다.

한편 '지속'의 '-다(가) 보다' 구성은 다음과 같다.

> (67) a. 내 사람이다 하고 {ㄱ. 사시다 보면/ ㄴ. 살다 보시면/ ㄷ. *사시다 보시면} 정은 들게 마련입니다.
> b. 일을 {ㄱ. 하시다 보면/ ㄴ. 하다 보시면/ ㄷ. *하시다 보시면} 그럴 수도 있습니다.

'지속'의 '-다(가) 보다' 구성인 (67)은 '-시-'의 분포가 본용언에 이루어져도 자연스럽고 보조용언에 이루어져도 자연스럽다. 다만 각 (ㄱ)과 같이 본용언에 '-시-'가 분포되면 의미의 중심이 본용언에 놓이고 '지속'의 의미가 명확해진다. 그러나 각 (ㄴ)과 같이 '-시-'가 보조용언에 분포되면, 의미의 중심이 보조용언으로 이동하고 (ㄱ)의 보조용언이 아닌 본용언의 의미로 나타난다. 이것은 '지속'의 '-다(가) 보다' 구성이 본용언으로 [＋동작성] 동사만을 취하는데, 보조용언에도 본용언의 동작성이 그대로 유지되기 때문으로 보인다. 한편 각 (ㄱ)과 (ㄴ)처럼, '-시-'가 개별적으로 분포될 수는 있으나 (ㄷ)과 같이 양쪽에 동시에 분포될 수는 없다.

이와 같이 이들 두 구성은 서로 다른 특징을 보여 준다. 특히 '가정'의 '-어/아 보다' 구성은 본용언의 주어와 청자를 동시에 존대할 수 있는데, 보조용언의 주어는 화자이지만 이 화자가 청자를 존대하는 상황에서는 '-시-'의 분포가 자연스럽게 이루어질 수 있다.

이상에서 존칭 선어말 어미 '-시-'의 분포 양상을 살펴보았다. 보조용언 구문에서 존대의 대상이 있을 경우, 존칭 선어말 어미 '-시-'는 보조용언에 삽입되는 것이 일반적이다. 그러나 통사적·의미적 특징에 따라 이와 다르게 나타나기도 한다.

존칭 선어말 어미 '-시-'의 분포는 다음 네 가지 유형으로 나누어진다.

(68) 존칭 선어말 어미 '-시-'의 분포 양상

보조용언에 가능한 구문	'시행', '경험'의 '-어/아 보다' 구성
	'시행'의 '-고 보다' 구성
본용언에 가능한 구문	'결과'의 '-고 보다' 구성
	'원인'의 '-다(가) 보다' 구성
	'-나/-ㄴ(은,는)가/-(ㄹ)려나 보다' 구성
	'추측'의 '-(으)ㄹ까 보다' 구성
양쪽에 불가한 구문	'바람'의 '-어/아 보다' 구성
	'의지'의 '-(으)ㄹ까 보다' 구성
양쪽에 가능한 구문	'가정'의 '-어/아 보다' 구성
	'지속'의 '-다(가) 보다' 구성

(68)에서, 보조용언에 가능한 구문은 본용언과 보조용언의 주어가 일치하고, 본용언과 보조용언이 하나의 행위로 이루어져 있으며, 보조용언이 [+동작성]을 갖는다. 본용언에만 가능한 구문은 보조용언의 주어가 화자인 경우이거나 그 외 판단의 주체가 자신을 존대하는 상황일 때 나타난다. 그리고 보조용언은 [−동작성]을 가지는 특징을 보인다. 양쪽에 불가한 구문은 본용언과 보조용언의 주어가 화자인 경우에만 나타나는 현상이고, 양쪽에 가능한 구문은 본용언의 주어와 청자를 동시에 존대할 때 나타나는 현상이다.

2) 시상 선어말 어미의 분포 양상

시제는 한 언어에 체계적으로 갖추어진 시간 관계 문법 요소들로 사태의 시간적 앞뒤 관계를 나타낸다. 서정수(1996: 219~240)는 우리말의 시제를 과거 시제와 비과거 시제의 2분법 체계로 분류하고, 과거 시제 형태는 유표(marked) 형태 '-었-' 따위가 있고, 비과거(non-post) 시제 형태는 무표(unmarked)

의 형태 'Ø'라고 하였다. 한편 무표 형태 'Ø'는 현재와 미래의 시간역에 걸쳐 쓰일 수 있으나, 이의 기본 기능은 현재 시제를 나타내는 데 있다고 하였다.

이곳에서는 과거의 시상 표지인 '-었-'과 추정의 '-겠-'을 주로 이용하여 보조용언 구성에서 시상 선어말 어미의 분포 양상을 살피고자 한다. 보조용언 구성에서 시상 표시는 본용언과 보조용언 중 어느 한쪽에만 이루어지거나 양쪽에 실현되지 않거나 해야 한다(예문 (69)). 만약 본용언과 보조용언 양쪽에 시상 표현이 분포되면 시상의 중첩 현상이 일어나 부자연스러운 구문이 된다(예문 (69)').

(69) a. 나는 높이 뛰어 보았다.
　　　b. 나는 천천히 걸어 본다.
(69)' a. *나는 높이 뛰었(겠)어 보았(겠)다.
　　　b. *나는 천천히 걸었어 보겠다.

그러므로 과거나 미래 추정의 시상이 본용언과 보조용언에 동시에 나타나거나((69a)'), 과거 시상과 미래 추정의 시상이 각각 나누어 나타나는 구문((69b)')은 비문이 된다.

시상 선어말 어미의 분포 유형은 다음의 세 가지로 나누어지는 것으로 보인다. 첫째, 보조용언에만 분포되는 구문, 둘째, 본용언에만 분포되는 구문, 셋째, 양쪽에 분포가 불가한 구문 등이다.

① 보조용언에만 분포되는 구문

기존의 연구에서 논의되어 오던 대부분의 보조용언 구성이 이 유형에 속하는데, 보조용언 '보다' 구성에서는 '시행', '경험'의 '-어/아 보다' 구성과 '시행'의 '-고 보다' 구성 등이 이에 속한다.

먼저 '시행'과 '경험'의 '-어/아 보다' 구성을 보면 다음과 같다.

(70) a. 엄마 팔에 {ㄱ. 매달려 보았다/ ㄴ. 매달려 보겠다/ ㄷ. *매달 렸어 보다/ ㄹ. *매달렸어 보았다}.

      b. 그의 말을 곰곰이 {ㄱ. 생각해 보았다/ ㄴ. 생각해 보겠다/
         ㄷ. *생각했어 보다/ ㄹ. *생각했어 보았다}.

(71) a. 100점을 {ㄱ. 맞아 보았다/ ㄴ. *맞아 보겠다/ ㄷ. *맞았어 본
         다/ ㄹ. *맞았어 보았다}.

      b. 배가 {ㄱ. 고파 보았다/ ㄴ. *고파 보겠다/ ㄷ. *고팠어 본다/
         ㄹ. *고팠어 보았다}.

‘시행’의 ‘-어/아 보다’ 구성인 (70)은 시상의 선어말 어미 ‘-었-, -겠-’
등의 분포가 가능하다. 그러나 보조용언에만 분포되어야 하는 제약이 있
다. 본용언과 보조용언은 둘 이상의 행위가 결합된 복합 행위가 아니라, 하
나로 이루어진 행위이기 때문에 시제 표시는 한 번만 이루어져야 한다. 이
때 본용언보다는 보조용언에 표시될 때 자연스럽다.[36)

‘경험’의 예문 (71)은 과거의 경험에 대한 표현이므로 보조용언에 과거
시상 선어말 어미 ‘-었-’의 분포만이 자연스럽다. 물론 미래 추정의 ‘-겠-’
이 보조용언에 분포될 수는 있다. 그러나 이 때에는 ‘경험’에 대한 표현이
아니라, 앞으로 시행할 일에 대한 ‘추정’이나 ‘의지’의 의미를 표현하게 된
다. 그리고 본용언에 과거의 ‘-었-’이나 미래 추정의 ‘-겠-’이 나타나고, 보
조용언이 명령의 형태로 바뀌어 쓰이는 경우(‘맞았어 봐라’, ‘²맞겠어 봐라’)도
있으나, 이 때에도 과거 ‘경험’의 의미가 아닌 ‘가정’의 의미가 나타날 뿐
이다.

다음은 ‘시행’의 ‘-고 보다’ 구성이다. 아래 예문을 보자.

(72) a. 일단 {ㄱ. 먹고 보았다/ ㄴ. 먹고 보겠다/ ㄷ. *먹었고 보다/
         ㄹ. *먹었고 보았다}.

---

36) ‘시행’의 ‘-어/아 보다’ 구성에서 ‘명령’, ‘청유’, ‘약속’ 등 발화 시점이 현재이어야
   하는 경우에는 시상의 선어말 어미의 분포에 제약이 있다.
   a) 일어나 {보았(겠)다/ 보았(겠)구나/ 보았(겠)느냐}.
   b) 일어나 {봐라/ 보자/ 보마}.
   위의 예문에서, (a)는 보조용언에 시상의 선어말 어미가 자연스럽게 분포될 수 있
   는 어말 어미들이고, (b)는 현재 시점의 발화에서만 쓸 수 있는 표현들이기 때문에
   현재형으로만 나타나야 자연스러운 어말 어미들이다. 그러므로 명령문이나 청유문,
   약속문의 경우에는 과거(-었-)나 미래 추정(-겠-)의 선어말 어미가 분포될 수 없다.

  b. 일단 {ㄱ. 가고 보았다/ ㄴ. 가고 보겠다/ ㄷ. *갔고 보다/ ㄹ.
   *갔고 보았다}.

  예문 (72)의 '-고 보다' 구성과 같이 '보다'가 본용언이 아닌 보조용언
으로 쓰여 '시행'의 의미를 나타낼 때, 본용언과 보조용언의 행위가 하나
의 행위로 이루어져 있다고 보아야 하기 때문에 접속용언 구성과는 달리
시상의 표시는 한 번만 이루어져야 한다. 이 때 본용언보다는 보조용언에
분포될 때 자연스럽다.[37)

  이상에서 시상의 선어말 어미가 보조용언에만 분포되어야 자연스러운
구문들을 살펴보았다. 이들은 두 개의 서술어가 하나의 행위만을 표현하는
특징으로 말미암아 나타나는 현상으로 보인다.

② 본용언에만 분포되는 구문

  이 유형에 속하는 구문들은 보조용언의 행위나 판단의 시점이 현재이기
때문에 보조용언에 시상 어미의 분포가 제약된다. 그러나 본용언의 행위나
상태가 과거나 미래의 일과 관련이 있는 경우에는 본용언에 시상 어미의
분포가 자연스럽게 이루어질 수 있다. 여기에는 '가정'의 '-어/아 보다' 구
성, '결과'의 '-고 보다 2' 구성[38), '원인'의 '-다(가) 보다' 구성, '-나/-ㄴ(은,
는)가 보다' 구성, '추측'의 '-(으)ㄹ까 보다' 구성 등이 포함될 수 있다.

  먼저 '가정'의 '-어/아 보다' 구성을 보자.

  (73) a. 우리에게 힘이 {ㄱ. 있었어 봐/ ㄴ. 있겠어 봐/ ㄷ. *있어 봤어/
      ㄹ. *있어 보겠어/ ㅁ. *있었어 봤어}, 누가 우리를 깔보(았)겠니?

---

37) 접속용언 구성에서 후행용언이 본동사로 쓰일 경우에는 선행용언과 후행용언에 각
   각 시상 표시를 할 수 있다.

   사과를 {깎고 보았다/ 깎았고 보았다}.

   물론 이 때에는 선행용언과 후행용언의 분리성이 강하게 나타난다.
38) '결과'의 '-고 보다' 구성 중 본용언이 동작성 동사이면 '1', 비동작성 동사이면 '2'
   로 구분하여 설명한다.

b. 날씨가 {ㄱ. 추웠어 봐라/ ㄴ. 춥겠어 봐라/ ㄷ. *추워 봤어라/
ㄹ. *추워 보겠어라/ ㅁ. *추었어 보겠어라}, 아마 또 연탄값을
올렸을거야{올릴거야}.

예문 (73)에서, '가정'의 '-어/아 보다' 구성은 과거, 현재, 미래의 일에
대해 가정이 가능하다. 그런데 보조용언이 현재 시제 명령형의 형태로 굳
어져 있기 때문에 여기에 시상 선어말 어미의 분포는 불가능하다. 그러나
이들 시상 형태가 본용언에 나타날 때에는 자연스럽다.

한편 '가정'이 아닌 화자의 '바람'을 그 의미로 나타낼 때에는 다른 양
상을 보인다.

(74) a. 나도 너처럼 {ㄱ. 건강해 봤으면/ ㄴ. *건강해 보겠으면/ ㄷ.
*건강했어 보면/ ㄹ. *건강했어 봤으면} 좋겠다.
b. 나도 그 사람처럼 {ㄱ. 부자여 봤으면/ ㄴ. *부자여 보겠으면/
ㄷ. *부자였어 보면/ ㄹ. *부자였어 봤으면} 좋겠다.

'-어/아 보다' 구성이 화자의 '바람'을 표현할 때는 보조용언이 '-어/아
봤으면'의 굳어진 형태로 나타나기 때문에 보조용언에 다른 시상 형태는
분포될 수 없다. 그러나 과거의 '바람'이라면 본용언에 과거형 '-었-'이 삽
입되고, '좋겠다'가 '좋았겠다'로 된다(74a~b의 ㄹ)면 가능한 표현이 된다.

다음으로 '결과'의 '-고 보다' 구성은 본용언의 동작성에 따라 차이를
보인다. 즉 본용언이 동작성 동사인 경우에는 시상 선어말 어미가 양쪽에
분포될 수 없으나, 비동작성 동사인 경우에는 과거 시상의 '-었-'이 본용언
에 분포될 수 있다. 그러므로 이들을 구별하여 고찰해야 하는데, 여기에서
는 먼저 본용언이 비동작성 동사인 구문을 보기로 한다.

(75) a. 그 때는 키가 {ㄱ. 컸었고 보니/ ㄴ. *크고 보았니/ ㄷ. *컸었
고 보았니/ ㄹ. *크겠고 보니/ ㅁ. *크고 보겠니}, 맞는 옷이
없었다.
b. 그는 돈이 {ㄱ. 있었고 보니/ ㄴ. *있고 보았니/ ㄷ. *있었고 보았
니/ ㄹ. *있겠고 보니/ ㅁ. *있고 보겠니}, 친구들이 많이 따랐다.

(75)에서, 각 (ㄱ)은 본용언이 비동작성 동사일 경우 본용언에 과거 시상의 선어말 어미가 분포되어 과거의 일에 대해 회상하는 구문이다. 그러나 각 (ㄹ)은 미래의 일을 추정하는 상황에서 '-겠-'의 분포가 부적절하다는 것을 보여 주고 있다. 이를 통해 이들 구문은 과거 시상의 어미를 분포시켜 과거 일을 회상하는 구문을 만들 수 있으나, 미래 추정의 어미를 이용해 어떤 일을 추정하는 구문은 만들 수 없다는 것을 알 수 있다.[39)]

이제 '원인'의 '-다(가) 보다' 구성을 보도록 하자.

> (76) a. 길이 {ㄱ. 미끄럽다 보니/ ㄴ. [??]미끄러웠다 보니/ ㄷ. *미끄럽다 보았니/ ㄹ. [?]미끄럽겠다 보니/ ㅁ. *미끄럽다 보겠니}, 사람들이 조심스럽게 걷는다{걸었다}.
> b. 그는 {ㄱ. 정직하다 보니/ ㄴ. [?]정직했(었)다 보니/ ㄷ. *정직하다 보았니/ ㄹ. *정직하겠다 보니/ ㅁ. *정직하다 보겠니}, 남을 속이지 못한다{못했(었)다}.

예문 (76)에서, 어떤 사실에 대한 원인-결과를 진술할 때 본용언의 시제는 현재형이 일반적이다. 그러나 과거에 있었던 일에 대해 진술하거나 어떤 상황에 대해 추정하여 진술할 경우에는 과거의 '-었-'이나 미래 추정의 '-겠-'이 본용언에 분포될 수 있다. 즉 (76)에서 각 (ㄱ)과 같이 표현될 때 가장 자연스러운 구문이 되나, 각 (ㄴ)처럼 과거의 일에 대해 표현할 경우에는 본용언에 과거 시상의 '-었-'이 나타날 수 있다. 그러나 과거의 일에 대해 진술을 할 때에도 본용언의 시제는 현재형으로 나타나는 것이 일반적이다. 한편 어떤 상황에 대해 추정할 경우에는 (76a)의 (ㄹ)처럼 '-겠-'이 분포될 수 있다. 즉 (76a)의 (ㄹ)은 '길이 미끄러울 것으로 추정(판단)되기 때문에, 사람들이 평소보다 조심스럽게 걷는다.'라고 해석할 수 있다.

---

39) 그러나 (75b)의 (ㄹ)을 다음과 같이 '원인'의 '-다(가) 보다' 구문으로 바꾸면 자연스러운 문장이 된다.

그가 돈이 있겠다 보니, 친구들이 많이 따른다.

위의 예문은 '그에게 돈이 있을 것으로 추정하기 때문에 친구들이 많이 따른다.'로 해석될 수 있다. 따라서 이들은 상호 교체가 가능한 구문이라고 할 수 있다.

한편 (76b)의 (ㄹ)이 부자연스러운 것으로 처리되어 있으나, 다음과 같이 상황에 맞게 문장이 바뀌면 어느 정도 가능한 구문이 될 수 있다.

(76) b′. 그가 {ㄹ. ²²정직하겠다 보니}, 사람들이 그를 믿어 준다.

(76b)′의 (ㄹ)은 '그가 정직한 사람일 것으로 추정(판단)되기 때문에, 사람들이 그를 믿어 준다.'의 정도로 해석될 수 있다. 그러나 이러한 표현도 실제로는 잘 쓰지 않는다.

다음으로 '-나 보다'와 '-ㄴ(은,는)가 보다' 구성도 본용언에만 과거 시상의 선어말 어미가 분포될 수 있는 구문이다.

(77) a. "자세한 것은 모르지만 친구분들이 가끔 {ㄱ. 오셨나 봐/ ㄴ. 오셨나 보더라/ ㄷ. 오시나 보더라/ ㄹ. *오시나 보았다/ ㅁ. *오셨나 보았다/ ㅂ. *오시겠나 봐/ ㅅ. *오시나 보겠다}.
b. 그이도 깨어 {ㄱ. 있었나 보다/ ㄴ. 있었나 보더라/ ㄷ. 있나 보더라/ ㄹ. *있나 보았다/ ㅁ. *있었나 보았다/ ㅂ. *있겠나 보다/ ㅅ. *있나 보겠다}.
(78) a. 나를 두고 {ㄱ. 말했는가 보다/ ㄴ. 말했는가 보더라/ ㄷ. 말하는가 보더라/ ㄹ. *말하는가 보았다/ ㅁ. *말했는가 보았다/ ㅂ. *말하겠는가 보다/ ㅅ. *말하는가 보겠다}.
b. 내가 덕이 없어 {ㄱ. 그랬는가 보다/ ㄴ. 그랬는가 보더라/ ㄷ. 그런가 보더라/ ㄹ. *그런가 보았다/ ㅁ. *그랬는가 보았다/ ㅂ. *그러겠는가 보다/ ㅅ. *그런가 보겠다}.

(77)과 (78)은 본용언에 과거 시상의 '-었-'은 자연스럽게 분포될 수 있으나, 미래 추정의 '-겠-'은 분포가 제약된다. 이것은 화자가 본용언이 표현하는 과거나 현재의 동작이나 상태에 대해 추정하는 상황에 쓰이는 구문이기 때문이다. 한편 보조용언에 '-었-'이나 '-겠-'이 올 경우에는 '보다'가 보조용언이 아닌 본용언의 기능을 하는 문장이 되어 버린다. 그러나 과거 회상의 '-더-'가 보조용언에 분포될 경우에는 자연스럽다.

마지막으로, '추측'의 '-(으)ㄹ까 보다' 구성을 보자. 이들은 과거, 현재,

미래의 일에 대해 추측(염려)을 할 수 있는데, 현재나 미래 추정의 시상은 '-(으)ㄹ까'에 이미 포함되어 있기 때문에 분포의 제약을 받는다. 다만 과거 시상의 '-었-'만이 본용언에 자유롭게 분포된다

> (79) a. 덕기는 자기의 낯빛이 친구에게 이상히 {ㄱ. 보였을까 보아/
>   ㄴ. *보이겠을까 보아} 술 고뿌를 선뜩 들어서 입에 댔다.
>   b. 차가 {ㄱ. 흔들렸을까 봐/ ㄴ. *흔들리겠을까 봐} 걱정을 했다.

'추측'의 예문 (79)에서, 각 (ㄱ)은 과거 시상 '-었-'이 본용언에 분포될 수 있음을 보여 주고 있다. 그러나 각 (ㄴ)과 같이 '-겠-'이 본용언에 분포된다면 잉여적인 표현이 되어 부자연스러운 문장이 된다.

③ 양쪽에 분포가 불가한 구문

이들은 보조용언의 행위나 판단의 시점이 현재임과 동시에 [연결형＋보조용언]의 형태가 굳어져 있는 유형이기 때문에 시상 어미의 분포가 불필요하다. 또한 본용언의 행위나 상태도 시상의 선어말 어미가 분포되는 것이 불필요하거나 잉여적이다. 그러므로 본용언과 보조용언 양쪽에 시상 어미의 분포가 제약된다. 이 유형에는 '결과'의 '-고 보다 1' 구성, '지속'의 '-다(가) 보다' 구성, '-(ㄹ)려나 보다' 구성, '의지'의 '-(으)ㄹ까 보다' 구성 등이 있다.

먼저 '결과'의 '-고 보다 1' 구성을 보자. 우리는 앞에서 '결과'의 '-고 보다' 구성은 본용언의 [동작성]에 따라 시상 표현의 양상이 달라진다는 것을 고찰했었다. 그러므로 여기에서는 본용언이 동작성 동사인 구문만을 살펴보기로 한다.

> (80) a. "얘길 {ㄱ. 듣고 보니/ ㄴ. *들었고 보니/ ㄷ. *듣고 보았니/
>   ㄹ. *들었고 보았니/ ㅁ. *듣겠고 보니/ ㅂ. *듣고 보겠니/ ㅅ.
>   *듣겠고 보겠니}, 오히려 잘 되었군요.
>   b. {ㄱ. 알고 보면/ ㄴ. *알았고 보면/ ㄷ. *알고 보았면/ ㄹ. *알
>   았고 보았면/ ㅁ. *알겠고 보면/ ㅂ. *알고 보겠면/ ㅅ. *알겠고

보겠면}, 그 사람도 희생자지요.

예문 (80)에서, 보조용언이 나타내는 결과에 대한 판단이 이루어지는 시점은 항상 현재이다. 한편 본용언이 과거나 미래의 사건을 표현하는 상황에서도 시상의 표지는 분포되지 못한다. 그러므로 본용언과 보조용언 어디에도 시상 어미의 분포가 이루어지지 못한다.[40)

지속'의 '-다(가) 보다' 구성은 시상이 현재형으로 나타날 때 가장 자연스럽고, '-었-'이나 '-겠-' 등의 분포는 제약을 받는데, 다음을 보자.

> (81) a. 이유를 {ㄱ. 말하다 보니/ ㄴ. *말했다 보니/ ㄷ. *말하다 보았니/ ㄹ. *말하겠다 보니/ ㅁ. *말하다 보겠니} 결국 다 애길 한 셈이 되었다.
> b. 내 사람이다 하고 {ㄱ. 살다 보면/ ㄴ. *살았다 보면/ ㄷ. *살다 보았면/ ㄹ. *살겠다 보면/ ㅁ. *살다 보겠으면} 정은 들게 마련이다.

예문 (81)의 '-다(가) 보다' 구성은 이전에 시작된 어떤 행위가 현재에도 지속되고 있으며, 이러한 행위가 현재 시점에서 종료되거나 어느 시점까지 계속해서 지속되는 상황에 쓸 수 있다.

(81a)는 행위 시작의 시점은 과거, 종료 시점은 현재이다. 반면에 예문 (81b)의 행위 시작의 시점은 현재, 종료 시점은 미래이다. 행위의 중심이 현재이므로 과거의 '-었-'이나 미래 추정의 '-겠-'이 분포되면 '지속'의 의미는 사라지게 되고, 본용언의 의미를 나타내거나 비문이 될 뿐이다.

한편 '-(ㄹ)려나 보다' 구성은 어떤 근거를 바탕으로 화자가 장차 일어날 일에 대해 추정을 하기 때문에 시상의 선어말 어미가 분포되지 못한다.

---

40) 물론 상황의 발생이 과거나 미래가 될 수도 있다. 다음 예문을 보자.
  a) <u>어제</u> 알고 보니, 그 사람도 희생자더군요.
  b) <u>내일</u> 알고 보면, 그 사람도 희생자일겁니다.
그러나 (a~b)는 시상 어미가 아닌 시간 부사에 의해 시제를 표현한 경우이다. 한편 (a)는 어제의 현재 시점에서, (b)는 내일의 현재 시점에서 판단이 이루어지는 것으로 볼 수 있다.

(82) a. 가방을 꾸리는 걸 보니, 집을 {ㄱ. 나가려나 보다/ ㄴ. 나가려
나 보더라/ ㄷ. *나갔으려나 보다/ ㄹ. *나갔으려나 보더라/ ㅁ.
*나가려나 보았다/ ㅂ. *나가겠으려나 보다/ ㅅ. *나가려나 보
겠다}.
  b. 먹구름이 끼는 걸 보니, 비가 {ㄱ. 오려나 보다/ ㄴ. 오려나
보더라/ ㄷ. *왔으려나 보다/ ㄹ. *왔으려나 보더라/ ㅁ. *오려
나 보았다/ ㅂ. *오겠으려나 보다/ ㅅ. *오려나 보겠다}.

예문 (82)는 본용언과 보조용언 모두에 과거 시상의 '-었-'뿐만 아니라
미래 추정의 '-겠-'도 분포될 수 없다. 특히 '-겠-'의 분포가 제약을 받는 것
은 '-(ㄹ)려나 보다'의 형태를 가지고 미래의 일에 대한 추정을 완벽하게 할
수 있는데, 여기에 '-겠-'이 또 결합하여 추정의 불필요한 중복을 일으키기
때문이다. 다만 '-겠-'이 분포될 때 '-(ㄹ)려나 보다'가 생략되면, 다음의
(82)'과 같이 어느 정도 가능한 문장이 될 수는 있다.

(82)′ a. 가방을 꾸리는 걸 보니, (곧) 집을 나가겠다{나가겠구나}.
  b. 먹구름이 끼는 걸 보니, (곧) 비가 오겠다{오겠구나}.

그러나 예문 (82)를 (82)′으로 바꾸게 되면 확신이 더 강한 추정의 의미
가 되어 의미의 등가성에 차이를 보인다.
마지막으로 '의지'의 '-(으)ㄹ까 보다' 구성을 보자.

(83) a. 이것도 {ㄱ. 먹을까 보다/ ㄴ. *먹었을까 보다/ ㄷ. *먹겠을까
보다/ ㄹ. *먹을까 보았다/ ㅁ. *먹을까 보겠다}.
  b. 이제 그만 {ㄱ. 갈까 보다/ ㄴ. *갔을까 보다/ ㄷ. *가겠을까
보다/ ㄹ. *갈까 보았다/ ㅁ. *갈까 보겠다}.

예문 (83)에서, '의지'의 '-(으)ㄹ까 보다' 구성은 화자가 장차 하려고 하
는 행동에 대한 '의지'를 표현할 때 쓰는 구문이기 때문에 과거 시상이 분
포될 수 없다. 한편 미래 추정의 '-겠-'은 이미 완전한 표현에 개입하게 되
어 잉여적인 표현이 되거나 부자연스러운 문장을 만들기 때문에 분포될

수 없다.

  이상에서 시상 선어말 어미의 분포 양상에 대해 살펴보았다. 이들은 다음 세 가지 유형으로 나눌 수 있었다.

  (84) 시상 선어말 어미의 분포 양상

보조용언에만 분포되는 구문	'시행'·'경험'의 '-어/아 보다' 구성
	'시행'의 '-고 보다' 구성
본용언에만 분포되는 구문	'가정'의 '-어/아 보다' 구성
	'결과'의 '-고 보다 2' 구성
	'원인'의 '-다(가) 보다' 구성
	'-나/-ㄴ(은,는)가 보다' 구성
	'추측'의 '-(으)ㄹ까 보다' 구성
양쪽에 분포가 불가한 구문	'결과'의 '-고 보다 1' 구성
	'지속'의 '-다(가) 보다' 구성
	'-(ㄹ)려나 보다' 구성
	'의지'의 '-(으)ㄹ까 보다' 구성

  (84)에서, 보조용언에만 분포되는 구문은 두 개의 서술어가 하나의 행위만을 표현하는 특징으로 말미암아 나타나는 현상이고, 본용언에만 분포되는 구문은 보조용언의 행위나 판단의 시점이 현재이기 때문에 나타나는 현상이다. 한편 양쪽에 분포가 불가능한 구문이 나타나게 되는 것은 보조용언의 행위나 판단의 시점이 현재이고, [연결형＋보조용언]의 형태가 굳어져 있으며, 본용언의 행위나 상태도 시상 어미의 분포가 불필요하거나 잉여적인 특징 때문이다.

(2) 어말 어미의 분포 양상

어말 어미란 문장을 끝맺는 요소이며, 종결 어미 또는 문말(서법) 형태라 부르기도 한다. 주요 어말 어미의 범주에는 평서법, 의문법, 명령법, 청유법, 약속법 등이 있다. 이들은 문말에서 각기 그들에 상응하는 어미형을 취하게 된다. 본 절에서는 이들 어말 어미를 사용하여 보조용언 구성의 어말 어미 분포 양상을 살피고자 한다.

이곳에서 다루게 되는 어말 어미는 '본용언+보조용언'의 구성으로 이루어진 문장이 취하게 되는 종결 어미(서법)를 말한다. 어말 어미의 분포 양상은 보조용언 구성의 의미적·통사적 특성에 따라 다양하게 나타나는데, 이들의 특성을 고려하여 '보다' 구성의 어말 어미 분포 양상을 첫째, 제약이 전혀 없는 구문, 둘째, 제약이 약한 구문, 셋째, 제약이 매우 심한 구문 등으로 나누어 고찰할 것이다.

1) 제약이 없는 구문

이 유형은 보조용언 구성에서 가장 보편적으로 나타나는 구문이다. '보다' 구성 중 '시행'의 의미를 가진 '-어/아 보다' 구성과 '-고 보다' 구성이 여기에 속한다.

다음 예문들을 보자.

> (85) a. 물어 봄직한 사람을 골라 {본다/ 보느냐?/ 보아라/ 보자/ 보마}.
>   b. 그 문제를 깊이 생각해 {본다/ 보느냐?/ 보아라/ 보자/ 보마}.
> (86) a. 일단 먹고 {보았다/ 보았느냐?/ 보아라/ 보자/ 보마}.
>   b. 일단 가고 {보았다/ 보느냐? /보아라/ 보자/ 보마}.

(85)는 '시행'의 '-어/아 보다' 구성이고, (86)은 '시행'의 '-고 보다' 구성이다. 이들 구문에서 어말 어미의 분포가 제약을 받지 않고 자유로운 것은 본용언으로 주로 동작성 동사가 올 뿐만 아니라 보조용언도 '시행'의

의미일 때 동작성을 어느 정도 가지고 있기 때문으로 보인다.

결국 이들 유형은 본용언의 동작성이 보조용언에도 지속적으로 유지되어 나타나는 특징이 있다.

2) 약한 제약 구문

여기에서 다루는 제약을 약하게 받는 구문과 뒤에서 다루게 되는 제약을 강하게 받는 구문은 '보다'의 의미와 구조적인 특성이 강하게 작용하고 있다. 즉 이들은 '보다' 구성이 나타내는 의미적 특성에 따라 그리고 일정한 형태로 굳어져 나타나는 통사적 특성에 따라 어말 어미의 실현이 제약을 받는다.

이곳에서는 이들 중 제약을 약하게 받는 구문을 다루는데, 이 유형에는 '경험'의 '-어/아 보다' 구성, '-나/-ㄴ(은,는)가/-(ㄹ)려나 보다' 구성 등이 속한다.

먼저 '경험'의 '-어/아 보다' 구성을 보면 다음과 같다.

> (87) a. 눈길에서 넘어져 {보았다/ 보았느냐?/ *보아라/ *보자/ *보마}.
> b. 배가 몹시 고파 {보았다/ 보았느냐?/ *보아라/ *보자/ *보마}.

예문 (87)에서, '-어/아 보다' 구성이 '경험'의 의미를 표현할 때는 과거형으로만 나타나는 특징 때문에 과거 시상의 '-었'과 함께 쓰일 수 있는 평서형, 의문형은 자연스럽다. 이것은 '경험'의 '-어/아 보다' 구성이 과거 지향적인 특징이 있음을 보여 주는 것이다. 한편 그 외 명령이나 청유, 약속의 경우는 '시행'의 의미를 나타내거나 부자연스러운 구문이 된다. 이것은 명령문이나 청유문, 약속문 등은 과거의 경험에 대한 표현에는 부적절하기 때문이다.

다음으로 '-나/-ㄴ(은,는)가/-(ㄹ)려나 보다' 구성은 세 구성 모두 어말 어미로 평서형과 의문형만이 자유로운 보습을 보인다.

> (88) a. "자세한 것은 모르지만 친구분들이 가끔 오시나 {봐/ 보다/ 보

조?/ *보아라/ *보자/ *보마}.
    b. 그이도 깨어 있었나 {보다/ 보죠?/ *보아라/ *보자/ *보마}.
(89) a. 나를 두고 말하는가 {보다/ 보죠?/ *보아라/ *보자/ *보마}.
    b. 내가 덕이 없어 그런가 {보다/ 보지?/ *보아라/ *보자/ *보마}.
(90) a. 집을 나가려나 {보다/ 봅니다/ 보죠?/ *보아라/ *보자/ *보마}.
    b. 비가 오려나 {보다/ 봅니다/ 보죠?/ *보아라/ *보자/ *보마}.

예문 (88~90)에서 보듯, 어말 어미로 평서형이 오면 화자의 추측을 나타내는 보조용언의 의미가 자연스럽게 표현된다. 의문형이 올 때에도 추측을 나타내는 구문이 된다. 다만 이 때에는 화자의 추측이 아닌 청자의 추측이 일반적이다.[41] 그러나 명령형, 청유형, 약속형 등이 오면 보조용언의 의미인 '추측'의 의미는 사라져 나타나지 않고, 본용언의 의미가 나타나거나 부자연스러운 표현이 된다. 이처럼 이들 구문에 제약이 따르는 것은 의미적 특징 때문이다.

3) 강한 제약 구문

이 유형의 특징은 '보다' 구성의 의미 특성으로 인해 [연결소＋보조용언]의 구성이 완전히 굳어진 형태로만 나타나는 데 있다. 그러므로 각 유형이 가지는 고유 형태를 제외하고는 다른 어말 형태를 취하지 못한다.

이 유형에는 '가정'의 '-어/아 보다' 구성, '결과'의 '-고 보다' 구성, '지속'과 '원인'의 '-다(가) 보다' 구성, '추측'과 '의지'의 '-(으)ㄹ까 보다' 구성 등이 있다.

먼저 '가정'의 '-어/아 보다' 구성을 보자.

(91) a. 너도 어린애가 생겨 {봐라/ *보다/ *보느냐?/ *보자/ *보마}.
    b. 내가 권력만 잡아 {봐라/ *보다/ *보느냐?/ *보자/ *보마}.

(91)의 '-어/아 보다' 구성이 '가정'의 의미를 나타낼 때는 어말 어미로

---

41) 예문 (89b)나 (90b)의 경우에는 화자의 추정으로도 해석이 가능하다.

명령형만을 취하는 특징이 있다. 그러므로 명령형이 아닌 다른 어말 형태가 오면, '가정'의 의미는 나타나지 않고 본용언의 의미로 해석되거나 비문이 된다.

한편 다음과 같이 '바람'의 '-어/아 보다' 구성도 어말 형태의 제약이 심하다.

(92) a. 나도 너처럼 건강해 <u>봤으면</u> 좋겠다.
　　　b. 나도 그 사람처럼 부자여 <u>봤으면</u> 좋겠다.

(92)처럼 '-어/아 보다' 구성이 '바람'의 의미로 쓰일 경우에는 '-어/아 봤으면'의 굳어진 형태로만 나타난다. 만약 이를 어기게 되면, 다음의 예문처럼 문장 자체가 비문이 될 뿐만 아니라 '바람'의 의미를 전혀 찾을 수 없게 된다.

(92)′ a. *(나도) (너처럼) 건강해 봐라.
　　　 b. *(나도) (그 사람처럼) 부자여 봐라.

다음으로 '결과'의 '-고 보다' 구성은 '-니', '-니까', '-면' 등 일부의 연결어미만 어말 형태로 분포되는 제약이 있다.

(93) a. "얘길 듣고 <u>보니(까)</u>, 오히려 잘 되었군요."
　　　b. 이렇게 불쑥 남자 문제가 생기고 <u>보니(까)</u>, 처음에는 무척 놀라셨다는 거야.
　　　c. 알고 <u>보면</u>, 그 사람도 희생자지요.

(93)에서, '-고 보다' 구성이 '결과'의 의미를 나타낼 경우에 어말 어미의 형태가 '-니(까)', '-면' 등의 연결형으로 굳어져 있기 때문에 종결 어미는 나타날 수 없다. 만약 (93)의 구문들이 어말 어미로 연결형이 아닌 종결 어미의 형태를 취하게 되면, 이들 구문에서 '결과'의 의미는 찾을 수 없고 앞의 (86)과 같은 '시행'의 의미를 나타내는 구문으로 바뀌게 된다. 그러므로 예문 (93)은 '결과'의 '-고 보다' 구성이 갖는 고유한 통사적 특성으로

인정해야 한다.

한편 '지속'과 '원인'의 '-다(가) 보다' 구성도 어말 어미의 분포에 제약이 심하다.

> (94) a. 어머니와 함께 이야기를 하다 <u>보니</u>, 날이 밝아 오고 있었다(잃어버린 너 上, 118).
>   b. 서로 농담을 하면서 웃다가 <u>보니까</u>, 신장에서 쓸쓸히 혼자 있을 충식씨 생각이 났다(잃어버린 너 上, 254).
>   c. 내 사람이다 하고 살다 <u>보면</u>, 정은 들게 마련이다.
> (95) a. 서장훈 선수는 키가 크다 <u>보니</u>{보니까}, 다른 선수들보다 덩크 슛을 더 잘 한다.
>   b. 주소를 모르다 <u>보니</u>{보니까}, 그 동안 한 번도 찾아가지 못했다.

(94)는 '지속'의 '-다(가) 보다' 구문이고, (95)는 '원인'의 '-다(가) 보다' 구문이다. 먼저 (94)처럼 '-다(가) 보다' 구성이 '지속'의 의미를 표현할 때는 어말 어미로 종결형은 오지 못하고 '-니', '-니까', '-면' 등 연결형만 분포해야 하는 제약이 있다. 그러나 만약 어말 어미로 연결형이 아닌 종결형이 분포된다면 다음과 같이 본용언의 의미로 바뀌게 된다.

> (94)′ a. 어머니와 함께 이야기를 하다 (밖을) 보았다.
>   c. 서로 농담을 하면서 웃다가 (옆사람을) 보았다.

(94)′과 같이 '-다(가) 보다'가 종결형을 취하게 되면 '지속'의 의미는 찾기 힘들게 된다.

한편 (95)처럼 '-다(가) 보다' 구성이 '원인'의 의미로 쓰일 때는 보조용언의 어말 어미는 주로 '보니'의 형태로 나타나지만 '보니까'의 형태를 취하기도 한다. 이 때 '보다'의 어미로 '-니까'형을 취하면 '원인'의 의미가 더욱 분명해지는 느낌을 준다. 그러나 만약 다음과 같이 어말 형태로 '-니(까)'가 아닌 다른 형태가 보조용언에 분포되면 문맥의 의미는 바뀌게 된다.

(95)′ a. 서장훈 선수가 키가 크다 보면, 다른 선수들보다 덩크슛을 더
잘 할텐데.
b. 주소를 모르다 보면, 찾아가지 못한다.

(95)′과 같이, 보조용언의 어말 형태로 '보니(까)'형이 아닌 '보면'형을 취하면 선행절은 원인절이 아니라 조건절로 바뀌게 된다.42)

마지막으로, '추측'과 '의지'의 '-(으)ㄹ까 보다' 구성은 굳어진 형태로만 나타나야 하는 어말 형태의 제약이 아주 심하다.

(96) a. 남편이 무어랄까 {보아/ *본다/ *보느냐?/ *보아라/ *보자/ *보
마}, 얼른 고자질을 하고는 나가 버렸다(삼대 上, 36).
b. 그런 축과 얼려서 술을 배우고 돈을 쓰러 다닐까 {보아서/ *보
았다/ *보았느냐?/ *보아라/ *보자/ *보마}, 걱정을 하는 것이었
다(삼대 上, 7).
(97) a. 이 녀석 말을 안 들으니, 때려 줄까 {보다/ *보느냐?/ *보아라/
*보자/ *보마}.
b. "충식씨, 내일 집을 나와 버릴까 {봐요/ *보느냐?/ *보아라/ *보
자/ *보마}."

(96)은 '추측'의 '-(으)ㄹ까 보다' 구문이고 (97)은 '의지'의 '-(으)ㄹ까 보다' 구문이다. 이들 구문은 어말 형태가 항상 굳어져 나타나는 특징이 있다. 먼저 (96)의 '추측'의 '-(으)ㄹ까 보다' 구문은 보조용언의 어말 형태로 종결 어미는 나타나지 못하고, 연결 어미의 형태인 '봐', '봐서' 등으로만 나타날 수 있다. 이것은 '-(으)ㄹ까 보다' 구성을 포함하고 있는 선행절이

---

42) (95)가 (95)′으로 바뀔 경우, 보조용언의 의미에 변화가 일어난다는 것은 예문 (95)
에 나타나는 '-다(가) 보다'가 '원인'의 의미로만 쓰인다고 단정할 수 없게 만든다.
즉 [-다(가)]+[(보-)+(연결 어미)]의 형태로 나타나는 구문은 '보-' 뒤에 오는 어말
어미에 따라 의미가 달라진다는 것이다. 그러나 '보니(까)'를 제외하고 '보-' 뒤에
올 수 있는 연결 어미는 '-면'으로 제한된다. 그러므로 보조용언 '보다' 구성 중에
서 본용언의 연결 형태로 '-다(가)'를 취하고 보조용언의 어말 형태로 '보니(까)'가
오면 '원인'의 구문, 그리고 '보면'이 오면 '조건'의 구문으로 의미를 나눌 수도 있
다. 그러나 '조건' 구문은 '원인' 구문 속에 포함시켜 '원인' 구문의 특수 형태로
보는 것이 좋을 것 같다.

추측(염려)의 의미만을 표현하고 문장을 종결하는 것이 아니라, 선행절의 '염려'의 결과에 해당하는 내용이 항상 후행절에 나타나 구문이 완결되기 때문이다. 즉 선행절은 원인절이 되고 후행절은 결과절이 되기 때문에 연결어미의 형태로만 나타나는 것이다.

한편 (97)의 '-(으)ㄹ까 보다'가 화자의 '의지'를 표현할 경우에는 서법으로 부정형이 가장 자연스럽고, 그 밖에는 본용언의 의미가 되거나 비문이 된다. 그러나 (97a)에서 의문형이 어느 정도 가능한 경우가 있다. 이 경우는 화자의 '의지'를 표현하는 것이 아니라, 제3자의 행동 의지에 대해서 다른 이에게 의향을 물을 때의 상황을 표현하는 구문이다('당신은 선생님이 때려 줄까 보느냐?'). 그러나 이 때는 다음과 같이 바꾸는 것이 더 자연스러운 구문이 될 수 있다.

> (97) a'. 이 녀석(이) 말을 안 들으니, 당신은 선생님이 때려 준다고 보느냐?

(97a)'에서, 제3자의 행동 의지에 대해 다른 이에게 의향을 물을 경우에는 '-ㄴ다고 보느냐?'의 형태가 자연스럽다.

이상에서 보조용언 '보다' 구성의 어말 어미 분포 양상을 살펴보았다. 이들을 다음 세 가지 유형으로 나눌 수 있다.

(98) 어말 어미의 분포 양상

제약이 없는 구문	'시행'의 '-어/아 보다' 구성
	'시행'의 '-고 보다' 구성
약한 제약 구문	'경험'의 '-어/아 보다' 구성
	'-나/-ㄴ(은,는)가/-(ㄹ)려나 보다' 구성
강한 제약 구문	'가정'의 '-어/아 보다' 구성
	'결과'의 '-고 보다' 구성

강한 제약 구문	‘지속’, ‘원인’의 ‘-다(가) 보다’ 구성
	‘추측’, ‘의지’의 ‘-(으)ㄹ까 보다’ 구성

　(98)에서, 제약이 없는 구문은 본용언이 주로 동작성 동사가 오며 보조용언도 동작성을 어느 정도 가지고 있어 본용언의 동작성이 보조용언에도 지속적으로 유지되어 나타난다. 약한 제약 구문은 각 구성이 나타내는 의미적 특성에 따라, 그리고 일정한 형태로 굳어져 나타나는 통사적 특성에 따라, 어말 어미의 실현이 제약을 받는 구문이다. 강한 제약 구문도 각 구성의 의미 특성으로 인해 [연결소＋보조용언]의 구성이 완전히 굳어진 형태로 나타나기 때문에 각 유형이 가지는 고유 형태를 제외하고 다른 어말 형태를 취하지 못하는 특징을 보인다.

3. 생산성과 주어의 의지

　본 절은 보조용언 구성에서 선행용언으로 올 수 있는 동사 유형의 양상을 밝히고, 선행용언에 대한 주어의 의지 개입 여부를 규명하는 데 그 목적이 있다. 여기에서 보조용언 구성의 생산성이란 보조용언에 선행하는 선행용언의 동사 유형이 얼마나 다양하게 분포될 수 있느냐를 말한다.[43]

　보조용언 구성은 의미에 따라 다양한 동사 유형[44]이 선행용언으로 올 수 있다. 그리하여 어떤 보조용언은 [＋동작성]의 동사 유형만을 요구하는가 하면, 어떤 보조용언은 [－동작성]의 동사 유형만을 요구하기도 한다.

---

43) 보조용언 구성의 생산성에 대한 개념을 본고에서는 선행용언에 분포할 수 있는 동사 유형의 다양함으로 규정했으나, 다른 한편으로는 선행용언의 빈도수로 규정할 수도 있다. 즉 선행용언으로 올 수 있는 동사의 수가 많으면 생산적이고, 반대로 적으면 비생산적이라는 것이다. 이 방법은 사용 빈도수의 측정이 정확하게 이루어질 수 있다면 효과적이나 측정의 정확성을 얻는 데 어려움이 있다.

44) 여기에서 다양한 동사 유형이란 [＋동작성]의 자동사, 타동사를 비롯하여, [－동작성]의 형용사, 지정사, 피동사, 보조동사, 보조형용사 등이 포함될 수 있다

그런가 하면 선행용언의 동사 유형에 제약을 두지 않는 것도 있다. 따라서 선행용언의 생산성 문제는 단지 보조용언 구성이 의미에 따라 나타나는 개별적인 특성일 뿐이지, 이것을 보조용언의 범주를 가르는 기준으로 이용하기는 어려워 보인다.[45]

한편 선행용언에 대해 주어의 의지가 개입되었느냐에 따라 생산성을 파악할 수도 있다. 즉 보조용언의 구성에 따라, 선행용언에 대해 주어의 의지가 개입된 [+의지]의 구문이 있고 주어의 의지가 개입되지 않는 [−의지]의 구문이 있다. 그리고 주어의 의지 개입 여부에 크게 관여하지 않아 [+의지]나 [−의지]가 모두 가능한 [±의지]의 구문, 즉 주어의 의지 개입에 비관여적인 구문이 있다.

(1) 선행용언의 동사 유형 양상

국어의 보조용언 구문에서 선행용언으로 올 수 있는 동사 유형의 양상을 보면 첫째, [+동작성] 동사만을 요구하는 구문, 둘째, [−동작성] 동사만을 요구하는 구문, 셋째, [±동작성] 동사를 요구하는 구문 등으로 나눌 수 있다.

먼저 [+동작성] 동사만을 요구하는 구문은 보조용언 구성에서 가장 일반적인 유형이다. 여기에 속할 수 있는 구문으로는 '-어 보다', '-어 대다', '-어 쌓다', '-어 버리다', '-어 주다', '-어 두다', '-어 내다', '-고 보다', '-고 말다', '-고 있다', '-고 나다', '-다(가) 말다', '-어 나다', '-어 있다', '-어 놓다', '-어 먹다', '-어 치우다' 등을 들 수 있다. 이 유형은 다시 자동사와 타동사를 요구하는 것, 자동사만을 요구하는 것, 타동사만을 요구하는 것 등으로 세분할 수 있다. 이들 구문은 주로 선행용언에 대해 주어의 [+의지]가 개입되어 있다.

---

45) 김기혁(1986: 36~38)은 "보조용언 구성의 생산성이란 보조용언과 연결될 수 있는 선행 본동사가 많으면 많을수록 생산적이다."고 규정하고서 선행용언의 생산성을 보조용언과 합성용언을 가르는 기준으로 사용하고 있다

    (99) a. 그 사람의 그런 모습이 너무도 가슴이 아파서 난 그만 자리
            에서 <u>일어서</u> 버렸다(잃어버린 너 上, 179).

         b. 언제 우리는 서로의 근심을 <u>떨쳐</u> 버릴까?(잃어버린 너 中, 42)

  (100) a. 그 해의 여름은 더위도 못 느낄 정도로 빨리 <u>지나가</u> 버렸다
            (잃어버린 너 上, 209).

         b. 시공을 <u>초월해</u> 버린 세월은 실로 무서운 것이었다(잃어버린
            너 上, 210).

(99~100)은 모두 보조용언 '버리다' 구문이다. 이들 중 (99a~b)는 선행용언이 [+동작성] 동사이고 주어의 [+의지]가 개입되어 있다. 이것은 대부분 선행용언에 대해 주어의 강한 행동 의지가 담겨 있는 구문이기 때문이다. 한편 (100a~b)는 선행용언이 [+동작성] 동사이나 주어의 의지가 개입되어 있지 않은 구문이다. 이것은 선행용언의 주어가 [−유정성]이기 때문에 나타나는 현상이다.

이와 같이 첫째 유형은 [+동작성] 동사를 선행용언으로 요구하고 주어의 [+의지]가 개입되어 있으나, 일부는 [−의지]의 선행용언도 나타나고 있다.[46]

다음으로 [−동작성] 동사만을 선행용언으로 요구하는 유형은 극히 일부의 보조용언 구성만 포함된다. 이들은 주로 자동사 일부와 형용사만을 요구하는 경우가 많으며, 선행용언에 대한 주어의 의지도 개입되지 않은 것이 일반적이다. 여기에는 '-어 빠지다', '-어 터지다', '-어 보이다'와 '-어

---

46) 선행용언에 대해 주어의 [−의지]가 나타나는 구문으로는 다음의 '-어 있다', '-고 있다', '-다(가) 말다' 등을 더 들 수 있다.
  (i) 그 속에 초가집 일여덟 채가 무거운 지붕을 감당하기 힘든 것처럼 납작하게 <u>엎드려</u> 있었다(나무들 비탈에 서다: 9).
  (ii) a. 날 기다리고 서 있던 창으로 오후의 따뜻한 햇볕이 <u>들어오고</u> 있었다(잃어버린 너 上, 136).
     b. 무언가 자기를 <u>휘감고</u> 있는 어떤 물줄기 같은 것을 헤쳐 버리려는 기분으로… (나무들 비탈에 서다: 139)
  (iii) 철수는 키가 <u>크다가</u> 말았는지 아주 작은 편이다.
(i)은 '-어 있다' 구문, (ii)는 '-고 있다' 구문, (iii)은 '-다(가) 말다' 구문이다. 이들 구문은 모두 주어의 [−의지]가 나타나 있다. 그러나 이러한 구문은 일부에 해당하고, [+의지] 구문이 대부분이다.

지다'의 일부가 속한다.

> (101) a. "같은 나이 또래끼리 경어가 무슨 <u>썩어</u> 빠진 경언가 안 그
>   래?"(나무들 비탈에 서다: 56)
>   b. "너 같이 <u>약아</u> 빠진 장돌뱅이년이 우리 엄말 거저 먹일 리가
>   없어."(목마른 계절: 381)
>   c. 그렇게 <u>게을러</u> 터져서 무슨 일을 한담(한글학회, 1992: 4304).
>   d. 사람이 <u>물러</u> 터져서 믿을 수 없군(한글학회, 1992: 4304).
>   e. 그의 눈빛이 점점 더 <u>무거워</u> 지면서 쥐고 있던 멱살을 세차
>   게 흔들어 댔다(잃어버린 너 中, 30).
>   f. 사귐성이 <u>좋아</u> 보이는 소녀는 이름을 갑희라 했다(목마른 계
>   절: 281).

　(101a~b)는 '-어 빠지다' 구문, (101c~d)는 '-어 터지다' 구문, (101e)는
'-어 지다' 구문, (101f)는 '-어 보이다' 구문이다. 이들 구문에서 (101a)와
(101c)는 선행용언이 자동사이고 나머지는 형용사가 선행용언이다. 그리고
이들 선행용언에 대한 주어의 의지를 전혀 발견할 수 없다. 이것은 선행용
언의 동사 유형이 [-동작성]으로 되어 있고, 이들 구문들의 의미에서도
[+의지]의 특성을 발견할 수 없기 때문이다. 또한 형용사 구문은 본래 [의
지]와는 상관이 없는 특징이 있다.

　마지막으로 선행용언으로 [±동작성] 동사 유형을 요구하는 구문인데
이들도 그 수가 많지는 않다. 이들은 주로 '추측', '원망', '강조' 등의 의미
를 가진 구문이며 선행용언에 대한 주어의 의지 개입에 비관여적인 특징
이 있다. 여기에는 '-어 가다', '-어 가지다', '-어 오다', '-어 놓다(강조)', '-고
싶다', '-면 싶다', '-는가/-(으)ㄹ까 싶다', '-면 하다', '-나/-ㄴ(은,는)가/-(으)ㄹ
까 보다' 등의 구문이 속할 수 있다.

> (102) a. 주위 사람들이 말하는 것처럼 언제까지 그의 숨결에 <u>살고</u> 싶
>   었다(잃어버린 너 中, 277).
>   b. 학생들의 지도가 아니라 내가 지니고 있는 모든 고뇌를 하나
>   하나 떨어내며 밤새도록 춤을 <u>추고</u> 싶었다(잃어버린 너 中,

62).
c. 그도 <u>부자이고</u> 싶었다.
d. 방을 치울 정성이 난 것보다도 서랍을 좀 뒤져 <u>보고</u> 싶은 것
이었다(삼대 上, 271).

(102)는 '-고 싶다' 구문인데, 선행용언으로 자동사(102a), 타동사(102b), 지정사(102c), 보조동사(102d) 등이 선택되고 있다. 이들 구문에서 선행용언이 [+동작성] 동사인 (102a, b, d)는 주어의 [+의지]가 개입되어 있는데 반해, [-동작성] 동사인 (102c)는 주어의 [의지]가 개입되어 있지 않다. 이와 같이 이들 유형은 선행용언에 대한 제약이 적은 구문이다.

(2) '보다' 구성의 선행용언 양상

1) '-어/아 보다' 구성

'-어/아 보다' 구성은 '시행', '경험', '가정', '바람' 등의 의미를 나타내는데, 각 의미에 따라 선행용언으로 올 수 있는 동사 유형과 주어의 의지 개입 여부에 차이를 보인다.

먼저 '시행'의 의미를 나타내는 '-어/아 보다' 구성은 보조용언 '보다' 구성 중 사용 빈도가 가장 높은 것 중의 하나이다.[47) 그러나 선행용언으로 올 수 있는 동사 유형은 일부로만 제약된다.

(103) a. 얼마 만에 엄마 팔에 <u>매달려</u> 보는지, 그를 만나는 동안 너무
옆에 있어 주지 못했다는 가책이 들었다(잃어버린 너 上, 83).

---

47) 필자가 수집한 보조용언 '보다' 구성의 용례 465개 중 약 34.2%(159개)가 '시행'의 '-어/아 보다' 구성에 속하는 것이었다. 참고로 여기에 '경험', '가정' 등의 '-어/아 보다' 구성까지 합하면 보조용언 '보다' 구성의 52%(242개)를 '-어/아 보다' 구성이 차지하게 된다. 이것은 '-어/아 보다' 구성이 가장 일반적인 보조용언 '보다' 구성이고, 그 중에서도 '시행'의 '-어/아 보다' 구성이 가장 대표적임을 입증하는 것이다. 한편 김기혁(1986: 46)도 '-어/아 보다' 구성의 생산성에 대한 근거를 제시하고 있다.

    b. 부친의 친구를 찾아가서 물으면 알리라 하는 생각이 들자, 물
    어 봄직한 사람을 속으로 골라 보았다(삼대 上, 34).

(103)에서, '시행'의 '-어/아 보다' 구성은 선행용언으로 자동사, 타동사
와 같이 [+동작성]을 가진 동사만을 요구한다. 이 때 이들 동작성 동사에
는 주어의 의지가 항상 개입되어 있는데, 이것은 '-어/아 보다' 구성이 의
미로 '시행'을 나타낼 경우에 선행용언의 행위는 주어의 의지가 담긴 행위
이어야 한다는 것이다.[48] 만약 다음과 같이 주어의 의지가 나타나 있지 않
으면, '경험'의 의미로 바뀌게 된다.

    (104) a. 높은 나무에서 떨어져 본 경험은 다행히 없다.
         b. 나도 권투 시합에서 맞아 보았다.

(104a)는 자동사가 선행용언으로 왔으나 주어의 의지가 개입되어 있지
않기 때문에 '경험'의 의미가 된다. 만약 여기에 [+의지]가 개입되면 다음
과 같이 '시행' 구문이 될 수 있다.

    (104) a′. 높은 나무에서 떨어져 볼 계획을 가지고 있다.

(104a)′은 미래 지향의 행위이기 때문에 주어의 의지가 개입되어 '시행'
의 의미가 나타난다.

(104b)는 선행용언으로 타동사가 왔는데, 주어의 의지가 개입되지 않아
'경험'의 의미로만 해석된다. 이것도 다음과 같이 바꾸면 '시행' 구문이 될
수 있다.

    (104) b′. 나도 권투 시합에서 맞아 보겠다.

한편 '시행'의 '-어/아 보다' 구성에서 선행용언의 동사 유형은 자동사

---

[48] '시행'의 '-어/아 보다' 구문은 본용언과 보조용언의 주어가 항상 일치하고, [+
Human]의 자질을 가져야 하는 특징이 있다. 이러한 특징도 선행용언의 생산성과
관계가 있는 것으로 보인다.

와 타동사인데, 이들 중 자동사보다는 타동사와의 결합이 훨씬 더 생산적인 것으로 보인다. 이것은 선행용언이 타동사일 경우에는 주어의 [의지]와 호응이 잘 이루어지는데(예: 마셔/ 해/ 기다려/ 읽어/ …), 이에 반해 자동사일 경우에는 [+의지]와의 호응이 잘 이루어지기도 하나(가다/ 오다/ 들어가다/ …) 그렇지 않는 경우도 많이 있기 때문이다(흔들거리다/ 가라앉다/ 가려지다/ …).49)

이에 비해 '경험'의 '-어/아 보다' 구성은 선행용언의 동사 유형에 제약을 받지 않는다.

(105) a. 나도 5년 전에 시험에 <u>떨어져</u> 보았다.
　　 b. 오랜만에 <u>맡아</u> 보는 커피 내음은 충식씨에 대한 그리움과 함
　　　 께 내 마음을 잔잔하게 만들어 주었다(잃어버린 너 中, 114).
　　 c. 나도 어렸을 때 배가 <u>고파</u> 보았어.
　　 d. 네가 <u>교사이어</u> 보니 내 입장을 이해할 수 있겠더냐?
　　 e. 나도 가시에 얼굴이 <u>긁히어</u> 보았다.

(105)는 선행용언으로 자동사(105a), 타동사(105b), 형용사(105c), 지정사(105d), 피동사(105e) 등 다양한 동사 유형이 올 수 있다. 그런데 이들 구문에서 주어의 경험은 주어의 의지와는 상관없이 얻어진 것으로 보인다. 즉 이들 구문에서 주어가 경험한 일은 주어의 자발적(自發的)인 행위에 의해 얻어진 경험이 아니라 주어에게 우연히 발생된 비자발적인 경험이다. 그러므로 선행용언의 서술어들은 [-의지]의 특성을 가진 것들이 주로 분포된다. 이와 같이 순수한 '경험'의 '-어/아 보다' 구성은 [-의지]의 선행용언이 주로 나타나지만 다음과 같이 '시행'의 의미가 동시에 나타나는 구문일 경우에는 다른 양상을 보인다.

(106) a. 시어머니가 바꾸어 가며 자라고 하여도 꼬박꼬박 졸기는 하
　　　 여도 팔베개를 하고라도 <u>누워</u> 본 일이 없다(삼대 下, 290).

---

49) 이것은 필자가 수집한 '시행'의 '-어/아 보다' 구성 159개 중 78.6%(125개)가 타동사이고, 21.4%(34개)가 자동사인 것에서도 확인할 수 있다.

    b. 한 번은 아리랑 비어홀 앞을 지나다가 아저씨의 오토바이를
      발견하고 조금 <u>기웃거려</u> 본 적이 있다(새의 선물: 58).

(106)과 같이 '-어/아 보다' 구성이 '경험'과 '시행'의 의미가 동시에 나타날 경우에는 선행용언으로 동작성 동사만이 요구되는 특징이 있다. 그리고 이 때 '경험'과 '시행'의 구별은 시상에 의해 이루어진다. 즉 과거 지향이면 '경험'이 되고 미래 지향이면 '시행'이 된다.50) (106a~b)는 과거 지향이기 때문에 '경험'의 구문이나 다음과 같이 미래 지향으로 바뀌면 '시행'의 구문이 된다.

    (106)′ a. 시어머니가 바꾸어 가며 자라고 하여도 꼬박꼬박 졸기는 하
           여도 팔베개를 하고라도 누워 볼 생각도 하지 않았다.
        b. 한번은 아리랑 비어홀 앞을 지나다가 아저씨의 오토바이를
           발견하고 조금 기웃거려 볼 마음이 생겼다.

이와 같이 '-어/아 보다' 구성에서 선행용언이 [+동작성]을 가진 동사 유형일 때 주어가 [+의지]이면 '시행', [−의지]이면 '경험'으로 분류할 수 있다. 이것은 (104)와 (104)′에서 확인할 수 있었다. 한편 선행용언에 대해 주어의 [+의지]가 개입된 경우, '시행'과 '경험'의 의미가 동시에 나타날 수 있는데, 이 때에는 시상에 의해 과거 지향이면 '경험', 미래 지향이면 '시행'으로 나눌 수 있다. 이것은 (106)과 (106)′에서 확인할 수 있다.

다음으로 '가정'과 '바람'의 '-어/아 보다' 구성의 경우, 선행용언의 동사 유형은 분포에 제약이 없으나 선행용언에 대한 주어의 의지 개입은 강하게 작용한다.

    (107) a. 너도 어린애 <u>생겨</u> 봐, 얼마나 바쁜가.

---

50) 이기동(1988)도 '보다'가 과거 지향의 관점을 택할 때와 미래 지향의 관점을 택할 때 서로 다른 점이 있다고 설명한 바 있다. 곧 '보다'가 미래 지향적으로 쓰일 때는 선행하는 동사가 의도적인 과정을 나타내는 동사이어야 하나, 과거 지향적으로 쓰일 때는 의도성이 전혀 문제가 되지 않기 때문에 의도성이 없는 동사와도 자연스럽게 쓰인다. 이것은 본고의 논의와 맥을 같이하는 것이다.

      b. 그 녀석이 권력만 <u>잡아</u> 봐라, 너 같은 건 안중에도 없을 걸.

      c. 우리에게 힘이 <u>있어</u> 봐, 누가 우리를 깔보겠어?

      d. 네가 철수의 <u>입장이어</u> 봐, 아마 너는 더할 거야.

      e. 너도 송곳에 <u>긁히어</u> 봐, 얼마나 아픈가.

(108) a. 나도 로마에 <u>가</u> 봤으면 좋겠다.

      b. 그 옷을 한 번 <u>입어</u> 봤으면 좋겠다.

      c. 나도 너처럼 <u>예뻐</u> 봤으면 좋겠다.

      d. 나도 그처럼 <u>백만장자여</u> 봤으면 좋겠다.

      e. 나도 한 번 점수를 <u>높혀</u> 봤으면 좋겠다.

(107)은 '가정' 구문이고 (108)은 '바람' 구문인데, 선행용언의 동사 유형이 제약 없이 나타나고 있다. (107)의 '가정' 구문은 현재, 과거, 미래 추정의 상황에 대해 가정이 가능할 뿐만 아니라 가정을 위한 전제 조건에 대해 제약이 매우 약하기 때문에 높은 생산성을 보인다.

'바람'의 (108)은 주로 현재의 상황과 반대되는 일에 대해 화자의 '바람'을 나타내는데, 구문의 특성상 선행용언의 동사 유형에 제약이 없다. 즉 '가정'과 마찬가지로 화자의 '바람'은 실현 가능한 것이거나 불가능한 것이거나 제약을 두지 않고 할 수 있기 때문에 선행용언의 동사 유형이 제약을 받지 않고 분포할 수 있다.

한편 '가정'과 '바람'의 '-어/아 보다' 구성은 선행용언으로 올 수 있는 동사 유형들의 [동작성]과 상관없이 주어의 의지가 강하게 개입되는 특징이 있다. 이것은 이들 두 구성이 '시행'과 깊이 관련되어 있기 때문인데, 앞에서 우리는 '시행'의 구문은 항상 주어가 [+의지]이어야 함을 보았다. 다만 '시행'의 '-어/아 보다' 구문에서는 [+동작성] 동사만을 선행용언으로 요구했으나, '가정'과 '바람'의 구문은 [±동작성]의 동사가 가능한 것이 차이가 있다. 이것은 '시행' 구문의 경우는 실현 가능한 것을 '시행'의 대상으로 하는 반면, '가정'과 '바람' 구문은 실현 가능한 것뿐만 아니라 실현 불가능한 것도 그 대상으로 삼고 있기 때문에 나타나는 독특한 현상이다.

또 다른 이유는 이들 두 구문은 '가정'과 '바람'의 의미가 선행하는 본용언에까지 영향을 미치기 때문에 발생하는 현상으로 보인다. 즉 선행용언이 [+동작성]인 (107a, b, e)와 (108a, b, e)의 경우는 주어의 [+의지]가 당연히 개입된다. 한편 선행용언이 [−동작성]인 (107c, d)와 (108c, d)는 선행용언 독자적으로는 주어의 [+의지]가 나타날 수 없다. 그러나 보조용언 '-어/아 보다' 구성이 나타내는 의미 '가정'과 '바람'의 영향이 선행용언에까지 작용하여 주어의 [+의지]가 나타나는 것이다.

이상에서 '-어/아 보다' 구성은 '시행', '경험', '가정', '바람' 등 다양한 의미로 쓰이는데, 각 의미에 따라 선행용언의 동사 유형에 차이가 있고 선행용언에 대한 주어 의지의 개입 여부도 다름을 보았다. 즉 '시행'과 밀접하게 관련되어 있는 구문('시행', '가정', '바람'과 '경험'의 일부)은 [+의지]의 특성이 있고, '시행'의 의미에서 멀어진 구문(순수한 '경험')은 [−의지]의 특성이 나타난다.

한편 '시행'과 관련되어 있는 구문에서 현실과 가까운 내용의 구문('시행'의 '-어/아 보다' 구성)은 선행용언으로 [+동작성] 동사만을 요구한다. 그러나 비현실적인 내용의 구문('가정', '바람'의 '-어/아 보다' 구성)이나 [−의지]의 특성을 가진 구문('경험'의 '-어/아 보다' 구성)은 선행용언의 동사 유형에 대한 분포 제약이 매우 약하다.

2) '-고 보다' 구성

보조용언 '-고 보다' 구성은 '시행'과 '결과'의 두 유형이 있다. 이들은 선행용언의 동사 유형이나 주어의 개입 여부에 많은 차이를 보인다.

먼저 '시행'의 '-고 보다' 구성은 앞에서 살핀 '시행'의 '-어/아 보다' 구성과 유사한 특징을 보인다.

> (109) a. 어쨌든 <u>출발하고</u> 보자.
>   b. 일단 <u>먹고</u> 보자.
>   c. 어쨌든 그걸 전해 <u>놓고</u> 보자.

(109)에서, '시행'의 '-고 보다' 구성은 선행용언으로 자동사, 타동사,

보조동사[51] 등이 결합될 수 있으나 이들은 모두 [+동작성]의 특징을 가진다.[52] 그리고 이 때 동작성 동사에는 주어의 [+의지]가 개입되어 있어야 한다. 이것은 '시행'의 '-어/아 보다' 구성과 마찬가지로, '-고 보다' 구성도 '시행'의 의미를 나타내기 위해서는 선행용언의 행위에 대한 주어의 의지가 개입되어 있을 때만 가능하다. 그러나 다음과 같이 주어의 의지가 없는 경우에는 '결과'의 구문이 되고 만다.

> (110) a. 별안간 소동이 <u>일어나고</u> 보니 딱하기 한량 없었다(한글학회,
>   1992: 1794).
>   b. 도움을 <u>받고</u> 보니 자꾸만 눈물이 날 것만 같았다.

(110)에서, 선행용언으로 자동사(110a)와 타동사(110b)가 나타나 있으나, 주어의 의지가 개입되지 않아 '시행'의 의미를 발견할 수 없다. 이와 같이 '시행'의 '-고 보다' 구성은 주어의 [+의지]를 가진 [+동작성] 동사의 유형을 선행용언으로 요구하는 특징이 있다.

한편 '결과'의 '-고 보다' 구성은 선행용언의 동사 유형에 대해 분포 제약을 받지 않으며, 주어의 의지도 선택 제약이 약하다.

> (111) a. (어머니는 나에게) 이렇게 불쑥 남자 문제가 <u>생기고</u> 보니, 처
>   음에는 무척 놀라셨다는 거야(잃어버린 너 上, 48).

---

51) '시행'의 '-고 보다' 구성에서 (109c)와 같이 보조동사의 결합은 가능하다. 그러나 다음과 같이 보조형용사의 결합은 비문이 된다.

  *일단 낡아 <u>빠지고</u> 보았다.

위의 예문과 같이 선행용언으로 [−동작성] 동사가 오면, 후행하는 보조용언의 [+동작성]과 충돌이 일어나게 되어 비문이 되는 것이다.

52) 다른 한편 [−동작성]의 선행용언과 결합하면 동작성을 가진 '시행'의 의미가 나타나지 않는데, 다음 예문을 보자.
  a) 키는 <u>크고</u> 볼 일이다.
  b) 어쨌든 <u>예쁘고</u> 볼 일이야.
  c) 사람이 돈이 <u>있고</u> 볼 일이야.
위의 예문에서 '시행'의 의미를 찾기 어렵다. (a~c) 구문의 선행용언은 [−동작성]의 상태동사들이고, 의미는 주어의 희망에 대한 단정적인 표현으로 보인다.

b. "얘길 듣고 보니, 오히려 잘 되었군요."(잃어버린 너 上, 41)
c. 그러나 가 놓고 보니, 오늘이 공일인 것을 깜박 잊고 있었다
　　(삼대 上, 293).
d. 마음에 드는 일이고 보니, 무엇이나 다 할 수 있을 것만 같았
　　다(사회과학원언어 연구소, 1992: 1413).
e. 그녀는 얼굴이 예쁘고 보니, 친구들에게 질투를 받는다.
f. 그는 주머니에 돈이 있고 보니, 기분이 아주 좋았다.

　(111)의 '결과'의 '-고 보다' 구성은 다양한 동사 유형이 선행용언으로 분포하는데, (111a~c)는 [+동작성] 동사이고 (111d~f)는 [−동작성] 동사이다.

　먼저 [+동작성] 동사가 선행용언인 (111a~c)는 전형적으로 '결과'의 의미를 표현하는 구문들인데53) 주어의 의지 개입은 관여하지 않는 것으로 보인다. (111a~c)에서, (111a)의 자동사에는 주어의 의지가 개입되어 있지 않으나, (111b)의 타동사와 (111c)의 보조동사에는 주어의 의지가 개입되어 있다. 그런데 (111b, c)와 같이 [+동작성]을 가진 선행용언에 주어의 의지가 개입되면 (109)의 '시행' 구문과 특성을 공유하게 된다. 그러므로 이 때에는 선행용언이 '행위 중심'이면 '시행' 구문, '결과 중심'이면 '결과' 구문으로 구별할 수 있다. 이러한 특징 때문에 '시행' 구문은 행위의 의도성이 강하게 나타나지만 '결과' 구문은 매우 약하게 나타난다.

　한편 [−동작성] 동사가 선행용언인 (111d~f)는 주어의 의지가 개입되지 않는 특징이 있다. 이들 구문에서 선행절의 '-고 보다'가 '결과'의 의미를 나타내지만 한편으로는 후행절에 대한 '원인'이 되고 있다. 그러므로 [−동작성]의 '-고 보다' 구성은 다음과 같이 '원인'의 의미를 나타내는 '-다(가) 보다' 구성과 상호 교체가 가능하다.

---

53) '결과'의 의미를 나타내는 '-고 보다' 구성은 선행용언으로 동작성 동사가 분포하면 '완료'의 양상을 보여 주는 것으로 보인다. 이 때 '지속'의 양상을 보여 주는 '-다(가) 보다' 구성과는 의미의 상충이 일어난다. 그러므로 이들 간에는 상호 교체가 불가능하다. 그러나 '-고 보다' 구성이 선행용언으로 비동작성 동사를 취하면 '원인'의 '-다(가) 보다' 구성과 상호 교체가 가능해진다.

> (111)′ d. 마음에 드는 일이다 보니, 무엇이나 다 할 수 있을 것만 같
> 았다.
>
> e. 그녀는 얼굴이 예쁘다 보니, 친구들에게 질투를 받는다.
>
> f. 그는 주머니에 돈이 있다 보니, 기분이 아주 좋았다.

(111d~f)′처럼 '-고 보다' 구성을 '-다 보다' 구성으로 교체하면, '원인'의 의미가 더욱 분명해진다. 그러므로 (111d~f)와 같은 '결과'의 '-고 보다' 구성은 '원인'의 '-다(가) 보다' 구성의 변형으로 볼 수 있는 것들이다.

이상에서 '-고 보다' 구성은 '시행'과 '결과'의 의미를 나타내는데, 각 의미에 따라 선행용언의 동사 유형과 주어의 의지 개입에 차이가 있음을 보았다. '시행'의 '-고 보다' 구성은 주어의 [+의지]를 가진 [+동작성] 동사의 유형을 선행용언으로 요구하는 특징이 있는 반면 '결과'의 '-고 보다' 구성은 선행용언이 [+동작성] 동사일 경우에는 주어의 의지에 관여하지 않는다. 이 때 선행용언은 '결과'에 중심을 두기 때문에 '행위'에 중심이 있는 '-고 보다' 구성과 구별할 수 있다. 한편 선행용언이 [−동작성] 동사일 경우에는 주어의 의지가 개입되지 않는 특징이 있다.

3) '-다(가) 보다' 구성

보조용언 '-다(가) 보다' 구성은 '지속'과 '원인'의 의미를 나타내는 두 유형이 있다. 이들 두 구성은 선행용언의 동사 유형이나 주어의 개입 여부에서 많은 차이를 보인다.

먼저 '지속'의 '-다(가) 보다' 구성은 선행용언의 행위가 지속적으로 이루어지는 상황에서 쓰이는 구문이므로, 선행용언의 동사 유형으로 [+동작성] 동사만을 요구한다.

> (112) a. 서로 농담을 하면서 <u>웃다가</u> 보니까, 신장에서 쓸쓸히 혼자 있
> 을 충식씨 생각이 났다(잃어버린 너 上, 254).
>
> b. 찬물을 조금씩 <u>끼얹다</u> 보면, 얼마 안 가 물이 차갑다는 걸 모
> 르게 된다(새의 선물: 187).

(112)의 '지속'의 '-다(가) 보다' 구성은 선행용언으로 자동사(112a), 타동사(112b)와 같은 [+동작성] 동사가 분포하여 행위에 대한 지속적인 시행의 의미를 표현하고 있다. 이 때 선행용언에 대해 주어의 의지가 개입되어 있음을 볼 수 있다.

만약 다음과 같이 [+동작성]의 선행용언이 주어의 [-의지]가 나타나면 '지속'의 의미는 찾을 수 없게 된다.

> (113) a. 내 감정에 대한 거리 유지가 몸에 <u>배다</u> 보니, 나의 정서적 반
> 응은 이렇게 한참 뒤에 온다(새의 선물: 127).
> b. 주소를 <u>모르다</u> 보니 그 동안 한 번도 찾아가지 못했다(사회과
> 학원 언어연구소, 1992: 1413).

(113a)는 자동사, (113b)는 타동사가 선행용언으로 분포되어 있는데, 이 때 주어의 의지가 나타나 있지 않기 때문에 '지속'의 의미는 발견하기 어렵고 '원인'의 의미로만 해석된다. 이러한 현상은 '지속'의 '-다(가) 보다' 구성도 '시행'의 의미와 밀접한 관련을 맺고 있기 때문에 주어의 [+의지]가 중요한 요인으로 작용하는 것이다.

다음으로 '원인'의 '-다(가) 보다' 구성은 선행용언으로 [-동작성] 동사들이 주로 나타나고 주어의 의지는 개입되지 않는다.

> (114) a. 그 정적이 <u>깊다</u> 보니 골목을 지나가는 아이들의 무심한 노랫
> 소리만 크게 울린다(새의 선물: 76).
> b. 그는 <u>학생이다</u> 보니, 학교에서 많은 시간을 보낸다.

(114)의 '원인'의 '-다(가) 보다' 구성은 선행용언으로 형용사(114a), 지정사(114b) 등 [-동작성] 동사들이 분포되어 나타난다. 그러나 (113a~b)에서 보았듯이 [+동작성] 동사들도 선행용언으로 올 수 있었는데, 이 때에는 선행용언에 대해 주어의 의지가 개입되지 않는 특징이 있었다.[54] 이러한

---

54) (113a~b)의 선행용언에서 동작성을 찾기는 어렵다. 그러나 이들도 자동사와 타동사이기 때문에 일단 [+동작성] 동사 유형으로 분류한다.

특징은 (114a~b)에서도 볼 수 있는 것으로 '원인'의 '-다(가) 보다' 구성은 주어의 의지가 중요한 요인으로 작용한다.

이와 같이 '원인'의 '-다(가) 보다' 구성은 선행용언의 동사 유형이 [+동작성] 동사이든지, [-동작성] 동사이든지 주어의 의지가 개입되지 않는다.

이상에서 '-다(가) 보다' 구성은 주어의 의지가 의미 분류에 중요한 역할을 담당하고 있음을 확인하였다. '지속'의 '-다(가) 보다' 구성은 주어의 [+의지]를 가진 [+동작성] 동사의 유형만을 선행용언으로 요구하고, '원인'의 '-다(가) 보다' 구성은 주어의 [-의지]를 가진 [-동작성] 동사의 유형을 주로 선행용언으로 요구하는 특징이 있으나, 일부 [+동작성] 동사의 유형이 주어의 [-의지]를 가질 경우에 한하여 선행용언으로 선택되는 경우도 있다.

4) '-나/-ㄴ(은,는)가/-(ㄹ)려나 보다' 구성

'-나 보다', '-ㄴ(은,는)가 보다', '-(ㄹ)려나 보다' 구성은 '추측'을 기본 의미로 나타내는 구문들이다. 이들 중 '-나 보다'와 '-ㄴ(은,는)가 보다' 구성은 유사한 특징을 보이고, '-(ㄹ)려나 보다' 구성은 이들과 약간 다르다.

먼저 '-나 보다'와 '-ㄴ(은,는)가 보다' 구성은 '추측'을 위한 선행 조건을 요구하지 않기 때문에 선행용언으로 올 수 있는 동사 유형에 제약을 두지 않으며, 주어의 의지 개입에 대한 제약도 없다.

(115) a. "자세한 것은 모르지만 친구분들이 가끔 <u>오시나</u> 봐."(잃어버린 너 上, 214)

    b. "나도 모르게 결혼식을 <u>했나</u> 보지."(잃어버린 너 上, 269)

    c. 그는 어제 <u>바빴나</u> 보다.

    d. 그 사람은 옛날에 <u>부자였나</u> 봐.

    e. 눈은 사람을 한층 깊이 잠재워 <u>주나</u> 보다(목마른 계절: 260).

(116) a. "아무리 생각을 해도 너와 우리는 인연이 안 <u>닿는가</u> 보다."

    (잃어버린 너 上, 135)

   b. 나를 두고 <u>말하는가</u> 보다(최현배, 1991: 530).
   c. "내가 덕이 없어 <u>그런가</u> 보다."(잃어버린 너 上, 135)
   d. "종환씨 아무리 사랑하는 사이라도 고통을 같이 나누기란 어려운 <u>일인가</u> 봐요."(잃어버린 너 上, 255)
   e. "화장터가 수원에도 있기는 <u>한가</u> 본데, 내가 안 된다고 우겼어요."(잃어버린 너 上, 252)

(115)는 '-나 보다' 구성이고, (116)은 '-ㄴ(은,는)가 보다' 구성이다. 이들 구문들은 선행용언으로 각각 자동사(a), 타동사(b), 형용사(c), 지정사(d), 보조동사(e) 등 다양한 동사 유형들이 분포할 수 있다. 이것은 선행용언의 동작성이 제약을 받지 않음을 나타낸다. '-나 보다'와 '-ㄴ(은,는)가 보다' 구성은 선행 명제에 대한 화자의 '추측'을 표현하는데, 이 때 선행 명제에 대한 조건은 개의치 않음을 의미한다. 한편 이들 구문은 선행용언에 대한 주어의 의지 개입이 비관여적으로, [+의지]의 선행용언이나 [−의지]의 선행용언이나 모두 분포가 가능하다. 이것은 추측의 전제 조건이 주어의 의지와는 상관없기 때문이다.

다음으로 '-(ㄹ)려나 보다' 구성은 선행용언으로 [+동작성] 동사만을 요구하고 주어 의지의 개입은 제약이 없다.

(117) a. 먹구름이 끼는 걸 보니, 비가 <u>오려나</u> 보다.
     b. 물을 떠 오는 걸 보니, 세수를 <u>하려나</u> 보다.
     c. *일이 <u>바쁘려나</u> 보다.

(117)에서, '추측'의 '-(ㄹ)려나 보다' 구성은 자동사(117a), 타동사(117b) 등 [+동작성] 동사만을 선행용언으로 취한다. 이 구문은 장래에 일어날 일에 대해 추측할 때 쓰이는데, 주어의 의지는 문제가 되지 않고 [+동작성] 동사의 선행용언만을 요구한다. 그러므로 선행용언이 의지적 행위이건 비의지적 행위이건 관여하지 않는다.[55] 여기에서 [+동작성] 동사만을 요

---

55) '-(ㄹ)려나 보다' 구문은 선행용언의 주어에 대해 제약이 매우 약하다. 즉 [±Human]의 주어가 선행용언의 주어가 된다. 이러한 특징의 영향으로 주어의 의지 개입이 비관여적으로 나타난다고 볼 수 있다.

구하는 것은 '-(ㄹ)려나 보다' 구성이 선행절의 어떤 사태를 목격한 후에 앞으로 일어날 어떤 변화에 대해 후행절에서 추측하기 때문이다.

그런데 만약 (117c)와 같이 [-동작성] 동사가 선행용언으로 오면 '추측'의 의미가 나타나지 않는 비문이 된다. 그러나 이것도 다음과 같이 과정동사로 바꾸면 자연스럽다.

(117) c'. 일이 바빠지려나 보다.

(117c)'과 같이 그 형태가 과정동사로 바뀌면 [-동작성]에서 [+동작성]으로 되어 추측을 위한 전제 조건을 충족시키기 때문에 자연스러운 구문이 된다.

이상에서 '추측'의 구문 중 '-나 보다', '-ㄴ(은,는)가 보다' 구성은 선행용언의 동사 유형에 제약이 없고 주어의 의지 개입도 비관여적이다. 이것은 추측의 전제 조건이 주어의 의지나 선행용언의 동작성과 상관없이 이루어질 수 있기 때문이다. 한편 '-(ㄹ)려나 보다' 구성은 [+동작성] 동사를 선행용언으로 요구하는 제약은 있으나 주어의 의지 개입 여부에는 제약을 두지 않는다.

5) '-(으)ㄹ까 보다' 구성

'-(으)ㄹ까 보다' 구성은 '추측'과 '의지'의 두 유형이 있다. 이들은 선행용언의 동사 유형이나 주어의 의지 개입 여부에 차이를 보인다.

먼저 '추측'의 '-(으)ㄹ까 보다' 구성은 앞절의 '-나 보다'/'-ㄴ(은,는)가 보다' 구성과 마찬가지로, 선행용언의 동사 유형이 제약을 받지 않고 자유롭게 분포되는 높은 생산성을 가지며 주어의 의지 개입도 관여하지 않는다.

(118) a. 차가 <u>흔들릴까</u> 봐, 아버지는 지나가는 차들의 눈치를 보면서 조심스럽게 운전하신다(잃어버린 너 中, 208).
    b. "염려들 마라. 내가 생전에 이런 꼴을 <u>볼까</u> 보아, 다 마련해 놓았다."(삼대 下, 67)

    c. 덕기는 인력거를 타고 화개동으로 가서 '바깥애' 원삼이를 불
러 가지고 앞장을 세웠으나 무슨 일이 있을까 보아, 인력거꾼
까지 응원대로 데리고 다닌 것이었다(삼대 下, 134).

    d. 며느리는 남편이 무어랄까 보아, 얼른 이렇게 고자질을 하고
는 밥상을 번쩍 들고 나가 버렸다(삼대 上, 36).

    e. 덕기는 자기의 낯빛이 친구에게 이상히 보일까 보아, 술 고뿌
를 선뜩 들어서 입에 댄다(삼대 上, 16).

    f. 아들이 예수교식으로 장사를 지내 줄까 보아, 그것이 큰 걱정
이었다(삼대 上, 112).

(118)에서, '추측'의 '-(으)ㄹ까 보다' 구성은 선행용언으로 자동사(118a),
타동사(118b), 형용사(118c), 지정사(118d), 피동사(118e), 보조동사(118f) 등 다
양한 동사 유형이 자유롭게 분포된다. 또한 선행용언에 대해 주어의 의지
는 개입에 관여하지 않아 [+의지]나 [−의지]의 선행용언이 모두 가능하
다. 이와 같이 선행용언의 동사 유형에 제약이 없고 주어의 의지 개입이
비관여적으로 나타나는 것은 '-(으)ㄹ까 보다'가 '추측'의 구문일 경우에 추
측의 전제 조건에 대해 제약을 두지 않기 때문이다.

    다음으로 '의지'의 '-(으)ㄹ까 보다' 구성은 의미 특성 때문에 주어의
[+의지]가 절대적인 기준이 되며, 선행용언은 [+동작성]의 동사만을 요
구하는 낮은 생산성을 갖는다.

    (119) a. 오늘은 일찍 집에 돌아갈까 보다(우형식, 1986: 48∼50).

        b. 이것도 먹을까 보다(한글학회, 1992: 1794).

        c. "충식씨 내일 집을 나와 버릴까 봐요."(잃어버린 너 上, 277)

        d. 이 녀석 말을 안 들으니, 때려 줄까 보다.

    (119)에서, 화자의 '의지'를 나타내는 '-(으)ㄹ까 보다' 구성은 선행용언
이 육체적 행위이거나 정신적 행위이거나 [+동작성]을 가진 동사 유형만
을 요구하는 제약이 있다. 그리하여 자동사(119a), 타동사(119b), 보조동사
(119c, d) 등이 선행용언으로 선택되었다. 또한 선행용언의 행위에 대해 주
어의 의지가 강하게 작용하는 특징이 있다. 이것은 '-(으)ㄹ까 보다'가 선행

용언의 행위에 대한 주어 즉 화자의 의지를 표현하기 때문에 일어나는 현상이다.

이상에서 '염려(걱정)'을 동반하는 '추측'의 '-(으)ㄹ까 보다' 구성은 선행용언에 대해 주어의 의지가 개입되는 것에 비관여적이고, [±동작성]의 동사 유형을 선행용언으로 요구하여 제약을 보이지 않는다. 이에 비해 '의지'의 '-(으)ㄹ까 보다' 구성은 주어의 [+의지]가 강하게 작용하고, [+동작성]의 동사 유형만을 선행용언으로 요구하는 심한 제약을 보인다.

지금까지 고찰한 보조용언 '보다' 구성의 선행용언 양상을 정리하면 다음과 같다.

(120) 보조용언 '보다' 구성의 선행용언 양상

[+동작성] 동사만을 요구하는 구문	'시행'의 '-어/아 보다' 구성
	'시행'의 '-고 보다' 구성
	'지속'의 '-다(가) 보다' 구성
	'-(ㄹ)려나 보다' 구성
	'의지'의 '-(으)ㄹ까 보다' 구성
[−동작성] 동사만을 요구하는 구문	'원인'의 '-다(가) 보다' 구성
[±동작성] 동사만을 요구하는 구문	'경험', '가정', '바람'의 '-어/아 보다' 구성
	'결과'의 '-고 보다' 구성
	'-나/'-ㄴ(은,는)가 보다' 구성
	'추측'의 '-(으)ㄹ까 보다' 구성

(120)에서, [+동작성] 동사만을 요구하는 구문은 주로 본용언에 대해 주어의 [+의지]가 개입되고, [−동작성] 동사만을 요구하는 구문은 주어의 [−의지]가 개입되며, [±동작성] 동사를 요구하는 구문은 주어의 의지 개입에 비관여적이다.

4. 대용 양상

대용화는 동일 표현의 반복을 피하기 위해 서로 인지된 내용을 압축된 대용어로 나타내는 방법이다. 일반적으로 대용은 서술구 전체를 대용 영역으로 할 때 자연스럽고, 서술구의 일부만을 대신할 때도 대용 영역이 길면 길수록 더 자연스럽다.

보조용언 구성에서 선행절과 후행절이 동일한 내용을 가지고 있을 때, 본용언과 보조용언이 함께 대용화될 수 있고, 본용언만의 분리 대용도 가능하지만 보조용언만의 분리 대용은 불가능한 것으로 논의되어 왔다(김기혁, 1986: 20~24).

본 절에서는 보조용언만의 분리 대용이 불가능한 것은 예외 없는 현상이기 때문에 제외시키고, 본용언만의 분리 대용과 본용언과 보조용언의 동시 대용 여부에 집중하여 살펴보고자 한다. 보조용언 '보다' 구성을 중심으로 하고, 대용언은 '그러하다'를 주로 이용하기로 한다.

결론부터 말하자면, 본용언만의 분리 대용은 대체로 가능한 것으로 보인다. 이것은 본용언이 자립성을 가지고 있기 때문에 나타나는 현상이다. 한편 본용언과 보조용언을 동시에 대용화시킬 경우에는 구문에 따라 자연스러움에 차이가 있다. 이러한 현상은 구문의 특성에 따른 문법의 차이를 발견하게 한다.

(1) 연결어미와 결합한 '보다' 구성

여기에 속하는 구문은 '시행', '경험', '가정'의 '어/아 보다' 구성, '시행', '결과'의 '-고 보다' 구성, '지속', '원인'의 '-다(가) 보다' 구성 등이다.

먼저 '-어/아 보다' 구성의 경우, 본용언만의 대용이 가능한 것은 세 구성의 동일한 특징이나 본용언과 보조용언의 동시 대용에 대해서는 차이를 보인다.

'시행'의 '-어/아 보다' 구성은 다음과 같이 모두 자연스럽다.

(121) 그는 의자를 <u>밀어</u> 보았다.
　　　a. 나도 의자를 밀어 보았다.
　　　b. 나도 의자를 그리하여 보았다.
　　　c. 나도 의자를 그리하였다.

(121)에서, (121b)는 본용언만의 대용이 이루어졌고 (121c)는 본용언과 보조용언을 함께 대용시키고 있는데, 모두 자연스럽다. (121b)의 자연스러움은 본용언이 보조용언의 도움 없이도 자립성을 유지하며 홀로 쓰일 수 있기 때문이다. (121c)의 자연스러움은 본용언과 보조용언의 분리성이 매우 약해, 다시 말하면 밀착도가 매우 강해 하나의 어휘처럼 기능하기 때문이며, 또한 '-어/아 보다' 구성이 '시행'의 의미로 쓰일 때는 본용언의 영향으로 보조용언에서도 [+동작성]이 유지되기 때문이다. 이러한 특징은 다른 구문에서도 찾을 수 있다.

(122) 그는 100점을 <u>맞아</u> 본 적이 있다.
　　　a. 나도 100점을 맞아 본 적이 있다.
　　　b. 나도 100점을 그리하여 본 적이 있다.
　　　c. 나도 100점을 그러한 적이 있다.

(122)는 '경험'의 '-어/아 보다' 구성인데, (1b~c)와 같이 본용언의 대용과 본용언과 보조용언의 동시 대용이 모두 가능하다.
　그러나 다음의 예문은 앞의 두 구성과 차이를 보인다.

(123) 그는 가시에 얼굴이 <u>긁히어</u> 보았다.
　　　a. 나도 가시에 얼굴이 긁히어 보았다.
　　　b. ²나도 가시에 얼굴이 그리하여 보았다.
　　　c. ²나도 가시에 얼굴이 그리하였다.

(123)은 '경험'의 '긁히어 보다'가 피동성을 가질 때 나타나는 현상으로

대용이 어색함을 보인다. 그러나 (123)이 능동적인 시행의 구문일 때는 다음과 같이 자연스럽다.

(123)′ 그는 가시에 얼굴을 <u>붉히어</u> 보았다.
  a. 나도 가시에 얼굴을 붉히어 보았다.
  b. 나도 가시에 얼굴을 그리하여 보았다.
  c. 나도 가시에 얼굴을 그리하였다.

한편 '가정'의 '-어/아 보다' 구성은 '시행'과 '경험' 구문에 비해 상당히 복잡한 양상을 보인다.

(124) 그 녀석이 권력만 <u>잡아</u> <u>봐라</u>.
  a. 나도 권력만 잡아 봐라.
  b. 나도 권력만 그리하여 봐라.
  c. *나도 권력만 그리해라.
(125) 나에게 힘이 <u>있어</u> <u>봐</u>.
  a. 너에게도 힘이 있어 봐.
  b. [?]너에게도 힘이 그리하여 봐.
  c. *너에게도 힘이 그리해라.

(124~125)에서, 각 (b)와 같이 본용언만의 대용은 가능하다. 다만 (125b)의 부자연스러움은 본용언의 특성으로 인해 문맥에 따라 나타나는 현상이다. 이것은 본용언이 [−동작성] 동사일 때 나타나는 현상이다. 한편 각 (c)는 본용언과 보조용언을 동시에 대용한 경우인데 비문이 되었다. 이것은 '가정' 구문에서 본용언과 보조용언을 함께 대용할 경우에 '가정'의 의미는 나타나지 않고 단순한 명령만 나타나기 때문이다.

다음으로 '-고 보다' 구성에서 '시행'의 경우는 (121)의 '시행'의 '-어/아 보다' 구성과 유사하나 '결과'의 경우는 다른 양상을 보인다.

(126) 그는 <u>먹고</u> <u>보았다</u>.
  a. 나도 먹고 보았다.
  b. 나도 그리하고 보았다.

　　　　c. $^?$나도 그리했다.

　　(126)의 '시행'의 '-고 보다' 구문은 본용언만을 대용할 때는 (126b)와 같이 아주 자연스럽다. 그러나 (126c)와 같이 본용언과 보조용언을 동시에 대용하면, 가능은 하나 자연스러움에서 (121)의 '-어/아 보다' 구성보다는 떨어진다. 이것은 연결소 '-고'의 영향으로 '-어/아'보다 분리성이 강하기 때문에 일어나는 현상으로 보인다.

　　(127) 철수가 <u>가고 보니</u>, 나 혼자만 남게 되었다.
　　　　　a. 영수도 가고 보니,
　　　　　b. 영수도 그러하고 보니,
　　　　　c. *영수도 그러하니,

　　(127)은 '결과'의 '-고 보다' 구성인데 (127b)의 본용언만의 대용은 가능하다. 그러나 (127c)와 같이 본용언과 보조용언이 동시에 대용되면, 본용언의 의미만 나타날 뿐 보조용언의 의미 즉 '결과'의 의미를 찾기가 어렵다. 보조용언은 문법적인 의미를 주로 나타내기 때문에 문장에서 자립성이 매우 약하다. (127)과 같이 '보다'가 문법적인 의미를 나타내는 구문에서 (127c)처럼 본용언과 보조용언을 동시에 대용하여 보조용언의 형태가 나타나지 않게 되면, 보조용언의 의미를 찾을 수 없게 된다. 곧 생략 효과가 나타나게 된다.[56]

---

56) 물론 (121~123)이나 (126)의 각 (c)와 같이 본용언과 보조용언의 동시 대용이 가능한 경우도 있다. 이 때에는 후행용언의 자립성과 어휘성이 어느 정도 있는 것으로 생각해야 한다. 그러나 이 경우에도 보조용언의 의미가 온전하게 전달되는 것으로는 보이지 않는다. 이러한 특징은 다른 문법적 형태들의 경우에서도 볼 수 있다.
　　아버님은 집으로 가셨다.
　　a) 어머님도 집으로 가셨다.
　　b) *어머님도 집으로 갔다.
　　c) *어머님도 집으로 가신다.
　(a)는 서술어에 문법 요소 '-시-'와 '-었-'이 함께 나타나기 때문에 자연스럽다. 그러나 (b)와 같이 '-시-'가 생략되어 나타나거나 (c)와 같이 '-었-'이 생략되어 나타나면, 원문과 형평성의 원리에서 어긋나게 되어 비문이 되고 만다.

보조용언 구문에서 본용언(X)과 보조용언(Y)을 동시에 대용하면, 대용이 함께 일어나는 것([XY])이 아니라, 본용언의 대용만 일어나고 보조용언은 생략된 것([XØ])으로 결과가 나타날 수 있다. 그러므로 본용언과 보조용언의 대용을 동시에 할 경우에는 부자연스러운 구문이 될 수 있는 것이다.

'지속'과 '원인'의 '-다(가) 보다' 구성은 모두 본용언만의 대용과 본용언과 보조용언의 동시 대용이 가능한 것으로 보인다.

(128) 그는 하루 이틀 <u>미루다</u> <u>보니</u>,
    a. 나도 하루 이틀 미루다 보니,
    b. 나도 하루 이틀 그러하다 보니,
    c. ?나도 하루 이틀 그러하니,
(129) 그는 <u>정직하다</u> <u>보니</u>,
    a. 그녀도 정직하다 보니,
    b. 그녀도 그러하다 보니,
    c. 그녀도 그러하니,

(128)은 '지속'의 '-다(가) 보다' 구성이고 (129)는 '원인'의 '-다(가) 보다' 구성이다. 이들은 각 (b)처럼 본용언만의 대용과 각 (c)처럼 본용언, 보조용언의 동시 대용이 자연스럽게 이루어지고 있다.

(128c)가 가능한 것은 (121)의 '시행'의 '-어/아 보다' 구성과 같이, 선행하는 본용언의 [+동작성]으로 인해 보조용언도 [+동작성]을 어느 정도 유지하고 있기 때문이다. 다만 자연스러움이 떨어지는 것은 (126c)의 '시행'의 '-고 보다' 구성의 경우처럼 연결소 '-다(가)'에 의한 분리성으로 말미암은 것이다.

한편 (129c)는 (127c)의 '결과'의 '-고 보다' 구성과 마찬가지로 보조용언의 동작성은 나타나지 않고 문법성만 나타나는 유사한 환경을 가지고 있다. 그럼에도 불구하고 (127c)는 비문인데 (129c)는 자연스럽다. 이것은 '보니'에 결합되어 있는 어미 '-니(까)'의 영향으로 보인다. (129)는 '-다(가) 보니'가 '원인'의 의미로 쓰인다. 그런데 (129c)에서 본용언과 보조용언을 동시에 대용했다고는 하나 본용언만이 대용된 것이다. 이 때 어말 형태 '-니'

가 '그러하다'에 결합되어 나타나기 때문에 (129a)의 '원인'의 의미가 그대로 유지되는 것이다.

이것은 (129c)를 다음과 같이 바꾸어서 확인할 수 있다.

(129) c′. *그녀도 그러하다.

(129c)′은 '-니'를 '-다'로 대치한 경우인데, '원인'의 의미를 찾을 수 없어 (129a)의 의미와 다르게 되었다.57)

이상에서 연결어미와 결합한 '보다' 구성의 대용 양상을 살펴보았다. 대체로 본용언과 보조용언의 연속성이 나타나는 구문은 본용언과 보조용언의 동시 대용이 가능했으나, 연속성보다는 문법성이 강하게 나타나는 구문은 동시 대용이 잘 이루어지지 않았다. 한편 '원인'의 '-다(가) 보다' 구성은 어말 형태 '-니(까)'의 영향으로 독특하게 동시 대용이 가능한 특징을 보인다. 이와 같이 연결어미와 결합한 구문의 경우는 대용의 양상이 일관되게 나타나기보다는 구문의 특성에 따라 독특한 모습을 보인다.

(2) 종결어미와 결합한 '보다' 구성

종결어미와 결합한 '보다' 구성에는 '-나 보다', '-ㄴ(은,는)가 보다', '-(ㄹ)려나 보다', '-(으)ㄹ까 보다' 구성이 있다. 이들 구문은 본용언만의 대용은 앞에서 다룬 연결어미와 결합한 '보다' 구성과 유사하게 대체로 가능하다. 그러나 본용언과 보조용언의 동시 대용은 예외 없이 불가능한 특징을 보인다.

먼저 '-나 보다' 구성은 다음과 같다.

(130) 어머님께서 결혼을 무척 <u>신경쓰시나</u> <u>보던데</u>,

---

57) (129c)로 (129a)의 '원인' 의미를 나타낼 수 있다는 것은 '원인'의 '-다(가) 보다' 구문에서 어미 '-니(까)'가 '원인' 의미의 주된 담당 요소라는 것을 보여 주는 것이다. 이와 관련된 논의는 제2장 제2절에서도 하고 있다.

    a. 아버님께서도 결혼을 무척 신경쓰시나 보던데,
    b. 아버님께서도 결혼을 무척 그러하시나 보던데,
    c. *아버님께서도 결혼을 무척 그러하시던데,
(131) 그는 <u>바빴나</u> <u>보다</u>.
    a. 그녀도 바빴나 보다.
    b. 그녀도 그러했나 보다.
    c. *그녀도 그러했다.

(130~131)은 '-나 보다' 구성인데, 본용언이 [+동작성] 동사이건 [−동작성] 동사이건 대용의 양상은 동일하게 나타난다. 즉 본용언만의 대용은 각 (b)와 같이 가능하나 본용언과 보조용언이 동시에 대용되는 각 (c)는 부자연스럽다. 각 (c)와 같이 본용언과 보조용언에 대해 하나의 대용언만 나타나면, 보조용언의 의미는 찾을 수 없고 본용언의 의미만 대용되어 나타난다. 이것은 '추측' 구문에서 보조용언의 역할이 중요함을 보여 주는 것으로, [의문형 종결어미+보다]의 결합이 이루어질 때에 비로소 '추측'의 의미를 나타낼 수 있고, 그 외 다른 어떤 요소도 '보다'의 역할을 대신할 수 없다는 것이다.

또한 (130c)와 (131c)가 부자연스러운 것은 본용언과 보조용언의 연속성이 약하다는 것을 의미한다. 두 서술어의 연속성이 약하다는 것은 분리성이 강하다는 것을 의미하기도 하고, 또한 본용언의 주체와 보조용언의 주체가 다르다는 것을 의미하기도 한다. 이러한 특징은 연결어미와 결합한 '보다' 구성 중 (124~125)의 '가정'의 '-어/아 보다' 구성이나 (127)의 '결과'의 '-고 보다' 구성에서도 확인할 수 있었다.

한편 '-ㄴ(은,는)가 보다' 구성이나 '-(ㄹ)려나 보다' 구성에서도 이와 유사한 특징을 볼 수 있다.

(132) 그가 덕이 없어 <u>실패했는가</u> <u>보다</u>.
    a. 나도 덕이 없어 실패했는가 보다.
    b. 나도 덕이 없어 그러했는가 보다.
    c. *나도 덕이 없어 그러했다.

> (133) 가방을 꾸리는 걸 보니, 철수가 집을 <u>나가려나</u> 보다.
>   a. 영수도 집을 나가려나 보다.
>   b. 영수도 집을 그러하려나 보다.
>   c. *영수도 집을 그러하다.

(132)는 '-ㄴ(은,는)가 보다' 구성이고 (133)은 '-(ㄹ)려나 보다' 구성이다. 이들은 본용언만의 대용은 자연스럽게 이루어지나(각 b), 본용언과 보조용언의 동시 대용은 비문이 된다(각 c).58)

'추측'과 '의지'의 '-(으)ㄹ까 보다' 구성에서도 이와 유사한 특징을 볼 수 있다.

> (134) 정수는 선생님이 <u>무어랄까</u> 봐,
>   a. 철수도 선생님이 무어랄까 봐, (걱정했다).
>   b. 철수도 선생님이 그러할까 봐,
>   c. *철수도 선생님이 그러하여,
> (135) 이것을 <u>먹을까</u> 보다.
>   a. 저것도 먹을까 보다.
>   b. 저것도 그러할까 보다.

---

58) [종결형+보조용언] 구문과는 달리 [종결형+본용언] 구문은 다음과 같이 다른 양상을 보인다.
   나는 철수가 <u>가는가</u> 보았다.
   a) 그도 철수가 가는가 보았다.
   b) 그도 철수가 그러하는가 보았다.
   c) 그도 철수가 가는가 그러했다.
   d) *그도 철수가 그러했다.
   e) 그도 그러했다.
위의 예문은 선행용언과 후행용언이 독립성을 가진 서술어이기 때문에 (b~c)처럼 개별적인 대용이 가능하다. 그러나 선행용언과 후행용언이 묶여 하나의 대용언으로만 대용된 (d)는 비문이 되었다. (d)의 구문은 선행용언과 후행용언이 각각 다른 주어와 호응하고 있는데, 하나의 대용언만 나타났기 때문에 주어의 호응이 어긋나 비문이 된 것이다. 대신 (e)와 같이 서술부 전체를 대용하면 가능한 구문이 된다. 결국 이것은 주어에 따라 대용의 양상이 달라질 수 있다는 것을 보여 주고 있다. 한편 (e)와 같이 [종결형+본용언] 구성은 서술부 전체의 대용이 자연스러우나 [종결형+보조용언] 구문으로는 비문이 된다. 이것은 [종결형+보조용언]이 문장 표면에 나타나지 않으면 어떠한 경우라도 '추측'의 의미를 표현할 수 없기 때문이다.

  c. *저것도 그러하다.

 (134)는 '추측'의 '-(으)ㄹ까 보다' 구성이고 (135)는 '의지'의 '-(으)ㄹ까 보다' 구성이다. 이들은 각 (b)처럼 본용언만의 대용은 가능하나, 각 (c)처럼 본용언과 보조용언을 묶어 하나의 대용언으로만 대용시키면 '추측'의 의미를 찾을 수 없어 비문이 된다.

 이상에서 종결어미와 결합한 '보다' 구성의 대용 양상에 대해 살펴보았다. 이들 유형들은 본용언만의 대용은 가능하나, 본용언과 보조용언을 묶어 하나의 대용언으로만 대용시킬 경우에는 '추측'의 의미가 나타나지 않기 때문에 비문이 된다.

 이와 같은 현상은 [종결어미＋보조용언] 구성인 '싶다'나 '하다' 구문에서도 유사하게 나타난다.[59)]

 일반적인 보조용언 구성의 대용 양상을 살펴보면, 본용언만의 대용이 가능한 면이나 보조용언만의 대용이 불가능한 면은 거의 예외 없이 나타난다. 그러나 본용언과 보조용언의 동시 대용에 대해서는 구문에 따라 다른 양상을 보인다.

---

59) '하다', '싶다' 구문을 보면 다음과 같다.
  (i) 이 친구가 그 여자의 내력을 뻔히 <u>아는가</u> 싶어, 무서웠던 것이다.
    a. 저 친구도 그 여자의 내력을 뻔히 아는가 싶어,
    b. 저 친구도 그 여자의 내력을 뻔히 그러한가 싶어,
    c. *저 친구도 그 여자의 내력을 뻔히 그러하여,
    d. *저 친구도 그러하여,
  (ii) 철수는 영희가 집에 <u>갔는가</u> <u>했다</u>.
    a. 영수도 영희가 집에 갔는가 했다.
    b. 영수도 영희가 집에 그러했는가 했다.
    c. *영수도 영희가 집에 그러했다.
    d. 영수도 그러했다.
 (i~ii)에서, (i)은 '추측'의 '-ㄴ(은,는)가 싶다' 구문인데, '보다' 구문과 유사한 특징을 보인다. 한편 (ii)는 '-ㄴ(은,는)가 하다' 구문인데, 본용언만의 대용이나 본용언과 보조용언의 동시 대용은 (i)과 유사한 양상을 보인다. 그러나 (ii d)처럼 서술부의 전체 대용이 가능한데, 이것은 후행용언 '하다'에 본용언의 특징이 유지되고 있음을 보여 주는 것이다. '하다' 구문은 '추측'의 의미로 쓰이기도 하지만, 본용언의 실질 의미가 강하게 나타나는 대용언으로 쓰이기도 한다.

먼저 ‘시행’의 ‘-어/아 보다’ 구성이나 ‘-고 보다’ 구성의 경우처럼, 주어가 일치하고 본용언과 보조용언 간의 연속성이 있는 구문은 동시 대용이 자연스럽다. 이 유형에는 연결형 어미 계열의 ‘-어/아’형, ‘-고’형, ‘-지’형, 그리고 ‘-다(고)’형의 일부가 속할 수 있다.[60) 이 유형은 보조용언 구성에서 가장 일반적인 특징을 보여 주는 것으로, 그 동안 보조용언의 범위 설정에서 가장 원형적인 것으로 다루어져 왔다. 이들 유형은 본용언과 보조용언의 동시 대용이 가능하기 때문에 서술구 전체의 대용 또한 가능하고 오히려 더 자연스럽다.

다음으로 본용언만의 분리 대용은 가능하나 본용언과 보조용언의 동시 대용이 부자연스러운 구문이 있다. 이 유형은 다시 세 가지로 나눌 수 있다. 첫째, 본용언과 보조용언의 주어가 일치하기는 하나 [−연속성]과 강한 문법성으로 인해 동시 대용이 불가능한 것으로 여기에는 앞에서 다룬 ‘가정’의 ‘-어/아 보다’ 구성, ‘결과’의 ‘-고 보다’ 구성 등이 속한다. 둘째, [연결소+보조용언]의 구성이 ‘추측’의 의미를 나타낼 경우, 동시 대용이 불가능한 것으로, 이는 본용언과 보조용언를 하나로 묶어 동시에 대용하면 ‘추측’의 의미가 나타나지 않기 때문에 나타나는 것이다. 이 유형으로는 본 장의 제4절 제2항에서 다룬 종결어미와 결합한 보조용언 구성이 대표적인 것이고, [관형사형+의존명사] 계열 중 ‘추측’의 의미를 어느 정도 나

---

60) 이 유형에 속하는 구문 중 일부를 보면 다음과 같다.
  (i) 철수는 나에게 <u>와 주었다</u>.
    a. 영수도 나에게 와 주었다.
    b. 영수도 나에게 그리하여 주었다.
    c. 영수도 나에게 그리했다.
  (ii) 나는 서울에 <u>가고 싶다</u>.
    a. 나는 부산에도 가고 싶다.
    b. 나는 부산에도 그러하고 싶다.
    c. 나는 부산에도 그러했다.
  (iii) 그는 밥을 <u>먹다 말았다</u>.
    a. 나도 밥을 먹다 말았다.
    b. 나도 밥을 그러하다 말았다.
    c. 나도 밥을 그러했다.
 (i~iii)의 각 구문들은 본용언만의 대용이나 본용언과 보조용언의 동시 대용이 자연스럽게 이루어지고 있다.

타내는 '듯 하다', '듯 싶다', '만 하다', '법 하다' 등과 명사형 어미 계열 중 '음직 하다'가 있다.61) 셋째, 보조용언이 실질 어휘로의 대치가 가능한 대용언이거나 이에 준할 경우에 동시 대용이 불가능한 것으로 이 유형에는 대용언 '하다' 구성이 가장 많다. 연결어미 계열 중 '-게'형, '-어야'형, '-려고/자고(고자)형', '-면'형 등과, [관형사형＋의존명사] 계열 중 '양 하다', '척(체) 하다' 등, 명사형 어미 계열 중 '-기'형, 그리고 종결어미 계열 중 '하다' 구성의 일부가 이에 속한다.62)

　한편 동시 대용이 이루어지지 않는 세 유형 중 첫째와 둘째 유형은 서

---

61) 이 유형의 특징을 다음에서 확인할 수 있다.
　　(i) 철수가 길에서 <u>넘어진 듯 하다</u>(싶다).
　　　a. 영수도 길에서 넘어진 듯 하다.
　　　b. 영수도 길에서 그러한 듯 하다.
　　　c. *영수도 길에서 그러했다.
　　　d. *영수도 그러했다.
　　(ii) 철수가 서울에 <u>감직 하다</u>.
　　　a. 영수도 서울에 감직 하다.
　　　b. 영수도 서울에 그러함직 하다.
　　　c. *영수도 서울에 그러하다.
　　　d. *영수도 그러하다.
　(i~ii)와 같이 보조용언이 표면에 나타나지 않으면, '추측'의 의미가 사라지기 때문에 부자연스러운 구문이 된다.
62) 이 유형의 특징을 다음에서 확인할 수 있다.
　　(i) 아버지는 내가 서울에 <u>가게 하셨다</u>.
　　　a. 어머니도 내가 서울에 가게 하셨다.
　　　b. 어머니도 내가 서울에 그리하게 하셨다.
　　　c. *어머니도 내가 서울에 그리하셨다.
　　　d. 어머니도 그리하셨다.
　　(ii) 그는 철수가 집에 <u>갔으면 싶었다</u>.
　　　a. 나도 철수가 집에 갔으면 싶었다.
　　　b. 나도 철수가 집에 그러했으면 싶었다.
　　　c. *나도 철수가 집에 그러했다.
　　　d. 나도 그러했다.
　(i)은 대용언 '하다'가 보조용언으로 나타난 구문이고 (ii)는 대용언에 준하는 '싶다'가 나타난 구문이다. 이들 구문은 본용언과 보조용언의 주어가 따로 있는 것이 일반적이다. 따라서 주어는 둘 있는데 서술어가 하나만 나타난 각 (c)는 비문이고 서술구 전체가 대용된 각 (d)는 자연스럽다. 이 유형은 복문의 특징이 가장 강한 구문이다.

술구 전체의 대용도 불가능하다. 그러나 셋째 유형은 서술구 전체의 대용이 자연스럽게 이루어진다. 이것은 셋째 유형의 보조용언이 실질 어휘에 가까운 어휘성을 가지고 있기 때문으로 보인다.

　　이상에서 살펴본 보조용언 '보다' 구성의 대용 양상을 정리하면 다음과 같다.

　　(136) 보조용언 '보다' 구성의 대용 양상

동시 대용이 가능한 구문		'시행', '경험'의 '-어/아 보다' 구성
		'시행'의 '-고 보다' 구성,
		'원인'의 '-다(가) 보다' 구성
동시 대용이 불가능한 구문	A형	'가정'의 '-어/아 보다' 구성
		'결과'의 '-고 보다' 구성
	B형	'-나 보다/-ㄴ(은,는)가 보다/'-(ㄹ)려나/-(으)ㄹ까 보다' 구성

　　(136)에서, 보조용언 구성은 본용언만의 분리 대용이 가능하다. 그러나 본용언과 보조용언의 동시 대용에는 차이를 보인다. 동시 대용이 가능한 구문는 주어가 일치하고 본용언과 보조용언 간의 연속성이 있는 구문이다. 다만 '원인'의 '-다(가) 보다' 구성은 어말 형태 '-니(까)'의 영향으로 나타나는 특징이다. 동시 대용이 불가능한 구문 중 A형은 보조용언이 문법성이 강하기 때문에 나타나는 특징이다. B형은 복문 구조인데 본용언과 보조용언을 하나로 묶어 동시에 대용했기 때문에 '추측'의 의미를 찾을 수 없게 되었다.

5. 부정 표현의 제약

(1) 부정 표현의 실현 양상

국어의 부정문을 만드는 방법으로는 두 가지가 있다. 부정 부사 '아니'나 '못'을 결합시켜 만드는 단형 부정과 용언의 어간에 '-지 않다', '-지 못하다', '-지 말다'를 결합시켜 만드는 장형 부정이 그것이다.[63]

일반적으로 보조용언 구성은 부정의 범위가 단형, 장형 모두 구성 전체에만 미치고, 보조용언만의 분리 부정은 불가능한 것으로 알려져 왔다.[64]

> (137) a. 아이가 사진을 안 태워 버렸다.
> b. 나는 그 글을 안 읽어 보았다.
> c. 우리는 대책을 못 세워 두었다.
> d. 병원은 환자를 못 받아 주었다.
> (138) a. *아이가 사진을 태워 안 버렸다.
> b. *나는 그 글을 읽어 안 보았다.
> c. *우리는 대책을 세워 못 두었다.
> d. *병원은 환자를 받아 못 주었다.

(137~138)에서, 구성 전체를 부정의 영역으로 삼고 있는 (137a~d)는 자연스러운데, 보조용언만을 부정의 영역으로 하고 있는 (138a~d)는 비문이 되어 있다. 이것은 본용언과 보조용언이 형태론적 구성체처럼 강하게 결합되어 있기 때문에 둘 사이의 분리가 불가능함을 보여 주는 것이다.

이에 대해 김미경(1990: 34)은 이러한 특징은 본용언과 보조용언 사이에

---

63) 부정문에 대한 명칭으로는 '단순 부정, 복합 부정', '부정 1형, 부정 2형', '단형 부정, 장형 부정' 등이 쓰인다. 여기에서는 '단형 부정'과 '장형 부정'으로 명칭을 통일하여 사용하고자 한다.

64) 김영희(1988: 163~164)는 단형 부정문에서 부정사 '안', '못'의 분포 제약을 고찰하면서, 부정사 '안', '못'이 본동사 앞에 분포하여 의존 동사만을 부정의 영역으로 할 수 없음을 설명하고 있다. 여기에서는 그가 제시하고 있는 예문을 다시 인용한다.

$\bar{S}$ 경계가 없다는 것을 의미한다고 하고, 이들 보조용언은 $\bar{S}$ 보어가 아닌 $\overline{VP}$ 보어를 취한다는 분석을 뒷받침하는 증거로 제시하고 있다. 곧 보조용언 구성은 단문의 구조를 가진 것으로 보고 있다.

　이와 같이 보조용언 구성에서 부정의 영역이 보조용언만으로 제한될 수 없다는 것은 장형 부정에서도 확인할 수 있다.

> (139) a. 아이가 사진을 태워 버리지 <u>않았다</u>.
>   b. 나는 그 글을 읽어 보지 <u>않았다</u>.
>   c. 우리는 대책을 세워 두지 <u>못했다</u>.
>   d. 병원은 환자를 받아 주지 <u>못했다</u>.

　(139)는 구성 전체가 장형 부정의 영역이 되어 있음을 보여 준다. 한편 우리가 보조용언 구성으로 보고 있는 것 중에 다음처럼 (137), (139)와는 다른 양상을 보여 주는 것들이 있다.

> (140) a. 우리는 철이를 못 가게 했다.
>   b. 우리는 철이를 가게 못 했다.
>   c. 우리는 철이를 가게 하지 <u>못했다</u>.

　(140)은 '-게 하다' 사동 구문인데 (140a)처럼 본용언 앞이나 (140b)처럼 보조용언 앞에 두루 나타날 수 있고, 분포에 따라 그 부정의 영역도 본용언이나 보조용언에 한정하여 나타날 수 있다.[65] 물론 (140a)와 (140b)는 의미의 차이를 가지고 있다.

　한편 최재희(1996: 187~188)는 보조용언만을 부정의 영역으로 가질 수 있는 다음과 같은 구문을 제시하고 있다.

> (141) a. 그가 안 가려고 했다.

---

65) 이러한 특징 때문에 김영희(1988: 162)는 이들 구문을 일반 보족절 포유문 구조로 간주하고 있다. 김미영(1990: 33~34)도 (140a)와 같은 구문에서 본용언과 보조용언은 각기 다른 절에 있음을 의미하며 '했다'가 $\bar{S}$ 보문을 취한다고 주장한다. 이것은 (140)의 구문이 복문 구조임을 말하는 것이다.

    b. 그가 가려고 안 했다.

    c. 그녀는 안 추워 하더라.

    d. 그녀는 추워 안 하더라.

(141)은 보조용언 '하다'와 선행 성분간의 관계가 통사적 관계를 유지하고 있음을 보여 주는 부분적인 예로 제시된 것이다.

(140~141)에 제시된 보조용언은 주로 본용언의 성격이 강한 대용언들이다. 이러한 특징 때문에 부정의 영역이 절의 안과 밖에 다 적용될 수 있다.

또한 최재희(1996: 187~188)는 다음과 같은 구문도 제시하고 있다.

(142) a. $^?$그 친구가 내 요구를 들어 줄 듯 안 하던데?

    b. 그 친구가 내 요구를 들어 줄 듯 하지 <u>않</u>던데?

(143) a. *비가 올 듯 안 하다.

    b. 비가 안 올 듯 하다.

    c. 비가 올 듯 하지 <u>않</u>다.

(144) a. $^{?*}$그 답이 틀린 성 안 싶다.

    b. 그 답이 안 틀린 성 싶다.

(142~144)에서, 의존명사와 보조용언 사이에 부정사 '안'이 분포하는 것은 거의 비문이거나 어색한데, 이것은 본용언과 보조용언 간의 의존 관계가 강한 [−분리성]을 가지고 있기 때문으로 보고 있다. 그런데 이들 구문은 화자의 언어 직관에 따라 가능한 것으로 볼 수도 있다. (143)을 중심으로 살펴 볼 때, 긍정문과 부정문이 한 문장에 동시에 나타날 경우 다음과 같이 구성 전체에 '안'이 걸릴 수도 있지만 보조용언에만 '안'이 걸릴 수도 있다.

(145) a. 비가 올 듯 안 올 듯 하다.

    b. 비가 올 듯 하냐 안 하냐?

(145)에서, (145a)는 부정사 '안'이 구성 전체를 부정의 영역으로 삼고 있는 구문이다. 이에 반해 (145b)는 다음의 두 가지로 해석이 가능한 구문

이다.

> (146) a. 비가 올 듯 하냐 안 올 듯 하냐?
> b. 비가 올 듯 하냐 올 듯 안 하냐?

(145b)에서, '안 하다'의 '하다'는 대용 표현으로 볼 수 있는데, (146a)처럼 구성 전체를 부정의 영역으로 하는 구문으로 해석할 수도 있으나 (146b)처럼 보조용언만을 부정의 영역으로 하는 구문으로 해석할 수도 있다. 문제는 (146b)의 용인성인데 본고에서는 가능한 표현으로 본다.

한편 (142~143)의 '하다'는 (140~141)의 '하다'와 유사한 특징을 가진 것으로 보인다. 물론 (140~141)의 '하다'는 실질 어휘로의 대체가 가능한 대용언인 데 반해, (142~143)의 '하다'는 형식용언에 가까운 대용언이라는 차이점이 있다. 그러나 이들은 실질 의미를 가진 본용언의 특징을 어느 정도 가지고 있기 때문에 다른 보조용언 구성에 비해 분리성이 강하다.[66] 한편 (144a)도 '싶다' 구문의 통사 특성으로 인해 가능한 것으로 받아들일 수 있는 구문이다.[67]

이와 같이 보조용언 구성에서 부정의 영역이 다르게 나타날 수 있는 것은 보조용언 구성이 통사론적 구성과 형태론적 구성의 특징을 공유하고 있기 때문이다.[68] 따라서 (137)의 보조용언 구문은 형태론적 구성에 가까운 것이고, (142~144)의 구문은 형태·통사론적 구성에 가까운 것이며, (140~141)의 구문은 통사론적 구성에 가까운 것이라 할 수 있다. 결국 보조용언 구성은 형태론적 구성에 가까운 유형과 통사론적 구성에 가까운

---

66) (140~141)의 '하다' 구성과 (142~143)의 '하다' 구성을 비교할 때, (140~141)의 '하다' 구성이 (142~143)의 '하다' 구성보다 본용언과 보조용언 간의 분리성이 훨씬 크다. 이러한 특징 때문에 (140b), (141b), (141d)의 구문은 자연스러운데 반해, (142~143)의 각 (a)는 부자연스럽거나 비문이 되는 것이다.

67) '싶다' 구문의 통사적 구성으로의 특징에 대해서는 최재희(1996: 187)와 호광수(1995: 223~224)에서 논의되고 있다.

68) 권재일(1987)도 의존 관계 구문은 역사적으로 통사론적 구성이 형태·통사론적 구성으로 변화되고, 궁극적으로 형태론적 구성으로 변화한다고 논의하고 있다. 이것은 Givón(1971)이 말한 "Yesterday's syntax is today's morphology"와 맥을 같이 하는 것이다.

유형으로 나눌 수 있는 것이다.69)

한편 '아무도 -안-'의 영역 현상으로 보조용언 구성의 부정 표현 양상을 살펴볼 수 있다.70) 부정대명사 '아무(것)도'와 부정 형태소 '안'은 호응 관계를 이루며 같은 절 안에 나타나는 것이 일반적인 현상이다. 이곳에서는 보조용언 구성에서 본용언과 보조용언이 '아무(것)도 … 않다'라는 구조 속에 함께 나타날 수 있는지를 고찰하고자 한다. 일차적으로 본용언과 보조용언이 이들 구조 속에 함께 나타나면 이들은 하나의 절로 이루어진 것이고, 그렇지 않으면 서로 다른 절을 이루고 있는 것으로 본다.

(2) '보다' 구성의 부정 표현 실현 양상

1) '-어/아 보다' 구성

'시행'과 '경험'의 '-어/아 보다' 구성은 '아무(것)도 … 않다'의 구조 속에 본용언과 보조용언이 함께 들어가는 것이 가능하다.

> (147) a. 그곳으로 <u>아무도</u> 가 보지 <u>않았다</u>.
> b. ?*그곳으로 <u>아무도</u> 가지 <u>않아</u> 보았다(가지 않았다).
> c. *그곳으로 가 <u>아무도</u> 보지 <u>않았다</u>.
> (148) a. 나도 어렸을 때 <u>아무것도</u> 아파 보지 <u>않았다</u>.
> b. ?*나도 어렸을 때 <u>아무것도</u> 아프지 않아 <u>보았다</u>(아프지 않았다).
> c. *나도 어렸을 때 아파 <u>아무것도</u> 보지 <u>않았다</u>.

'시행'과 '경험'의 예문 (147~148)에서, 각 (a)는 본용언과 보조용언이

---

69) 부정문에 관한 논의는 어용호(1974: 65~78), 황병순(1980: 119~138), 김동식(1980), 신창순(1982: 241~255), 임홍빈(1987: 72~99) 등을 참조할 수 있다.

70) '아무도 -안-'의 영역 현상은 최현숙(1988: 215~220)에서 시도하고 있는 것으로 부정대명사 '아무(것)도'는 부정 형태소 '안'과 같은 절 내에 나타날 때 정문이고, 이들이 각각 다른 절에 나타나게 되면 비문이 된다는 것이다. 김미경(1990: 34~35)도 이것을 이용하여 보조용언 구문의 통사 현상을 규명하고 있다.

'아무(것)도…않다'의 구조 속에 함께 들어갈 수 있고, 보조용언의 의미인 '시행'과 '경험'의 의미도 그대로 남아 있다. 각 (b)는 본용언만 '아무(것)도…않다'의 구조 안에 들어간 경우인데 부자연스럽거나 어색하다. 이들 구문은 '보다'에 보조용언의 의미가 그대로 남아 있다고 볼 수 있으나 각 (a)와는 달리 구조의 분화가 일어나 있다. 결국 결합력이 강한 선·후행절을 분리시키고 있기 때문에 부자연스러운 것이다. 한편 각 (c)는 보조용언만이 '아무(것)도…않다'의 구조 안에 들어간 경우인데 접속문의 구조를 취하고 있고, 의미에 있어서도 보조용언의 의미는 나타나지 않고 본용언의 의미로만 해석된다.

이와 같이 '아무(것)도…않다'의 구조 속에 본용언과 보조용언이 함께 나타날 수 있다는 것은 이들이 하나의 절로 이루어졌다는 것을 보여 주는 것이다.

한편 '가정'의 '-어/아 보다' 구성은 '-어/아 봐(봐라)'의 굳어진 형태만 취해야 하기 때문에 본용언과 보조용언이 '아무(것)도…않다'의 구조 속에 함께 들어갈 수 없다.

> (149) a. *우리에게 <u>아무것도</u> 있어 보지 <u>않아</u>.
> b. 우리에게 <u>아무것도</u> 있지 <u>않아</u> 봐.
> c. *우리에게 있어 <u>아무것도</u> 보지 <u>않아</u>.

(149)에서, '-어/아 보다' 구성이 '가정'의 의미를 나타내려면 '-어/아 봐(봐라)'와 같이 명령형의 굳어진 형태이어야 하는데, (149a)와 (149c)는 이것을 어기고 있어 '가정'의 의미가 나타나지 않는다.[71] 또한 (149c)는 본용언

---

71) (149a)는 '아무(것)도…않다'의 구조 속에 본용언과 보조용언이 함께 나타날 수 없는 비문으로 처리되었는데, 이 때에도 본용언과 보조용언이 하나의 절 속에 있는 것이 아니라 서로 다른 절을 이루고 있다고 보아야 하는가? 본고는 앞의 '시행'이나 '경험'의 경우와는 다르게 보아야 한다는 입장이다. 왜냐 하면 '가정'의 '-어/아 보다' 구성이 '아무(것)도…않다'의 구조 속에 함께 들어갈 수 없는 것은 본용언과 보조용언의 서술성에 문제가 있어 그런 것이 아니라, '-어/아 봐(봐라)'의 굳어진 형태로만 나타나야 '가정'의 의미를 나타낼 수 있는 형태적인 제약으로 인해 발생한 것이다. 그러므로 '가정'의 '-어/아 보다' 구성은 부정 표현에 제약은 보이지만, '시행', '경험'의 경우처럼 본용언과 보조용언이 하나의 절로 이루어졌다고

이 동작성 동사라면 접속문의 구조를 취하나 비동작성 동사이기 때문에 접속문도 되지 못하고 있으며, 접속문이 되더라도 '보다'의 의미는 본용언의 의미로밖에는 해석될 수 없다. 한편 (149b)는 '-어/아 봐(봐라)'의 형태를 유지하고 있어 '가정'의 의미를 나타내지만, 본용언만이 '아무(것)도…않다'의 구조 속에 나타났기 때문에 구조의 분화가 일어나고 있다.[72)]

2) '-고 보다' 구성

'시행'의 '-고 보다' 구성은 '아무(것)도…않다'의 구조 속에 본용언과 보조용언이 함께 들어가는 것이 가능하나, '결과'의 '-고 보다' 구성은 형태가 굳어져 있기 때문에 본용언과 보조용언이 '아무(것)도…않다'의 구조 속에 함께 들어가는 것이 제약된다.

> (150) a. <u>아무도</u> 출발하고 보지 <u>않았다</u>.
> b. ^{?*}<u>아무도</u> 출발하지 <u>않고</u> 보았다.
> c. [*]출발하고 <u>아무도</u> 보지 <u>않았다</u>.
> (151) a. [*]<u>아무것도</u> 듣고 보지 <u>않으니</u>, 오히려 잘 되었다.
> b. ^{?*}<u>아무것도</u> 듣지 <u>않고</u> 보니, 오히려 잘 되었다.
> c. [*]듣고 <u>아무것도</u> 보지 <u>않으니</u>, 오히려 잘 되었다.

(150)에서, '시행'의 '-고 보다' 구성은 '-어/아 보다' 구성과 마찬가지로 본용언과 보조용언이 하나의 행위로 이루어져 있기 때문에 (150a)처럼 '시행'의 의미를 표현하면서 하나의 절 안에 나타나 있다. 그러나 (150b)는 '아무(것)도…않다'의 구조 안에 본용언만 들어간 구문인데, '-고 보다'가 '시행'의 의미를 표현한다고 할 수도 있겠으나 실제로 '시행'의 의미를 찾

보아야 한다.

72) (149b)와 같이 본용언과 보조용언의 분리가 가능한 것은 한편으로 연결소 '-어/아'가 연결어미 계열이 아니라 종결어미 계열이 될 수 있다는 가능성을 보여 준다. 만약 '-어/아'가 연결어미라면 본용언과 보조용언의 결합력이 훨씬 강해서 (147~148)의 (b)와 같이 분리가 일어나지 않을 것이나, (149b)에서는 분리가 자연스럽게 일어나 있고, '가정'의 의미 또한 자연스럽게 표현되고 있다. 그러나 이에 대해서는 좀 더 면밀한 검토가 필요하다.

기는 힘들고, 본용언의 의미로 해석되고 있다. 이것은 연결소 '-고'의 영향으로 인한 본용언과 보조용언의 통사·의미적 단절로 볼 수 있다. (150c)는 구조상 접속문이 되어 있는데 이 때 '보다'의 의미는 본용언의 의미로만 해석된다.

한편 (151)과 같이 '-고 보다' 구성이 '결과'의 의미로 쓰일 때는 '-고 보니(보니까, 보면)'와 같은 굳어진 형태로만 나타난다. 그러므로 (151a)와 같은 구문이 되면, '-고 보다'는 '결과'의 의미를 나타내지 못하게 된다.[73] (151b)는 본용언만 '아무(것)도 … 않다'의 구조 속에 들어간 경우로써 '보다'가 '결과'의 의미를 나타낸다고 보기 어렵고, 본용언의 의미로만 해석된다. (151c)는 접속문으로의 구조 변화와 의미의 변화가 함께 일어나 보조용언의 의미를 전혀 찾을 수 없다.

3) '-다(가) 보다' 구성

'지속'과 '원인'의 '-다(가) 보다' 구성은 모두 굳어진 형태로만 나타나야 하기 때문에 '아무(것)도 … 않다'의 구조 속에 본용언과 보조용언이 함께 나타날 수 없는 제약이 있다.

(152) a. *이유를 <u>아무도</u> 말하다 보지 <u>않으니</u>,
     b. 이유를 <u>아무도</u> 말하지 <u>않다</u> 보니,
     c. *이유를 말하다 <u>아무도</u> 보지 <u>않으니</u>,
(153) a. *<u>아무도</u> 학생이다 보지 <u>않으니</u>,
     b. ??<u>아무도</u> 학생이지 <u>않다</u> 보니,
     c. *학생이다 <u>아무도</u> 보지 <u>않으니</u>,

(152)는 '지속'의 '-다(가) 보다' 구성이고 (153)은 '원인'의 '-다(가) 보다' 구성이다. '-다(가) 보다' 구성이 '지속'의 의미를 나타내기 위해서는 '-다

---

73) (151a)의 경우도 (149a)와 유사한 현상으로 보아야 한다. 즉 본용언과 보조용언이 서로 다른 절을 이루고 있는 것이 아니라 하나의 절로 이루어져 있으나, 구조적인 특성 때문에 '아무(것)도 … 않다'의 구조 속에 함께 나타날 수 없는 것으로 보아야 한다.

(가) 보니(-니까, -면)'의 굳어진 형태만을, 그리고 '원인'의 의미를 나타내기 위해서는 '-다 보니(-니까)'의 굳어진 형태만을 취해야 한다. 그런데 (152a, c)와 (153a, c)는 이를 어기고 있어 보조용언의 의미에서 멀어져 있다. (152a)와 (153a)는 '보다'가 본래 보조용언이었으나 본용언으로만 해석된다.74) (152c)와 (153c)는 접속문의 구조를 하고 있고 '보다'는 본용언의 의미로 쓰이고 있다. 한편 (152b)는 비문은 되지 않았으나 구조의 분화가 일어나 있고, 의미가 '지속'에서 '원인'으로 바뀌어 있다. (153b)는 '원인'의 의미를 유지하고 있기는 하나 구조가 분화되었고 어색한 문장이 되어 있다.

4) '-나/-ㄴ(은,는)가/-(ㄹ)려나 보다' 구성

이들 세 구성은 모두 '아무(것)도 … 않다'의 구조 속에 본용언과 보조용언이 함께 나타날 수 없는 제약을 가진다.

> (154) a. *가끔 <u>아무도</u> 오시나 보지 <u>않아</u>.
>   b. 가끔 <u>아무도</u> 오시지 <u>않나</u> 봐.
>   c. *가끔 오시나 <u>아무도</u> 보지 <u>않아</u>.
> (155) a. *나를 두고 <u>아무도</u> 말하는가 보지 <u>않다</u>.
>   b. 나를 두고 <u>아무도</u> 말하지 <u>않는가</u> 보다.
>   c. *나를 두고 말하는가 <u>아무도</u> 보지 <u>않다</u>.
> (156) a. *<u>아무도</u> 오려나 보지 <u>않다</u>.
>   b. <u>아무도</u> 오지 <u>않으려나</u> 보다.
>   c. *오려나 <u>아무도</u> 보지 <u>않다</u>.

(154)는 '-나 보다' 구성, (155)는 -ㄴ(은,는)가 보다' 구성, (156)은 -(ㄹ)려나 보다' 구성이다. 이들 세 구성은 모두 '종결형＋보다' 구성으로 어떤 행위나 상태에 대해 '추측'을 할 때 쓰는 구문인데, (154~156)의 각 (a)와 같

---

74) 이 때에도 '가정'의 '-어/아 보다' 구성이나 '결과'의 '-고 보다' 구성과 같은 현상으로 보아야 한다. 그래서 '아무(것)도 … 않다'의 구조 속에 본용언과 보조용언이 함께 나타날 수 없는 것은 구조적인 특성 때문이지 다른 절을 이루고 있기 때문이 아니다. 결국 '-다(가) 보다' 구성의 본용언과 보조용언은 하나의 절로 이루어져 있다고 보아야 한다.

이 되면, 이미 완결된 추측에 대해서 또다시 부정을 하기 때문에 부자연스러운 문장이 된다.75) 또한 절의 경계를 벗어났기 때문이기도 하다. 이것은 '아무도'와 '안'이 같은 절 내에 있는 (154~156)의 각 (b)가 자연스러운 것에서 확인할 수 있다.76) 이 때 (154a)와 (155a)의 '보다'는 본용언의 의미로 해석될 수 있으나, (156a)는 '-(ㄹ)려나 보다'가 미래에 일어날 일에 대해 '추측'을 할 때 쓰이기 때문에 '보다'가 본용언의 의미로도 해석되지 않는다. 한편 (154~156)의 각 (b)는 구조가 분화되어 있기는 하지만 '추측'의 의미를 유지하고 있다. 또한 (154c), (155c)는 접속문의 구조로 되었고, '보다'는 본용언의 의미로 쓰이게 된다. 그러나 (156c)는 접속문의 구조를 취하더라도 선행절과 후행절의 연결이 부자연스럽고 '보다'가 본용언의 의미로도 해석되지 않는다.

---

75) 여기에서 다루는 '-나/-ㄴ(은,는)가/-(ㄹ)려나 보다' 구성과 다음 절에서 다루는 '-(으)ㄹ까 보다' 구성의 부정 표현에 대한 제약 현상은 첫째, 이들 구성이 독립성을 가지고 다른 절을 이루고 있기 때문에 발생하는 현상이고, 둘째는 구조상으로 한 문장에 여러 개의 서술어가 있을 때 화자의 추측과 관련된 서술어는 그 순서가 가장 오른쪽에 위치해야 하는데, 그 사이에 부정 표현이 끼어 들어 그 순서가 바뀌게 되었기 때문에 일어난 현상이다. 그러므로 이들 구성은 본래 하나의 절 안에 있는 것으로 볼 수 없다. 한편 '종결형+보다' 구성에서 종결형 어미 '-나', '-ㄴ(은,는)가', '-(ㄹ)려나', '-(으)ㄹ까' 등은 본래는 문장의 종결어미의 기능을 하였으나, 뒤에 보조용언이 결합되면서 그 기능이 연결어미로 바뀌게 되었다. 그러므로 본고에서는 이들 어미를 변형된 보조적 연결어미로 보기로 한다. 이에 대한 구체적인 논의는 본 장의 제6절에서 다루게 된다.

76) 김미경(1990: 35)에서 이와 유사한 구문을 찾을 수 있다.
  a) [S_1 순이가 [$\bar{S}_2$ 영수가 아무도 만나지 않게] 했다].
  b) *[S_1 순이가 [$\bar{S}_2$ 영수가 아무도 만나게] 하지 않았다].
  c) *[S_1 아무도 [$\bar{S}_2$ 영수가 뱀을 먹지 않게] 했다].
  d) [S_1 아무도 [$\bar{S}_2$ 영수가 뱀을 먹게] 하지 않았다].
위의 예문에서, (a)와 (d)는 정문인데 반해, (b)와 (c)는 비문이다. 이것은 전자의 경우는 '아무도'와 '안'이 동일절인 $\bar{S}_2$나 S_1 내에 나타나므로 정문인 것이고, 후자는 두 어휘가 각각 다른 절에 분산되어 나타나기 때문에 비문이 된 것이다.

5) '-(으)ㄹ까 보다' 구성

'추측(염려)'과 '의지'의 '-(으)ㄹ까 보다' 구성은 모두 굳어진 형태만을 취하기 때문에 '아무(것)도 … 않다'의 구조 속에 본용언과 보조용언이 함께 나타나면 보조용언의 의미를 나타내지 못하고 부자연스러운 문장이 된다.

> (157) a. *차가 <u>아무도</u> 흔들릴까 보지 <u>않아</u>.
>   b. 차가 <u>아무도</u> 흔들리지 <u>않을까</u> 봐.
>   c. *차가 흔들릴까 <u>아무도</u> 보지 <u>않아</u>.
> (158) a. *오늘은 <u>아무것도</u> 볼까 보지 않다.
>   b. 오늘은 <u>아무것도</u> 보지 않을까 보다.
>   c. *오늘은 볼까 <u>아무것도</u> 보지 않다.

'추측'의 예문 (157)에서, (157a)는 앞의 '-나/-ㄴ(은,는)가/-(ㄹ)려나 보다' 구성에서 다룬 구성들과 마찬가지로 '아무도'와 '안'이 절의 경계를 벗어나 있고 '종결형＋보다' 구성에 부정어가 결합되었기 때문에, 보조용언의 의미를 찾을 수 없고 본용언의 의미로만 해석된다. (157b)는 '-(으)ㄹ까 보다'가 '추측'의 의미로 쓰이기는 하나 구조의 분화가 일어나 있다. 한편 (157c)는 접속문의 구조이며 '보다'는 보조용언이 아닌 본용언의 의미로 쓰이고 있다.

'원인'의 예문 (158)에서, (158a)와 (158c)의 '보다'는 본용언의 의미로는 해석될 수 있다. 그러나 이 때 앞에 오는 서술어와 의미의 호응이 되지 않기 때문에 문장이 자연스럽지 못하다. 한편 (158b)는 '-(으)ㄹ까 보다'가 '의지'의 의미로 쓰이고 있으나 구조의 분화가 일어나 있다.

이상에서 보조용언 '보다' 구성의 부정 표현 실현 양상을 살펴보았다. 이들을 정리하면 다음과 같다.

(159) 보조용언 '보다' 구성의 부정 표현 실현 양상

가능 구문		'시행', '경험'의 '-어/아 보다' 구성
		'시행'의 '-고 보다' 구성
불가능 구문	A형	'가정'의 '-어/아 보다' 구성
		'결과'의 '-고 보다' 구성
		'지속', '원인'의 '-다(가) 보다' 구성
	B형	'-나 보다/-ㄴ(은,는)가/-(ㄹ)려나/ -(으)ㄹ까 보다' 구성

(159)에서, 가능 구문이란 '아무(것)도…않다'의 구조 속에 본용언과 보조용언이 함께 들어갈 수 있는 구문을 말한다. 이 유형은 단문의 구조를 가진 구문으로, 본용언과 보조용언의 결합력이 높고 어말 형태가 자유로운 특징이 있다. 불가능 구문이란 '아무(것)도…않다'의 구조 속에 본용언과 보조용언이 함께 들어갈 수 없는 구문이다. 이 유형 중 A형은 단문의 구조를 가진 구문이나, 어말 형태의 제약으로 인해 제약되는 특징을 보인다. B형은 본용언과 보조용언의 결합력이 낮은 것으로 복문의 구조를 가진다. 이들은 본용언과 보조용언 사이에 절의 경계가 설정되어 있기 때문에 '아무도'와 '안'이 절의 경계를 벗어날 수 없다.

6. 연결소의 역할과 통사 구조

보조용언 구성에 참여하는 연결소[77]의 유형은 연결어미 계열, 종결어미 계열, [관형사형 어미+의존명사] 계열, 명사형 어미 계열 등으로 나눌 수 있다. 이들 연결소들은 보조용언 구문이 아닐 경우에는 그들의 고유 의미 기능을 담당한다. 그러나 이들이 보조용언 구성에 쓰이면, 본래 담당하

---

77) 연결소란 선행용언과 보조용언을 연결시켜 주는 매개체이다. 보조용언 구성에서 보조용언은 단독으로는 성립될 수 없고 항상 연결소와 결합하여야만 제 기능을 발휘할 수 있다. 이것은 보조용언 구성에서 연결소가 매우 중요한 요소임을 말해 주는 것이다.

던 고유 의미 기능은 약화되고 본용언과 보조용언을 연결시켜 주는 연결소의 기능을 하게 된다. 본고는 이와 같이 보조용언 구성에서만 볼 수 있는 연결소의 특징을 통합적 기능으로 설명하고자 한다. 여기에서 연결소의 통합적 기능이란 보조용언 구성에 참여하는 연결소들이 본래의 의미 기능에서 벗어나 본용언과 보조용언을 연결시켜 주는 기능을 말한다.[78]

본 절에서는 먼저 국어 보조용언 구성에 참여하는 연결소의 유형을 분류하고, 이들 연결소들의 통합적 기능을 고찰하기로 한다. 그런 다음 연결소들의 기능에 따른 통사 구조의 설정을 논의하고자 한다.

보조용언 구성에 참여하는 연결소들은 그들이 본래 담당하던 고유의 기능이 있다. 그런데 보조용언 구성이라는 특수한 환경에만 나타나는 확대된 연결소로서의 기능도 있다. 이것을 연결소의 통합적 기능으로 설명하고자 한다. 즉 연결어미는 이들의 기능이 본래 연결시키는 것이기 때문에 연결소로의 처리에 별 문제가 없다. 그러나 종결어미나 [관형사형 어미+의존명사], 명사형 어미 등은 연결하는 것이 이들의 주 기능이 아니기 때문에 연결소로 처리하는 데 어려움이 있다. 그럼에도 이들 연결소들은 보조용언 구성에서 본용언과 보조용언을 연결시켜 주는 기능을 하기 때문에 넓은 의미의 연결어미로 볼 수 있다. 그러므로 보조용언 구성에 참여하는 연결소들은 통합적 기능을 수행한다고 할 수 있다.

보조용언 구성에 참여하는 연결소에 대한 연구는 접속어미나 연결어미 또는 종결어미 등과 같은 어미를 다루는 연구나 보조용언의 특징을 다루는 연구에서 부분적으로 논의되어 왔다. 또한 몇몇 연구에서 일부 어미에 대한 개별적인 기능을 살피고 있으나 이들 연결소에 대한 종합적인 연구는 미진했던 것으로 보인다.

선행 연구 중 다양한 유형의 연결소가 제시되고 있는 것으로는 최현배(1937/91),[79] 권재일(1986),[80] 김석득(1992),[81] 민현식(1993),[82] 류시종(1994) 등

---

[78] 보조용언 구성에 참여하는 연결소들은 각각 결합 환경을 비롯하여 구별되는 특징을 가지고 있다. 따라서 본고의 입장은 이들 연결소들의 개별적인 특징은 그것대로 인정하되 이들이 보조용언 구성에 참여할 경우 이들 연결소들의 기능을 포괄적으로 묶어 통합적 기능으로 설명하자는 것이다. .

의 연구를 들 수 있다. 이들 중 류시종(1994)은 보조용언의 범위를 비교적 포괄적으로 설정하면서 다양한 연결소의 유형을 보여 주고 있다. 류시종(1994)에서 제시하고 있는 보조용언에 대한 연결 유형 및 목록을 정리하면 다음과 같다.

연결유형	연결소	품 사	형 태
부사형	'-어'형	보조동사	가다, 가지다, 계시다, 나가다, 나다, 내다, 내려가다, 놓다, 대다, 두다, 들다, 들어가다, 마지아니하다, 먹다, 바치다, 버릇하다, 버리다, 보다, 붙이다, 빠지다, 쌓다, 오다, 주다, 지다, 치우다, 터지다, 하다

---

79) 최현배(1937/91)는 보조용언 구성의 연결소로 1) '-어/아'(보다, 버리다, 주다, 드리다, 나다, 내다, 지다, 쌓다, 놓다, 가다, 오다, 있다), 2) '-게'(하다, 되다), 3) '-지'(말다, 아니하다, 못하다), 4) '-고'(있다, 싶다, 지다), 5) '-기'(하다), 6) '-음'(직하다), 7) '-어야'(하다), 8) '-ㄴ/ㄹ 듯'(하다, 싶다), 9) '-ㄹ 법'(하다), 10) '-ㄴ/ㄹ 양'(하다), 11) '-ㄴ/ㄹ 체/척'(하다), 12) '-ㄹ 번'(하다), 13) '-ㄹ 만'(하다), 14) '-ㄹ까'(싶다), 15) '-는가'(보다, 싶다), 16) '-나'(보다) 등을 설정하고 있다. 최현배(1937/91)에서 보조용언의 범위가 비로소 체계를 갖추어 분류되고, 이후의 연구에서는 보조용언의 설정 여부와 범위를 설정할 때 어디까지 포함할 것인가 하는 범위 한정의 문제가 계속 논의되어 왔다.

80) 권재일(1986)은 못 갖춘 내포문 어미와 갖춘 내포문 어미로 나누어 설명하고 있는데, 못 갖춘 내포문 어미로는 '-어', '-고', '-지', '-게(끔)', '-도록', '-듯(이)', '-이', '-어야', '-으려(고)', '-고자', '-다시피', '-거니', '-으면', '-음직', '으락~으락', '-거니~거니', '-고~고', '-으면서~으면서', '-으나~으나', '-다가~다가', '-든지~든지', '-거나~거나' 등을, 갖춘 내포문 어미로는 '-고', '-고' 없이, '-나', '-을까', '-은/는가' 등 27개를 설정하고 있다.

81) 김석득(1992)은 '-어', '-고', '-지', '-게', '-어야', '-으면', '-ㄴ/ㄹ 듯', '-ㄴ/ㄹ 체', '-ㄹ 뻔', '-ㄹ 만', '-은상', '-은성', '-기는', '-ㄹ까', '-는가' 등 15개를 설정하고 있다.

82) 민현식(1993)은 보조용언의 목록에 대한 재수립을 시도하고 있는데, 여기에서 다루고 있는 연결소는 '-어', '-고', '-고야', '-지', '-게', '-어야', '-도록', '-든지/거나', '-(었)으면', '-으려/고자', '-거니/으려니', '-ㄴ/ㄹ 듯', '-ㄹ 법', '-ㄴ/ㄹ 양', '-ㄴ/ㄹ 체/척', '-ㄹ 뻔', '-ㄹ 만', '-ㄴ/ㄹ 것', '-ㄹ 수', '-기', '-ㄹ까', '-는가', '-나', '-지'(종결어미) 등 24개이다.

부사형	'-어'형	보조형용사	있다, 빠지다, 터지다
	'-고'형	보조동사	계시다, 들다, 말다, 보다, 하다
		보조형용사	나다, 싶다, 있다
	'-지'형	보조동사	아니하다, 못하다, 말다
		보조형용사	아니하다, 못하다
	'-게'형	보조동사	되다, 만들다, 하다
		보조형용사	마련이다, 생기다
관형사형	'-은/는/을'형	보조동사	양하다, 척(체)하다
		보조형용사	것같다, 모양이다, 듯하다, 듯싶다
	'-을'형	보조동사	뻔(번)하다
		보조형용사	것이다, 따름이다, 만하다, 법하다
명사형	'-기'형	보조동사	하다
		보조형용사	마련이다, 쉽다, 하다
	'-음'형	보조형용사	직하다
접속형	'-어야'형	보조동사	되다, 하다
	'-려고/자고 (고자)'형	보조동사	들다, 하다
	'-다(고)'형	보조동사	못하다, 말다, 보다
		보조형용사	못하다
	'-면'형	보조동사	하다
		보조형용사	싶다
문장 종결형	'-어'형	보조동사	보다, 놓다
	'-을까'형	보조동사	보다
	'-나/는가/ 을까'형	보조형용사	보다, 싶다
	'-지'형	보조형용사	아니하다
	'-다/라/지/ 구나/나/랴'형	보조형용사	싶다

류시종(1994)에서 다루고 있는 연결소의 유형을 보면, 1) 부사형('-어', '-고', '-지', '-게'), 2) 관형사형('-은/는/을'), 3) 명사형('-기', '-음'), 4) 접속형('-어

야’, ‘-려고/자고(고자)’, ‘-다(고)’, ‘-면’), 5) 문장 종결형(‘-어’, ‘-나/는가/을까’, ‘-지’(아니하다), ‘-다/라/지/구나/나/랴’(싶다)) 등으로 나누어진다.

이들 이외에 이상태(1985)는 ‘-어/아’, ‘-고’, ‘-지’, ‘-게’, ‘-는가’만을 연결소로 설정하고 있고, 김기혁(1986)은 ‘-아’, ‘-고’, ‘-어야’만을, 손세모돌(1996)은 ‘-어’, ‘-고’만을, 김미영(1998)은 ‘-어/아’만을 다루고 있다.

이와 같이 보조용언 구성에 참여하는 연결소의 유형에 대해 많은 견해의 차이가 있는데, 이러한 차이는 보조용언의 범위 설정에도 그대로 반영되어 나타나 있다. 즉 연결소를 많이 설정하고 있는 연구에서는 보조용언의 범위를 넓게 잡아 그 수에 있어서도 훨씬 많은 것을 보여 주고 있다.[83]

한편 연결어미를 비롯한 어미를 다루고 있는 연구에서도 보조용언 구성의 연결소에 대한 통사·의미적 특징의 논의가 있었다. 먼저 연결어미의 의미적 특징을 다루고 있는 연구로는 김홍수(1977), 남기심(1978), 성기철(1979), 김승곤(1981), 서정수(1982), 전수태(1985), 배희임(1986), 홍종선(1986), 황병순(1986), 구현정(1987) 등의 연구가 있고, 통사적 특징은 양인석(1972), 김송원(1987) 등이 다루고 있다. 그리고 임홍빈(1975), 김승곤(1986), 서정수(1986), 이시형(1990) 등은 통사·의미적 특징을 다루고 있다. 다음으로 종결어미와 관련된 연구로는 김하수(1979), 박종갑(1987), 엄정호(1989), 고창운(1992) 등의 연구가 있다. 또한 이기갑(1981b), 리의도(1990) 등은 연결어미의 역사적 변천을 고찰하고 있다.

이상의 연구들을 검토해 볼 때 보조용언 구성의 연결소에 대한 종합적 접근과 연결소의 통합적인 기능에 대한 고찰이 미진함을 알 수 있다. 그러므로 본고에서는 보조용언 구성에 참여하는 연결소의 개별적인 기능을 살피는 것은 물론 이들의 특징을 통합적인 기능으로 포괄해서 고찰하고자 한다.

---

83) 근래 보조용언의 논의에서 다루고 있는 목록은 허웅(1975): 25개, 유목상(1980): 25개, ·이상태(1985): 23개, 권재일(1986): 72개, 김기혁(1986): 20개, 김성화(1990): 16개, 김영태(1990): 40개, 남기심·고영근(1991): 33개, 김석득(1992): 33개, 민현식(1993): 55개, 김주미(1993): 39개, 류시종(1994): 83개, 손세모돌(1996): 15개, 서정수(1996): 25개 등으로 각기 다르게 설정하고 있음을 알 수 있다.

(1) 연결소의 유형과 기능

보조용언 구성에서 가장 생산적인 연결소는 '-어/아'이다. 앞선 연구에서 용례의 차이는 있지만, '-어/아'를 보조용언의 연결소에서 제외하려고 한 논의는 아직까지 없었던 것으로 보인다. 이 '-어/아'를 제외한 다른 연결소들에 대해서는 그 동안 논의마다 의견의 차이를 보이고 있다. 그러나 포괄적인 측면에서 연결소의 유형을 분류하면, 첫째 연결어미 계열, 둘째 종결어미 계열, 셋째 [관형사형+의존명사] 계열, 넷째 명사형 어미 계열 등으로 나눌 수 있다.

이들 연결소들은 본래는 독립된 의미 기능을 지닌 형태였으나 보조용언 구성에 참여하면서 그들의 의미 기능이 소실되거나 약화되어 나타난다. 이와 같이 이들이 본래의 의미 기능에서 벗어나 선행성분과 후행성분을 연결시켜 주는 기능을 담당하기 때문에 이 때의 연결소들을 포괄해서 통합적 기능으로 설명할 수 있다.

1) 연결어미 계열

연결어미 계열에 속하는 연결소로는 부사형 어미 또는 보조적 연결어미라고 일컬어 왔던 '-어/아', '-고', '-지', '-게'와 접속형 어미 '-어야', '-(으)려(고)/자고(고자)', '-다(가)', '-면' 등을 들 수 있다. 이들 연결소들은 모두 접속형 어미로 쓰이던 것들이다.[84]

    (160) a. 나는 사과를 <u>깎아</u> 먹는다.
         b. 그이는 책을 <u>읽고</u> 독후감을 썼다.
         c. 콩을 심으면 콩이 <u>나지</u> 팥이 날 수는 없다(한글학회, 1992: 3868).
         d. 차가 <u>지나가게</u> 사람들이 비켜섰다.

---

84) 여기에서 들고 있는 예문들 중 일부는 서정수(1996)에서 인용하고 있다.

(161) a. 책을 많이 <u>읽어야</u> 교양이 높아진다.

b. 그들은 책을 <u>읽으려고</u> 텔레비젼을 일체 보지 않았다.

c. 그들이 거기에 <u>갔다가</u> 돌아왔다.

d. 내가 백만장자가 <u>되면</u> 너를 도와 주겠다.

(160)은 보조적 연결어미로 발전하기 이전의 접속형인 '-어/아', '-고', '-지', '-게'이고,[85] (161)은 접속형 '-어야', '-(으)려(고)/자고(고자)', '-다(가)', '-면'이다. 이들과 다음의 (162~163)을 비교해 보면 접속 구성과 보조용언 구성의 차이를 발견할 수 있다.

(162) a. 감나무 밑으로 내려가서 바람이라도 <u>쐬어</u> 보면 어떨까 하는 생각이 들었다(새의 선물: 290).

b. 결국은 계단에 그대로 <u>주저앉고</u> 말았다(잃어버린 너 上, 116).

c. 안방 식구는 <u>내다보지도</u> 않는다(삼대 上, 26).

d. "아녜요 아버님. 저 오늘 여기 <u>있게</u> 해 주세요."(잃어버린 너 上, 108)

(163) a. "이제부터 내 말 잘 <u>들어야</u> 된다."(잃어버린 너 上, 135)

b. 할아버지의 이 한 마디에 부모님께서는 감히 설득조차 <u>하려</u> 들지 않으셨다(잃어버린 너 上, 14).

c. 찬물을 조금씩 <u>끼얹다</u> 보면 얼마 안 가 물이 차갑다는 걸 모르게 된다(새의 선물: 187).

d. 이런 날이면 학교에 가지 않고 아랫목에 엎드려서 볶은 콩이나 주워 먹으며 <u>뒹굴었으면</u> 싶다(새의 선물: 170).

(162~163)에서, (162)는 앞의 (160)과, 그리고 (163)은 (161)과 비교될 수 있는 구문이다. (160~161)과 (162~163) 구문의 가장 큰 특징은 연결소 다음에 후행하는 서술어의 자립성 여부이다. (160~161)의 접속 구성은 후

---

85) (160c)의 접속형 '-지'의 구문이 보조용언 구성에 쓰이는 연결소 '-지'의 전신으로 볼 수 있을지는 확실하지 않다. 다만 (160c)의 구문이 다음과 같이 변형될 수 있는 데서 일단의 실마리를 찾아본다.

콩을 심으면 팥이 <u>나지</u> 아니한다.

행 서술어가 자립성을 가진 본용언이나, (162~163)의 보조용언 구성은 후행 서술어가 자립성을 갖지 못하고 있다. 이들 구문간의 또 다른 특징은 (160~161)의 접속 구성의 연결소들은 구문에 따른 각각의 의미를 가지고 있다는 것이다. 그리하여 (160a~d)의 경우, (160a)의 '-어/아'는 '방법', (160b)의 '-고'는 '순차', (160c)의 '-지'는 '상반', (160d)의 '-게'는 '결과'의 의미를 나타내고 있다. 물론 이들 어미들의 의미는 앞뒤 문장과의 관계에서 파악될 수 있는 의미이며 독자적인 의미라고 보기는 어렵다. 또한 (161a~d)의 경우도 (161a)의 '-어야'는 '필수 조건', (161b)의 '-(으)려(고)'는 '의도, 목적', (161c)의 '-다(가)'는 '전환', (161d)의 '-(으)면'은 '조건'의 의미를 나타내고 있다. 곧 (160~161)의 구문들은 두 문장으로 나눌 수 있는데, 이때 하나의 문장일 때의 접속어미를 대신하여 접속 부사가 그 기능을 담당하게 된다.

이와 같이 (160~161)의 연결소들은 각각 그들 나름의 의미를 가지고 선행절과 후행절을 어떤 관계로 이어 주는 구실을 하기 때문에 후행 서술어를 생략할 수 없다. 만약 후행 서술어를 생략하면 문장의 구조와 문맥 의미에 큰 변화가 일어나게 된다. 이에 비해 (162~163)의 연결소들은 일반적으로 문장에서 단순한 연결 기능 이외에 다른 어떤 특별한 의미를 가지지 못한다.[86] (162a~d)에서, (162a~b)의 각 연결소들은 본용언과 보조용언을 단순히 연결시켜 주는 기능만 할 뿐이다. 그렇기 때문에 후행하는 보조용언을 다음과 같이 생략하여도 전체적인 문맥 의미에는 큰 영향을 주지 않는다.

> (162)′ a. 감나무 밑으로 내려가서 바람을 쐬었다.
>   b. 결국은 계단에 그대로 주저앉았다.

그러나 (162c~d)의 연결소들은 이들과는 다른 특징을 보인다. (162c)의

---

86) 이숙희(1992: 123~4)는 연결소가 단순 연결 기능 이외에 다른 의미 기능을 갖지 않을 때 이를 '허형태소(dummy morpheme)'로 분류하고 있다. 그러나 이숙희(1992)에서 허형태소는 '-어/아'로 제한하고 있다.

'-지'는 부정문('-지 아니하다/ 못하다')이나 금지문('-지 말다')을 만드는 역할을 하고, (162d)의 '-게'는 본용언과 보조용언 사이에서 사동 관계와 같은 어떤 역할을 담당한다. 이와 같이 이들은 (162a~b)에 비해 더 큰 자체의 기능을 가지고 있으면서 기본 문장에 의미의 영향을 주고 있다.

이들 (162c)와 (162d) 간에도 차이는 있다. (162c)는 후행 서술어인 보조용언의 의미 비중이 (162a~b)보다 크기는 하나, 이를 생략할 경우 보충 의미인 양상 의미의 생략만 이루어지고 구조의 변화는 일어나지 않는다. 이와는 달리 (162d)는 보조용언의 의미 비중이 클 뿐만 아니라 보조용언을 생략하면 다음과 같이 구조에도 변화가 일어난다.

(162) d′. "아녜요 아버님. 저 오늘 여기 있겠습니다."

보조용언의 생략이 일어나지 않은 (162d)에서는 본용언의 주어와 보조용언의 주어가 각각 표면 문장에 명백히 나타나 있다. 즉 본용언 '있는'의 주체는 화자인 '나'이고, '하다'의 주체는 '아버지'이다. 그러나 (162d)′에서는 보조용언의 생략과 함께 복문에서 단문으로의 구조 변화가 일어나게 된다. 이러한 이유 때문에 일부 논의에서는 이 유형을 보조용언에서 제외시키고 있다(서정수, 1980: 67~75).

이상에서 (162a~d)는 연결소의 유형에 따라 보조용언 구성으로의 문법화 진전 정도에 차이가 있음을 보여 준다. 즉 (162a~b)는 보조용언 구성으로의 문법화가 거의 완성된 단계에 이른 경우이고 (162c~d)는 문법화가 덜 진행된 경우이다. 이들 중에서도 (162d)는 보조용언 구성으로의 문법화가 훨씬 덜 진행된 구문이다.

한편 (163a~d)의 연결소들은 접속어미의 흔적이 아직까지 남아 있는 것으로 보인다. 그러나 (163)의 구문에 나타나는 연결소들도 (161)의 연결소들에 비해 그 의미가 훨씬 약화되어 있음을 알 수 있다. 특히 (163c)에서는 (161c)의 '전환' 의미를 거의 찾을 수 없을 정도로 의미의 변화가 심하다.[87] 이와 같이 (163)의 구문들은 연결소가 접속어미의 흔적 때문에, 일

---

87) 연결소 '-다(가)'형의 경우 '보다' 구문은 접속어미에서 멀어졌으나, '못하다', '말다'

부 논의에서 이들을 보조용언 구성에서 제외시키려 하기도 한다. 그러나 이들도 (162a~d)에서처럼 문법화 과정으로 설명할 수 있다. 즉 (163a)는 '-어야'가 '되다, 하다'와 결합하여 '당위'의 양상 의미를 나타내고, (163b)는 '-(으)려(고)'가 '들다, 하다'와 결합하여 '의도, 바람'의 양상 의미를, (163c)는 '-다(가)'가 '보다'와 결합하여 '지속'의 양상 의미를, (163d)는 '-(으)면'이 '싶다, 하다'와 결합하여 '원망'의 양상 의미를 나타내고 있는 것이다.

   보조용언의 문법화 과정에 대해서는 다음 제4장에서 자세히 다루게 된다.[88] 이곳에서는 국어 보조용언의 문법화를 보조용언화 단계, 접어화 단계, 문법소화 단계로 나누어 설정하고 있다. 그러나 (162a~d)의 유형에 해당하는 구문의 경우는 일부의 '-어 지다' 구성이 접어화 단계에까지 진행된 것을 제외하고는 보조용언화 단계에 머물러 있는 실정이다. 그리하여 (162a~d)의 구문들은 보조용언화 단계 내에서 진전 과정을 살펴야 하는데, (162a~b)의 경우는 보조용언화가 완성된 단계이고 (162c~d)는 과정 중에 있는 경우이다. 이것은 (162a~b)의 구성들은 보조용언으로 정착한 것을 의미하는 반면, (162c~d)의 구성들은 아직 완전하게 정착하지 못한 것을 뜻한다.[89]

구문은 '전환'의 의미가 여전히 남아 있다.
   a) 거실을 지나 현관으로 <u>나오려다</u> 말고 이층으로 가는 계단을 보았다(잃어버린 너 上, 108).
   b) 신장으로 가는 나의 발길은 <u>가볍다</u> 못해 붕붕 떠가는 것만 같았다(잃어버린 너 上, 236).

88) 국어 보조용언의 문법화에 대한 논의는 손세모돌(1996: 285~430), 김명희(1996: 129~146), 고영진(1997: 71~101), 김미영(1998) 등을 참조할 수 있다.

89) 연결어미 계열의 연결소에 대한 역사적 발달 과정에 대해서는 호광수(1999)에서 일부 다룬 바 있다. 중세나 근대 국어에서 연결어미 계열의 연결소 중 '-어/아'는 현대 국어처럼 폭넓게 나타나지는 않지만 다양한 모습을 보여 주고 있다. 그 외에 연결소 '-고'의 형태는 '-고 싶다'의 용례와 극히 일부이지만 '-고 말다'의 용례를 발견할 수 있으며, '-지'와 '-게'의 형태는 현대 국어와 거의 유사하게 쓰이고 있다.
   (i) a. 柴門엣 雜남기 즈믄 나치 <u>드외야</u> 가ᄂ니=柴門雜樹向千株<두해初 15: 4>
       b. 그 나그내 뾔여 어즐ᄒ얏다가 <u>ᄭᆡ야</u> 나니 = 那客人射的昏了 蘇醒廻來<노해 上: 29>
       c. 萬ᄆᆞ렛 蟾光올 가며 이쇼믈 <u>ᄇ려</u> 둘디어라=萬水蟾光 任去留<남명 上: 11>
       d. 一乘이라 혼 거슨 三乘올 <u>여희여</u> ᄇ리고 一乘올 니르논디 아니라<석보 13: 33>

이상에서 연결어미 계열의 연결소의 유형과 기능에 대해 살펴보았다. 이들 유형의 연결소들은 모두 접속어미에 그 기원을 두고 있다. 그러나 보조용언 구성으로 쓰일 경우에는 접속어미의 의미를 거의 발견할 수 없거나 접속어미에서 상당히 멀어져 있다. 그리하여 '-어/아, -고, -다(가)' 등과 같이 접속어미의 의미를 거의 발견할 수 없는 연결소와 결합한 보조용언은 보조용언 범주로의 정착이 완성된 것으로 볼 수 있다. 반면에 '-지, -게, -어야, -(으)려(고), -면' 등과 같이 접속어미의 의미가 아직까지 상당히 남아 있는 연결소와 결합한 보조용언은 아직 보조용언 범주로의 정착이 완성되지는 않고 진행 중에 있는 것으로 볼 수 있다. 그러나 본고는 이들 모두를 보조용언으로 보는 입장이며, 이들 보조용언 구성에 참여한 연결소들은 본용언과 보조용언을 연결시켜 주는 통합적인 기능을 하는 것으로 본다.

2) 종결어미 계열

종결어미 계열의 연결소로는 '-나', '-ㄴ(은,는)가', '-(ㄹ)려나', '-(으)ㄹ까',

---

     e. 그 나못 불휘롤 … 드트리 드외이 <u>붓아</u> 디거늘<석보 6: 30>
 (ii) a. 블긔예도 이시려니와 아직 수이 <u>알고</u> 시브오니<첩신 5: 11>
    b. 댱지치 다 디게야 늘애롤 고텨 드러 … 싀훤코 훤츨흔 셰계롤 다시 <u>보고</u> 말와라<송강-이 23>
 (iii) a. 그리 <u>너기디</u> 마르쇼셔<월석 10: 5>
    b. 二十里예 흔 亭숨옴 <u>짓게</u> 흐야 사르믈 긔걸흐야 두고 舍衛國애 도라와 精舍 지슳 터흘 어드니<석보 6: 23>
(i~iii)에서, (i a~e)는 연결소 '-어/아'와 결합하여 나타나는 보조용언 구문이고, (ii a~b)는 '-고'와 결합하여 나타나는 '싶다, 말다' 구문이다. 그리고 (iii a~b)는 연결소 '-지', '-게'와 결합하여 나타나는 보조용언 구문이다.
한편 접속어미의 흔적이 많이 남아 있는 연결소 중 '-(으)려(고)/고져'는 중세와 근대 국어에서 '하다'나 '싶다'와 결합하여 쓰이고 있다. 그러나 '-어야', '-다(가)', '-(으)면' 등의 형태는 그 쓰임을 발견하지 못하였다.
 (iv) a. 이제 쏘 내 모믈 드려다가 維那롤 <u>사모려</u> 흐실쎄 듣줍고 깃거흐가니와 <월석 8: 93>
    b. 호족드리 드토아 겨집 <u>삼고져</u> 흐거늘(豪族爭欲娶之)<동신 烈 1: 34>
    c. 씌롤 씌요니 미츄미 나 フ장 <u>우르고져</u> 식브니 簿書는 엇뎨 쌜리 오몰 서르 지즈느뇨(束帶發狂欲大叫 簿書何急來相仍)<두해 初 10: 28>
    d. 츄즈 두 낫 곳 머그면 즉제 밥 <u>먹고져</u> 시브니라<구황보: 6b>

‘-지’ 등을 들 수 있다. 이들 중 ‘-지’는 ‘싶다’와만 연결되는 형태이고, 나머지는 ‘보다’, ‘싶다’, ‘하다’ 등과 상당히 자유롭게 연결된다. 이들 유형은 기원을 종결어미에 두고 있기 때문에 의미에서 그 흔적이 아직도 여전히 남아 있다.

> (164) a. 여보게 이거 <u>어떻겠나</u>?
> b. 비가 <u>내리는가</u>?
> c. 내일은 그가 <u>오려나</u>?
> d. 그 사람이 <u>누구일까</u>?
> e. 자네는 그만 <u>떠나지</u>.
> (165) a. 결혼식을 올리고 나서 순분이는 드디어 이제 고생이 <u>끝났나</u> 보다 했다(새의 선물: 64).
> b. 저녁 무렵 집에 돌아온 할머니는 혜자 이모가 나가는 것을 보고는 밤 근무가 있는 <u>날인가</u> 보다 하고 여긴다(새의 선물: 266).
> c. 그가 우체국에 가는걸 보니, 편지를 <u>부치려나</u> 보다.
> d. 어쩌다 대문간에 끼워진 부고를 볼라 치면 <u>부정탈까</u> 봐 집안으로 들여 놓지 못했다(새의 선물: 352).
> e. 귀신 이야기에 열중했던 이모는 무슨 엉뚱한 얘기냐는 표정으로 경자 이모를 보다가 조금 전에 그런 얘기를 <u>했었지</u> 싶어서 ‘아하’하고 고개를 끄덕였다(새의 선물: 286).

(164)는 종결어미가 그 고유의 기능을 담당하면서 문장의 끝맺음을 하고 있는 구문이다. 이에 반해 (165)는 종결어미 뒤에 또 다른 서술어가 결합하여 ‘추측’의 구문이 되었다. 이 때 종결어미는 연결소의 기능을 한다.

(164~165)에서 볼 수 있는 바와 같이, (165)의 종결어미와 결합한 보조용언 구성에서 연결소인 종결어미는 (164)의 의미 특징을 상당히 가지고 있다. 이것은 연결어미 계열의 연결소에 비해 종결어미 계열의 연결소가 문장의 의미에 더 많은 영향을 주고 있다는 데에서 확인할 수 있다. 그러나 (164)의 종결어미가 (165)에 나타나 ‘보다’ 등과 결합하여 쓰이게 되면, 문장 종결 기능은 약화되어 나타나고 통사 구조도 단문에서 복문으로 바뀌게 된다. 이와 같이 이들 종결어미들이 보조용언 구성에 쓰이게 되면, 종결 기능을 하던 것이 연결 기능을 하는 것으로 그 기능의 변화가 일어난

다. 물론 종결어미가 보조용언 구문에 쓰인다고 해서 연결어미라고 단정지을 수는 없다. 다만 종결어미가 보조용언 구문에 쓰여서 '추측' 등과 같은 의미를 나타낼 때에 한하여 연결 기능을 하는 연결소로 보자는 것이다. 이러한 특징 때문에 보조용언 구성에 쓰이는 연결소를 통합적 기능을 하는 것으로 설명하는 것이다.[90]

이상에서 종결어미 계열의 연결소의 유형과 기능에 대해 살펴보았다. 이들 유형의 연결소들은 보조용언 구문에서도 종결어미의 의미 특성이 강하게 작용하고 있었다. 그러나 종결어미가 '보다' 등의 후행 서술어와 결합하여 보조용언 구문에 쓰이게 되면, 문장 종결 기능뿐만 아니라 '추측' 등의 의미를 나타내는 구문으로 바뀌게 된다. 이 때 종결어미는 종결이 아닌 연결 기능을 담당하게 되어 통합적 기능을 수행한다.

3) [관형사형＋의존명사] 계열

[관형사형＋의존명사] 계열은 그 동안 많은 논란이 되었던 유형으로, 최현배(1937/91), 김석득(1992), 민현식(1993), 류시종(1994) 등의 일부 연구에

---

90) 중세나 근대 국어에서부터 종결어미는 보조용언 구성의 연결소로 쓰이고 있었던 것으로 보인다. 이들 중 '-(으)ㄹ까' 형이 가장 활발하게 쓰였고 그 다음이 '-ㄴ(은, 는)가' 형이다. 그리고 이들 이외의 다른 형태들은 그 쓰임의 증거를 찾기가 어렵다. '-(으)ㄹ까' 형과 '-ㄴ(은,는)가' 형의 경우에도 '하다, 싶다'와 결합한 구문은 쉽게 발견되나, '보다'와의 결합은 현대 국어에 와서야 가능한 것으로 보인다.

  (i) a. 叔敖 ㅣ 나 노니다가 두 머리 가진 비얌 보고 보니면 죽ᄂ다 ᄒ야늘 늠도
         볼가 ᄒ야 죽여 묻고 가 울어늘<소해 5: 5>
     b. 難陀 ㅣ 두리여 자바 녀홀까 ᄒ야 닐오디<월석 7: 13>
     c. 과ᄀ리 긔운이 티와텨 수미 되오 주글가 식브닐 염교 디허 뽄 즙 ᄒ 되만
         머그면 즉재 됴ᄒ리라<구간 2: 16>
  (ii) a. 家禮애 닐오디 履를 굴근 삼으로써 ᄒ라 ᄒ여시니 저컨댄 맛당히 儀禮를
          조ᄎ미 正혼가 ᄒ노라<가례 6: 10>
     b. 예셔 보매 잔을 남기ᄂ가 시버 뵈니<첩신 3: 5>
     c. 다만 冠帶ᄒ시미 됴홀가 시프외<첩신 7: 12>
  (i)은 중세 국어의 예이고 (ii)는 근대 국어의 예이다. 한편 이들 '하다, 싶다'와 달리 종결어미와 결합한 '보다' 구성은 '종결형＋하다/싶다' 구성이 담당하던 '추측' 의미의 일부를 현대 국어로 넘어오면서 넘겨받은 것으로 보인다. 이것은 언어 표현이 다양해지면서 나타나게 된 결과이다.

서만 보조용언으로 다루어져 왔다. 이들 연구에서 다루는 보조용언의 형태는 '의존명사＋하다(싶다)'이고, 이 때 '관형사형 어미'는 연접어미(김석득, 1992)나 보조적 연결어미(류시종, 1994)로 보고 있다. 본고는 이 유형을 보조용언의 범위에 포함시키는 데에는 위의 연구들과 입장을 같이한다. 그러나 이 유형에서 연결소와 보조용언에 대한 구분에는 입장을 달리한다.[91]

먼저 [관형사형 어미＋의존명사] 계열은 다음과 같은 결합의 모습을 보인다.

> (166) { ①[관형사형 어미('-은, 는, 을')] ＋ ②[의존명사(듯, 양, 척,
> 체, 번, 만, 법, 성)] ＋ ③[하다, 싶다] }

(166)에서, ②와 ③을 결합하여 보조용언으로 처리할 경우에는 체언을 수식하는 관형사형 어미가 용언을 수식하게 되어 한국어 문법 체계에 어긋난다는 지적을 받아 왔다. 현행 정서법을 비롯하여 대다수의 연구에서도 ②와 ③이 결합된 형태를 보조용언으로 처리하고 있다. 그러나 본 연구에서는 ①의 '관형사형 어미'와 ②의 '의존명사'가 결합하여 연결어미(연결소)의 기능을 담당하는 것으로 처리하고,[92] ③의 '하다'는 형식용언이나 대용언의 특성을 지닌 보조용언으로, '싶다'는 '추측'의 의미를 나타내는 보조용언으로 처리할 것을 제안한다.

이와 같이 처리하게 되면 몇 가지 설명해야 할 문제가 생기게 된다.

첫째, 수식 관계에 있는 '관형사형 어미'와 '의존명사'를 하나로 묶어 연

---

91) [관형사형＋의존명사] 계열의 보조용언에 대해 한글학회(1992)는 의존명사를 '하다', '싶다' 등과 분리하고 있으며, '믿을 만 한 소식'에서처럼 두 형태를 띄어 쓰고 있다. 이와는 달리 국립국어연구원(1999)은 학교 문법에 기초하여 '의존명사'와 '하다'를 분리하지 않고 하나의 단어로 간주하면서 '이 음식은 정말 먹을 만하다'와 같이 붙여 쓰기를 하고 있다. 또한 한글학회(1992)는 의존명사나 '하다', '싶다'를 다루면서 [관형사형＋의존명사] 계열의 보조용언 구성에 대해 설명한 반면 국립국어연구원(1999)은 '하다'나 '싶다'를 다루는 자리에서는 이들에 대해 전혀 설명하지 않고 있으며 '만하다', '성싶다' 등 한 단어로 독립시켜서만 다루고 있다. 이것은 [관형사형＋의존명사] 계열의 보조용언에 대해 그 형태소를 서로 다르게 보고 있음을 말해 주는 것이다.

92) 민현식(1993)도 본고와 같은 입장을 취하고 있는데, 발음상으로도 이들 의존명사는 '하다'보다는 선행 관형형 어미 쪽에 폐쇄 연접을 보여 거의 어미화했다고 하였다.

결소로 처리할 경우, 한국어 연결 체계에서 독특한 형태, 즉 명사구를 연결소로 인정해야 하는 문제가 생긴다. 그러나 ①의 관형사형 어미와 ②의 의존명사는 평상시에 관형사형 어미가 의존명사를 수식하는 기능만을 수행하지만, 이들이 보조용언 구성에 쓰일 때에는 연결소라는 또 다른 기능을 수행하게 된다. 즉 관형사형 어미와 의존명사의 결합 형태가 보조용언 구성에서는 뒤의 '하다'나 '싶다'를 연결해 주는 연결소의 기능을 담당한다는 것이다.93)

이와 같이 관형사형 어미와 의존명사의 결합 형태가 보조용언 구성에서 본용언과 보조용언을 연결시켜 주는 연결소의 기능을 담당하는 것으로 처리될 수 있다면, 보조용언으로는 '하다'와 '싶다'만을 설정할 수 있어 유사한 형태의 보조용언을 복잡하게 따로 설정하는 번거로움을 덜 수 있다.

둘째, 형식용언 '하다'는 명사나 어근, 부사 등과 자유롭게 결합하는 특성이 있기 때문에 (166)에서 ②와 ③의 결합이 가능할 수 있다. 그러나 이와는 달리 '싶다'는 보조용언으로만 쓰이는 형태이다. 이 '싶다'는 연결어미 계열('-고')이건 종결어미 계열('-다, -라, -지, -구나, -랴')이건 항상 연결소를 동반해서 나타나야 하는 특징이 있다. 그런데 만약 '싶다'가 '듯싶다', '성싶다'처럼 의존명사와 결합된 형태를 취한다면 '싶다'의 일반 특성과 멀어지게 된다.94) 그러므로 '관형사형 어미＋의존명사＋하다/싶다'의 결합 구문은 [관형사형 어미＋의존명사]를 연결소로 하고, '하다'와 '싶다'를 보조용언으로 하는 보조용언 구문으로의 처리가 좋을 듯 하다. 물론 이들 구문

---

93) 이러한 분석이 자칫 보조용언 구성의 설명을 위한 자의적이고 편의적인 해석으로 보일 수도 있다. 물론 '관형사형 어미'와 '의존명사'를 하나로 결합시키는 것이 형태론적 분석과 상충되는 면은 있다. 그러나 통사론적 측면에서 볼 때 [관형사형 어미＋의존명사]의 결합이 많은 편리한 점을 주고 있다. 그러므로 [관형사형 어미＋의존명사]의 결합 중에서 보조용언 구성에 참여하는 것에 한하여 연결소로 처리하자는 것이다.

94) 국립국어연구원(1999: 1758, 3445)에서는 '듯싶다', '성싶다' 등도 '듯하다' 등과 마찬가지로 독립된 보조용언으로 처리하고 있다.
　　a) 평일이라 결혼식에 하객이 많지 않을 <u>듯싶다</u>.
　　b) 보아하니 바쁜 사람은 아닌 <u>성싶다</u>.
　　심지어 국립국어연구원(1999)은 '싶다'의 항목을 다루면서 '듯싶다', '성싶다'의 설명을 제외하고 있다. 이것은 이들이 '싶다'의 하위 구성이 아닌 독립된 단어임을 말해 주는 것이다. 그러나 앞에서도 말했듯이 관형사형 어미가 용언을 수식하고 있다는 문제 등의 미해결점이 여전히 남아 있다.

의 연결소들도 본래는 그들의 고유 의미 기능을 담당한다.

> (167) a. 잘 <u>아는 듯(체)</u> 이야기를 한다(한글학회, 1992: 1184).
>
> b. 원, <u>될 법</u>이나 한 소리요?(한글학회, 1992: 1744)
>
> c. 공부를 <u>할 양</u>이면 마음을 가다듬어야지(한글학회, 1992: 2875).
>
> d. 보고도 못 본 체 딴전을 부리다(국립국어연구원, 1999: 6060).
>
> e. 못 이기는 척 자리에 앉다(국립국어연구원, 1999: 6060).
>
> (168) a. 주부가 경애를 웃으며 바라보다가 <u>놀리는 듯</u> 하면서도 이렇
> 게 타일렀다(삼대 上, 23).
>
> b. "말을 안 하고 속으로만 생각하고 있을 땐 <u>참을 만</u> 하더니 막
> 상 말을 해 놓고 보니 오늘밤 넘기기도 지루하네요."(목마른 계
> 절: 367)
>
> c. 노파는 몇 번인가 <u>넘어질 뻔</u> 하더니 아주 진이에게 몸을 실
> 어 버린다(목마른 계절: 330).
>
> d. "궁금하겠지만 <u>모른 척(체)</u> 하고 계셔요."(잃어버린 너 上, 252)
>
> e. 그도 할아버지가 부모님들보다 더 신경이 <u>쓰이는 듯</u> 싶었다
> (잃어버린 너 上, 42).
>
> f. 그렇게 해 놓고 보니 등하불명이란 말이 예 두고 <u>맞힌 듯</u>시
> 피 도리어 상관 없을 성 싶었다(삼대 上, 109).

(167)은 [관형사형＋의존명사]가 독자적으로 쓰인 구문인데, 보조용언 구성에 참여하는 의존명사들 중 '성'은 독자적으로 쓰이는 경우가 없는 것으로 보이며, '만 번(뻔)' 등도 독자적으로 쓰이기보다는 '하다'와 결합하여 쓰이는 것이 훨씬 더 일반적이다. (168)은 [관형사형＋의존명사]에 '하다', '싶다'가 결합한 보조용언 구문이다. 이와 같이 이들 유형은 본래 [관형사형＋의존명사]에 '하다, 싶다'가 결합하여 나타나는 것이 일반적이기 때문에 (167)보다는 (168)이 더 자연스럽다.[95]

---

95) [관형사형＋의존명사] 계열도 중세와 근대 국어에서 그 모습을 발견할 수 있다. 이
때 주로 사용된 용례는 '듯 하다, 양 하다, 체 하다, 만 하다, 번(뻔) 하다 등'이고,
그 외의 '법 하다, 듯 싶다, 성 싶다 등'은 아직 그 모습을 보이지 않는다.
   a) 本梆이며 瀝靑이 쏘 <u>無益혼</u> 듯 혼디라<가례 7: 26>
   b) 夫人이 새와 네 아둘롤 업게 호리라 ᄀ장 빗어 <u>됴혼 양</u> 호고 조심호야 둔녀
      <월석 2: 5>

이상에서 [관형사형＋의존명사] 계열의 연결소의 유형과 기능에 대해 살펴보았다. 이들 유형은 [관형사형＋의존명사]의 독특한 형태가 연결소로 기능하면서 보조용언 '하다, 싶다' 등과 결합하여 보조용언 구성을 이루는 특징을 보인다.

4) 명사형 어미 계열

명사형 어미 계열의 연결소로는 '-기'를 들 수 있다. 이것도 본래부터 연결어미의 기능을 담당하지는 않았다. 그러나 보조용언 구성에 참여할 경우에 제한적으로 연결소의 기능을 하는 것으로 보았으면 한다. 즉 명사형이 연결어미가 아닌 것은 확실하나, '하다'가 보조용언의 기능을 하기 때문에 선행하는 본용언과 이 '하다'를 연결하고 있는 명사형 어미 '-기'를 넓은 의미의 연결소로 보자는 것이다.

'-기' 구문은 일반적으로 명사형 '-기'와 '하다, 마련이다, 쉽다, 십상이다'의 결합으로 이루어져 있다. 그런데 '-기'와 '하다'가 결합하는 구문일 때에는 이들 사이에 조사(주로 특수 조사)를 요구하는 특징이 있다.

(169) a. 할머니의 계속되는 채근에 밥을 <u>먹기는</u> 하되 그 젓가락질이 모래알 헤는 양 했다(새의 선물: 31).

　　 b. 그것은 성실하고 선량한 사람의 삶에 드리워지는 그늘에 대한 <u>안타까움이기도</u> 했다(새의 선물: 68).

　　 c. 이 사실은 나도 처음 듣는 일이었지만 이모가 원서를 낸 것까지는 사실이라고 얼굴을 붉혀 가며 주장했기 때문에 더 이상 진위를 가리지 <u>않기로</u> 했다(새의 선물: 35).

　　 d. 할머니는 허둥지둥 덤벼 대는 이모가 <u>불안하기만</u> 한 눈치였다(새의 선물: 279).

---

c) 김시 거존 모기 몰라 능히 니디 <u>몯ᄒᄂᆞᆫ 톄</u> ᄒ여(金氏托以喉渴不能起)<동신 烈 4: 33>

d) 오라 여위오 곤븨ᄒᆞ야 병이 도일가 십브거든 고깃즙과 보육과 젓과 혹 고기룰 져기 뻐 마슬 <u>도올 만</u> ᄒ고=久而羸憊 恐成疾及脯醢 或肉少許 助其滋味<번 소 7: 18>

e) 그 빈 ᄇᄅᆞᆷ을 조차 대ᄒᆡ로 드러가 서너 번을 <u>업틸 번</u> ᄒᆞ야 흔 셤의 다ᄒᆞ며 ᄇᄅᆞᆷ이 긋치거눌(漂舟入于大海 … 數四幾欲傾沈 然後抵孤島而風止)<태평 1: 53>

(169)는 '-기'와 '하다' 사이에 조사 '는, 도, 만, 조차, 까지 등'의 삽입을 필수적으로 요구하고 있다. 이것은 우리 국어에서 명사형 어미 '-기'나 '-음'이 체언의 기능을 할 때, 다음과 같이 조사를 요구하는 현상과 유사한 것으로 보인다.

(170) a. 글 <u>읽기가</u> 재미있다.
     b. 날이 <u>좋기를</u> 바라오.
     c. 너의 신분이 <u>학생임을</u> 잊지 말아라.
     d. 장사는 신용을 <u>얻음이</u> 제일이다.

그러나 이와는 달리 '마련이다', '십상이다' 등은 조사의 삽입이 필수적인 것은 아니다.

(171) a. 사람은 어차피 한 번 <u>죽기</u> 마련이다(한글학회, 1992: 1280).
     b. 이 동네는 비만 오면 큰 물이 <u>지기</u> 십상이었다(한글학회, 1992: 2637).

(171)은 주격 조사 '가'의 삽입이 가능하기는 하나 이것도 필수적인 것으로 보이지는 않는다.

한편 앞의 명사형 어미 '-기'와는 다른 형태의 '-ㅁ/음직'이 있다. 이 유형은 명사형 어미 '-ㅁ/음'과 의존명사 '직'이 결합하여 연결소 기능을 수행하고 있다. 이 '-ㅁ/음직 하다' 구성에 대해 일부 연구에서는 '-ㅁ/음'과 '직하다'로 분석하기도 하나(최현배: 1937/91, 류시종: 1994 등), 이들은 '-ㅁ/음'과 '직'이 하나로 결합된 '-ㅁ/음직'의 형태로 분석해야 한다.[96] 즉 이 구문

---

[96] 한글학회(1992: 3292)도 '-음직'을 하나로 묶어 이음끝으로 처리하고 있다. 즉 "받침 있는 움직씨와 '있다', '없다'의 줄기에 붙어 '하다'와 함께 쓰이어, '보기에 그렇게 할 만한 값어치가 있음'이나 '그렇게 할 듯 함'을 나타내는 이음끝"이라 설명하면서 다음의 예를 보이고 있다.
  (i) a. 먹음직 한 떡
     b. 믿음직 한 사람
     c. 벌써 왔음직 하다
이와는 달리 국립국어연구원(1999: 5803)은 연결소 '-음직'이나 '-ㅁ직'에 대한 언

은 다음과 같이 [-ㅁ/음＋직]이 연결소의 기능을 하면서 뒤의 '하다'와 결합하여 보조용언 구성을 이루는 것으로 보아야 한다.

(172) a. 벌써 <u>왔음직</u> 하다(한글학회, 1992: 3293).
   b. <u>약초였음직</u> 한 풀을 보았다(한글학회, 1992: 3293).

만약 그렇치 않고 [-음＋직＋하다]의 형태를 '-음'과 '직하다'로 분리한다면 다음과 같이 다른 성분의 삽입에 제약을 받게 된다.

(172)′ a. 벌써 왔음(*은, *도, *만, *조차, *까지) 직하다.
   b. 약초였음(*은, *도, *만, *조차, *까지) 직한 풀을 보았다.

(172)′의 제약은 '명사형＋용언'의 다른 구문에서는 나타나지 않는 특징이다.

(173) a. 자신을 과대 평가하기(는, 도, ?만, 조차, 까지) 쉽다.
   b. 장사는 부지런함(이, 도, 만, 조차, 까지) 중요하다.

(172)′에서 명사형 '-음'과 '직하다'의 관계는 (173)처럼 단순히 체언과 용언이 연결된 관계가 아니다. 이들은 '-음'과 '직'이 서로 분리될 수 없는 강한 결합력을 가지고 있다. 그러므로 이 '-ㅁ/음직'은 명사의 형태가 본용언과 보조용언('하다')을 연결시켜 주는 임무를 수행하게 되는 것이다.97)

급을 하고 있지 않으며, '직하다'에 대해서만 보조형용사로 다루고 있다.
 (ii) a. 배고픈 새가 모이를 먹었음 직한데
   b. 웬만하면 믿음 직한데 속지 않는다.
이와 같이 다른 견해를 보이는 것은 보조용언의 범주뿐만 아니라 연결소에 대한 인식이 확립되지 않았음을 보여 주는 것이다.
97) 명사형 어미 계열의 연결소인 '-기'와 '-ㅁ/음직'도 중세와 근대 국어에서부터 그 쓰임의 모습을 발견할 수 있다.
 (i) 너브면 옷 지으매 남음이 잇고 쏘 <u>폴기</u> 쉽거니와<노해 <u>上</u>: 56>
 (ii) a. 둥어리 뾔요몰 可히 뻐 天子끠 <u>받ᄌ왐직</u> ᄒ니(炙背可以獻天子)<두해初
   7: 13>
   b. 여러가짓 生死 煩惱 惡道의 險難 長遠에 <u>감직</u> ᄒ며 건넘직 호몰 아노니
   <법화 3: 178>

이상에서 명사형 어미 계열의 연결소의 유형과 기능을 살펴보았다. 이 유형의 연결소인 명사형 '-기'와 '-ㅁ/음직'은 본래 연결어미가 아니지만 선행하는 본용언과 후행하는 '하다'를 연결하여 보조용언 구성을 이룰 때 넓은 의미의 연결소 기능을 담당한다. 그러므로 이 때의 연결소를 통합적 기능의 연결소라 하였다.

이상에서 국어 보조용언 구성에 참여하는 연결소의 유형을 분류하고 각 연결소를 통합적 기능으로 규명해 보았다. 그리하여 보조용언 구성에 나타나는 각 유형의 연결소들이 본래의 기능에서 벗어나 선행성분과 후행성분을 연결시켜 주는 기능을 담당한다는 것을 확인하였다. 이 때 각 유형의 연결소들은 본래부터 연결어미의 기능을 하던 것도 있으나, 보조용언 구성을 이룬 뒤에 새로이 연결 기능을 부여받은 것도 있다. 본고는 보조용언 구성에 참여하는 연결소들을 통합적 기능을 하는 연결소로 묶어 포괄적으로 설명하였다.

이들 연결소들은 연결 유형에 따라 본래의 의미 특성이 거의 나타나지 않는 것도 있으나 대부분은 본래의 의미 특성의 흔적을 가지고 있다. 그리하여 본래의 의미 특성이 강하면 강할수록 보조용언의 범위에서 멀어지는 특징을 보인다.

각 연결소의 기능이 규명되면 국어 보조용언의 범위 설정 문제에 대한 해결의 실마리를 제공할 수 있을 것이다. 즉 연결소를 많이 설정할수록 보조용언의 범위는 넓어지게 될 것이므로 연결소에 대한 수용이 중요한 요소가 될 수 있다.

(2) 보조용언 구문의 통사 구조

이곳에서는 보조용언 구문의 통사 구조에 대해 살펴보기로 한다. 보조용언의 통사 층위에 대한 지배적인 입장은 상위문의 동사로 보려는 것이

(i)은 연결소 '-기'가 나타난 예이고, (ii)는 '-ㅁ/음직'이 나타난 예이다. 이들 구성은 현대 국어에서의 쓰임을 그대로 보여 주고 있다.

었다. 그 동안 국어 보조용언 구성의 통사 구조에 대해서는 세 가지 관점에서 접근하여 왔다.

첫째는 전통 문법서들의 견해로, 보조용언은 독립적인 서술 기능을 하지 못하는 단문이라는 것이다(최현배 1937, 김윤경 1948, 이희승 1949, 이숭녕 1956 등).

둘째는 변형 생성 문법의 측면에서 접근한 연구로, 보조용언 구성은 서술어가 두 개 이상 나타나고 보조용언과 주어와의 호응이 이루어지기 때문에 복문(보문)으로 보자는 견해이다(이홍배 1970, 양인석 1972, 남기심 1973, 권재일 1985, 홍종선 1986, 이해영 1992, 김영희 1993, 최재희 1996 등).

다음의 (174)는 양인석(1972: 119)에서 가져온 것이다.

(174)

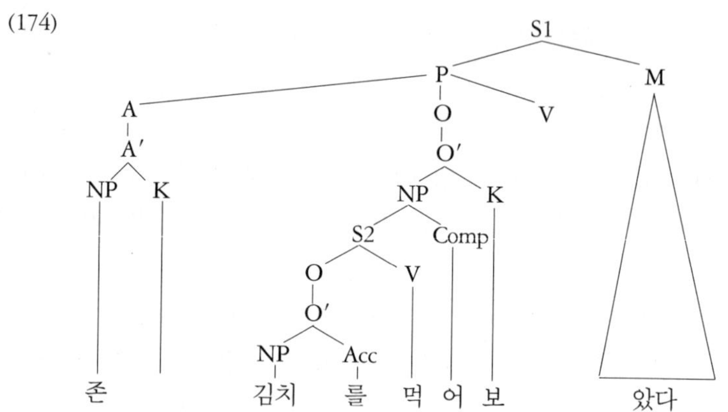

(174)에서, 보조용언은 내포문을 이끄는 상위문의 본용언으로, 내포문은 동사구로 처리하고 있다.[98]

셋째는 김기혁(1986)에서 제시한 것으로, 보조용언 구성은 복문이나 접속문으로 볼 수 없고 동사구 접속으로 보아야 한다는 것이다.

---

98) (174)와 같이 내포문을 동사구로 보려는 견해로는 남기심(1973), 박병수(1974), 서태룡(1979) 등을 더 들 수 있다. 한편 내포문을 명사구로 보려는 견해도 있는데, 여기에는 이홍배(1970), 임홍빈(1975), 홍종선(1986) 등이 있다.

(175)

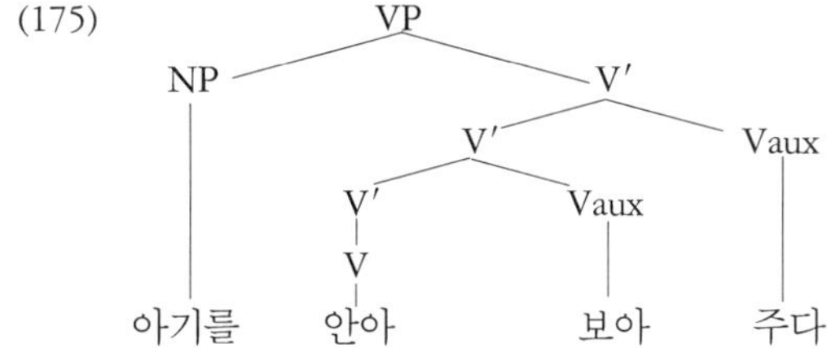

(175)에서, 본용언과 보조용언이 결합한 구성체는 VP와 V의 중간 층위 인 V̄로 설정하자는 것이 세 번째의 입장이다.

이와 같이 보조용언 구성의 통사 구조는 세 가지 측면에서 접근할 수 있다. 그러나 본고는 각 구성의 특징을 반영하여 구문의 특성에 따라 단문 과 복문으로 각각 나누어 처리하는 절충주의 방법을 제안한다. 이 방법은 연결어미 계열과 같이 단문의 특성이 강한 구문은 단문으로 처리하고, 종 결어미 계열과 같이 복문의 특성이 강한 구문은 복문으로 처리하는 것이 다.99)

---

99) 보조용언의 주어에 의지하여 단문과 복문을 나눌 수도 있다. 보조용언의 주어가 본 용언의 주어와 동일한 주어 일치 구문일 경우에는 단문으로 하고, 주어가 다른 주 어 불일치 구문일 경우에는 복문으로 하는 방법이다. 이러한 분류 방법은 기준이 명확하다는 특징이 있다. 이 방법을 적용하여 보조용언 구문을 분류하면, 단문에 속할 수 있는 구문으로는 연결어미 계열과 결합하는 구문(사동의 '-게' 구문 제외) 과 종결어미 계열과 결합하는 구문 중 '추측'의 '-(으)ㄹ까' 구문의 일부와 '의지'의 '-(으)ㄹ까' 구문, 그리고 [관형사형+의존명사] 계열과 명사형 어미 계열 등이 있다. 한편 복문에 속할 수 있는 구문으로는 연결어미 계열 중 사동의 '-게' 구문, 종결 어미 계열 중 '-나/-ㄴ(은,는)가/-(ㄹ)려나' 구문과 추측의 '-(으)ㄹ까' 구문 일부, 그리 고 [관형사형+의존명사] 계열 중 '싶다'와 관련된 구문 등이 있다. 이와 같이 보조 용언 구문을 두 유형으로 나누면 구문에 따른 분류가 명확해 져 편리한 측면이 있 다. 그러나 실제 구문에서 단문과 복문의 차이를 발견하는 데는 어려움이 있다. 즉 같은 계열의 '-(으)ㄹ까' 구문이 주어의 동일성 여부에 따라 다음과 같이 단문과 복 문으로 나누어져야 한다.
  a) 그들은 할머니가 들어오실까 봐 바깥 기척에만 신경을 썼다(새의 선물: 20).
  b) 이모는 남들의 오해를 받을까 봐 남자 허리띠의 버클조차 쳐다볼 수 없게 되 었다(새의 선물: 113).
(a)는 본용언과 보조용언의 주어가 다른 주어 불일치 구문이고, (b)는 주어 일치 구 문이다. 이들 두 구문은 통사·의미적으로 차이를 발견하기 어렵다. 그런데 본용언 의 주어와 보조용언의 주어가 다른 (a)는 복문으로, 그리고 본용언과 보조용언의 주어가 같은 (b)는 단문으로 처리한다면, 결국 두 구문의 차이를 인정해야 한다. 그

먼저 단문의 구조는 의미적 측면에서 접근한 것이다. 일반적으로 보조용언은 독립적인 서술 기능을 수행하지 못하고 단지 본용언의 풀이를 돕는 기능만을 한다. 다시 말해 문장에서 실질적인 의미를 갖지 못하고 보충적인 의미만을 갖는다. 이와 같이 보조용언이 실질적인 의미를 나타내는 것이 아니라, 문법적인 의미를 보충하는 기능을 하기 때문에 '-겠-', '-더-' 등과 같은 문법 형태소와 유사한 면을 보인다.

> (176) a. 그는 지금쯤 서울에 도착했<u>겠</u>다.
>   b. 제가 그 일을 하<u>겠</u>습니다.
>   c. 그는 열심히 일을 하<u>더</u>라.
>   d. 그녀의 어머니도 상당한 미인이라<u>더</u>라.

(176)에서, 문법 형태소로 (176a~b)는 '-겠-', (176c~d)는 '-더-'가 나타나 있는데 이들은 전체 문장에 문법적인 의미를 보충한다. 즉 (176a)의 '-겠-'은 '추측', (176b)의 '-겠-'은 '의지', (176c)의 '-더-'는 화자의 '회상', 그리고 (176d)의 '-더-'는 '보고' 등과 같이 문법적인 의미를 나타내고 있다. 한편 이들 문법소들은 주어와의 호응도 자연스럽게 이루어진다. (176a)는 추측의 주체로 '화자'를 상정할 수 있고 (176b)는 의지의 주체로 본용언의 주어와 동일한 1인칭 '나'를 상정할 수 있다. (176c)는 회상의 주체로 '화자'를, (176d)도 보고의 주체로 '화자'를 상정할 수 있다. 이러한 특징은 보조용언 구성에서도 볼 수 있는 현상이다.

> (177) 덕기는 제 방으로 들어가 누우면서 지금 안에서 듣던 말을 생각
>   하여 <u>보았다</u>(삼대 上, 40).

(177)은 '-어/아 보다'가 '시행'의 보충 의미를 나타내고 시행의 주체는 본용언의 주어와 동일한 '덕기'로 상정할 수 있다. (176)의 문법소들이 독립적인 서술 기능을 하지 못하듯이, (177)의 보조용언도 독립적으로는 '시행'의 의미를 나타낼 수 없고 본용언을 포함한 명제와의 관계에서만 가능

러므로 이 방법도 바람직한 방법이 되기 어렵다.

하다. 그리고 (176)의 문법소들이 주어와 호응될 수 있다고 하여 복문이라 하지 않듯이 (177)의 보조용언 구문도 복문으로 보기는 어렵다.[100]

그러므로 이들 구성은 보조용언의 생략이 일어나도 원래 문장의 기본 의미에 손상이 일어나지 않으며 문장의 구조에도 변화가 일어나지 않는다. 이 유형에는 연결어미 계열 중 '-어/아'형, '-고'형과 접속어미 계열의 '-다 (고)'형('보다') 등이 속한다.

우리는 이러한 문장 구조를 (177)′과 같이 상정하고자 한다.

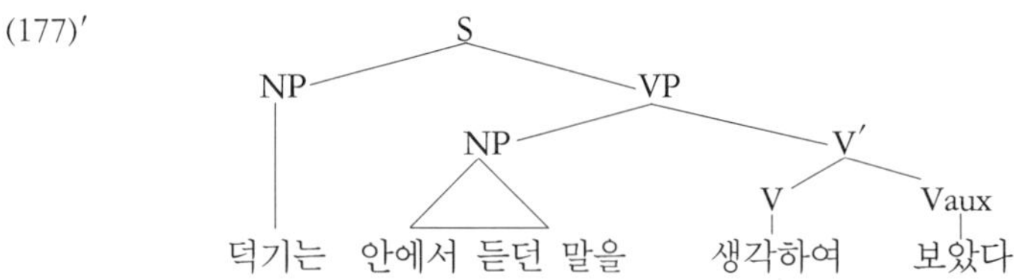

(177)′은 보조용언 구문이 단문의 구조이며 보조용언이 전체 문장과 관련되어 있음을 보여 주고 있다.

한편 다음과 같이 복문 구조는 (177)과는 다른 양상을 보인다.

(178) a. "여름이 오는가 <u>봅니다</u>."(새의 선물: 33)

---

100) 이와 유사한 견해를 손세모돌(1996: 101~118)도 제시하고 있다. 이곳에서 보조용 언은 시제, 상, 서법 등의 문법 형태소들과 구문 구조상 같은 위치를 차지하는 문 장에서의 기능이 매우 유사하다. 전체 문장과 관련된 기능을 한다든지, 어휘적인 의미 기능보다는 문법적인 의미 기능을 더 많이 보여 준다는 점에서 그러하다는 것이다. 그러면서 보조용언을 포함한 기능 범주들을 나타낼 수 있는 구조를 다음 과 같이 제시하고 있다.

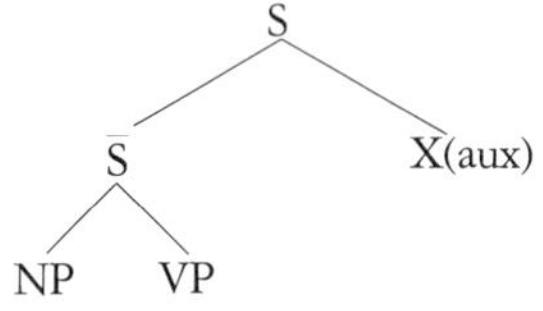

위의 그림은 보조용언 구문이 단문 구조이면서 보조용언이 전체 문장과 관련된다 는 것을 보여 주기 위한 것이다. 또한 문법 요소가 문장 전체와 관련된 것으로 보는 견해로는 서정목(1987), 서정수(1996: 191~204) 등이 있다.

> b. 억양 없이 잔잔한 목소리와 가식 없는 눈동자가 진이를 다시
> 마음 놓이게 <u>했으나</u> 그녀는 마음을 다잡아 먹는다(목마른 계
> 절: 195).

(178)은 (176a)나 (176c, d)의 구문과 유사하게 보조용언의 주어와 본용언의 주어를 다르게 상정할 수 있다. '-는가 보다'가 '추측'의 의미를 나타내는 (178a)는 추측의 주체로 '화자'가 상정된다. 그리고 '-게 하다'가 '사동'의 의미를 나타내는 (178b)는 사동의 주체가 표면에 나타나지는 않았지만 '갑희'라는 소녀이다.

그러나 (176)의 구문들은 서술어가 하나만 나타나지만, (178a~b)의 구문들은 한 문장에 서술어가 두 개 나타나 있고 후행 서술어도 서술 기능을 하고 있는 것으로 보인다. (178a)의 보조용언인 '보다'는 '생각되다', '추측되다' 등으로 해석될 수 있는데 대용언의 기능을 하고 있다. (178b)의 '하다'는 '만들다' 정도로 해석될 수 있는데 이것도 대용언의 기능을 한다. 그렇기 때문에 이들을 생략하면 다음과 같이 문장 구조의 변화가 일어난다.

(178)′ a. "여름은 오는가?"
　　　 b. *억양 없이 잔잔한 목소리와 가식 없는 눈동자가 진이를 다
　　　　 시 마음 놓다.

(178a~b)′에서, (178a)′은 보조용언을 생략하게 되어 '추측'의 의미를 찾기 힘들게 되었고, 질문의 기능만 하는 구문이 되었다. (178b)′도 '하다'를 생략하니 서술어와의 논항 대응이 흐트러져 비문이 되고 말았다. 이와 같이 (178)의 구문들은 모두 서술어가 두 개이고, 보조용언과 호응할 수 있는 주어를 상정할 수 있다.[101]

---

101) 최재희(1996: 193~200)는 의존동사 구성의 통사 구조를 선행동사가 구성하는 내포문(S′)이 의존동사의 하위문으로 내포된 구성인 내포화 구문으로 보고, 의존동사는 상위문 동사로 설정하고 있다. 권재일(1985: 20~24)도 의존동사는 서술어를 형성하고 활용의 기능을 가지고 있으며 어미 결합의 제약이 같다고 하면서, 자립동사와 같은 범주에 두어 문의 서술 기능을 담당한다고 설명하였다. 이러한 견해는 이홍배(1970), 양인석(1972), 홍종선(1986), 이해영(1992), 김영희(1993) 등에서도

　이상의 복문 구조는 통사적 측면에서 접근할 때 가장 설득력 있는 주장이 될 수 있다. 즉 한 문장에 서술어가 두 개 이상 나타나고 보조용언이 주어와의 호응이 가능하기 때문에, 보조용언을 모문의 서술어로, 그리고 본용언을 내포문의 서술어로 하는 보문 구조로 보자는 견해이다.[102]

　이들 구성은 문장에서 보조용언이 자립성을 갖지는 못하지만 서술력을 가지고 있고, 주어와의 1 : 1 호응이 자연스럽게 이루어져 있다. 또한 보조용언을 생략하면 문장 구조의 변화가 일어나는 특징이 있다. 이 유형에 속하는 보조용언은 주로 대용언의 특징이 강하다. 종결어미 계열과 결합하는 '보다, 하다, 싶다' 등과 연결어미 '-게'와 결합하는 '하다' 등은 대용언의 특징이 강하여 실질 의미를 가진 다른 어휘로 교체가 가능하다. 이에 비해 [관형사형＋의존명사] 계열과 결합하는 '하다'와 명사형 어미 계열과 결합하는 '하다'는 형식용언의 특징이 강하다.

　이러한 문장 구조를 개략적으로 다음과 같이 상정하고자 한다.

(178)′ a.

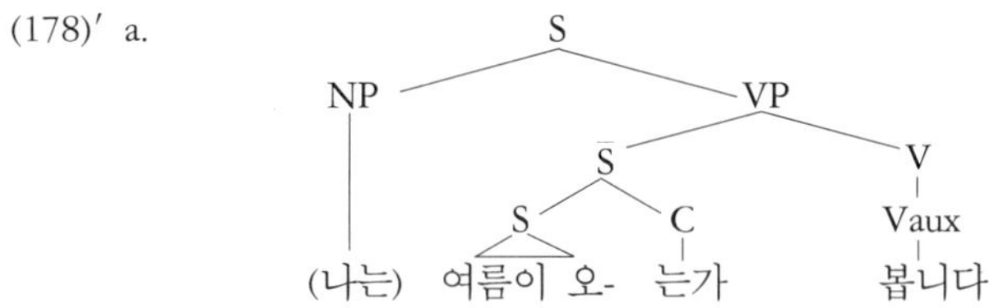

　(178a)′은 보조용언이 내포문을 안고 있는 복문의 구조이다. 상위문의 주어는 표면 문장에 나타나지 않기 때문에 (　) 안에 두었다.

　발견할 수 있다.

102) 복문으로의 처리 방법은 통사적 측면이 많이 반영되어 있고 의미적 측면은 약하다. 일반적으로 문장의 서술어는 실질 의미를 가지거나 실질 의미로 환원이 가능한 어휘이어야 한다. 그런데 보조용언 구문에서 보조용언은 (178)처럼 독립적인 서술 기능을 수행하기도 하나, (177)과 같은 구문에서는 독립적인 서술 기능을 수행하지 못하고 선행 명제에 대한 양상을 표시하는 기능만을 한다. 따라서 (177)과 같은 독립적인 의미 기능을 수행하지 못하는 서술어를 인정하여 복문으로 처리한다면 이에 따르는 설명의 불충분성을 해결하는 데 어려움이 있을 것이다. 즉 보조용언을 복문의 상위문 본동사로 보는 것은 그것이 자립적인 서술 기능을 할 수 있음을 의미하므로 여기에 어긋나는 것에 대한 설명이 있어야 한다는 것이다.

　　이상과 같이 보조용언 구성은 구문의 특성에 따라 단문과 복문의 두 유형으로 나눌 수 있다. 이러한 분류 방법은 보조용언이라는 하나의 범주를 성격이 다른 두 가지 유형의 통사 구조로 나누게 되어 통일성이 약해졌다고 할 수 있으나, 각 구성의 특징을 최대한 반영하였다는 측면에서 긍정적인 평가를 할 수 있을 것이다.

문법화 과정

문법화(grammaticalization)란 독립적인 하나의 낱말이 그 자격을 잃어 버리고, 통사론적 구성에서 형태론적 구성으로 변하면서 의존적인 어휘 혹은 문법적인 요소로 되는 것(고영진, 1997: 30), 그리고 주로 어휘적인 기능을 하던 것이 문법적인 기능을 하거나 문법적인 기능을 하는 형태의 일부가 되는 것, 또 그뿐만 아니라 '덜' 문법적인 기능을 하는 것에서 '더' 문법적인 기능을 하는 것으로 바뀌는 현상(안주호, 1997: 15)을 말한다.

문법화에는 어미나 조사 등과 같이 문법 범주를 형성하는 것들은 물론이고, 유동적이고 과정 중에 있는 형태, 예를 들면, 자립적인 본용언이 의존적인 보조용언으로, 다시 보조용언이 선·후의 요소가 강한 결합 관계를 이루는 접어로 발전하는 과정 등이 모두 해당한다. 결국 자립적인 형태소가 의존적인 형태소로 변하는 전반적인 현상을 문법화라 정의할 수 있다.[1]

---

1) 문법화와 관련된 선행 연구 중 유창돈(1962), 안병희(1967), 이숭녕(1983), 서종학(1983), 안효팔(1983), 이태영(1988) 등은 중세 국어를 대상으로, 이승욱(1973), 홍윤표(1981a, b) 등은 근대 국어를 대상으로 연구가 이루어지고 있다. 현대 국어를 대상으로 한 연구로는 고영근(1970), 홍윤표(1984), 권재일(1987), 손호민(1990), 박승윤(1997) 등이 있다.
   한편 문법화와 관련된 근래의 연구로 김영욱(1995), 손세모돌(1996), 김철남(1997), 고영진(1997), 안주호(1997), 김미영(1998) 등이 있다. 이들 중 특히 안주호(1997), 김

이와 같이 문법화의 개념을 넓게 정의해야 본용언이 보조용언으로 되는 현상이나 이러한 보조용언이 더 나아가 접사로 되는 현상까지를 문법화라는 테두리에서 다룰 수 있게 된다.[2]

Heine, Claudi & Hünnermeyer(1991)는 문법화를 하나의 과정으로 파악했는데, 그 과정은 필연적으로 통시적 과정을 형성한다고 했다.[3]

이 장에서는 보조용언의 문법화의 3단계를 먼저 다루고, '보다' 구성을 중심으로 공시적 측면과 통시적 측면으로 나누어 문법화의 과정을 고찰한다.

1. 문법화의 단계

그 동안의 논의를 보면 자립형이 구속형으로 변하는 문법화의 과정을 약간씩 다르게 설정하고 있음을 알 수 있다. 먼저 국내와 국외의 몇몇 논의를 살펴보고 국어 문법화의 단계를 설정해 보기로 한다.

유창돈(1962)은 '실사의 허사화'란 이름 아래 문법화를 다음과 같이 분류하고 있다.

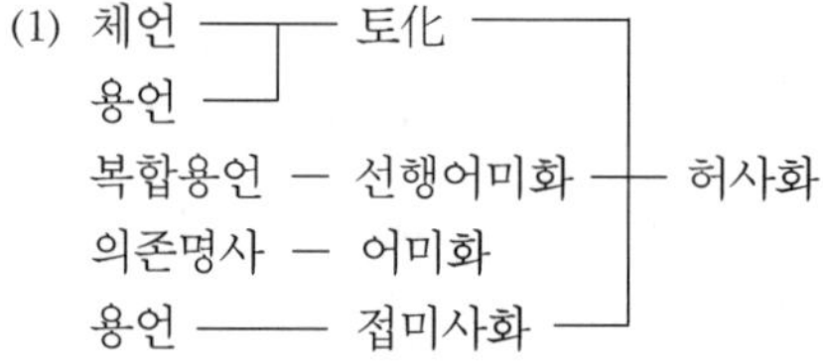

(1) 체언 ——— 토化
    용언 ——
    복합용언 — 선행어미화 —— 허사화
    의존명사 — 어미화
    용언 ——— 접미사화

철남(1997), 김미영(1998) 등은 문법화 연구를 완성되고 고정된 형태만을 대상으로 하기보다는 유동적이고 과정 중에 있는 형태에도 관심을 기울이고 있다.

2) 이정애(1998: 152)에서는 문법화의 정의와 그 개념적 특성에 따른 문제를 다음의 세 가지로 요약하고 있다. 첫째, 문법화는 공시적인가, 통시적인가, 아니면 범시적인 것인가. 둘째, 문법화는 연속체인가, 불연속적인 과정인가. 셋째, 문법화는 단일 방향적인가 등이다.

3) 문법화와 관련된 국외의 언어 연구로는 Li(1975, 1977(ed.)), Li and Thompson (1974), Givón(1971, 1979), Heine and Reh(1984), Dubois(1985, 1987), Bybee(1985), Bybee et al.(1994), Hopper(1987), Sweetser(1988), Traugott(1989) 등이 있다.

여기에서는 세부적인 진행 과정보다는 문법화의 유형을 분류하고 그에 대한 설명이 주로 이루어지고 있다.

그런가 하면 이태영(1988)은 국어 동사의 문법화 단계를 <의미 약화(1단계) → 의미 소실(2단계) → 문법 기능 획득(3단계) → 문법 기능의 전이(4단계)>로 나누고 있다.

안주호(1997)는 문법화의 진전 과정을 <의존명사화 단계(제1단계) → 접어화 단계(제2단계) → 어미·조사·접미사화 단계(제3단계)>로 설정하고 있다.[4]

이에 반해 국외의 문법화에 대한 연구로는 Guiraud(1974)와 Hopper and Traugott(1993)가 주목된다. Guiraud(1974: 35~38)는 문법화 과정을 <내용을 가진 자립적 낱말→반쯤 내용을 가진 준자립적 낱말→최초의 의미를 잃고 선행 성분과 융합한 추상적 기호> 등의 세 단계로 구분하고 있다(안효팔, 1983 참조).

또한 Hopper and Traugott(1993: 6~8)는 기능어로서의 문법어는 내용어인 어휘 항목에 근원을 두고 점진적으로 문법화가 이루어진 것이라 보고, 문법화의 단계(cline of grammaticality)를 <content item(내용어)→grammatical word(문법적 단어)→clitic(접어)→inflectional affix(굴절 접사)>로 기술하고 있다. 그리고 어휘성의 연속 변이를 <통사적 구조→합성어→파생 접사>로 설정하고 다음의 예를 제시하고 있다.[5]

> (2) a basket <u>full</u> (of eggs) → a cup<u>ful</u> (of water) → hope<u>ful</u>

---

4) 안주호(1997)의 문법화의 진전 과정은 다음과 같다.
  a) 문법화 제1단계(의존명사화 단계): 자립적 어휘소들이 다의화되면서 의존적으로 쓰이게 되는 단계.
  b) 문법화 제2단계(접어화 단계): 보조동사나 의존명사가 선·후의 요소들과 결합되어 의존도가 높아지고 제약적으로 쓰이는 접어로 되는 단계.
  c) 문법화 제3단계(어미·조사·접미사화 단계): 융합이 이루어져 어미·조사·접미사와 같이 완전하게 다른 범주로 바뀌는 단계.
5) 예문 (2)는 형용사 'full'이 통사적 구조에서 합성어의 단계를 거쳐 파생 접사의 단계로 변화하는 과정을 보여 주고 있다.

한편 국어 보조용언의 문법화에 대한 논의에는 손세모돌(1996: 285~430), 김명희(1996: 129~146), 고영진(1997: 71~101), 김미영(1998) 등의 논의가 있다.

손세모돌(1996: 285~430)은 보조용언의 형태·구문·의미의 형성과 발달 과정을 다루고 있다. 김명희(1996: 129~146)는 보조동사의 문법화 과정을, 사슬 구문에서 출발하여 절의 접속이 하나의 사건으로 인식되는 재구조화(reanalysis)를 겪으면서 연속동사화(serialization)가 일어나고 뒤이어 후행동사가 문법 기능을 획득하는 과정, 즉 사슬 구문(clause chains) → 연속동사화(serialization) → 보조동사화(auxiliarization)로 설명하고 있다. 또한 문법화 과정 자체가 연속적이며 현재도 진행 중인 과정이기 때문에 각 범주가 가족 유사성을 지니며 원형적인 경우와 모호한 경우가 상존하고 있다고 하면서, '먹다'는 문법화의 초기 단계에 있고 '지다'는 어미화에 가깝다고 하였다.

이와 관련해 고영진(1997)은 문법화를 다음과 같이 세 가지 유형으로 정리하고 있다.

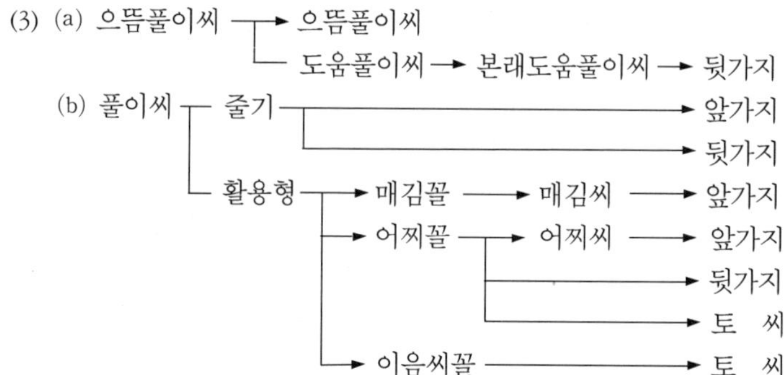

    (c) 문법화에서 어휘화로: 마지막 단계의 앞가지와 뒷가지들이 다른 언어 요소에 녹아 붙어 어휘화함.

이들을 다시 <풀이씨 → 활용형의 개별 낱말 되기 → 가지 되기 → 어휘화>로 정리할 수 있다.

마지막으로 김미영(1998)은 접어화의 진전 단계를 <접어화 이전의 단계(용언) → 접어화 1단계(보조용언) → 접어화 2단계(접어) → 접어화가 완성된

이후의 단계(접사)>로 나누고 있다.6)

　이상을 종합해서 본고는 국어 보조용언의 문법화를 다음의 세 단계로 나누고자 한다.

> (4) · 제 1 단계(보조용언화 단계)
> 　자립적인 본용언들이 다의화되면서 의존적으로 쓰이게 되는 단계.
> 　자립적인 의미로 해석될 수 있는 개연성을 아직까지 가지고 있다.
> 　· 제 2 단계(접어화 단계)
> 　보조용언이 선·후의 요소들과 결합되어 의존도가 높아지고 제약
> 　적으로 쓰이는 단계. 이 단계에 오면 자립적인 의미로의 해석이 전
> 　혀 불가능하고 추상적 의미로만 해석된다.
> 　· 제 3 단계(문법소화 단계)
> 　융합이 이루어져 어미나 접미사와 같이 완전히 다른 범주로 바뀌
> 　는 단계. 자립 형태로의 복귀가 불가능한 단계.

　이를 공식화하면 <**본용언 ⇒ 보조용언 ⇒ 접어 ⇒ 문법소**>로 정리할 수 있다.

　이들 중 보조용언의 경우는 문법화의 완성이 아니라 과정 중에 있는 것으로 보아야 한다. 보조용언에 따라 그 생성의 역사가 오래된 것도 있고 그렇지 않은 것도 있다. 그리하여 이들 중 일부는 중세 국어에서부터 시작된 것도 있으나 다른 일부는 근대 국어에서부터 시작된 것도 있으며 또 일부는 현대 국어에 와서야 그 모습을 볼 수 있는 것도 있다.

　[V₁+연결소+V₂]의 구성을 하고 있는 것 중에서 이미 보조용언으로 정착을 한 것도 있지만 아직까지 정착하지 못한 것들도 있다. 그들 중 일부는 보조용언의 과정을 거쳐 어미로 정착해 가는 유형도 있다('지다'). 그러므로 보조용언은 일반적으로 자립용언에서 보조용언으로 진행했거나 진

---

6) 김미영(1998)의 접어화 진전 단계는 다음과 같다.
　　a) 접어화 이전의 단계: [용언]#[용언](접속 구성)
　　b) 접어화 1단계: 용언 > 보조용언([머리어#보조용언]: 보조용언 구성)
　　c) 접어화 2단계: 보조용언 > 접어([머리어+접어]: 접어 구성)
　　d) 접어화가 완성된 이후의 단계(접사화 단계): 접어 > 접사([어근+접사])
　　　이를 정리하면 <용언 → 조용언 → 접어 → 접사>가 된다.

행 중이고 일부가 문법소화해 가는 과정에 있다고 볼 수 있다.[7]

문법화는 일정한 방향으로 진행된다. 대체로 자립적 어휘소가 의존적으로 쓰이게 되다가 이것이 더 진전되면 마침내는 선·후행의 요소가 결합되어 문법 형태의 한 요소로 된다. 자립적 어휘소가 의존성을 띠게 되는 것은 구체적인 의미가 추상적으로 확대되었기 때문이다. 따라서 문법화는 의미의 변화에서 출발한다고 볼 수 있다.[8]

이제 (4)에서 분류한 국어 보조용언의 문법화에 대한 각 단계의 특징을 살펴보기로 한다.

(1) 제1단계: 보조용언화 단계

자립적인 어휘 의미가 추상화를 거치면서 의존적인 문법 의미로 되는 단계이다. 의미의 추상화가 이루어지는 초기 단계로서 보조용언으로 정착한 것도 있으나 구문에 따라서는 아직까지 본용언의 특징이 많이 남아 있다.

국어 보조용언의 대부분은 제1단계인 보조용언화 단계에 머물러 있으며, 극히 일부만이 제2단계의 접어화와 제3단계의 문법소화 단계로 진행되었거나 진행 중에 있다.

일반적으로 이 단계는 음운적으로 자립적 어휘소인 본용언일 때의 발음을 그대로 유지하는 특징이 있고 형태적으로도 본래 본용언의 형태를

---

7) 이것은 Givón(1971)의 어제의 통사론은 오늘의 형태론 (Yesterday's syntax is today's morphology)이라는 말과 일맥 상통한다.

8) 문법화 과정에서 일어날 수 있는 원리에 대해 Heine & Reh(1984)는 기능적 과정, 형태 통사적 과정, 음소적 과정 등으로 구별하였고, Lehmann(1991)은 마멸(attribution), 열화(paradigmaticity), 필수화(obligatorification), 응축(condensation), 융합(coalescence), 고정화(fixation) 등의 원리를 제시하였다. Hopper(1991: 17~35)는 문법적 형태가 출현하게 되는 원리를 적층화(layering)의 원리, 분화(divergence)의 원리, 특정화(specialization)의 원리, 의미보존성(persistence)의 원리, 탈범주화(decate- gorialization)의 원리 등으로 제시하였다. 한편 안주호(1997: 33~39)는 문법화를 일으키는 직접적인 기제로 은유(mataphor), 재분석(reanalysis), 유추(analogy), 융합(fusion) 등을 들고 있다.

그대로 유지하고 있다. 통사적으로는 아직까지 통사적 자립성을 지키며 동사성을 유지하고 활용을 한다. 의미적으로 다의화가 이루어져 본래 본용언의 의미에서 확장된 의미로 쓰인다. 철자상으로 선행요소와 띄어 쓰기를 원칙으로 한다.

따라서 음운, 형태, 통사, 철자 등 여러 면에서 본용언과 보조용언의 구별이 어렵다는 것을 알 수 있다. 다만 의미면에서 본용언과 구별이 이루어지는데 이것도 전체 구조 속에서 파악해야 하는 어려움이 있다.

결국 본용언과 보조용언을 가르는 기준이 모호함을 말하는데, 이것은 본용언과 보조용언의 형태가 동일하고 의미의 유연성이 느껴지는 것들을 다의어로 처리할 것인가, 동음이의어로 처리할 것인가에서 비롯된 문제이다. 이를 본용언에서 다의어화한 것으로 보면, 본용언에서 의미가 확장한 것으로 보고 본용언의 목록에 둘 수 있다. 반면에 본용언과 의미의 유연성이 느껴지지 않는다고 생각하면 동음이의어로 다루어 보조용언의 항에 따로 둘 수 있다.

그러나 앞에서도 보았듯이 본용언과 보조용언의 사이에는 여러 중간 단계들이 존재하고 있어서 다의어나 동음이의어로 분리하는 것이 쉽지 않다. 다음 예문을 보자.

(5) a. 하늘을 <u>보니</u>, 구름들이 떠 가고 있었다.
    b. 하늘을 누워(서) <u>보니</u>, 한 눈에 들어오는 것 같았다.
    c. 내용을 간추려(서) <u>본다면</u>, 대강 이런 이야기였다.
    d. 지난 일을 돌이켜 <u>보면</u> 후회만 남는다.
    e. 식은 잿더미를 천천히 헤쳐 <u>보니</u>, 그 안에 불씨가 하나 있긴 있었다(새의 선물: 127).
    f. 문을 박차고 나가 <u>보니</u>, 밤하늘이 빨갛게 타고 있었다(새의 선물: 337).
    g. 장군이를 변소에 빠뜨려 <u>보면</u> 어떨까 싶었다(새의 선물: 43).
    h. 나를 통해서 삼촌의 마음을 움직여 <u>보겠다는</u> 미스 리 언니의 계산이기도 했다(새의 선물: 95).

(5)는 '-어/아 보다' 구문인데, 의미만 가지고는 어디까지를 본용언으로,

어디부터 보조용언으로 볼 것인가 판단하기가 어렵다. 왜냐 하면 중간에 위치하는 여러 단계가 있기 때문이다. 그러므로 이들의 형태·통사적인 특징도 아울러 살펴야 할 것으로 보인다. (5a~h)에서, (5a)의 '보다'는 본용언(視)으로써 문장에서 독립적으로 서술 기능을 한다. (5b)와 (5c)는 {[용언]+[-어/아]+[용언]}의 구조인데, 후행용언이 본용언의 기능을 하는 접속용언 구성이다. 이들 두 구문간에는 의미의 차이가 나타나는데, (5b)는 (5a)와 같이 '눈으로 느끼다'(視)의 의미로 쓰인 반면, (5c)는 '헤아리거나 살피다'의 의미로 쓰이고 있다. 즉 (5c)는 (5b)에 비해 의미의 추상화가 어느 정도 진행되었다고 할 수 있다. 이상의 (5a~c)의 '보다'는 실질 의미를 나타내기 때문에 생략을 할 수 없는 특징이 있다.

한편 (5d)는 (5b~c)와 유사한 구조이나 후행용언 '보다'가 실질 의미가 아닌 대용언의 기능을 하고 있다. 그리하여 '돌이켜 보면'은 '먹었던 마음을 고쳐 달리 생각하다'나 '회고하다'의 의미로 해석된다. 이 때 (5d)의 '보다'는 (5a~c)와 마찬가지로 생략을 할 수 없으나 자립성을 갖지 못하는 특징이 있다. 그러므로 (5d)의 '보다'는 본용언과 보조용언 어디에도 속하기 어렵다.

(5e)와 (5f)는 관점에 따라서 본용언과 보조용언 두 가지로 해석이 가능한 중의적(重意的)인 구문이다. 이들 구문은 선행용언과 후행용언이 각각 자립적으로 쓰이는 것처럼 보일 수 있다. 이것은 의미의 추상화가 보조용언으로 정착된 (5g)와 (5h)의 '보다' 구성에 비해 의미의 추상화가 아직까지 진행 중에 있음을 보여 주는 것이다. 이러한 구문은 주로 '보다' 앞에 오는 선행용언이 본용언 '보다'(視)의 방법을 나타낼 때 나타나는 현상으로 보인다. 즉 (5e)는 보는 방법이 '헤쳐'이고 (5f)는 보는 방법이 '나가'이다. 그러나 본고는 앞(제2장)에서도 언급했듯이 중의적인 구문을 인정하지 않는 입장이다.9) 그러므로 (5e~f)의 '보다'는 실질 의미를 가진 본용언으로 해

---

9) 이와 같이 의미에 따른 분류 과정에서 본용언과 보조용언으로 동시에 해석될 수 있는 중의적(重意的) 구문이 있는데, 이들이 중의적으로 보이는 이유 중의 하나는 이들 구문의 예가 단편적으로 제시되기 때문이다. 보조용언은 주로 심리 현상을 표현하는 것이 일반적이기 때문에 전후 문맥을 통해서 그 의미를 파악할 수 있다.

석될 수도 있으나 문맥상 '결과'의 의미를 나타내는 보조용언으로 해석하는 것이 좋을 듯 하다. 결국 (5e)와 (5f)의 '보다'는 어느 정도 자립성을 가지고 있기는 하나 보조용언 구성과 마찬가지로 문맥상 생략이 가능하다.

마지막으로 (5g)와 (5h)는 보조용언으로만 해석되는 구문이다. 이들 구문에서 '보다'는 실질 의미로는 쓰이지 않고 문법 의미만을 나타낸다. 그러므로 자립성이 전혀 없고 생략도 가능하다.

이와 같이 (5a)에서 (5h)까지의 '보다'는 정도의 차이는 있지만 의미의 유연성을 가지고 있으며, 형태·통사적인 제약에 있어서도 상대적으로 '더' 받고, '덜' 받는 것일 뿐이다. 그러므로 이들 용례에서 어디까지를 자립용언으로, 어디부터 보조용언으로 볼 것인가 판단을 내리기는 쉽지 않아 보인다.

따라서 이와 같이 중간 고리로써 연결되어 있는 '보다'와 같은 것을 분리해서 보기보다는 중간 단계를 인정하여 연속적인 선상에서 상대적인 차이로 살피는 것도 하나의 방법이 될 것으로 보인다. 그러나 의미의 유연성이 느껴지지 않아 더 이상 다의어로 볼 수 없을 경우에는 그들간의 관계를 엄격히 구별하여 범주를 따로 설정할 수도 있다.[10]

이상에서는 '-어/아 보다' 구성을 중심으로 본용언에서 보조용언으로의 문법화가 이루어지는 과정을 살펴보았다. 이러한 특징은 다른 유형에서도 확인할 수 있다.

> (6) a. 학교에서 돌아오다 <u>보니</u> 신성토건 집 대문이 부산했다(새의 선물: 386).
>
> b. 그런 생각을 하며 걷다 <u>보니</u> 집 앞이었다(잃어버린 너 中, 181).
>
> c. 찬물을 조금씩 끼얹다 <u>보면</u> 얼마 안 가 물이 차갑다는 걸 모르

그런데 전후 상황을 살필 수 없는 예문이 제시되면 여러 가지로 해석이 가능한 중의적 구문이 된다. 그러므로 보조용언의 의미를 제대로 파악하기 위해서는 완전한 문장을 용례로 이용하는 것이 필요하다는 것을 다시 한번 강조하는 바이다.

10) 보조용언 '보다'에 대한 사전의 처리를 살펴보면, 한글학회(1992: 1794), 사회과학원 언어연구소(1992: 413) 등은 다의어로 처리하고 있는 반면, 이희승(1989: 1954), 이기문(1990: 891) 등은 동음이의어로 처리하고 있다.

　　　　　게 된다(새의 선물: 187).

　　　d. 그 정적이 깊다 <u>보니</u> 골목을 지나가는 아이들의 무심한 노랫소리만 크게 울린다(새의 선물: 76).

(7)　a. 철수는 자기 방의 휴지들을 쓸어(서) <u>버리고</u> 난 후에 걸레질을 했다.

　　　b. 벌레를 쳐다 보고 있는 동안 입안에 가득 고였던 침을 뱉어 <u>버리고</u> 나서(새의 선물: 115).

　　　c. 할머니는 이모의 취직을 저지하는 악역을 삼촌에게 떠맡겨 <u>버릴</u> 속셈인 듯했다(새의 선물: 280).

　　　d. 이 대회에서 입상하기는 글러 <u>버린</u> 일이다 싶어 굳은 얼굴로 기운 없이 소품만 만지작거린다(새의 선물: 190).

　　(6)은 '-다(가) 보다' 구성의 예이고, (7)은 '-어/아 버리다' 구성의 예이다. (6a~d)에서, (6a)는 '보다'가 본용언으로 기능하는 접속용언 구성이다. 그러므로 이 때의 '보다'는 자립성을 유지하고 있으며 생략이 불가능하다. 다만 여타 다른 [용언]+[연결소]+[용언] 구성의 경우에는 보조사 '-서'의 삽입 여부로 본용언과 보조용언을 구별하는 판단 기준을 삼을 수 있으나, (6)의 '-다(가) 보다' 구성의 경우는 '-다(가) 보니', '-다(가) 보면' 등과 같이 굳어진 모습으로만 나타나야 하는 고유한 통사적 특징 때문에 보조사 '-서'의 삽입이 본용언과 보조용언을 구별하는 장치로 이용되지 못한다. 다음으로 (6b)는 중의적으로 해석될 수 있는 구문인데, '보다'를 실질 의미를 나타내는 본용언으로 볼 수 있다. 그러나 앞에서 다룬 (5e~f)에서처럼 (6b)도 '지속'의 의미를 나타내는 보조용언 구성으로 보는 것이 자연스럽다. 한편 (6c)와 (6d)는 둘 다 보조용언 구성이다. 이들은 의미의 유연성에 있어서 차이를 보이는데, (6c)의 '보다'에는 본용언(視)과의 의미의 유연성이 상당히 남아 있는 반면, (6d)에서는 본용언의 의미를 찾기가 매우 어렵다. 그러므로 (6c)보다는 (6d)가 의미의 추상화가 더 진전된 구문이라 할 수 있다.11)

　　한편 (7a~d)에서 (7a)는 접속용언 구성으로 '버리다'가 실질 의미(棄)로

---

11) (6c~d)의 의미 유연성의 차이와 몇몇 통사 특성으로 말미암아 이들 두 구문을 우리는 '지속'과 '원인'이라는 의미로 구별하고 있다.

쓰이고 있다. (8b)는 '버리다'가 중의적으로 해석될 수 있는 구문이다. 이 구문에서 선행용언 '뱉다'와 '버리다'의 관계는 [본용언+본용언] 구성으로 볼 수도 있고 [본용언+보조용언] 구성으로 볼 수도 있다. 그리하여 전자는 '버리다'를 본용언으로 하여 '뱉다'는 버리는 행위에 대한 방법으로 볼 수 있다. 그러나 앞의 (5e~f)와 (6b)에서 보았듯이 (7b)의 '버리다'도 문맥상 선행 동작의 종결을 나타내는 보조용언으로 보는 것이 좋을 듯 하다. 다음으로 (7c)와 (7d)는 보조용언 구성들이다. 이들은 모두 자립성이 상실되고 생략이 가능한 것들이다. 여기에서 (7d)가 (7c)보다 의미의 추상화가 더 진전된 것으로 보인다.

이상에서 본용언이 보조용언으로 문법화되는 과정을 살펴보았다. 이 과정에서 자립적인 본용언일 때와 자립성이 점차 약화되어 갈 때의 통사·의미적 특징이 다르게 나타난다. $[V_1+V_2]$ 구성에서 V_2가 본용언일 때는 완전한 자립성을 갖추고 실질적인 어휘 의미로 쓰이기 때문에 생략을 할 수 없다. 이 유형의 예로는 앞에서 다룬 (5b, c)와 (6a), (7a)가 해당한다. 다음으로 V_2가 중의적인 특성이 강한 경우에는 문맥 의미에 따라 생략이 자의적이다. 이 유형에는 (5e, f)와 (6b), (7b)가 속할 수 있다. 한편 V_2에 어휘 의미가 나타나지 않고 문법 의미만 나타날 경우에는 자립성이 전혀 없고 생략이 자유롭게 이루어질 수 있다. 이 유형에는 (5g, h)와 (6c, d), (7c, d) 등의 예들이 해당한다.[12]

이와 같이 보조용언은 본용언에서 의미가 확장되어 나타나는 형태의 일부인데, 본용언과의 구분이 명확하지 않기 때문에 중간 단계를 인정하여 연속적인 선상에서 상대적인 차이로 살펴야 한다는 것을 알 수 있다.

(2) 제2단계: 접어화 단계

접어화 단계는 자립적 어휘소에서 문법소로 넘어가는 중간 단계의 것

[12) 본용언으로 쓰일 때와 보조용언으로 쓰일 때의 통사·의미적 특징에 대해서는 김기혁(1986), 김석득(1992), 김영희(1993) 등을 참고할 수 있다.

으로, 선·후의 요소와 긴밀한 관계로 굳어진 통합된 꼴로 쓰이고 있다.

접어의 기본적인 특성은 '자립어'에 비해 상황 의존적이고 의미면에서도 좀더 추상성을 띤다는 점에 있다. 접어는 자립적 어휘소와 유연성을 갖기는 하지만 문법화가 진행되어 자립적 의미를 상실한 뒤 의존적으로 쓰이며, 아직 융합이 이루어지지 않아서 완전한 문법소로 매김될 수 없기 때문이다.

안주호(1997: 46~49)는 접어화 단계의 특징을 다음과 같이 제시하고 있다. 첫째, 발음이 자립 어휘소와는 다르게 나타난다. 둘째, 형태적으로 제약되어 고정된 활용형으로만 쓰인다. 자립적 어휘소에서 파생되었지만 자립성을 상실하고 의존적으로 쓰이므로 반드시 머리어(host)에 결합되어서만 쓰이고 단독으로 쓰일 수 없다. 셋째, 통사적으로 여러 가지 제약들이 생긴다. 넷째, 문법화 제1단계보다 의미가 더 확장되어 원의(原意)에서 많이 벗어나게 된다. 다섯째, 표기상으로 붙여 쓰기도 하고 띄어 쓰기도 하는 등 규범적인 면에서 유동적이다. 여섯째, 기제상으로 재분석과 유추가 적용된다.13)

보조용언이 접어화 단계에까지 진전한 용례는 그리 많지 않다. 보조용언이 접어로 발전한 대표적인 것 중의 하나는 '지다'이다.

> (8) a. 이별의 슬픔이 무의미해 <u>지자</u> 사랑마저 시들해 <u>진다</u>는 걸 나는
>   처음 깨달았다(새의 선물: 203).
>   b. 살짝 밀었으나 그는 힘없이 <u>쓰러졌다</u>.
>   c. 이모는 친구들의 기대를 저버리지 않고 "엄마야!" 하면서 다리
>   를 한껏 쳐들었고 그대로 논둑길에 엎어<u>지고</u> 말았던 것이다(새
>   의 선물: 84).

(8a~c)에서, (8a)는 전형적인 보조용언의 쓰임을 보여 주는 예이다. 여

---

13) Spencer(1991)는 접어에 대한 특성과 개념을 설명하고 있다. 이곳에서 형태부와 통어부의 중개 장치, 그리고 음운부와의 겹침을 보여 주는 현상들을 일컬어 접어화 현상이라고 규정짓고 있다. 이러한 접어의 단계는 국어의 보조용언과 접어가 문법적인 기능을 나타내면서 형태·음운적으로는 머리어와 보조용언, 머리어와 접어가 긴밀히 결합하여 마치 어근과 접사의 결합형처럼 느껴지는 접사의 기능을 동시에 지니거나, 그 중간 단계에 머물러 있는 경우에 해당한다(김미영, 1998: 21 재인용).

기에서 '무의미해 지다'와 '시들해 지다'는 각각 '무의미하다+지다', '시들하다+지다'로 분석이 자연스럽게 이루어지며, 이 때 '지다'는 피동의 뜻을 나타내는 보조용언으로의 기능을 하고 있다. 그러므로 (8a)의 '지다' 구성은 문법화 제1단계인 보조용언화 단계의 특징이 나타난다.

그러나 (8b~c)는 이와 다른 모습을 보여 준다. 먼저 (8b)의 '쓰러지다'는 '쓸다+지다'로 분석이 이루어질 것처럼 보이고, '쓸다'의 사전적 의미인 "비 따위로 쓰레기 따위를 밀어내거나 한데 몰아 치우다."(한글학회, 1992: 2673)와 관련이 있을 것처럼 보인다. 그러나 '쓸다'가 '掃'의 뜻을 가지고 있고, '쓰러지다'도 '掃'의 뜻을 가진 '쓸다'에서 기원하고 있음은 분명하나, 현실적으로 이들 사이의 의미적 거리가 상당히 멀어져서 유연성을 찾기가 매우 힘들다. 그리하여 표기에 있어서도 '쓸어지다'가 아닌 '쓰러지다'로 하고 있으며, 사전에서도 두 단어가 아닌 하나의 단어로 처리하고 있다. 따라서 (8b)의 '지다'는 이미 접미사에 가까워진 형태이기는 하나, 아직 완전한 문법 형태소로 발전하지는 못하였으므로 접어에 해당한다고 볼 수 있다.14)

---

14) 안주호(1997: 46~48)는 접어화 단계의 예로 '가지고'를 제시하고 있다.
    (i) a. 나는 선물을 사 가지고 집으로 돌아왔다.
       b. 그는 돈을 벌어 갖고 집을 샀다.
그러나 (i a~b)의 '가지고'는 선·후행용언의 분리성이 매우 강할 뿐만 아니라 선행용언의 도움 없이 '가지고' 단독으로도 문장의 서술어 역할이 가능하기 때문에 접어로 처리하는 데는 무리가 있는 것으로 보인다.
    (i)′ a. 나는 선물을 사서 (선물을) 가지고 집으로 돌아왔다.
       b. 그는 돈을 벌어서 (돈을) 가지고 집을 샀다.
다시 말해 (i a~b)′과 같이 선행용언과 후행용언의 분리가 가능하며, '가지고'가 지배하는 목적어를 상정할 수 있다. 이에 반해 다음의 경우는 접어에 가까운 것으로 보인다.
    (ii) a. "나도 어미가 되어 가지고 자식손 한 번 못 잡아 보고 보낸다."(잃어버린 너 上, 135)
       b. "병실에 전화를 걸어 가지고 절 보고도 그랬어요."(잃어버린 너 中, 208)
물론 이 때에도 선행용언이 자립적으로 쓰일 수 있고, '가지고'가 생략되어도 문맥 의미에 큰 영향을 주지 않기 때문에 완전한 접어 구문이라고 할 수는 없다. 그러나 (i)의 경우보다는 '가지고'의 선행성분에 대한 의존도와 의미의 추상화가 강화되어 나타나 있다. 이러한 특징 때문에 홍윤표(1984)는 '가지고'를 '후치사'로 설명하고 있다.

이와 유사한 것을 (8c)의 '엎어지다'에서도 발견할 수 있다. '엎어지다'
는 '엎다+지다'로 분석이 가능하다. 이들과 관련된 '엎다'의 사전적 의미
는 "밀거나 때리거나 걸어 잡아당기거나 하여 넘어지게 하다."이다. 그런
데 '엎다'가 '밭을 갈아 엎다'나 '씨름판에서 사람을 차례로 엎어 넘겼다'
의 경우처럼 단독으로 쓰일 수도 있지만, (8c)와 같은 상황에서는 자립적으
로 쓰이지 못하고 항상 '지다'와의 결합이 수반되어야 하는 특징이 있다.
그러므로 (8b)의 '쓰러지다'와 함께 (8c)의 '엎어지다'는 선행용언의 자립성
이 약화된 반면에, 선·후행 성분의 결합도가 강화되어 나타난다. 그러나
아직 융합이 일어나지 않았기 때문에 접미사로의 진전은 이루어지지 않은
상태이다.15)

(3) 제3단계: 문법소화 단계

이는 문법화가 완성된 단계로서, 통사적 구성에서 비롯한 것은 형태적
구성으로 완전히 바뀌고 단일 형태의 경우는 형태적인 변화는 일어나지
않았지만, 기능이 바뀌어 완전히 다른 범주로 매김할 수 있는 단계이다(안
주호, 1997: 49~50).

이 단계의 특징으로는 첫째, 선·후의 요소의 융합(fusion)이 이루어진다.
둘째, 형태상으로 활용은 불가능하고 고정된 형태로만 쓰인다. 셋째, 완전
한 문법소가 되었으므로 형태·통사적으로 여러 가지 제약을 받는다. 그리
하여 본래의 통사적 구성으로 복귀하는 것이 불가능하다. 넷째, 의미면에
서 원래 어휘소와의 유연 관계가 사라지고 새로운 의미가 파생된다. 다섯
째, 융합이 되었으므로 표기면에서 붙여 쓰기가 완전하게 이루어지며, 그
사이에 다른 요소들의 끼어듦이 불가능해진다. 여섯째, 은유, 재분석, 유추
는 이미 이루어진 상태이고 융합의 기제가 적용된다. 여기에 해당되는 것
으로는 통사적 구성에서 완전히 형태적 구성으로 된 종결 어미나 선어말
어미, 연결 어미 등과 단일 형태에서 조사로 된 것, 접사로 된 것 등을 들

---

15) 이와 관련된 것을 고영진(1997: 87~90)도 다루고 있다.

수 있다.

국어에서 통사적 구성으로부터 출발하여 문법소까지 진전된 용례를 선행 연구를 대상으로 살펴보면 다음과 같다. 먼저 이태영(1988)은 국어 동사의 문법화를 다루었는데, 동사 '닥다'가 특수 조사로 변화하는 과정을 다루고 있다. 또한 동사 '겨시다'가 현대 국어의 '께서'로, 동사 '시다, 이시다'가 '셔, 에셔, 씌셔, 로셔, -어셔' 등으로 다양하게 실현되는 과정을, 그리고 동사 '가다'에서 조사 '가'로의 생성에 관한 것 등을 다루고 있다.

이지양(1993)은 국어의 융합형을 어휘적 융합형과 형태적 융합형으로 나누어 고찰하고 있다. 이 중 형태적 융합형은 파생 접사화 유형('맞-', '-엊/앚-')과 선어말 어미화 유형('-었/았-', '-겠-', '-잖-', '-려-')으로 나누어 다루고 있다.

이필영(1997)은 '것이'와 '것을'의 특수 용법을 다루고 있는데, '것을 > 걸'과 '것이 > 게'의 특수한 용법을 문장 종결 위치와 비종결 위치로 나누어 고찰하고 있다.

고영진(1997)은 본용언에서 접미사 '지다'의 생성 과정을 살피는 것을 비롯하여, 용언에서 접두사('설-, 에-, 단-, 잔-, 헌-, 진-, 뜬-, 곤-' 등)로, 접미사('-하다, -지다, -없다, -겹다, -답다, -어다가' 등)로, 그리고 토씨('-에서, -같이, -조차, -마저' 등)로 변모되는 과정을 밝히고 있다.

안주호(1997)는 통사적 구성에서 비롯된 것이 융합이 이루어져 형태적 구성으로 된 종결 어미 '-ㄹ께, -는걸, -을걸'과 선어말 어미로 된 '-ㄹ테-'를 다루고, 연결 어미는 문법화 제2단계의 연결 기능을 하는 접어 구성에서 융합이 이루어져 형태적 구성으로 된 설명의 연결 어미 '-는데, -은바, -은즉' 등과 근거의 연결 어미 '-은만큼, -는만큼, -으니만큼, -느니만큼' 등을 다루고 있다.

김미영(1998)은 보조용언을 중심으로 접어화를 밝히면서 접사화에 이르는 과정을 설명하고 있다. 김미영(1998)에서 접사화 단계에까지 발전되었다고 보는 보조용언은 '-어 오다, -어 가다, -어 대다, -어 쌓다, -어 있다, -어 두다, -어 놓다, -어 내다, -어 버리다, -어 보다, -어 주다, -어 지다, -어 가지다, -어 먹다' 등이다. 그런데 이곳에서 접사 구성이라고 다루고 있는 것은 대부분 방언형이다. 이것은 언중들의 공통된 정서를 중심으로 한 것이 아니라, 일부 언중들의 특징에 의존하고 있어 언어 일반성에 부합될 수 있는지 생각해 보아야 한다.

보조용언이 문법화 제3단계인 문법소로 발전된 예는 극히 드물다. 그 중에서도 대표적인 것이 '지다'일 것이다. 보조용언에서 접어화 단계를 거쳐 문법소화 단계에 이르면 '지다'는 보조용언의 기능이 약화되고 선행 성분과 융합이 이루어지게 된다.

> (9) a. 그는 달리기를 하다가 넘어져 팔이 부러<u>졌다</u>.
> b. 파장이라 장꾼들도 하나 둘 헤어<u>지고</u> 있었다.

(9a)의 '부러지다'에서 '지다'가 피동의 '지다'와 관련이 있는 것은 사실이다. 그러나 선행 성분인 '부러'의 기원을 찾기는 현실적으로 불가능하다. 왜냐 하면 '*불다'(혹은 '*부러다')라는 동사가 현대 국어에서는 쓰이지 않기 때문이다. 그러므로 '부러지다'는 '부러＋지다'로 분석할 때 '부러'의 '*불'은 어근이고, '지다'는 보조용언의 자격을 상실하여 접미사가 된 것으로 보는 것이 자연스럽다.

이와 같은 현상은 (9b)에서도 마찬가지로 발견할 수 있다. (9b)의 '헤어지다'도 '헤어'에 대한 기원을 찾기가 불가능하다. 그러므로 이것도 어근 '헤어'에 접미사 '지다'가 결합하여 "모였던 사람이 이리저리 갈리어 가다."라는 의미를 나타내는 새로운 어휘가 만들어진 것으로 보아야 한다. (9a~b)와 같이 '지다'가 접미사로 정착되었기 때문에 이 때의 '지다'는 문법소화 단계에 이르렀다고 볼 수 있다.

그런데 외관적으로 (9a~b)의 '지다'와 앞에서 다룬 (8b~c)의 '지다'를 구별하기란 어려움이 있는 것으로 보인다. (9a~b)의 '지다' 구성은 선행 성분과의 융합이 완료된 상태이고, 현실적으로 선행 성분의 기원을 찾을 수가 없는데, (8b~c)의 '지다' 구성은 아직까지 선행 성분과의 융합이 완료되지 않은 상태이고, 선행 성분의 기원이 어느 정도 남아 있는 상태이기 때문이다.

(9)의 '지다'처럼 문법화가 완성된 것으로 피동 접사 '-지-'가 있다. 이 것은 '그늘지다, 얼룩지다, 메지다, 차지다' 등과 같이 주로 명사나 형용사 뒤에 붙어 그것이 나타나 있거나 그렇게 되어 있음의 뜻을 나타내는데(한 글학회, 1992: 3868), 하나의 개별적인 어휘에서 그 성질을 잃어 버리고 문법 적인 요소로 정착했음을 알 수 있다.16)

한편 고영진(1997: 91~100)은 보조용언에서 접미사로 발전된 용례로 '뜨리다'를 다루고 있다.17) 그는 '뜨리다'와 '지다'의 짝이 이루어지는 것과 '뜨리다'와 '지다'의 짝이 없는 것을 분류하여 그 예를 제시하고 있다. 결 국 의미상 '지다'는 피동, '뜨리다'는 사동을 나타내었던 것인데, '지다'가 접미사로 진전된 것과 같이 '뜨리다'도 보조용언으로 쓰이던 것이 어느 단 계에 이르러서 접미사가 되었을 것이라고 설명하고 있다.18)

그럼 예를 통해서 '뜨리다'의 접미사에 대한 가능성을 확인하여 보자.

> (10) a. 나는 말없이 고개만 끄덕거리고는 황급히 발밑으로 시선을 떨 어뜨린다(새의 선물: 201).
>   b. 한복치마의 벌어진 틈으로 조선무같은 다리를 뻗는가 했더니 어느새 혜자이모를 차서 쓰러뜨린다(새의 선물: 262).
>   c. 어젯밤 이후 처음으로 할머니는 목소리를 높이는가 싶더니 이 내 누그러뜨린다(새의 선물: 228).

(10a~c)에서, '뜨리다'와 결합하고 있는 선행용언들은 공시적으로는 그 뿌리를 찾을 수 없는 것들이다. 그러나 [선행용언+'-어/아'+'뜨리다']의 구조임을 볼 때 기원적으로 '뜨리다'는 보조용언이었을 것이고 이것이 접 미사로 진전되었을 것으로 보인다.19)

---

16) 피동 접사 '-지-'에 대한 논의는 최현배(1991: 673~676), 고영진(1997: 143~144) 등에서도 이루어지고 있다.

17) 고영근(1989: 508)은 이것을 준접미사로 설정하였고, 김석득(1992: 184)은 본용언으 로 쓰이는 '뜨리다'가 없기 때문에 보조용언이 될 수 없고 접미사로 처리하여야 한 다고 하였다.

18) 최현배(1991: 362)는 "'뜨리다'는 본래 독립한 낱말로서, 말 만드는 뒷가지로 쓰이 게 된 것이라 할 만 하다."라고 언급하였다. 이상복(1991: 61~63)도 '뜨리다'를 한 낱말로 보아도 무방하다는 태도를 보이고 있다.

이상에서 자립적인 형태소가 의존적인 형태소로 변하는 전반적인 현상을 문법화라 정의하고, 국어 보조용언의 문법화를 보조용언화 단계, 접어화 단계, 문법소화 단계의 세 단계로 설정하여 살펴보았다.

제1단계인 보조용언화 단계는 자립적인 어휘 의미가 추상화를 거치면서 의존적인 문법 의미로 발전하는 초기 단계로서, 보조용언으로 정착한 것도 있으나 구문에 따라 아직까지 본용언의 특징이 남아 있는 것도 있다. 이와 같이 보조용언은 본용언과의 구분이 명확하지 않기 때문에 이들의 중간 단계를 인정하여 연속적인 선상에서 상대적인 차이로 살펴야 한다는 것을 알 수 있다. 이에 속할 수 있는 용례로는 보조용언으로 분류할 수 있는 대부분이 해당한다.

제2단계인 접어화 단계는 보조용언이 선·후의 요소들과 결합되어 의존도가 높아지고 제약적으로 쓰이는 단계로서, 자립적인 의미로의 해석이 전혀 불가능하고 추상적인 의미로만 해석된다. 즉 아직 융합이 완성되지 않아 완전한 문법소로 정착하지 못하고 있는 것인데, 여기에 속할 수 있는 용례로는 '쓰러지다', '엎어지다'의 '지다'가 있다.

제3단계인 문법소화 단계는 문법화가 완성된 단계로서, 융합이 이루어져 어미나 접미사와 같이 완전히 다른 범주로 바뀌는 단계이며 자립 형태로의 복귀가 불가능하다. 대표적인 용례로 '부러지다', '헤어지다'의 '지다'를 들 수 있다.

---

19) 이승재(1992: 67~68)는 '자빠뜨리-(使沛)'의 화석화를 다루고 있느데, '-뜨리-'는 기원적으로 동사 어간에서 문법화되었고, '-뜨리-'의 'ㄸ'이 'ㅉ'에서 발달한 것이며, '-뜨리-'에는 사동 접사 '-이-'가 화석화되어 있거나 ·그 동사 어간 자체가 사동의 의미를 가진다고 하면서, '-어 뜨리-'를 다음과 같이 분석하고 있다.

여기에서 사동 접사는 능동문을 바꾸어 놓는 문법적 기능을 가지는데, 사동 접사 '-으/으-'는 '*떨-'과 융합됨으로써 그 기능을 잃어 버린 것으로 보고 있다. 그러나 사동 접사 '-으/으-'는 형식의 화석은 확인하기 어렵지만 의미의 화석은 확인된다고 하였다.

문법화에는 어미, 조사, 접미사 등과 같이 완성되어 그 형태가 고정된 것도 있지만, 보조용언과 같이 아직 완성되지 않아 유동적이고 과정 중에 있는 것도 있다. 본고는 이들 중 특히 과정 중에 있는 형태에 관심을 두고 고찰하였다.

2. 보조용언 구성의 문법화 과정

(1) 의미 추상화 과정의 공시적 고찰

이 절에서는 독립적인 서술 기능을 수행하지 못하는 보조용언이 본용언으로부터 의미가 추상화되는 과정을 살피고자 한다.

보조용언은 어휘 의미에서 상당히 멀어져 문법적 기능을 하는 추상적인 의미가 되었다. 그러나 본래부터 보조용언으로 쓰인 경우를 제외하고는 이 추상화된 문법적 의미도 자립적인 서술력을 가지고 있는 본용언과의 관계를 무시할 수 없는 것이다.

본용언은 구체적인 어휘 의미에서부터 아주 추상화된 어휘 의미까지 다양하다. 본용언의 의미 중 추상화가 많이 진행될수록 본용언의 기본 의미에서 상당히 멀어져 있다. 그러나 이들은 원래의 의미와 관련을 맺고 있고, 또 자립적인 서술력을 가지고 있기 때문에 본용언이라는 하나의 범주 안에서 다루어질 수 있다.

보조용언의 경우는 용례에 따라 본용언의 의미와 상당히 가까운 것도 있지만 의미의 관련성을 맺기가 어려운 것도 있다. 본용언에 의미의 추상화가 일어나면 기본 의미에서 멀어지는데, 보조용언은 여기에서 추상화가 더 진전되고 자립성까지 상실되었기 때문에 의미의 유연성을 찾기 어려운 것이다. 또한 애초부터 본용언과의 유연성이 먼 것과 모호한 관계에 있는 것들은 본용언과 보조용언 간의 의미의 관련성을 찾기가 더욱 어렵다.

이 절에서는 이러한 현상들을 감안하면서 본용언의 기본 의미가 점차 추상화를 겪어 나가는 과정을 살피고, 이러한 것들이 어떻게 보조용언의 의미로까지 연결될 수 있는 지를 밝힌다. 보조용언 중 몇몇 용례만을 뽑아 다루기로 하고, 궁극적으로는 '보다'에 초점을 맞추어 논의를 진행시켜 나간다.

1) '보다' 구성의 의미 추상화

보조용언 '보다'는 여러 가지 유형으로 나타나는데 크게 두 부류로 묶을 수 있다. 하나는 연결어미와 결합하는 '보다' 구성('-어/아 보다', '-고 보다', '-다(가) 보다')이고, 다른 하나는 종결어미와 결합하는 '보다' 구성('-나 보다', '-ㄴ(은,는)가 보다', '-(ㄹ)려나 보다', '-(으)ㄹ까 보다')이다.

본고는 보조용언 '보다'의 의미를 파악할 때에도 이와 같이 두 부류로 나누어 고찰한 바 있다(제2장 의미론적 특성 참조). 즉 연결어미와 결합하는 '보다' 구성의 1차적 의미는 '시행', 종결어미와 결합하는 '보다' 구성의 1차적 의미는 '추측'으로 설정하였다. 한편 이들 두 1차적 의미에서 파생된 문맥 의미들이 여러 가지 있다는 것도 제2장에서 알아 보았다.

그러면 보조용언 '보다'의 1차적 의미인 '시행'과 '추측'이 본용언의 의미와 어떻게 유연성을 가지는지에 대해 알아 본다.

본용언 '보다'의 사전적 의미를 한글학회(1992: 1794)는 다음과 같이 풀이하고 있다.

> (11) a. 눈으로 느끼다.
>   : 앞을 보고 걷다.
>   b. 헤아리거나 살피다.
>   : 형편을 보다/ 관상을 보다/ 맛을 보다.
>   c. 어떻게 여기거나 평가하다.
>   : 사람을 만만히 보다.
>   d. 겪어 내거나 치르다.
>   : 시험을 보다/ 장례를 보다.
>   e. 채비를 하다.
>   : 잠자리를 보다.
>   f. 장에서 물건을 사거나 팔다.

　　　: 장을 보다.
　g. 참거나 그대로 두다.
　　　: 보자보자 하니 별일이 다 있다.

　(11)에서, 본용언 '보다'의 기본 의미는 '눈과 관련된 동작'이다(손세모돌, 1996: 305). (11a~g) 중 눈과 관련되지 않은 것은 하나도 없다. 다만 이들 중에는 시각적인 행위만 이루어져도 되는 것(11a)이 있다. 그러나 시각적인 행위 이외에 또 다른 행위가 수반되어야 하는 것(11b~g)도 있다. 즉 (11b~c)는 시각적인 행위가 이루어지고 난 후에 그에 대한 판단이 수반되어야 하고, (11d~f)는 시각적인 행위와 더불어 그에 대한 적절한 행동이 동반되어야 한다. 그리고 (11g)는 시각적인 행위와 그에 대한 판단, 그리고 그 결과에 대해 참는 행위가 이루어져야 한다.

　이와 같이 본용언 '보다'는 '시각적인 행위'가 중심 의미가 되지만 다른 의미가 추가되면서 의미의 추상화가 일어나고 있다. 본고는 본용언 '보다'에서 '행위성'과 '판단성'의 의미를 추출해 낼 수 있다. 여기에서 '행위성'이란 눈을 통해서 일으킬 수 있는 행위와 시각적인 행위가 이루어진 후에 결과로써 나타나는 행위가 모두 포함된다. '판단성'이란 눈을 통해서 받아들인 것에 대한 평가를 말한다.

　이 두 특징 '행위성'과 '판단성'은 보조용언 '보다'의 의미와 관련을 맺는 데 중요한 요인이 된다. 즉 '행위성'은 보조용언 '시행'의 의미와 유연성을 갖게 되고 '판단성'은 보조용언 '추측'의 의미와 유연성을 갖게 된다.

　먼저 '행위성'과 '시행'의 의미 유연성에 대해 살펴본다. (11)에서 본용언 '보다'는 '눈으로 느끼다'라는 감각적인 행위만 이루어지는 것이 아니고 상황에 따라 구체적인 행동이 수반되고 있다. (11d)에서 '시험을 보다'는 시각적인 행위만이 수행되는 것이 아니고, 여기에 그에 알맞는 적절한 행동이 동시에 진행될 것을 요구한다. 또한 (11e)의 '잠자리를 보다'의 경우에도 잠자리를 눈으로 관찰하는 것이 아니라, 잠을 잘 수 있는 환경이 되도록 청소를 하고 이불을 깔고 하는 등의 행동을 뜻한다.

　이와 같이 본용언 '보다'의 [＋시각성], [＋행위성]이 보조용언으로 쓰

이게 되면, '시각성'의 기능은 아주 약화되거나 아예 없어지고 '행위성'만
이 남게 되는 변화를 겪게 된다.[20] '시각성'의 상실에 대한 원인에 대해서
는 아직 명확하게 밝히기 어렵지만 의미 추상화의 결과로 보는 것이 좋을
듯 하다.

'시각성'의 약화가 이루어진 예를 (11)에서도 찾을 수 있다. 즉 (11e)의
'잠자리를 보다'는 그 의미가 '채비를 하다'이기 때문에 '시각성'과는 관련
이 없어 보인다. 또한 (11f)도 '시각성'과의 관련을 찾기 어려운데, '장에서
물건을 사거나 팔다'의 의미인 '장을 보다'에서는 눈으로 관찰하는 것이
목적이 아니고 물건을 사는 행위가 목적이기 때문에 '시각성'과 거리가 있
다고 볼 수 있다.

(11)에서 본용언 '보다'의 의미에서 '시각성'의 자질이 약화되었다. 더
욱이 의미의 추상화가 훨씬 더 진전된 보조용언은 '시각성'에 대한 관여가
훨씬 더 약하다. 그러므로 다음 (12)에서 보듯이 보조용언 '보다'의 의미
'시행'에 '행위성'만 남고 '시각성'이 상실된 것은 큰 문제가 되지 않는다.

> (12) a. 감나무 밑으로 내려가서 바람이라도 쐬어 <u>보면</u> 어떨까 하는
>   생각이 들었다(새의 선물: 290).
>   b. 한 번은 아리랑 비어홀 앞을 지나다가 아저씨의 오토바이를
>   발견하고 조금 기웃거려 본 적이 있다(새의 선물: 58).
>   c. 집에서 늦게 떠났어 <u>봐라</u>. 틀림없이 늦었지(이상복, 1986: 28
>   9～303).
> (13) a. 주머니 사정이야 어떻든 일단 가고 <u>보았다</u>(김주미, 1993: 28).
>   b. 운전사는 아까까지 덜컹거리는 소리가 심해진다 싶더니 급기
>   야는 이 고갯길 앞에 이르고 <u>보니</u>, 도저히 브레이크를 믿지
>   못하겠다는 마음이 들었다(새의 선물: 371).
> (14) a. 그들은 오솔길을 따라 한참 걸어 들어갔고 그럭저럭 걷다 <u>보</u>
>   <u>니</u> 꽤 한적한 길에 들어서게 되었다(새의 선물: 216).
>   b. 염상은 고시공부를 하던 머리 좋은 대학생이었는데 머리가 너
>   무 좋다 <u>보니</u> 그만 돌아 버렸다는 얘기였다(새의 선물: 158).

---

20) 본용언 '보다'의 의미 특성으로 [+시각성] [+행위성] 이외에 [+판단성]이 있어야
    한다. [+판단성]은 보조용언 '추측'의 의미와 밀접하게 관련되어 있다.

(12)는 '-어/아 보다' 구성이고, (13)은 '-고 보다' 구성, 그리고 (14)는 '-다
(가) 보다' 구성이다. 한편 (12a~c)에서, (12a)는 '시행', (12b)는 '경험',
(12c)는 '가정'을 그 문맥 의미로 나타내고 있다. (13a~b)에서, (13a)는 '시
행'을, (13b)는 '결과'를 그 의미로 나타내고 있다. 그리고 (14a~b)에서,
(14a)는 '지속'을, (14b)는 '원인'을 그 의미로 나타내고 있다.

그런데 연결어미와 결합된 '보다' 구성의 '행위성'에도 정도의 차이를
발견할 수 있다. '시행', '경험'의 '-어/아 보다' 구성과 '시행'의 '-고 보다'
구성, 그리고 '지속'의 '-다(가) 보다' 구성은 [+행위성]이 강하게 나타나는
반면에, '가정'의 '-어/아 보다' 구성, '결과'의 '-고 보다' 구성, '원인'의 '-다
보다' 구성은 [+행위성]이 매우 약하거나 거의 나타나지 않는다. 이것은
전자의 예들은 '보다'가 구문에 따라 본용언으로의 해석이 가능한 반면,
후자의 예들은 그 가능성이 매우 약하거나 전혀 불가능하다는 데서 그 원
인을 찾을 수 있다. 보조용언 '보다' 구성의 중의성에 대해서는 제2장의 제
1절에서 다룬 바 있다.

이러한 '행위성'의 측면에서 볼 때, 전자보다 후자의 구성들이 의미의
추상화가 더 진전된 것임을 알 수 있다. 즉 본용언 '보다'의 [+행위성]이
보조용언 구성 중 '시행', '경험'의 '-어/아 보다' 구성, '시행'의 '-고 보다'
구성, '지속'의 '-다(가) 보다' 구성에는 그대로 유지되는데 반해, '가정'의
'-어/아 보다' 구성에는 [±행위성]이 나타난다.[21] 한편 이와는 달리 '결과'
의 '-고 보다' 구성과 '원인'의 '-다 보다' 구성에서는 본용언 '보다'의 [+
행위성]을 전혀 발견할 수 없다.

그러므로 의미의 추상화가 이루어진 만큼 형태 · 통사적인 제약도 전자
보다는 후자가 더 많은 특징을 보인다. 이에 대한 확인은 제3장에서 이미

---

21) '가정'의 '-어/아 보다'의 경우, 본용언이 [+행위성] 동사이면 보조용언에도 [+행
위성]이 유지되고, 본용언이 [−행위성] 동사이면 보조용언도 [−행위성]으로 행위
성이 나타나지 않는다.
  a) 이 케익을 먹어 <u>봐라</u>. 너도 맛에 반할 수밖에 없을 것이다.([+행위성])
  b) 전기가 없어 <u>봐라</u>. 훨씬 더 생활이 불편해 질거야.([−행위성])
(a~b)에서, 본용언의 '행위성'에 따라 보조용언의 '행위성'에 차이가 있음을 볼
수 있다.

이루어진 바 있다.

다음으로 '판단성'이 '추측'과 어떻게 관련을 맺을 수 있는지에 대해 알아 보자. 본용언 '보다'의 의미 특성에는 [+시각성] [+행위성] [+판단성]이 있다고 하였다. 이들 중에서 종결어미와 결합하는 '보다' 구성의 경우는 [+시각성]과 [+판단성]이 중요하게 작용하고 [+행위성]은 크게 관여하지 않는 것으로 보인다.

본용언 '보다'의 의미에서 [+행위성]보다는 [+판단성]이 크게 작용하고 있는 것들이 있는데 (11c)의 경우가 그러하다. (11c)의 "사람을 만만히 보다"에서 '보다'는 '평가하다'의 의미로 풀이될 수 있기 때문에 [+시각성]과 [+판단성]이 중요한 요소가 된다. 즉 어떤 대상을 평가하기 위해서는 먼저 시각적인 행위가 선행되어야 한다. 그런 다음에 그에 대한 판단이 이루어져 평가가 되는 것이다. 이 때 '행위성'은 그 역할이 아주 미미한 것으로 보인다. 본용언 '보다'에 [+판단성]이 작용하게 되면 '보다'에 어휘 의미가 주어지고, 독립적인 서술력을 갖추게 된다. 그렇기 때문에 자립적으로 서술 기능을 수행할 수 있다.

종결어미와 결합한 보조용언 '보다' 구성의 의미 특성도 [+시각성]과 [+판단성]의 자질이 주어져 있다. 그러나 본용언 '보다'와 달리 종결어미와 결합한 '보다' 구성에서는 시각성과 '판단성'이 상당히 약화되어 나타난다. 그리하여 어떤 경우에는 '시각성'이 거의 나타나지 않은 경우('의지'의 '-(으)ㄹ까 보다' 구성)도 있다. 또한 '판단성'의 경우 단정적인 판단이 이루어지지 않고 비단정적인 판단, 즉 '추측'만 나타난다. 이것은 구문상의 특징이기도 하지만 의미의 추상화의 진전에 따른 결과이기도 하다.

> (15) a. "커피잔에 설탕을 넣는데 손이 부들부들 떨리더라. 데이트 경험이 별로 없나 <u>봐</u>."(새의 선물: 92)
>
> b. 천하에 장사도 들어올릴 수 없는 것이 바로 자기의 눈꺼풀이라는 그런 생각을 하면서도 잠깐 잠이 들고 말았나 <u>보다</u>(새의 선물: 1218).
>
> (16) a. "실력있으신가 <u>봐요</u>. 난 영어가 제일 자신이 없는데."(새의 선물: 88)

    b. 사랑이 이해라는 말은 사실인가 <u>보다</u>(새의 선물: 185).

(17) a. 결혼식을 올리고 나서 순분이는 드디어 이제 고생이 끝나려나
      <u>보다</u> 했다(새의 선물: 64).

    b. 그가 도서관에 오는 걸 보니 이제 공부를 열심히 하려나 <u>보다</u>.

(18) a. 손목시계를 보는 이모의 얼굴에는 첫 만남에서 시간을 정확히
      지키는 교양을 과시하지 못할까 <u>봐</u> 초조감이 깃든다(새의 선
      물: 86).

    b. 오늘은 피곤하니, 이제 그만 쉴까 <u>보다</u>.

(15a~b)는 '-나 보다' 구성이고, (16a~b)는 '-ㄴ(은,는)가 보다' 구성이며, (17a~b)는 '-(ㄹ)려나 보다' 구성이다. 이들은 모두 '추측'의 의미를 나타내고 있다. 한편 (18a~b)는 '-(으)ㄹ까 보다' 구성인데, 여기에서 (18a)는 '추측'의 의미를 나타내고, (18b)는 화자 자신에 대한 추측인 '의지'의 의미를 나타내고 있다.

종결어미와 결합된 '보다' 구성에서 '판단성'의 정도성에는 큰 차이가 없는 것으로 보인다. 이들은 문맥에 따라 약간의 차이가 발생되지만 '추측'이라는 틀에서 이탈의 정도가 크지 않은 것으로 보인다. 이것은 연결소인 종결어미들 간의 의미의 차이가 크지 않기 때문에 일어나는 현상으로 볼 수 있다. 다만 '-(으)ㄹ까 보다' 구성이 '추측'의 의미로 쓰일 때 단순한 추측이 아니라, 염려나 걱정을 동반하고 있다는 것이 다른 유형과 다르다.

이상에서 우리는 '시행'과 '추측'이 본용언의 의미와 서로 관련을 맺고 있음을 확인하였다. 연결어미와 결합된 '보다' 구성의 기본 의미 '시행'은 본용언의 의미 [+행위성]과 유연성을 갖고 있었다. 다만 각 구성들 사이에 '행위성'의 정도에 차이가 나타나는데 이것은 문법화의 정도 차이로 설명할 수 있다. 즉 '시행', '경험'의 '-어/아 보다' 구성이나 '시행'의 '-고 보다' 구성, 그리고 '지속'의 '-다(가) 보다' 구성에 비해서 '가정'의 '-어/아 보다' 구성, '결과'의 '-고 보다' 구성, '원인'의 '-다 보다' 구성이 보다 높은 의미의 추상화를 입어 문법화가 더 진전되었다는 것을 의미한다.

2) 다른 보조용언의 의미 추상화

① '가다'/ '오다'

본용언의 '가다'와 '오다'는 장소의 이동, 소식의 이동, 시간의 이동, 마음의 이동 등 '이동'을 기본 의미로 삼을 수 있다.

한글학회(1992: 9)의 '가다'에 대한 뜻풀이를 간추려서 제시하면 다음과 같다.

> (19) a. 이곳에서 다른 곳으로 움직인다.
>   : 부산에 언제 가니?
>   b. 종사하거나 배우거나 일보기 위해 있던 곳에서 어디로 옮기다.
>   : 학교에 가다.
>   c. 소식, 연락, 말 따위가 어디, 누구에게 알려지거나 전하여지다.
>   : 연락이 가다.
>   d. 어떤 시간, 날, 달, 철 따위가 지나다.
>   : 날이 가고, 달이 가고.
>   e. 마음이나 느낌이 어디로 쏠리다.
>   : 관심이 가다.

(19a~e)를 볼 때, '어떠한 지점에서 다른 지점으로의 이동'이 이루어지고 있음을 알 수 있다. 그런데 (19a)에서 (19e)로 내려올수록 이동의 내용이 [+구체적]인 것에서 [−구체적]인 것으로 변화가 있음을 볼 수 있다. 즉 (19a)에서 '가다'는 장소의 이동을 나타내고, (19b)에서는 (19a)와 같은 장소의 이동이 이루어지기는 하지만, (19a)가 이동 자체에 초점이 놓인다면 (19b)는 이동의 목적에 초점이 놓이는 차이가 있다. (19c)에서 '가다'는 유정물의 이동이 아니라 어떤 정보의 이동이 이루어지고 있다. 이상의 (19a~c)에 쓰인 '가다'는 출발점과 도달점이 어느 정도 명시적이다. 그러나 (19d~e)에 오면 이러한 것들이 추상화되어 나타난다. 즉 (19d)에서는 시간적인 요소들의 이동이 이루어지는데 그 경계가 명확하지 않고 그 의미도 '흐르다' 또는 '지나다'에 가깝다. 그리고 (19e)에 오면 이동의 내용이 완전히 추상적인 것이 된다.

한편 본용언 '오다'의 의미를 보면 다음과 같다(한글학회, 1992: 3018~3019).

(20) a. 다른 곳에서 이곳으로 움직이다.
         : 오는 사람, 가는 사람
      b. 소식, 연락, 말 따위가 어디, 누구에게서 알려지거나 전하여지다.
         : 전보(편지, 연락)가 오다.
      c. 어느 때에나 지경에 이르다.
         : 오늘에 와서야 깨닫게 된 일
      d. (자기에게로) 보는 눈이 쏠리다.
         : 다른 사람들의 눈길이 내게로만 오는 것 같았다.
      e. 말, 생각, 판단, 느낌 따위가 떠오르다.
         : 들어 봐도 별다른 느낌이 오지 않는다.

(20a~e)도 이동의 내용에 대한 변화 추이가 (19a~e)의 '가다'와 유사함을 알 수 있다. (20a)에서 (20e)로 내려오면서 [+구체적]인 내용에서 [−구체적]인 내용으로 변화가 일어나는데 [−구체성]으로 내려올수록 '가다'의 의미 '이동'은 추상화가 더 진행된다. 이러한 이동은 다시 보조용언의 기본 의미가 될 수 있는데 이것을 다음에서 확인할 수 있다.

(21) a. 마른 솔잎의 화력으로 젖은 장작을 말려 <u>가며</u> 아홉 방의 군불
         을 때고 나면 자정을 넘기가 일쑤였다(젊은 날의 초상: 174).
      b. 사실 몸이 무거워 <u>가는</u> 것을 내버려 둘 수도 없고 하여 데려
         내오기는 하였으나 … (삼대 上, 149).
(22) a. 내가 오랫동안 마음 속으로만 꿈꾸어 <u>오던</u> 일들이 점점 현실
         이 되어 순조롭게 이루어지고 있었다(잃어버린 너 上, 56).
      b. 그래도 어김없이 아침은 밝아 <u>왔다</u>(목마른 계절: 258).

(21)은 '가다' 구성이고 (22)는 '오다' 구성이다. 이들은 자립성을 잃어버리고 보조용언으로 쓰이고 있는데 여기에서도 '이동'의 모습을 발견할 수 있다. 한글학회(1992)에서 이들에 대한 뜻풀이를 보면, '가다'의 경우 "풀이씨의 어찌꼴 '-아/어'의 뒤에 쓰이어 그 행동이나 상태가 앞으로 진행

됨을 나타낸다.", '오다'의 경우 "풀이씨의 '-아/어'꼴 뒤에 쓰이어 어떤 행동이나 상태가 이제까지 또는 이제를 중심으로 진행되거나 가까워짐을 나타낸다."로 되어 있다.[22] 이들을 통해서도 알 수 있듯이, (21a), (22a)의 경우는 행동에 대한 진행의 의미가 있고, (21b), (22b)의 경우는 상태에 대한 진행의 의미가 있다. 우리는 이들 '행위의 진행'과 '상태의 진행'을 '이동'에 포함시킬 수 있다고 본다.

이와 같이 '이동'을 기본 의미로 하고 있는 본용언 '가다'와 '오다'는 이동의 내용이 추상화되더라도 '이동'의 의미는 여전히 유지되고, 이러한 '이동'의 의미는 보조용언으로까지 연결됨을 알 수 있다. '이동'의 내용이 [−구체적]이더라도 본용언일 경우에는 자립성을 가지고 문장의 주된 서술 기능을 수행하는데, 보조용언의 경우에는 자립성이 상실되고, 본용언의 행위나 상태의 뜻을 보조하는 기능만을 하게 된다.

이상에서 '가다', '오다'는 본용언과 보조용언의 기본 의미를 '이동'으로 설정할 수 있었다. 여기에서 본용언과 보조용언이 의미의 유연성을 가지고 있음을 발견할 수 있다. 다만 본용언일 때보다는 보조용언으로 쓰일 때 '이동'에 대한 의미의 추상화가 더 진전되었다.

② '놓다'/ '두다'

보조용언 '놓다'는 완결된 동작의 '결과 지속'을 기본 의미로 가지고 있다. 그런데 이것도 본용언과의 관계 속에서 추상적인 의미로의 발전 양상을 검토해 볼 수 있다.

본용언 '놓다'의 사전적 의미를 정리하면 다음과 같다(한글학회, 1992: 848).

 (23) a. 물건을 옮기거나 하여 어떤 데에 있게 하다.

---

22) 손세모돌(1996: 127~138)은 '가다' '오다'의 기본 의미를 '지속'으로, 문맥 의미를 '진행', '상태 변화의 지속', '심리적 태도' 등으로 설명하고 있다. 그 외에 이기동(1977), 양인석(1978), 김기혁(1981), 고영근(1981), 김명희(1984), 서정수(1990), 최현배(1991) 등도 이들의 의미에 대해 언급하고 있다.

　　　: 꽃병을 책상 위에 놓았다.
　b. 어떤 기구, 장치, 구조물 따위를 베풀다.
　　　: 다리를 놓다/ 전기를 놓다.
　c. 수판이나 산 가지 따위로 셈을 나타내다.
　　　: 수판을 놓다.
　d. 주사나 침 같은 것을 살 속에 찌르다.
　　　: 주사를 놓다.
　e. 이자나 세를 받을 셈으로 빌려주다.
　　　: 빚을 놓다/ 전셋방을 놓다.
　f. 어떤 임무를 주어 보내다.
　　　: 사람을 놓아 집 나간 아이를 찾았다.
　g. '놓고'로 쓰이어, '문제의 대상으로 삼아'의 뜻
　　　: 그것을 놓고 생각해 본다면…

(23a~g)를 볼 때, 아래로 내려올수록 의미의 추상화가 진전되어 있음을 알 수 있다. 즉 (23a)의 '어느 한 위치에 유지시킴'이라는 의미가 (23b)에서는 '설치하다'는 의미로, (23f)에서는 '보내다'는 의미로, 그리고 (23g)에 이르면 '문제의 대상으로 삼다'라는 의미 변화가 일어난다.

보조용언 '놓다'는 '가다'나 '오다'에 비해 본용언과의 의미의 유연성이 약간 떨어지는 것은 사실이다. 그러나 여타 보조용언에 비해서는 아직까지 높은 의미의 유연성을 유지하고 있다.

(23)에서 살펴본 본용언 '놓다'의 의미의 추상화와 더불어 보조용언 '놓다'와의 관련성을 찾아보도록 하자.

(24)　a. 써 놓고 보니 역시 공연한 잔소리였네(삼대 上, 212).
　　b. 경애는 얼마쯤 동정하는 소리를 남겨 놓고, 사랑으로 나와 버렸다(삼대 下, 191).
　　c. 나는 얼결에 대답해 놓고, 약간 긴장하여 그를 쳐다보았다(젊은 날의 초상: 27).

(24a)는 상황에 따라 본용언과 보조용언으로 해석이 가능한 구문이다. 즉 목적 대상이나 처소에 중점이 놓이면 본용언이 되고,[23] 본용언의 행위

에 중점이 놓이면 보조용언이 되는 것이다. 그러나 전후 문맥을 볼 때 본용언보다는 보조용언으로의 해석이 자연스러운 구문이다.

이렇게 되면 (24a)을 포함하여 (24b~c)의 '놓다'는 완결된 동작의 결과 지속을 그 의미로 나타내게 된다. 그렇다면 (24a~c)의 '놓다'와 (23a~g)의 '놓다'와는 어떤 의미의 유연성이 있는가? 보조용언 '놓다'의 완결된 동작의 결과 지속이라는 의미에는 여전히 '유지'라는 의미가 포함되어 있다. 그렇지만 (23a)에서 볼 수 있는 구체물에 대한 유지의 의미에서는 멀어져 있고, 동작의 결과에 대한 추상적인 유지만 존재한다.

따라서 보조용언 '놓다'는 '가다'나 '오다'에 비해 본용언과의 의미의 유연성이 약간 떨어지기는 하나 여전히 높은 관련성을 유지하고 있음을 알 수 있다.

한편 보조용언 '놓다'와 유사한 의미를 보여 주는 것으로 '두다'가 있다. 보조용언 '두다'와 본용언 '두다'와의 의미적인 유연 관계를 '놓다'와 견주어 볼 수 있다.

> (25) a. 어떤 곳에 있도록 놓다.
> : 이 물건을 어디에 둘까요?
> b. 어떤 상태대로 있게 하다.
> : 두었다가 다시 의논하기로 하였다.
> c. 사람을 쓰거나 데리다.
> : 비서를 두다.
> d. 어떤 생각을 마음에 가지다
> : 관심을 두다.

(25)는 본용언 '두다'의 사전적 의미를 몇 가지 제시한 것이다(한글학회, 1992: 1136). (25a)는 (23a)의 '놓다'와 마찬가지로 '어느 한 위치에 유지시키

---

23) 다음과 같은 구문에서는 '놓다'가 본용언이 될 수 있다.

책상에 편지를 써 <u>놓고</u> 돌아왔다.

위의 예문 '써 놓고'에서 '쓰다'는 '편지'와 호응하고 '놓다'는 '책상'과 호응하기 때문에 '놓다'는 본용언으로 해석된다.

다'는 기본 의미로써 [+구체성]을 대상으로 하고 있다. (25b)는 (25a)가 좀 더 추상화되어 나타난 것이고 (25c)에서는 '고용하다'의 의미로 쓰이고 있다. (25d)에 이르면 본용언 '두다'는 유지시키는 대상이 [−구체성]이 되는 의미의 추상화가 일어나게 된다.

이상에서 본용언 '두다'의 의미도 [+구체성]과 [−구체성]이 동시에 나타난다는 것을 알 수 있다.

다음으로 보조용언으로 쓰이는 '두다'를 살펴보자.

> (26) a. 얼굴을 하나 하나 새겨 <u>두었다</u>(목마른 계절: 123).
>   b. 원삼이가 그 집 번지를 모른다 하여 병화는 집만 자세히 물어 <u>두었다</u>(삼대 上, 292).
>   c. 다만 이형과 하형에게 몇 가지 지적해 <u>두고</u> 싶은 게 있소(젊은 날의 초상: 75).

(26a~c)에서, (26a)의 '두다'는 본용언으로의 해석이 가능하지만 문맥 상 보조용언으로 해석하는 것이 자연스럽다. (26b~c)의 '두다'는 어떤 행동의 결과를 심리적으로 유지 또는 보유하는 의미를 지닌다. 그러므로 본용언으로 쓰일 때와는 달리 자립성을 갖지 못한다.

이상에서 보조용언 '두다'도 의미의 유연성이 약간 떨어지기는 하지만 본용언 '두다'와의 관련성이 있다는 것을 확인할 수 있었다.[24]

③ '주다'

본용언 '주다'의 기본 의미는 어떤 것을 다른 대상에게 건네는, 즉 '이동'이다. 이러한 이동의 효과는 받는 대상, 즉 수혜자에게 [+유익]일 수도 있고 [−유익]일 수도 있다.

본용언 '주다'의 사전적 의미를 살펴보면 다음과 같다(한글학회, 1992:

---

24) 손세모돌(1996: 175~181)도 '두다'와 '놓다'의 기본 의미를 '완결된 동작의 결과 지속'으로 설정하고 있다. 한편 문맥 의미로 '그 일을 바탕으로 하다', '미리 준비하다', '일을 끝내다' 등을 제시하고 있다. 이기동(1979a), 油谷幸利(1979), 최현배(1991), 김석득(1992) 등도 이들에 대한 의미를 다루고 있다.

3790~3791).

> (27) a. 가지거나 지니도록 건네거나 베풀거나 하다.
> : 선물을 주다/ 용기와 희망을 주다.
> b. 어떤 일이나 상태를 맡기거나 겪게 하다.
> : 임무를 주다/ 망신을 주다/ 피해를 주다.
> c. 주사나 침 따위를 놓다.
> : 우는 아이에게 주사를 주겠다고 을렀다.
> d. 힘이나 속력이 나도록 하다.
> : 힘을 주어 버티다.
> e. 마음을 드러내거나 쓰다.
> : 마음을 주다.

(27a~e)를 볼 때, 이동의 내용이 [+구체적]인 것도 있고 [-구체적]인 것도 있다. 또한 이동의 효과가 [+유익]한 것도 있고 [-유익]한 것도 있다.

다음으로 본용언 '주다'의 '이동'의 의미가 보조용언 '주다'에서는 어떠한 변화가 있는지 알아 보자.

> (28) a. "아니긴, 내 말이 맞을 걸, 적어 <u>줬다며</u>, 전화해 보지 그래?"
> (잃어버린 너 上, 27)
> b. 가을이 시작될 무렵에 서울을 떠난 그 사람은 찬바람이 불 때까지 몇 줄 안 되는 짧은 편지를 계속 보내 <u>주었다</u>(잃어버린 너 上, 97).
> c. 다행히 최치열은 네 사람을 원남동에서 봐 <u>주었다</u>(목마른 계절: 124).
> d. 지금이라도 이혼해 달라면 이혼해 <u>주마고</u> 맞장구를 쳤다(삼대 上, 146).

(28a~d)에서, (28a)는 '주다'가 독립된 서술 기능을 하는 접속용언 구성이다. 그러므로 선행용언과 후행용언 사이의 분리성이 강하고 상대에게서 받은 내용은 [+구체적]이다. (28b)의 '주다'는 본용언으로 해석할 수 있는

개연성을 가지고는 있지만, '주다'의 자립성이 매우 약하기 때문에 보조용언 구성으로 보는 것이 자연스럽다. (28c, d)는 전형적인 보조용언 구성이다. 이들 구문에서 '주다'와 직접 호응하는 문장 성분을 찾을 수 없고, 자립성 또한 확보하지 못하고 있다.

보조용언 '주다'의 의미에 대해, 한글학회(1992: 3791)는 "움직씨의 '-아/어'꼴 아래에 쓰이어 상대편을 위하여 '그 행동을 함'을 나타낸다."고 하였고, 손세모돌(1996: 304)은 "일반용언 '주다'의 연상 의미 [+유익성]이 '수혜'라는 의미로 더욱 추상화되어 구체적인 동작이 제거되는 상태에 이른 것"이라고 하였다.25)

우리는 보조용언 '주다'의 의미를 본용언 '주다'의 의미인 '이동'의 연속선상에 둔다. 다만 이 때의 이동이 심리적인 것에 불과하기 때문에, 이동의 내용이 [+구체물]인 것은 전혀 나타날 수 없고 [-구체물]만 나타날 수 있다. 또한 이동의 효과면에서도 [+유익]한 것만이 나타나야 하는 제약을 가진다. 그러므로 보조용언 '주다'는 수혜자에게 유익한 심리적인 이동이 일어나도록 작용해 주는 것이다.

이상에서 본용언 '주다'와 보조용언 '주다'는 '이동'이라는 공통 의미를 가지고 있음을 확인하였다. 다만 '이동'의 내용에서 차이가 발생하는데, 이것은 본용언이 의미의 추상화를 거쳤기 때문에 보조용언에 와서는 본용언과 의미의 유연성이 멀어지게 되었기 때문이다.

④ '버리다'

한글학회(1992: 1721)는 보조용언 '버리다'에 대해 "움직씨 끝 '-아/어'꼴 아래에서 그 동작이 다 끝남을 나타낸다."고 풀이하고 있다. 손세모돌(1996: 308)에서는 '완전히 끝났음'이라는 말할 이의 인식이 포함된 '종결'로 설명하고 있다.

앞에서 다루었던 보조용언과 달리 보조용언 '버리다'는 본용언과의 의

---

25) 보조용언 '주다'의 의미에 대해 성광수(1977), 이기동(1979), 김명희(1984), 허철구(1991) 등도 논의하고 있다.

미적 유연성이 먼 것으로 논의되어 왔다(손세모돌, 1996: 308~309).[26]

본용언 '버리다'의 사전적 의미는 다음과 같다(한글학회, 1992: 1721).

> (29) a. 가지거나 지니고 있을 필요가 없는 물건을 내던지거나 쏟거나
>   하다.
>   : 쓰레기를 버리다.
>   b. 못된 성격이나 버릇 따위를 떼어 없애다.
>   : 그 사람 성격 버리지 않고는 어디 가나 좋아할 사람 없을
>   거야.
>   c. 가정이나 고향 또는 조국 등을 떠나 스스로 관계를 끊다.
>   : 그는 가족과 고향을 버리고 오로지 독립을 위해 청춘을 불
>   살랐다.
>   d. 품었던 생각을 스스로 잊게 하다.
>   : 돈만이 제일이라는 그런 생각은 버리게.
>   e. 본 바탕을 상하거나 더럽혀서 쓰지 못하게 망치다.
>   : 흙탕물 때문에 새 옷을 버렸다.

(29)에서, 본용언 '버리다'의 기본 의미는 어떤 상황으로부터의 '이탈'이라 할 수 있다. (29a)는 구체적인 대상이 이탈되는 것을 나타내고 (29b~d)는 이탈의 대상이 추상적인 것이다. 그리고 (29e)는 이탈의 내용이 성질이나 특성과 관련이 있다. 즉 (29e)에서 흙탕물로 인해 새 옷이 그 특징에서 이탈되어, 더럽혀 진 옷이나 못 쓰는 옷으로 변화가 발생했음을 나타내고 있다.

이상과 같이 본용언 '버리다'의 의미는 외적인 요인이나 내적인 요인의 이탈이다. 이제 본용언 '버리다'와 보조용언 '버리다'의 의미의 유연성을 살펴보자.

> (30) a. 일전에 피혁이와 만나게 되던 날 나갈 제 또 무슨 일이 있을
>   까 보아 휴지를 모두 찢어 <u>버리</u>는 길에 이 편지도 찢어 버리
>   려다가 답장을 쓰고서 버리려고 아직은 둔 것이다(삼대 下,

---

26) 보조용언 '버리다'의 의미에 대한 논의는 이기동(1976b), 고영근(1981), 김기혁(1981), 김용석(1983), 김명희(1988), 김지은(1990) 등에서 이루어지고 있다.

44).

b. "영감 뺏길 염려는 없으니 마음 놓슈마는 잃어 <u>버리지</u> 않게 호패를 하나 해서 채슈."(삼대 上, 325)

c. 그러나 꼭 한 번 개인 탄광의 갱에 들어가 볼 기회를 얻었는데 그 때는, 그만 내가 질려 <u>버렸다</u>(젊은 날의 초상: 170).

d. 시공을 초월해 <u>버린</u> 세월은 실로 무서운 것이었다(잃어버린 너 上, 210).

(30a)는 선·후행용언이 자립적으로 서술 기능을 하는 접속용언 구성이고, (30b~d)는 보조용언 구성이다. (30a)는 '버리다'가 본용언이기 때문에 이탈시키는 대상으로 '휴지'를 설정할 수 있어, (29)의 본용언 범주에 포함시킬 수 있다. 한편 (30b~c)의 '버리다'는 본용언의 '버리다'에서 추상화가 더 많이 이루어졌다고 볼 수 있다. 그러나 본용언과의 의미 유연성이 전혀 없는 것은 아니다. (30b)는 '잃기 전으로부터 잃는 것으로의 이탈'로 해석할 수 있고 (30c)는 '어떤 대상에게 질리기 전으로부터의 이탈'로 해석할 수 있다. 또한 (30d)는 '시공을 초월하기 이전으로부터 이탈하여 초월을 한 것'으로 해석할 수 있다. 그리고 이 때 이탈이 이루어짐과 동시에 행위나 상태가 종결되는 것을 볼 수 있다.

이상과 같이 보조용언 '버리다'는 본용언에서 의미의 추상화가 더 전진되어 이루어진 것이다. 그렇지만 본용언과의 의미의 유연성이 여전히 존재하고 있음을 확인할 수 있다.

⑤ '지다'

기존에 보조용언 '지다'의 의미는 '피동'이나 '상태나 동작 과정의 변화', 그리고 '기동상' 등으로 논의되어 왔다(최현배 1991, 성광수 1976, 조오현 1984, 고영근 1987, 우인혜 1992, 이기동 1993 등).

한글학회(1992: 3876)는 보조용언 '지다'를 본용언과 구별하여 동음이의어로 처리하면서, "풀이씨의 끝 '-아/어' 아래에 쓰이어, 어떤 동작이나 상태로 되어 감을 나타내는 말. 대개 익은 말로 되어 쓰인다."고 풀이하고 있다. 이것은 '지다'의 의미를 '동작이나 상태의 변화'로 제시하고 있음을 알 수 있다.

본고는 보조용언 '지다'의 기본 의미를 '변화'로 보고자 한다.[27]

> (31) a. 그의 눈빛이 더 무서워 <u>지면서</u> 쥐고 있던 멱살을 세차게 흔들
>   어 댔다(잃어버린 너 中, 30).
> b. 양쪽 둑에는 적의 제2포위망이 쳐져 있는지 사람들의 기척이
>   느껴 <u>졌다</u>(나무들 비탈에 서다: 26).
> c. 술이 엎질러 <u>지면서</u> 밑의 흰 편지 종이를 얼룩져 놓았다(나무
>   들 비탈에 서다: 156).
> d. 할아버지의 표정이 점점 밝아 <u>지고</u> 있었다(잃어버린 너 上,
>   49).
> e. "자넬 믿고 싶어 <u>졌단</u> 말이야. 내 얘기를 들려주고 싶어."(젊은
>   날의 초상: 206)

(31)에서, 기존의 관점에서 보면 (31a~b)는 '상태의 변화', (31c)는 '피동', (31d)는 '기동', (31e)는 '심리 태도의 변화' 등으로 해석할 수 있다. 그러나 본고는 (31a~e)를 모두 '변화'라는 기본 의미의 틀 속에서 설명할 수 있다고 본다. 다시 말해 (31a)는 '무섭지 않은 상태에서 무서운 상태로의 변화', (31b)는 '느낌이 없던 상태에서 느낌이 있는 상태로의 변화'로 해석할 수 있다. 다시 (31c)는 '술을 엎지르지 않은 상황에서 엎지른 상황으로의 변화', (31d)는 '표정이 밝기 전의 상황에서 밝은 상황으로의 변화', 그리고 (31e)는 '믿고 싶지 않은 상황에서 믿고 싶은 상황으로의 심리적인 변화'로 해석을 할 수 있다.

그러므로 보조용언 '지다'의 의미는 문맥에 따라 약간의 차이가 발생되기는 하여도 포괄적으로는 '변화'의 테두리 안에서 해석이 이루어질 수 있다.

---

27) 손세모돌(1996: 252~257)도 보조용언 '지다'의 기본 의미를 '변화'로 설정하고, 그 근거를 두 가지로 제시하고 있다. 그 근거의 첫째는 '피동(被動)'과 '기동상(起動相)', 그리고 '말할 이의 심리적인 태도' 표시는 '지다'와 관련되어 나타나는 의미들이 '변화'로부터 설명될 수 있다는 것이고, 둘째는 여타의 의미들보다 '변화'의 의미가 더 폭 넓게 나타난다는 것이다. 손세모돌(1996)의 보조용언 '지다'에 대한 기본 의미 설정에 대해서는 본고도 공감하는 바이다.

다음으로 본용언 '지다'와의 의미 유연성을 알아 보자. 본용언 '지다'가 다양한 의미로 쓰이고 있음을 다음의 사전적 뜻풀이에서 확인할 수 있다 (한글학회, 1992: 3876).

> (32) a. 어떤 상태가 생기거나 이루어지다.
>   : 그늘이 지다/ 장마가 지다/ 경사가 지다.
>   b. 좋지 않은 관계가 이루어지다.
>   : 원수가 지다.
>   c. 겨루거나 싸워서 이기지 못하고 굽히다.
>   : 남에게 지다.
>   d. 돋아 있던 해나 달이 서쪽 지평선 너머로 떨어지다.
>   : 해가 지다.
>   e. 잎이나 꽃 따위가 시들거나 마르거나 하여 떨어지다.
>   : 잎이 지다.
>   f. 묻었거나 배어든 것이 닦이거나 씻기거나 하여 없어지다.
>   : 때가 잘 지다.
>   g. 물건을 나르거나 등에 얹다.
>   : 짐을 지다.
>   h. '등지다'의 준말
>   : 석양을 지고 길을 떠났다.
>   i. 책임이나 의무를 맡다.
>   : 책임을 지다.
>   j. 신세나 은혜를 입다.
>   : 신세를 지다

(32)에서, '지다'는 다양한 의미로 해석될 수 있지만, 이들의 의미를 포괄할 수 있는 기본 의미를 '변화'로 잡을 수 있다. 여기에서 '변화'가 가시적인 것(32a, d, e, f, g)도 있지만, 그렇지 않은 것(32b, c, h, i, j)도 있다.

한편 변화의 결과로 발생하는 가치적인 측면에서 볼 때, (32a~e)는 주로 긍정에서 부정으로의 변화가 이루어진 것으로 보이고 (32f)는 반대로 부정에서 긍정으로의 변화가 발생한 것으로 보인다. 즉 (32b)는 원수가 아닌 관계에서 원수인 관계로 변화가 일어났기 때문에 부정적인 효과로 보아야 한다. 이와는 달리 (32f)는 때가 있는 상태가 없는 상태로 변화가 일어났기 때문에 긍정적인 효과를 얻은 것으로 보는 것이다.

그리고 (32g~j)는 변화의 결과에 대해 가치 중립적인 것들이다. 즉 짐을 지는 것이나 석양을 등지는 것 또 책임을 지는 것 등은 그 효과에 대해 긍정과 부정으로 판단하기가 어려운 것들이다.

이상에서 본용언 '지다'의 의미도 '변화'라는 기본 의미의 틀 속에서 설명할 수 있음을 확인하였다.

지금까지는 보조용언 '지다'가 본용언과의 의미 유연성이 매우 낮은 것으로 논의되어 왔지만, '변화'라는 공통 의미가 있음을 발견할 수 있었다. 다만 본용언 '지다'의 경우는 '변화'가 가시적인 측면이 강하고 구체성을 띠고 있는 반면에, 보조용언 '지다'의 경우는 그 변화가 훨씬 더 추상화되어 있다. 그러므로 본용언 '지다'는 자립적으로 서술 기능을 수행할 수 있지만 보조용언 '지다'는 자립성이 상실되어 가고 있고, 여기에서 더 추상화가 진전되면 문법소의 기능으로 발전하는 것을 확인할 수 있었다. 결국 '지다'는 보조용언 중 문법화가 가장 활발하게 일어난 것 중의 하나이다. 이것은 본용언의 기능에서 점차 멀어져 보조용언을 거쳐 접어와 문법소로까지 변화의 과정을 겪고 있음을 나타낸다.

이상에서 본고는 정도성에서 차이는 있을지라도 보조용언의 의미는 본용언의 의미와 유연성이 있다는 것을 확인하였다. 그리하여 어떤 부류는 본용언과의 관계를 쉽게 짐작할 수 있었고, 어떤 부류는 둘 사이의 관계를 파악하는 데 어려움이 있기도 하였다.

(2) '보다' 구성의 통시적 고찰

보조용언의 경우 문법화의 진전이 각 시대별로 뚜렷한 단계를 보여 주지는 못하고 있다. 보조용언의 사용은 중세 국어 시기보다는 근대 국어 시기에 그 수와 사용 빈도가 늘어났고, 현대 국어에 와서 급속한 사용 증가 추세와 함께 의미의 지속적인 확장을 보이고 있다.

　현대에 가까울수록 보조용언의 사용이 늘어나고 있는 것은 인간의 의사 표현 방법이 다양해지고 직접적인 표현보다는 간접적인 표현이 많아지고 있기 때문으로 보인다. 이는 보조용언이 인간의 심리를 주로 반영하는 특징을 가지고 있음으로 인해 언중들의 요구와 잘 부합되기 때문에 나타나는 현상으로 앞으로도 계속 늘어날 것으로 추정된다.[28] 또한 과거 중세나 근대 국어가 문어 중심으로 표현이 이루어졌다면, 현대 국어는 구어 중심으로 완전히 정착되어 말하는 이의 섬세한 심리 현상까지 표현할 수 있게 되었다. 이러한 것들을 충족시켜 주는 데 보조용언의 역할이 중요하게 작용하는 것으로 보인다.

　우리가 참고할 수 있는 중세나 근대 국어 자료들은 극히 일부를 제외하고는 문어 중심으로 표현되어 있다. 즉 중세나 근대 시기에도 현대 국어처럼 구어 중심으로 표기가 이루어졌더라면 보조용언의 발달은 훨씬 더 빠르고 다양하게 이루어졌을 것이다. 이것은 중세나 근대 국어 자료 중 '번역 박통사(1510년대)'나 '번역 노걸대(1510년대)', 그리고 '노걸대 언해(1670)'나 '박통사 언해(1677)' 등과 같이 구어체로 이루어진 자료에서 더 많은 보조용언의 용례를 발견할 수 있는 것에서 확인할 수 있다.

　보조용언의 문법화를 역사적으로 체계화한다는 것은 어려워 보인다.[29] 그것은 시대에 따른 변화의 추이가 분명하지 않기 때문이다. 보조용언 '보다'의 경우, 현대 국어에서는 다양한 유형과 의미를 보여 주나[30] 중세와 근대 국어에서는 아주 제한된 유형과 의미만 나타난다.[31] 여기서는 보조용

---

28) 보조용언이 계속 늘어나는 추세에 있다는 것은 권재일(1986), 류시종(1994: 86~97), 손세모돌(1996: 421~426) 등에서도 설명하고 있다.

29) 국어의 문법화와 관련된 연구로는 이태영(1988), 김명희(1996), 손세모돌(1996), 고영진(1997), 안주호(1997), 허재영(1997), 권재일(1998), 김미영(1998), 이정애(1998) 등을 참고할 수 있다.

30) 현대 국어에서 보조용언 '보다' 구성의 유형과 의미로 '-어/아 보다' 구성(시행, 경험, 가정), '-고 보다' 구성(시행, 결과), '-다(가) 보다' 구성(지속, 원인), '-나, -ㄴ(은,는)가, -(ㄹ)려나 보다' 구성(추측), '-(으)ㄹ까 보다' 구성(추측, 의지) 등이 있다는 것을 제2장에서 확인한 바 있다.

31) 보조용언 '보다' 구성의 용례는 '시행'의 의미를 나타내는 '-어/아 보다' 구성이 유일한 형태이며, 그 외에 다른 연결어미와 결합한 구성이나 종결어미와 결합한 구성은 현대 국어에 와서야 그 모습을 볼 수 있다. 이와 관련된 내용은 바로 뒤에서

언 '보다' 구성을 연결어미와 결합한 구성과 종결어미와 결합한 구성으로 나누어 이들의 역사적 발달 추이를 고찰하기로 한다. 이처럼 두 부류로 나누어 고찰하려는 것은 이들의 발달 과정이나 의미 특성이 서로 다르게 나타나기 때문이다. 또한 '보다'가 결합되어 나타나는 합성용언 구성이 있는데 이들의 특징도 함께 살펴보기로 한다.

1) 연결어미와 결합한 구성

① 중세 국어

'보다'가 보조용언으로 쓰이기 시작한 시기에 대해서는 명확하게 밝혀진 바는 없다. 그러나 언해 자료를 통해서 우리는 중세에 이미 '보다'가 보조용언으로 쓰이고 있었다는 것을 확인할 수 있다. 현대 국어에서와 같이 다양한 유형과 의미를 보여 주지는 못하지만, 주로 '시행'의 의미를 표현할 때 '보다'가 보조용언의 기능을 담당하고 있다.32)

문장에서 '보다'에 대한 보조용언의 여부를 판단하는 검증 장치로는 다음의 세 가지를 들 수 있다. 첫째, 문장 구성에서 '보다'가 지배하는 목적어를 상정할 수 있는가이다. '보다'가 본용언으로의 쓰임을 할 때는 타동사이기 때문에 '보다' 앞에는 항상 목적어가 선행되어 나타나는 것이 일반

다루게 된다.

32) 손세모돌(1996: 359~365)도 '-어/아 보다' 구성이 중세 자료에서부터 보조용언으로 쓰임을 보인다고 하였다. 이에 반해 김미영(1998: 160~176)은 중세 자료에서는 '-어/아 보다' 구성이 자립형으로만 쓰이고, 보조용언으로의 쓰임은 근대 국어 시기부터 시작되는 것으로 보고 있다. 그런데 김미영(1998: 161~164)에서 접속용언 구성으로 제시하고 있는 예문 중에는 보조용언으로 볼 수 있는 것들이 다음과 같이 몇 개 보인다.

  a) 각각 훈잔곰 머근 후에 의원이 드러가 믹 자바 <u>보면</u> 서르 년염치 아니 ᄒᆞᄂ
    니라<분문: 4>
  b) 말과 힝실을 서르 맛초와 <u>보단</u> 말이라 = 及退而自隱括日之行과 與凡所言ᄒ
    니<내훈 1: 13>

(a)와 (b)에 나타난 '-어/아 보다'는 자립적인 서술 기능을 하지 못하는 것들이다. 그리고 이들은 우리가 뒤에서 이용하는 검증 방법을 통해서도 보조용언임을 확인할 수 있다.

적이다. [V₁＋연결소＋보다] 구성에서 '보다'가 본용언일 경우에는 목적어에 해당하는 대상이 표면에 직접 나타나 있거나 최소한 문맥상 상정이 가능하다. 그러나 이와는 달리 '보다'가 보조용언으로 기능할 경우에는 '보다'가 실질 의미를 가지지 못하고 타동사도 아니기 때문에 목적어를 요구하지 못할 뿐만 아니라 목적어를 지배하지도 못한다. 그러므로 '보다'가 지배하는 목적어를 상정할 수 있을 때는 본용언, 상정할 수 없을 때는 보조용언으로 분류할 수 있다.

둘째, 선행용언과 후행용언 사이에 보조사 '-서(셔)'의 삽입 여부이다. 이것은 보조용언 구성을 검증하는 장치로 널리 쓰이고 있는 것인데, '보다'를 검증하는 데에도 유용하게 쓰일 수 있다. 한편 첫 번째 검증 장치로 판별이 어려울 때, 이 두 번째 검증 장치를 이용할 수 있다. 즉 문장에 따라서는 목적어와의 지배 관계를 파악하기 어려운 경우가 있는데, 이 때 '-서(셔)'를 삽입하여 자연스러우면 본용언으로, 부자연스러우면 보조용언으로 분류하는 것이다.

셋째, 분리성을 통한 방법이다. 이 방법도 보조용언의 검증에 많이 이용하는 방법인데, 선행용언과 밀착도의 정도에 따라 분리성이 강하면 본용언으로, 분리성이 약하면 보조용언으로 분류하는 것이다.

중세 국어에 나타나는 보조용언 '보다' 구성은 연결어미 '-어/아'와 결합한 '-어/아 보다' 구성의 형태가 유일하고, 의미는 주로 '시행'을 나타낸다.33)

    (33) a. 阿難이 슬보ᄃᆡ 우디 마ᄅᆞ시고 므ᅀᅳ물 누기쇼셔 내 부텻긔 술바 <u>보리이다</u><월석 10: 18>

        b. 일로 혜여 <u>보건대</u> 므슴 慈悲 겨시거뇨<석보 6: 6>

        c. 收ㅣ …도적을 만나… 그 아이아돌 綏를 메오 가더니 能히 다

---

33) 보조용언 '보다' 구성은 중세나 근대 국어 자료에서 형태에 있어서는 '-어/아 보다' 구성만, 의미에 있어서는 '시행'만 발견되고, '-고 보다', '-다(가) 보다' 구성의 형태나 '가정', '결과', '지속', '원인' 등의 의미는 현대 국어에 와서야 발견된다. 이것은 보조용언 구성의 형태나 의미가 중세와 근대 국어 시기에는 아직까지 활발한 발달이 이루어지지 않았음을 보여 주는 것이다.

보전티 몯홀 줄을 혜여 <u>보고</u> 그 안해들여 닐어 골오디(收 …
遇賊步擔 … 其弟子綏 度不能兩全 乃謂其妻曰)<소해 6: 66>

d. 뼈 父母와 싀부모 겨신 곧애 가되 곧애 미처 … ᄀ라와 ᄒ심
애 공경ᄒ야 딥퍼 <u>보며</u> 긁ᄉ오며(以適父母舅姑之所 及所 …
癢 而敬抑搔之)<소해 2: 3>

e. 믈러와 스스로 날마다 行ᄒᄂ 바와 다믓 믈읏 니르ᄂ 바를 檃
括ᄒ여 <u>보니</u> 스스로 掣肘ᄒ며 矛盾홈이 하더니(自檃括日之所
行與 凡所言自相掣肘 矛盾者多矣)<소해 6: 123>

f. 檃括 = 고븐 나모 잡아 바르게 ᄒᄂ 거시니 말과 힝실을 서르
마초아 보단 말이라<소해 6: 123>

(33a~f)에 보이는 '-어/아 보다' 구성은 '시행'의 의미를 나타내는 보
조용언 구성이다. 이들 구문에서 '보다'는 목적어를 요구하지 않으며, 또
한 목적어를 지배하지도 않고 있다. (33a~f)에서, (33a)는 '내가 부처께 말
해 보겠다'의 의미로 해석되어 '보다'가 지배하는 목적어를 상정할 수 없
는 구문이다. (33b~c)는 '생각하여 보다', (33d)는 '공경하여 짚어 보며 긁
다', (33e)는 '이르는 바를 맞추어 보다', 그리고 (33f)는 '서로 맞추어 보
다'로 볼 수 있는 구문들로, 이들 구문에서도 '보다'가 지배하는 목적어를
찾을 수 없다. 이러한 특징이 있기 때문에 선행용언과 '보다' 사이에 '-서'
의 삽입은 당연히 불가능하고, 본용언과 보조용언 간의 분리성도 매우 약
하다.

한편 '보다'가 보조용언으로 기능하는 구문은 '보다'에 대응하는 한자가
없는 것이 일반적이다. 이것은 절대적인 조건은 되지 못하지만 (33c~e)에
서 확인할 수 있다. (33c)에서 '혜어 보다'에 해당하는 한자는 '度'만 쓰이고
있다. 이 '度'은 '혜다', 즉 '생각하다', '추측하다'의 의미를 나타내는 한자
이고 '보다'에 해당하는 한자는 없다. (33d)에서도 '딥퍼 보다'와 관련된 한
자는 '抑'뿐이다. 여기에서 '抑'은 '짚다'와만 대응할 수 있는 한자이다.

이와 관련하여 손세모돌(1996: 360~361)에서는 '시행'의 '-어/아 보다'에
대응하는 한자로 '試'가 쓰이고 있다고 하면서 다음의 예를 제시하고 있다.

(34) 너옷 믿디 못ᄒ야 ᄒ거든 다른 뎜에 의론ᄒ야 <u>보라</u> 가듸여 나ᄂ

그저 이리 닐오리라<노번 上: 186> *別箇店裏試商量去

(34)에서, '의론ᄒ야 보다'에 해당하는 원문은 '試商量'인데, '商量'은 '의논하다'와, '試'는 '보다'와 대응된다는 것이다. 여기에서 한자 '試'가 '시행'의 '-어/아 보다'에 대응된다는 설명은 타당한 것으로 보인다.

중세 국어 자료에서 보조용언 '보다' 구성이라고 확신을 주는 예는 많지 않다. 이는 아직까지 '보다'가 보조용언의 기능을 담당하는 힘을 갖추지 못하고 있음을 보여 주는 것이다. 일반적으로 보조용언은 심리적 현상을 표현하고 주로 담화 상황에 쓰인다. 우리가 이용하는 자료들은 문어 중심이기 때문에 자료의 한계가 드러난다. 그러므로 자료상으로 나타난 용례는 적지만 당시 실생활에서는 그 쓰임이 현대와 같이 활발했을 수도 있다. 그러나 현재로서는 관련 자료를 이용한 연구가 가장 타당한 방법일 수밖에 없다.

또 다른 이유는 보조용언 '보다'와 본용언 '보다'와의 구별이 모호한 경우가 많기 때문이다. 중세 국어 자료에 나타나는 '-어/아 보다' 구성은 상당히 많다. 그러나 그들 중 대부분은 본용언의 의미로 쓰이는 것이고, 보조용언의 의미로 쓰이는 것은 매우 적다. 한편 그들 중 일부는 문맥에 따라 본용언으로도 보조용언으로도 해석할 수 있는 것들이 있는데, '가다, 오다' 등이 선행용언으로 올 때 특히 그러하다. 이러한 구문을 우리는 '가다'류 구문이라 부르기로 한다.

이들 구문은 선행용언으로 [+행위성] 동사가 와서 후행용언 '보다'와 순차적 행위가 이루어지는 것으로 해석될 수 있다.

(35) a. 須達이 … 부텻긔 發心을 니르와다 언제 새어든 부텨를 가
          보ᅀᆞ보려뇨 ᄒ더니<석보 6: 19>
      b. 온 집이 놀라 두려 가 보고 고홀 싀여 아니리 업더라(擧家 驚
          惶 往視之 莫不酸鼻)<소해 6: 56>
      c. 흔 흥졍바지 아ᄃ리 出家ᄒ야 諸國에 두루 ᄃ니다가 次第로
          乞食ᄒ야 와 그 집 門의 몰라 드리ᄃ라 보니 地獄ᄀᆞ티 사ᄅ
          몰 달호거늘<석보 24: 14>

       d. 太子ㅣ 門 밧긔 가 <u>보신</u> 後로 世間 슬흔 ᄆᅀᆞ미 나날 더으거
        시늘<석보 3: 22>
(36) a. 阿育王이 씨야 <u>보니</u> 八萬四千里ㅅ 노픠옛 水精塔이 잇거늘
        <석보 24: 31>
     b. 阿那律이 白氎을 드러 <u>보ᅀᆞᄫᆞ니</u> 白氎은 一千張ᄋᆞ로 ᄒᆞ야 밧
        긧 흔 ᄇ리 아니 슬이고<석보 23: 48>
     c. 슈女ㅣ ᄀᆞ마니 자는 방의 들어가 갈호로뻐 고홀 버히고 니블
        무롭고 누어셔 그 어미 블러 더블어 말호디 디답 아니커늘 니
        블을 혜혀 <u>보니</u> 피 흘러 평상과 돗긔 ᄀᆞ득ᄒᆞ얏거늘<소해 6:
        57>

    (35)와 (36)에서, (35)는 '보다'가 본용언으로 기능하는 접속용언 구성이고, (36)은 접속용언 구성으로도, 보조용언 구성으로도 해석할 수 있는 구문이다. (36)을 보조용언 구성으로 볼 수 있는 이유는 문장 서술 기능의 중심이 선행용언에 있고 후행용언은 의미의 보조자 역할만을 수행하기 때문이다.

    (35a~d)에서, (35a)의 '보다'는 목적어 '부처'를 지배하고 (35b~d)의 '보다'도 목적어의 상정이 각각 가능하다. 또한 (35a~d)는 모두 보조사 '-서'의 삽입이 가능한 구문들이다. 이에 반해 (36a~c)의 '보다'는 1차적으로 본용언으로 해석할 수 있다. 그리하여 '보다'가 지배하는 목적어로 '상황'과 같은 것을 상정할 수 있고 보조사 '-서'의 삽입도 가능하다. 그러나 한편으로 이들 구문은 선행 동작과 본용언 '보다'의 연속적인 행위가 아닌 선행 동작을 시행한 후의 결과로 해석할 수도 있다. 이와 같이 본용언과 보조용언으로 함께 해석할 수 있는 예는 현대 국어에서도 볼 수 있다.[34]

---

34) 이와 관련된 구문을 다음의 현대 국어에서도 볼 수 있다.
   a) 약수동에 도착해 <u>보니</u> 두 사람은 다투기나 한 듯 화가 난 표정이었다(잃어버린 너 上, 187).
   b) 일어나 <u>보니</u> 내 주위에는 적어도 50마리가 넘는 그 회색 벌레가 수천 개의 다리로 털을 움직이며 기어다니고 있었다(새의 선물: 115).
   c) 문을 박차고 나가 <u>보니</u> 아, 밤하늘이 빨갛게 타고 있었다(새의 선물: 337).
(a~c)에서 '보다'를 본용언으로 해석하여 접속용언 구성으로 볼 수 있다. 그러나 선행 동작의 시행 결과로 해석하여 보조용언 구성으로 다룰 수 있는 구문이다.

(36a~c)와 같은 '가다'류 구문에 대해 허웅(1975/1992: 418)에서도 보조용언 구성으로 볼 수 있음을 설명하고 있다.35)

한편 '가다'류의 특징은 다음의 근대 국어의 자료에서도 볼 수 있다.

> (37) a. 이제 만일 니우리를 세디 아니ᄒ면 주거셔 주근 사롬을 디하의 가 <u>보디</u> 몯홀 거시라 ᄒ고 지아비 아ᄋ 영도의 아들로써 후를 사므니라(今若不立嗣 死無以見亡人於泉下 以夫弟詠道之子爲後)<동신 烈 5: 65>
>
> b. 능이 의원을 쳥ᄒ야 와 <u>보라</u> ᄒ니 닐오디 만일 싱개골이를 얻디 몯ᄒ면 가히 구티 못ᄒ리라(稜請醫來視之曰)<동신 孝 1: 12>
>
> c. 쇼비 나지어든 고을희 역ᄉᄒ고 밤이어든 어미 가 <u>보더라</u>(小非晝役于官 夜往省母)<동신 孝 4: 79>
>
> (38) 부산개 예둘히 훗텨니 와 도죽ᄒ다가 득인의 시묘막애 와 <u>보고</u> 그 졍셩된 효도를 감격ᄒ야 찬탄ᄒ고 간 후에(釜山浦倭奴四散剽掠猝止得仁廬感其誠孝嗟嘆而去後<동속 孝: 21>

(37)과 (38)에서, (37)은 접속용언 구성의 예이고, (38)은 본용언과 보조용언으로 함께 해석될 수 있는 예이다. (35)에서 보았듯이, (37)의 구문들도 목적어의 상정과 '-셔'의 삽입이 가능하다. (37a)에서 '보다'가 지배하는 목적어는 '죽은 사람', 곧 '남편'이고, (37b)에서 '보다'는 '진찰하다'의 의미로 해석할 수 있고, 목적어로는 '환자'를 상정할 수 있다. (37c)의 '보다'의 의미는 '안부를 여쭙다(문안 드리다)'인데, 목적어로 '어머니'가 상정된다.

다음으로 (38)의 경우는 '보다'를 본용언으로 간주하여, '득인의 시묘막에 와서 득인을 보고' 정도로 해석할 수 있다. 이 때에는 '보다'가 지배하

---

35) 허웅(1975/1992: 418)에서는 다음과 같은 예을 제시하고 있다.
 a) 目連이 耶輸ㅅ 宮에 가 보니<석보 6: 2>
 b) 目連이 … 가다
 c) 目連이 (…을) 보다
(a)의 구문은 (b)와 (c)가 결합해서 만든 것이 아니며, (b)는 (a)의 뜻의 한 부분으로 포함되어 있으나 (c)는 그렇지 않기 때문에 '보다'를 보조용언으로 보아야 한다고 설명하고 있다.

는 목적어를 상정할 수도 있고, 보조사 '-셔'의 삽입도 가능하다. 그러나 (38)의 '보다'를 보조용언의 의미인 '시행'으로 해석할 수도 있다. 즉 '득인의 시묘막에 오는 것을 시행하다'로 해석할 수도 있다는 것이다. 이와 같이 중세나 근대 국어에서 '보다'가 본용언과 보조용언으로 함께 해석될 수 있는 것은 보조용언 '보다'가 본용언에 뿌리를 두고 있기 때문이다.36) 그러나 중세 국어(예문 36)나 근대 국어(예문 38)에서 보여 준 '가다'류 구문은 의미의 중의성 때문에 명쾌한 설명에 여전히 어려움이 있다.

본고는 (35)와 (37)에서 '가다'류의 '보다' 구성이 접속용언 구성으로 나타나는 것을 보았는데, '-어/아 보다' 구성이 접속용언 구성으로 쓰이는 예를 좀더 보도록 한다.

(39) a. 大將軍 靑이 안해 뫼셔 이실 제 上이 평상 ㅅ애 안자셔 <u>보시고</u> 丞相 弘이 샹해 뵈옵거든 上이 或 잇다감 冠 쓰디 아니ㅎ샤디(大將軍靑 侍中上踞厠視之 丞相弘宴見 上或時不冠)<소해 6: 38>

  b. 高宗이 泰山을 봉션ㅎ시고 그 집의 가샤 公藝를 블러 <u>보아</u>그뼈 能히 권당 화동ㅎ는 밧 도리롤 무르신대(高宗封泰山 幸其宅 召見公藝 問其所以能睦族之道)<소해 6: 89>

  c. 子孫이 효근 벼슬 ㅎ연는디라 와 뵈여든 萬石君이 반드시 朝服 닙어 <u>보고</u> 일홈 블으디 아니ㅎ며(子孫爲小吏 來歸謁 萬石君 必朝服見之 不名)<소해 6: 77>

(39)는 중세 국어 자료에서 볼 수 있는 가장 일반적인 '-어/아 보다' 구성인데, 본고가 앞에서 세웠던 검증 기준을 중심으로 살펴보기로 한다. (39a)에서 '보다'는 목적어인 '대장군 청'과 호응되고, '-셔'의 삽입이 표면에 나타나 있어 분명한 본용언이다. (39b)에서 목적어 '공예'는 선행용언 '브르다'와 호응되지만 '보다'와도 호응되고 있다. 여기에 '-셔'의 삽입은

---

36) 국어의 보조용언은 '싶다', '지다', '대다' 등 본래부터 보조용언으로만 쓰이는 일부를 제외하고는 대부분 본용언과 깊은 관련성이 있다. '보다'의 경우, 본용언 '보다'는 '시각적인 행위'가 중심 의미인데, '-어/아 보다' 구성과 같이 보조용언으로 쓰이면 [+행위성]이라는 의미의 공통점을 갖게 된다.

자연스러워 보인다. (39c)에서 '보다'의 목적어는 효간 벼슬을 한 '자손'이고, 해석하면 '만석군이 반드시 조복을 갖추어 입고서 보고(만나고) 이름을 함부로 부르지 않는다'이다. 이 구문은 선행용언과 후행용언의 분리성이 아주 크고 순차적 행위의 구문으로 보기가 어렵다. 그러므로 문맥상 '-셔'의 삽입이 불가능하고 '-고 보다'로의 교체가 가능한 구문이다.

이상에서 '보다'는 중세 국어에서 생산적이지는 않지만 연결형 '-어/아'와 결합하여 '시행'의 의미를 표현할 때 쓰이고 있음을 확인하였다. '보다'가 보조용언으로 쓰일 경우에는 원문에 대응하는 한자가 나타나지 않는 것이 일반적이며, 목적어의 상정이나 '-셔'의 삽입이 불가능하고 분리성이 매우 약한 면 등은 현대 국어에서도 볼 수 있는 특징이다.[37]

② 근대 국어

근대 국어에 오면 보조용언 '보다' 구성은 훨씬 생산적으로 나타난다. 그러나 여전히 연결어미 '-어/아'와만 결합하는 형태의 제약성이 있고, 의미에 있어서도 '시행'을 나타내는 데에만 쓰이고 있다. 물론 문맥에 따라 '경험'의 의미로 파악될 수 있는 것도 있지만, 이것은 시간과 관련될 때 나타나는 현상이기 때문에 대체로 '시행'에 포함시킬 수 있는 것들이다. 그러므로 근대 국어 자료에서 보여 주는 '-어/아 보다' 구성은 중세 국어 경우와 유사한 특징을 보여 준다.

먼저 근대 국어 자료에서 보이는 보조용언 '-어/아 보다' 구성의 용례를 보면 다음과 같다.

> (40) a. 술이 됴ᄒᆞ냐 됴흔 수리니 네 머거 <u>보라</u> 술곳 됴티 아니커든
>   갑슬 갑디 말라 = 好酒你嘗看<노해 上: 63>

---

37)   a) 부친의 친구를 찾아가서 물으면 알리라 하는 생각이 들자, 물어 봄직한 사람
      을 속으로 골라 <u>보았다</u>(삼대 上, 34).
    b) 나도 높은 나무에서 떨어져 본 경험이 있다.
  (a), (b)와 같이 현대 국어에서 '보다'가 보조용언으로 쓰일 경우에는 목적어의 상정이나 '-셔'의 삽입이 불가능하고 분리성이 매우 약하다. 만약 그렇지 않으면 '보다'가 본용언으로 해석되거나 비문이 되고 만다.

    b. 너옷 믿디 몯ᄒ야 ᄒ거든 다ᄅᆞᆫ 뎜에 의론ᄒ야 <u>보라</u> 가듸여 =
怕你不信時 別箇店裏 試商量去<노해 上: 18>

    c. 내 져기 골치 알프고 머리도 어즐ᄒ니 의원 쳥ᄒ여다가 脈 잡
혀 <u>보아지라</u><노해 下: 36a>

    d. 하ᄂᆞᆯ하 아ᄅᆞ시거든 비최여 <u>보쇼셔</u> ᄒᆞᆫ대 버미 ᄇᆞ리고 가니라
(皇天有知 乞賜照臨 虎乃棄去)<동속 烈: 11>

    e. 네 펴라 내 발마 <u>보자</u> 어듸 닐굽 발 ᄎᆞ뇨 계우 닐굽 발 난브
다(你打開 我托看 那裏滿七托 剛剛的七托少些)<노해 下:
29>

    f. 너일 나죄란 入舘ᄒ여 <u>보ᄋᆞᆸ새이다</u><첩신 初 1: 21>

    g. 자닌네도 혜아려 <u>보시소</u><첩신 初 1: 32>

    h. 他國 일이라 싱각말고 곰곰 싱각ᄒ여 <u>보ᄋᆞᆸ소</u><첩신 初 4:
24>

    (40a~h)에서, '보다'는 실질 의미를 갖지 못하고 보조적 의미의 기능만을 하는 보조용언으로 쓰이고 있다. 이들 구문도 중세 국어에서 제시했던 세 가지 검증 방법을 통해서 살펴볼 수 있는데, 모두 '보다'가 지배하는 목적어의 상정이 이루어지지 않고, '-셔'의 삽입이 전혀 불가능하다. 그렇기 때문에 본용언과 보조용언 간의 분리성을 발견할 수 없다.

    그런데 이들이 보조용언 구성임에도 몇몇 예에서 확인할 수 있는 바와 같이 '보다'와 대응하는 한자가 원문에 나타나 있다. (40a)에서 '먹어 보라'에 해당하는 한자는 '嘗看'으로 '嘗'은 '먹다'와, '看'은 '보다'와 대응되고 있다. (40e)에서 '발마 보자'는 원문 '托看'과 관련되는데, '밝다'는 '두 팔을 펴서 그 길이로 길이를 재다'(한글학회, 1992: 1649)라는 의미로 한자어 '托'과 대응되고 '보다'는 '看'과 대응되고 있다.

    이와 같이 보조용언 '보다'에 대응하는 한자를 발견할 수 있는 자료는 중국어 학습서였던 '노걸대 언해'나 '박통사 언해' 등이다. (40)은 주로 '노걸대 언해'에서 가져온 예인데, (40a), (40e)에서와 같이 보조용언 '보다'에 대응하는 한자로 '看'이 가장 많이 쓰이고,[38] 그 외에 (40b)의 '試'가 일부

---

38) '看'이 보조용언의 용법으로 쓰이는 것은 현대 백화문에서도 확인할 수 있다. 다음의 예들은 고대민족문화연구소 편(1990: 604~605)에서 가져온 것이다.

쓰이고 있다.

한편 (40b)는 예문 (34)에서 다루었던 구문과 같은 내용으로, '試'가 보조용언 '보다'의 의미를 나타내는 것으로 볼 수 있는 구문이다.[39] (40d)는 '비최여 보쇼셔 ᄒᆞ대'에 해당하는 원문 한자가 '乞賜照臨'인데, '비추다'와 관련지을 수 있는 한자는 '照臨'이고, 'ᄒᆞ다'는 대용언으로 '기원하다', '애원하다'의 의미로 '乞'과 대응될 수 있다. 그러면 한자 '賜'가 남는데, 이 '賜'와 '보다'가 직접적으로 의미의 관련성을 갖는 것으로 보기는 어렵다. 그러나 문맥적으로 볼 때, '보다'는 '주다'로 대체가 가능할 것으로 보인다. 그래서 '비추어 보소서'는 '비추어 주소서'로 바꾸어 쓸 수가 있다. 이 때 '주다'는 보조용언이 되며 한자 '賜'와 대응이 가능하다. 그러므로 (40d)에서 한자 '賜'는 '보다'의 문맥 의미와 관련지을 수 있다.[40]

---

   a) 用這方法試試看 : 이 방법으로 시험해 <u>보자</u>.
   b) 等一等看吧 : 기다려 <u>보자</u>.
   c) 先做几天看 : 우선 며칠 해 <u>보다</u>.
'看'은 본동사의 의미를 나타낼 때 쓰지만, '해 보다', '시험해 보다' 등 보조용언의 의미를 나타내는 데에도 쓰인다. 이 때의 특징은 "동사 또는 동사 구조의 뒤에 쓰여 한 번 시도해 봄을 표시하며, 앞의 동사는 대개 중첩함."(고대민족문화연구소 편, 1990: 604~605)으로 나타난다.

39) '試'는 현대 백화문에서 '시험하다', '시험삼아 해 보다', '시도하다' 등의 의미로 쓰이고 있다(고대민족문화연구소 편, 1990: 1007).
   a) 我來試(一)試看 : 어디 내가 한 번 시험해 <u>보자</u>.
   b) 兄試往觀之 : 형이 시험삼아 가 <u>보시오</u>.
(a), (b)를 통해 볼 때, '試'는 현대 백화문에서 본용언의 용법으로 쓰이고 있음을 알 수 있다. 특히 '시험해 보다'라는 의미를 나타낼 때는 (a)와 같이 '試試看'으로 표현되는데, 이 때 '試'는 본용언의 기능을, '看'은 보조용언의 기능을 하고 있다. 그러므로 (40b)와 같은 '試'의 쓰임은 일반적인 현상으로 보기 어렵고 '看'이 생략되었거나 특수한 경우로 보아야 할 것 같다.

40) 이들 이외에 백화문에서 보조용언으로 쓰이는 것으로는 '주다'의 '給'과 '죽다'의 '死' 등을 들 수 있다.
   (i) a) 你送給我 : 너는 나에게 보내 <u>주라</u>.
     b) 這雙鞋大一些, 你換給他小一號的吧 : 이 신발은 좀 크니, 너는 그에게 한 호수 아래의 것으로 바꾸어 <u>주시오</u>(김덕균, 1997: 83).
   (ii) a) 高興死了 : 기뻐 <u>죽겠다</u>.
     b) 累死了 : 피곤해 <u>죽겠다</u>.
     c) 我簡直討厭死他了 : 나는 그야말로 그가 지겨워 <u>죽겠다</u>(고대민족문화연구소 편, 1990: 1049).

한편 근대 국어의 '-어/아 보다' 구성에서도 (40)과 같은 보조용언 구성 이외에 다음과 같은 접속용언 구성이 더 높은 생산성을 차지하고 있다. 이들은 중세 국어에서 보았듯이 '보다'의 본용언으로서의 쓰임이 그대로 나타나고 있다.

> (41) a. 도적기 둘러셔 <u>보고</u> 크기 놀라 감히 해티 몯ㅎ더라(賊環視大
>   驚不敢害)<동신 孝 8: 80>
>   b. 내 다른 ᄆᆞ음 곳 머그면 어찌 남진늘 ᄯᅡ 아래 가 <u>보료</u> ㅎ더니
>   훌는 제 어버이 과연 남진 얼오려 ᄒᆞ대 조이 알오 목믜야ᄃᆞ라
>   주그니라(我若有他 將何以見亡人於地下)<동속 烈: 16>
>   c. 강졍대왕이 드르시고 역마로 블려 <u>보시고</u> 어디다 ᄒᆞ샤<동속
>   孝: 23>

(41a~c)에서, 각 구문은 '보다'와 호응하는 목적어, 즉 (41a)의 경우 지문에는 빠져 있지만 '홍계남', (41b)의 '남진(남편)', (41c)의 생략되어 있는 '경연' 등을 상정할 수 있고 '-셔'의 삽입이 자연스럽게 이루어진다.

이들 구문을 해석해 보면, (41a)는 '도적들이 둘러서 홍계남을 보고는 크게 놀라서 감히 해치지 못하더라'이고, (41b)는 '내가 다른 마음을 먹는다면 어찌 남편을 지하에 가서 만날 수 있겠는가'이다. 그리고 (41c)는 '강정대왕이 그 효자 이야기를 들으시고 역마로 불러서 효자 경연을 보시고'로 해석된다.

이상에서 근대 국어의 경우 '-어/아 보다' 구성의 '보다'가 본용언으로 쓰였던 것이 일반적이나 보조용언으로의 쓰임도 활발했었음을 확인하였다. 또한 현대 국어와 같이 형태나 의미가 아직까지 다양화되지 않았음을 확인하였다.

이제 중세와 근대 국어 시기에 '보다'와 결합하여 나타나는 합성용언 구성의 예를 살펴보도록 하자. 현대 국어의 경우와 마찬가지로 중세나 근대 국어에서 보이는 합성용언들은 본래 통사적 구성에서 출발하였다.

합성용언 구성의 용례들을 몇 유형으로 나누어 보면, 본래의 통사적 구

성의 특징이 뚜렷하게 나타나는 유형과 그렇지 않은 유형이 있다. 전자에
는 '어더 보다, 츳자 보다, 술펴 보다' 등이 있고, 후자에는 '도라보다, 바
라보다, 몰라보다, 우러러보다, 져버보다 등'이 있다.[41] 먼저 전자의 용례
를 보도록 한다.

> (42) a. 네 <u>어더 보아</u> 자바다가 다고려(你饋我尋見了拿將來)<박번
>   上: 33>
>   b. 어버이 황당히 너겨 가 <u>어더 보니</u> 초장흔디 열오 관올 안고셔
>   울어늘 어버이 믇드러 드려오더니(父母怪而尋之)<동속 烈:
>   10>
>   c. 네 <u>츳자 보아</u> 잡아다가 날을 주고려<박해 上: 30>
>   d. 두로 官人을 <u>츳자 보고</u><박해 下: 14>
>   e. 내 아돌이 병이 잇거늘 비록 <u>술펴보디</u> 아니흐나 밤이 못도
>   록 자디 몯호니(吾子有疾 雖不省視 而竟夕不眠)<소해 6:
>   101>
>   f. 치움 더움과 아춤 나죄 <u>省펴보몰</u> 禮예 그르디 아니터니(溫清
>   定省無違禮)<속삼 孝: 2>
>   g. 진지 오를 제 반드시 시그며 더운 졀츠롤 <u>술펴보시며</u>(食上 必
>   在視 寒暖之節)<소해 4: 12>

(42a~g)에서, (42a~b)는 '어더 보다', (42c~d)는 '츳자 보다', (42e~g)
는 '술펴 보다'의 예이다. 이들은 현대 국어에서 합성어로 처리하고 있는
것들이나 통사적 구성의 특징이 강한 것들이다. 먼저 (42a~b)의 '어더 보
다'는 '찾아 보다'와 의미가 동일한데 중세 국어에서부터 형태적 구성으로
쓰였던 것으로 보인다. 그러나 '얻다'가 '찾다'의 의미로서 자립적으로 쓰
이기도 하고 다른 어휘와 결합되어 쓰이기도 하는 것을 볼 때, 통사적 구
성의 특징을 발견할 수 있다.[42]

---

41) 합성용언 구성에 대한 고찰은 중세와 근대를 구분하지 않고 함께 다루고자 한다.
    그러므로 여기에 제시되는 예문도 중세 자료와 근대 자료가 서로 섞여 제시된다.
42) 한글학회(1992: 5255)는 '어더 보다'를 합성어로 처리하고 있다. 남광우(1997: 1045)
    도 합성어로 다루고 있으나, '얻다'를 보면 '찾다'의 의미를 가지고 단독으로 쓰인
    예를 제시하고 있다(남광우, 1997: 1063).

(42a~b)에서, '어더 보다'의 대응 한자를 보면, (42a)는 '尋見', (42b)는 '尋'으로 되어 있다. 그래서 이들 대응 한자만 가지고는 보조용언인지, 합성용언인지, 또는 접속용언인지 판단하기가 어렵다.

다음으로 (42c~d)의 '츳자 보다'는 한글학회(1992)의 '옛말 편'이나 남광우(1997)에서 '츳다'만을 단일어로 다루고 있고 '츳자 보다'에 대한 언급은 없다. 현대 국어에서는 이것을 합성어로 처리하고 있으나(한글학회, 1992: 4038), 보조용언 구성의 성격이 매우 강한 것으로 보인다. (42c~d)에서도 볼 수 있듯이, 이들이 합성어라면 후행용언인 '보다'에 의미의 중심이 있어야 하는데, 그렇지 않고 선행용언인 '츳다'에 의미의 중심이 있는 것으로 보인다.[43]

한편 (42e~f)는 '술펴 보다' 구문인데, 중세 국어부터 합성어로 처리하고 있다(한글학회, 1992: 5214). 그러나 한자 대응을 볼 때, 그 쓰임이 명확하지 않다. (42e)에서는 '살펴보다'의 대응 한자로 '省視'가 각각 나타나 있으나 (42f)에서는 '省'만이, (42g)에서는 '視'만이 나타나 있다. '술펴 보다'는 '자세하게 주의하여 보다'란 의미로 (42c~d)의 '츳자 보다'에 비해 합성어로의 진행이 좀더 빨리 이루어진 것으로 보인다.

이상에서 우리는 통사적 특성이 강한 것으로 보이는 유형을 살펴보았다. 이들은 통사적 구성에서 출발하여 선·후행용언 간의 분리성이 나타나기도 하나, 점차 형태적 구성으로 굳어져 '어더 보다'는 현대 국어에서 쓰이지 않는다. 하지만 다른 두 구성 '츳자 보다'와 '술펴 보다'는 합성어로

---

　a) 다드렷는 짜해 丹梯를 <u>얻노라</u>(著處覓丹梯)<두해 初 7: 12>
　b) 거우룻 소배 머리 <u>어두미여</u>(鏡裏尋頭)<금삼 5: 38>
　c) 도적이 <u>어더</u> 내여 오욕ᄒ고져 ᄒ여(賊搜出欲汚)<동신 烈 6: 85>
(a~c)에서, (a, b)는 단일어로 쓰였는데, 대응 한자가 각각 '찾다'의 의미를 가진 '覓'과 '尋'이다. (c)는 보조용언 구성으로 쓰였는데, 이 때에도 대응 한자로 '찾다'의 '搜'가 쓰이고 있다.

43) 이러한 현상은 현대 국어에서도 볼 수 있다.
　a) 출장 왔던 길에 고향 친구를 <u>찾아보기로</u> 하였다.
　b) 그 책 좀 <u>찾아봐라.</u>
(a~b)에서, (a)는 '찾아가서 만나다'의 의미로 해석하여 합성어로 처리할 수 있으나, '찾는 일을 시행하다'로 해석할 수도 있다. (b)는 이에 대한 좀더 분명한 증거로 볼 수 있다.

주로 쓰이고 있다.

다음으로 본래는 통사적 구성이었으나 이제 그러한 특징을 찾기가 어려운 것들을 보도록 한다. 이들은 주로 두 어휘가 결합하여 형태적 구성으로 굳어진 것들로 제3의 의미로까지 파생된 특징을 보이고 있다.

> (43) a. 말 내용을 반드시 힝실을 <u>도라보며</u>(出言必顧行)<소해 5: 96>
> b. 父母의 공양을 <u>도라보디</u> 아니홈이 혼 不孝ㅣ오(不顧父母之養 一不孝也)<소해 2: 34>
> c. 上이 일즉 武帳에 안자 겨시거늘 黯이 나아가 공스롤 엳즈오려 ᄒ더니 上이 冠 쓰디 아녀 겨시다가 黯을 <u>바라보시고</u> 댱안해 避ᄒ야 사ᄅᆞᆷ으로 ᄒᆡ여곰 그 엳틈을 ᄧᅡ타 ᄒᆞ시니(…上不冠 望見黯 …)<소해 6: 38>
> d. 讖文을 <u>몰라보거늘</u><용가: 85>
> e. <u>울어러보다</u>: 仰看<역해 上: 39>
> f. 너희 물이는 다ᄆᆞᆫ 사ᄅᆞᆷ 외다 ᄒᆞ는 ᄆᆞᅀᆞᆷ으로써 몸을 외다 ᄒᆞ고 몸 <u>져버보는</u> ᄆᆞᅀᆞᆷ으로써 사ᄅᆞᆷ 져버보면 聖賢地位예 니르디 몯홈을 근심티 아니ᄒᆞ리라(爾曹 但常以責人之心責己 恕己之心 恕人 不患不到 聖賢地位也)<소해 5: 93>
> g. 집 다ᄉᆞᆯ요ᄆᆞᆯ 네가짓 ᄀᆞᆯ으침으로써 ᄒᆞ니 … 눔의 ᄆᆞᅀᆞᆷ <u>졉어봄이오</u>(御家以四敎 … 恕)<소해 6: 88>

(43a~b)는 '도라보다', (43c)는 '바라보다', (43d)는 '몰라보다', (43e)는 '우러러보다', (43f~g)는 '저버보다'가 나타난 구문이다. (43a~e)의 용례들은 현대 국어에서도 합성어로 쓰이고 있기 때문에 합성어로 다루는 데 어려움이 없다. 그러나 (43f, g)의 '져버보다'는 요즘에는 잘 쓰이지 않는 표현으로, '졉다'는 '접어주다', '참작하다', '너그럽게 여기다', '용서하다' 등의 뜻으로 쓰인다.44) 그렇지만 이것은 합성어로 다루는 것이 좋을 것 같

---

44) 한글학회(1992: 5333)는 '졉다'만 다루고 '져버보다'는 '졉다'에서 예문으로만 다룰 뿐 합성어로는 다루지 않고 있다. 이에 반해 남광우(1997: 1219)는 '져버보다'를 '용서하다'의 의미를 가진 합성어로 다루고 있다. 이를 통해 볼 때 '져버보다'는 중세 국어 시기부터 형태적 구성으로 굳어져 '용서하다'의 의미로 쓰였던 것으로 보인다.

다.45)

　마지막으로, 현대 국어의 '엿보다'가 중세와 근대 국어에서는 '엿보다'
와 함께 '여서보다', '여어보다' 등으로 나타나 있다. 자료의 간행 시기의
순서에 따라 그 예문을 제시하면 다음과 같다.

　　　(44) a. 내 弟子ㅣ 窓으로 <u>여서</u> 지블 <u>보니</u> = 我有弟子ㅣ 窺窓觀室ㅎ
　　　　　　　 니<능엄 5: 72>

　　　　　　b. 뎌 주우메 그스기 두어 公올 <u>여서보니</u> 나라 다스릴 지조 쏘
　　　　　　　 다 뒷논 사르미러라(向竊窺數公　經綸亦俱有)<두해　初　8:
　　　　　　　 55>

　　　　　　c. 길히 두 수픐 밧그로 낫고 亭子는 萬井가온디롤 <u>여서보놋다</u>
　　　　　　　 (路出雙林外亭窺萬井中)<두해　初　14: 36>

　　　　　　d. 管見온 댓 굼ㄱ로 <u>여서볼</u> 시니 죠고맛 보물 가줄비니라<금삼
　　　　　　　 2: 65>

　　　　　　e. 象王도 쏘 <u>여서보디</u> 몯홀 시라<남명 下: 36>

　　　　　　f. 사르믜 아룸뎟 유무를 <u>여서보미</u> 아니홀 디니라 = 不可窺人私
　　　　　　　 書ㅣ 니라<번소 8: 22>

　　　(45) a. 覰 <u>여어볼</u> 쳐<신합 下: 20>

　　　　　　b. 可히 사름의 스스 유무를 <u>여어보디</u> 아닐 거시며(不可窺人私
　　　　　　　 書)<소해 5: 101>

　　　　　　c. 사름이 그 나아간 더 깁픈 거 <u>여어보디</u> 몯ㅎ더라(人莫窺其造
　　　　　　　 詣之深)<동신 忠 1: 72>

　　　　　　d. 뎌 주우메 그으기 두어 公올 <u>여어보니</u>(向竊窺數公)<두해 重
　　　　　　　 8: 55>

　　　　　　e. 쏘 창굼그로 <u>여어볼가</u> 저페라(又怕窓孔裏偸眼兒看)<박해
　　　　　　　 重: 8>

　　　　　　f. 명뷔 그 남진을 <u>여어보니</u><여범: 2>

---

45) 현대 국어에서 '접어보다'의 쓰임을 찾기는 어려우나, '남의 잘못이나 허물을 너그
　　럽게 이해하다'와, '자기보다 못한 사람과 상대할 때 유리한 조건을 가지게 하다'
　　의 의미의 '접다'라는 어휘가 남아 있고, 이 어휘가 가장 생산적으로 쓰이는 용례
　　가 '접어주다'에서이다.
　　 a) 차, 포를 <u>접어주고</u> 장기를 두다.
　　 b) 5점 <u>접어줄</u> 테니 우리 탁구 시합하자.

(44)와 (45)는 '여서보다'와 '여어보다'의 시대별 쓰임을 보여 주고 있다. 이들은 [엿다]+[보다]의 접속 구성으로 볼 수도 있는데, 이것을 우리는 (44a)에서 확인할 수 있다. 즉 (44a)에서 '지블 여서 보니'로 표기될 수도 있는데, 목적어가 '여서'와 '보다' 사이로 이동되어 있다. 그런데 이것은 원문의 영향으로 보인다. 원문 '窺窓觀室'에서 '엿다'와 '보다'에 대응되는 한자가 '窺'와 '觀'이고, 원문에 대한 번역이 '窓으로 여서 지블 보니'이다. 그러므로 현대 국어의 형태적 구성인 '엿보다'가 (44a)에서처럼 표현되었다는 것은 선행용언과 후행용언이 자립적인 서술 기능을 하는 통사적 구성이었다는 것을 보여 주는 일면이 된다.[46]

한편 (44a~f)와 (45a~f)에서 '여서(어)보다'에 대응되는 한자는 (44a)와 (44e)를 제외하면 주로 '窺' 하나만 나타나고 있다. 즉 '보다'가 중심 의미임에도 불구하고 이것과 직접 대응되는 한자가 없다는 것이다. 이것은 한자 '窺'가 '여서(어)보다'의 의미를 함께 나타낼 수 있다는 것으로 후행성분이 실질 의미를 갖지 못하는 보조용언 구성이나 일부 합성어에서 볼 수 있는 현상이다. 그러므로 중세 국어에서부터 이미 현대 국어 '엿보다'와 같은 형태적 구성으로의 진전이 이루어진 것으로 볼 수 있다. 이와 같은 것을 다음의 (46)에서 엿볼 수 있는데, (44)와 (45)에서 보여 주는 '여서(어)보다'의 쓰임 이외에 '엿보다'가 중세 국어에서부터 쓰이고 있었다는 것이다.

> (46) a. 새는 새 거든 바롤 <u>엿보ᄂ다</u>(鳥窺新卷簾)<두해 初 7: 11>
>   b. 놋 가온디 이셔 놉픈 디롤 <u>엿보모로</u> = 處下而闚高ㅣ라<번소 9: 19>
>   c. <u>엿볼</u> 규: 窺<훈몽 下: 27>
>   d. 그슥혼 이롤 <u>엿보디</u> 말며(不窺窓)<선사내훈 1: 9>
>   e. 놋가온 디 이셔 놉픈 디롤 <u>엿보ᄂ디라</u>(處下而闚高)<소해 6: 17>

(46)에서, '엿보다'가 '窺'의 의미로 쓰이고 있는 것을 볼 수 있는데, 대응 한자도 '窺, 闚' 등으로 단일어 취급을 하고 있다. 이것은 현대 국어의

---

46) 김미영(1998: 162~163)도 '엿보다'의 접어화 과정에 대해 다루고 있다.

'다른 사람을 모르게 가만히 살피거나 보다'(한글학회, 1992: 2982)라는 의미
의 '엿보다'가 중세 국어에서부터 통사적 구성과 형태적 구성이 공존하다
가 현대 국어에 이르러서 형태적 구성으로 정착된 것으로 보인다.[47]

2) 종결어미와 결합한 구성

① 중세 국어

역사적으로 볼 때 종결형 어미와 결합하는 '보다' 구성은 현대 국어에
와서 그 쓰임이 일반화된 것 같다. 특히 의문형 종결어미와 결합하는 보조
용언 '보다' 구성의 경우는 더욱 그러하다.

그러나 중세 국어 자료들을 통해서 우리가 발견할 수 있었던 것은 '-(으)
ㄹ까 보다' 구성의 앞선 모습이라고 할 만한 용례들이 있었다는 것이다.
다시 말해 이들 구문을 현대 국어로 바꿀 경우 '-(으)ㄹ까 보다' 구문으로
충분히 대치가 가능하다는 것이다.

이들 예에서 나타나는 종결어미 형태는 주로 '-ㄴ(은)가', '-ㄹ(리, ᇙ, 을,
읋, 옳)가', '-ㄹ(을, 올)까/ᄭᅡ' 등이다. 여기에서 '-ㄹ가'와 '-ㄹ까' 형은 현대
국어 '-(으)ㄹ까'와 거의 동일한 형태라고 할 만 하다. 그러나 '-ㄴ(은)가' 형
은 현대 국어의 '추측'의 '-ㄴ(은)가'의 기능뿐 아니라 '-(으)ㄹ까'로의 기능
도 함께 하고 있는 것으로 보인다. 이와 관련된 내용은 뒤에서 다시 다루
게 된다.

---

47) 한편 '엿다'는 '엿보다'란 의미의 단일어로 높은 생산성을 가지고 있었던 것으로
보인다.
  a) 그 뎌른 둘 <u>여ᅀᅥ</u> 求ᄒᆞ야도 能히 便安 得디 몯ᄒᆞ리이다 = 伺求基短ᄒᆞ야도 無
    能得便ᄒᆞ리이다<능엄 7: 112~113>
  b) 이 마롤 삼가 이베 내디 말라 다른 사ᄅᆞ미 <u>여ᅀᅥ</u> 드르리다(愼勿出口他人狙[…
    狙ᄂᆞᆫ 竊聽이니 恐賊諜之聽也 ㅣ라])<두해 初 8: 3>
  c) <u>여ᅀᅥ</u> 가다(覷去), <u>여ᅀᅥ</u> 오다(覷來)<금삼 1: 15>
  d) ᄀᆞᆺᄭᅵ의 고기 <u>엿ᄂᆞᆫ</u> 거슨 이 수 업슨 가마오디오(河邊兒窺魚的是無數目的 水老
    鴉)<박해 上: 62>
  (a~d)와 같이 '엿보다'의 의미로 생산적으로 쓰이던 '엿다'는 현대 국어에 와서 접
  두사로 문법화하였고, '몰래'의 뜻을 가지고 '엿보다, 엿듣다, 엿살피다, 엿보이다
  등' 매우 제한된 환경에서만 쓰이고 있다.

[종결형+V]로 해석할 수 있는 구문은 다음 세 가지 유형으로 나눌 수 있다. 첫째는 [종결형+V] 구성에서 V에 해당하는 어휘로 실질 의미의 동사가 나타나는 유형이고, 둘째는 [종결형+V] 구성을 현대 국어의 '-(으)ㄹ까 봐' 구성으로 직접 대치가 가능한 유형이다. 그리고 셋째는 표면상으로 [종결형+V] 구성이나 문맥 의미에 따라 [-(으)ㄹ까+봐]+[VP]로 볼 수 있는 유형이다.[48]

이들 세 유형 중에서, 첫째 유형은 V(후행용언)가 실질 의미를 가지고 나타나는 보문 구성으로 '추측'의 '-(으)ㄹ까 보다' 구성으로 발전 가능성이 매우 약하다. 여기에서 우리의 관심을 끄는 것은 둘째와 셋째의 유형이다. 이들 두 유형은 현대 국어 '추측'의 '-(으)ㄹ까 보다' 구성과 역사적인 관련을 지을 수 있는 형태들이기 때문이다.

종결형 다음에 결합하는 후행용언(V)으로는 주로 '젛다, 너기다, 쩌리다, 두리다, ᄒ다, 식브다' 등이 있다. 이들은 구문에 따라 실질 의미로 쓰이기도 하고 대용언으로 쓰이기도 한다.

먼저 첫째 유형부터 보도록 하자.

---

48) 종결어미는 아래의 (i)처럼 문 종결의 기능을 담당하기도 하고, 예문 (8)처럼 '종결형+V'의 형태로 나타나서 보문이나 접속문을 만들기도 한다. 한편 종결형 '-ㄴ(ㄹ)고'의 경우는 아래의 (ii)와 같이 뒤에 다른 성분이 결합하지 못하는 특징이 있다.

  (i) a. 西京은 편안ᄒ가 몯 <u>ᄒ가</u>(西京安穩未)<두해 初 18: 5>

      b. 셟고 애밣븐 ᄠ디여 누를 <u>가줄뼓가</u><월곡: 143>

      c. 아ᄒ 흔 겁(劫)을 브터 이 댱쟤(長者) ᅵ 뼓심(發心) 너버 어느 겁(劫)에 공득(功德)이 <u>뎌긇가</u><월곡: 169>

  (ii) a. 뉘 能히 이 娑婆 國土애 妙法華經을 너비 <u>니롤꼬</u> = 誰能於比娑婆國土애 廣說妙 法華經고<법화 4: 134>

      b. 조ᅀᄅ왼 길헤 어느 나래ᅀᅡ 긴 戈戟을 <u>말꼬</u>(要路何日罷長戟)<두해 初 10: 27>

      c. 마ᅀᆞᆯ 어느 고대 <u>가줄빌고</u>(司存何所比)<두해 初 24: 9>

      d. 巴蜀애 와 病이 하니 荊蠻애 가몬 어느 <u>힐고</u>(巴蜀來多病 荊蠻去幾年)<두해 初 7: 4>

      e. 엇던 幸ᄋᆞ로 아희돌히 비브르 <u>머글고</u>(何幸飫兒童)<두해 初 15: 56>

(ii)의 예문들은 모두 종결의 형태로만 나타나 있는데, 이와 같이 '-ㄴ(ㄹ)고' 뒤에 다른 성분이 결합하지 못하는 것은 문장 내에 의문사를 포함하고 있기 때문으로 보인다. 즉 (ii a)는 '뉘', (ii b~d)는 '어느', (ii c)는 '엇던' 등의 의문사가 문장 내에 나타나 있다.

> (47) a. 긴 劫에 몯 볼까 ㅎ다니<월석 23: 87>
>   b. 너희 이 브를 보고 더본가 <u>너기건마론</u> 믈읫 탐욕앳 브리 이
>   블라와 더으니라<월석 10: 14>

(47a〜b)에서, 후행용언으로 (47a)는 'ㅎ다'가 쓰였고, (47b)는 '너기다'가 쓰였다. 여기에서 (47a)의 'ㅎ다'는 대용언으로 '생각하다, 염려하다'로 바꾸어 쓸 수 있다. (47b)의 '너기다'는 현대어로 '여기다'인데, 이들도 구문에 따라 '생각하다, 염려하다, 추측하다' 등으로 해석할 수 있다.

이들 유형은 종결형 어미 다음에 실질 의미로 해석될 수 있는 어휘가 와서 자신의 의미를 그대로 표현하는 구문으로 보문에 해당한다. 이들은 '종결형＋보다'로의 교체가 부자연스러우나 장차 '종결형＋보다' 구성으로 발전 가능성을 가진 구문이다. 문맥에 따라 이들 구문의 후행용언이 '생각하다, 추측하다, 염려하다' 등으로 해석되는 것을 볼 때, 앞으로 '종결형＋보다' 구성으로 발전할 수도 있다는 것이다.[49]

다음은 둘째 유형을 살펴보자. 이 유형은 '종결형＋보다' 구성과 가장 가깝고 밀접하게 연결될 수 있는 것이다.

> (48) a. 叔敖ㅣ 나 노니다가 두 머리 가진 비얌 보고 보니면 죽ᄂ다
>   ㅎ야늘 눕도 볼가 <u>ㅎ야</u> 죽여 묻고 가 울어늘<소해 5: 5>
>   b. 難陀ㅣ 두리여 자바 녀흘까 <u>ㅎ야</u> 닐오디<월석 7: 13>
> (49) a. 어엿브신 ᄆᆞᅀᆞᆷ애 나가싫가 <u>저ᄒᆞ샤</u> 太子ㅅ 겨틔 안쩌 벙시니
>   <월곡: 46>
>   b. 王이 阿私陀仙人의 말 드르시고 太子ㅣ 出家ㅎ싫가 <u>저ᄒᆞ샤</u>
>   <석보 3: 4>

---

49) '보다'가 의문형 종결어미와 결합하고 있는 것은 아니나, 복문 구성을 하고 있는 용례가 있다.

萬水옛 蟾光ᄋᆞᆫ ᄒᆞᆫ ᄃᆞ리 一切 므레 너비 나타 南으로 갈 빈ᄂᆞᆫ ᄃᆞ롤 南으로 가놋다 <u>보고</u> 그저 잇ᄂᆞᆫ 빈ᄂᆞᆫ 그저 잇놋다 보ᄂᆞᆫ 젼ᄎᆞ로 니ᄅᆞ샤디 가며 이쇼믈 브려 두라 ㅎ시니라<남명 上: 12>

위의 예문에서 인용어미 '-라고'가 생략된 형태인데, '보다'는 대용언으로 실질 의미를 가진 어휘 '너기다'나 '생각하다'의 의미로 해석할 수 있다.

   c. 후에 의거 업슬가 저허 이 글월 밍ㄱ라 쓰게 ㅎ노라(恐後無憑
       故立此文契爲用)<박번 上: 61>

(50) a. 아바님 위ㅎ야 病엣 藥올 지수려 ㅎ노니 목수미 몯 이실까 너
       겨 여희ᅀᆞᆸ라 오니 願흔 둔 어마니미 그려 마르쇼셔<석보
       11: 20>

    b. 主將이 眞實로 주긇가 두리여 그리ㅎ라 ㅎ고 딕킈요믄 더욱
       구디 ㅎ더니(主將恐其誠死許之然防守盆嚴)<삼강 烈: 21>

    c. 과ㄱ리 긔운이 티와텨 수미 되오 주글가 식브닐 염교 디허 뽄
       즙 흔 되만 머그면 즉재 됴ㅎ리라<구간 2: 16>

    d. 오직 저허홀가 말미ㅎ야 ㄱ장 모로매 親히 ㅎ다라(秪緣恐懼
       轉須親)<두해 初 7: 22>

  후행용언으로 (48)은 '하다'가 결합되었고, (49)는 '젛다'가, 그리고 (50)
은 기타 '너기다, 두리다, 식브다, 말미ㅎ다' 등이 결합되었다. 이들 구문은
화용론적 환경에서 '-(으)ㄹ까 봐'의 모습으로 직접 대체가 가능하다. 이들
중 '식브다'는 현대 국어의 '싶다'에 소급되는 보조용언이다.

  (48a~b)의 '하다'는 중세 국어에서 '추측하다, 생각하다, 염려하다' 등
으로 해석되면서 매우 생산적으로 쓰인다. 이들은 '추측(염려)'의 '-(으)ㄹ까
봐' 구성으로 대체가 가능한 구문이다. 현대 국어에서도 '-(으)ㄹ까 하다'
구성은 '염려(걱정)'의 의미를 담은 '추측' 구문으로 쓰이고는 있지만, '-(으)
ㄹ까 보다' 구성에 비해 생산성이 훨씬 떨어지고 있다. 또한 의미면에서도
'염려(걱정)'의 강도가 약화되어 나타난다. 다음에서 이와 관련된 현대 국어
의 용례를 만날 수 있다.

(51) a. 난 혹시 어머님께서도 그런 생각을 갖는 것이 아닐까 <u>하는</u> 불
       안한 마음이 들었다(잃어버린 너 上, 121).

    b. 나는 그 신문의 칼럼을 오릴까 <u>했으나</u> 그냥 접어서 서랍 속에
       넣어 두었다(새의 선물: 306).

    c. 그는 재빨리 우물로 나와서 그렇지 않아도 눈요기가 없을까
       <u>하는</u> 최 선생님의 시야 속에 출연했다(새의 선물: 99).

    d. 나는 그를 진심으로 특별히 사랑하고 있으며 심지어 어쩌면
       내 생애에 단 하나의 '타인을 위한 사랑'이 아닐까 <u>하는</u> 생각

마저 들 정도로 반해 있다(새의 선물: 11).

(51a~d)의 '-(으)ㄹ까 하다'에서 '염려(걱정)'를 동반한 '추측'의 의미를 발견하기는 어려워 보인다. 다만 의미가 약화되기는 하였으나, (51a)에서는 '-(으)ㄹ까 하다'에 '염려(걱정)'의 의미가 담겨져 있는 것으로 보인다. 그러나 (51b~c)에서는 '생각하다' 정도로만 해석되고, (51d)에서는 더욱 약화되어 다른 의미로 해석되기보다는 형식용언의 기능을 하고 있다.

'-(으)ㄹ까 하다' 구성은 근대 국어 자료에서도 중세 국어 못지 않게 '추측'의 의미를 다양하게 보여 주고 있다. 이것은 아직까지 '-(으)ㄹ까 보다' 구성이 출현하지 않은 것과 관련을 지을 수 있다. 근대 국어에 관한 것은 뒤에서 다시 다루게 된다.

'-(으)ㄹ까 하다' 구성이 근대 국어 이후에까지 담당하던 '염려(걱정)'을 동반한 '추측'의 의미 기능은 '-(으)ㄹ까 보다' 구성이 출현하면서 그 기능의 상당 부분을 '-(으)ㄹ까 보다' 구성에 이양한 것으로 보인다. 그리하여 현대 국어에 오면 '염려(걱정)'를 동반한 '추측' 구문은 '-(으)ㄹ까 하다' 구성보다 '-(으)ㄹ까 보다' 구성이 훨씬 더 생산적으로 쓰이게 된다.

한편 (49a~c)의 구문은 '종결형＋V' 구성에서 V의 어휘로 '젛다'가 결합되어 나타나 있다. 그런데 이 '종결형＋젛다'도 '-(으)ㄹ까 봐'로 대체가 가능함을 알 수 있다. 이들 구문을 보면, '종결형＋젛다'가 포함된 구문이 선행절이 되어, '염려(걱정)'의 내용이 나오고 후행절에서는 그에 대한 결과의 내용이 전개된다. 이러한 것은 (48)이나 (50)의 구문에서도 볼 수 있는 특징이다. 그리하여 (49a)에서는 '태자가 밖으로 나갈까 염려되어 그 곁에 앉아 있다'는 것이고, (49b)도 '태자가 출가할 것이 염려되어', (다음 내용이 나와 있지는 않지만) 어떠한 조치를 취했다거나 염려의 마음이 들었다거나 하는 내용이 나올 것이라는 것을 짐작할 수 있다. (49c)는 '훗날에 증거물이 없을까 걱정되어' 정도로 해석된다.

(48~49)의 '호다'와 '젛다'는 중세 국어에서 문맥 의미상 '-(으)ㄹ까 봐 (염려, 걱정)' 구성으로 대체가 가장 잘 이루어지는 어휘들이다. 한편 이들 이외에도 (50a~d)의 '너기다, 두리다, 식브다, 말미호다' 등이 종종 쓰이고

있다. (50a~d)에서, (50a)는 '종결형＋너기다'의 구성인데 '목숨이 남아 있지 못할까', 다시 말하면 '곧 죽을까 염려되어 이별하러 오니'로 해석될 수 있고, (50b)는 '종결형＋두리다'의 구성인데, '죽을까 두려워하여 그리하라 하였다'로 해석될 수 있다. 이들은 모두 '보다'로 대체가 가능하다. (50c)는 '종결형＋식브다' 구성인데, '-(으)ㄹ까 보다'로 대체가 가능하기도 하나, 이 구성은 '하다'와 함께 현대 국어에서도 활발히 쓰이고 있는 보조용언 구성이다.

> (52) a. 동생이 과자를 다 먹을까 <u>싶어</u>, 조바심이 났다.
>   b. 나는 그 자리에 함께 있었던 이모에 대한 기억도 조금 곁들여져 떠오른 것은 아닐까 <u>싶어서</u> 질투를 느꼈다(새의 선물: 306).
>   c. 장군이를 변소에 빠뜨려 보면 어떨까 <u>싶었다</u>(새의 선물: 43).

(52a~c)에서, (52a)의 '-(으)ㄹ까 싶다'는 '염려(걱정)'을 동반한 '추측' 구문이고, (52b~c)는 '생각하다'로 해석될 수 있는 '추측' 구문이다. 이와 같이 현대 국어에서 '-(으)ㄹ까 싶다' 구문이 '염려(걱정)'의 '추측' 구문으로 쓰이고 있지만 '-(으)ㄹ까 보다' 구성에 비해서는 그 생산성이 떨어지고 있다.

한편 (50d)는 '종결형＋말미ㅎ다' 구성인데 '두려워 할 것으로 생각되어'로 해석할 수 있다. 이 구문도 문맥 의미상 '-(으)ㄹ까 보다'로 대체가 가능하다.

이상에서 우리는 '추측(염려, 걱정)'의 '-(으)ㄹ까 보다' 구성으로 대체가 가능한 '종결형＋V' 구문을 살펴보았다. 이들 구문에서 V는 '식브다'를 제외하고는 실질 의미를 가진 어휘들인데, '추측(염려, 걱정)하다'의 의미로 해석된다. 또한 이들은 현대 국어 '-(으)ㄹ까 보다' 구성의 통사적 특징과도 유사한 면이 발견된다. 이러한 특징으로 말미암아 실질 의미를 가진 어휘가 결합되어 나타나던 구문이 현대 국어로 넘어오면서 점차 '-(으)ㄹ까 보다' 구성으로 그 기능을 넘긴 것으로 보인다.

마지막으로 세 번째 유형도 '종결형＋V' 구성이다. 그러나 앞에서 다룬 두 번째 유형과는 달리 이 구성에서 V는 의미 해석상 보조용언 구성의 후행 성분이 아니라 후행절(VP)의 역할을 한다.

(53) a. 賦稅롤 골오 호매 어긔르츤가 <u>전노니</u> = 恐乖均賦斂<두해 初 3: 4>

    b. 이 노로몰 일우디 몯홀가 <u>저후니</u> = 斯遊恐不遂<두해 初 15: 13>

    c. 네 信티 아니홀가 <u>전노라</u>(恐汝不信)<목우: 7>

    d. 妄올 브리고 眞에 갈 길홀 마굴가 <u>전노라</u>(恐妨捨妄歸眞之路)<금삼 4: 26>

    e. 사르미 숆가라굴 그르 므러 샹홇가 <u>저프니라</u>(恐誤齧傷人指也)<구간 3: 10>

    f. 사르미 숇가르굴 그르 믈까 <u>저프니라</u>(恐誤齧傷人指也)<구방 上: 79>

    g. 그리ᄒ논 ᄠ든 草木이며 벌에며·불바 주길까 <u>ᄒ논</u> ᄠ디라<석보 重 11: 1>

    h. 큰 法을 슬히 너겨 부텨 보ᅀᆞ보몰 즐기디 아니ᄒ며 어즈러본가 <u>ᄭᅥ려</u> 道理 먼가 시름홀씨<월석 14: 79>

    i. 이 됴흔 양약올 이제 예 뒷노니 너희 먹고 몯 됴홇가 <u>시름</u> 말라<월석 17: 20>

(53a~i)에서, (53a~f)는 '종결형＋젛다' 구성이고, 나머지(53g~i)는 '종결형＋ᄒ다, ᄭᅥ리다, 시름ᄒ다' 구성이다. 이들은 '종결형＋V'가 문맥상 '[종결형＋보다]＋[후행절]'로 해석하는 것이 가능한 구문이다.

여기에서 둘째 유형과 셋째 유형의 차이를 살펴보면, 둘째 유형의 구문들은 '종결형＋본용언'에서 본용언을 생략하고 '종결형＋보다'로 직접 대체가 가능하다. 이것은 예문 (48~50)을 이용하여 확인할 수 있다.

(48) a′. 叔敖ㅣ 나 노니다가 두 머리 가진 비얌 보고 보니면 죽ᄂ다 ᄒ야늘 눕도 볼가 봐 죽여 묻고 가 울어늘

(49) a′. 어엿브신 ᄆᆞ슴애 나가싫가 봐 太子ㅅ 겨틔 안ᄶᆞᆸ시니

(50) a′. 아바님 위ᄒ야 病엣 藥올 지수려 ᄒ노니 목수미 몯 이실까 봐 여희ᅀᆞᆸ롸 오니 願흔 둔 어마니미 그려 마ᄅ쇼셔

(48a)′, (49a)′, (50a)′은 (48a), (49a), (50a)의 '종결형＋본용언' 구성을 '종결형＋보다' 구성으로 바꾼 경우이다. 그럼에도 통사 구조나 문맥 의미의 변화가 거의 없는 것으로 보인다. 이와는 달리 셋째 유형은 '종결형＋본용언'을 '종결형＋보다'로만 대체할 경우, '보다'는 '추측(염려, 걱정)하다'의 의미를 나타내는 보조용언이 아닌 '視'의 의미를 나타내는 본용언으로만 해석되는 보문 구성이 되고 만다.

(53) c′. 네 信티 아니홀가 본다
     d′. 둧올 보리고 眞에 갈 길홀 마골가 본다
     f′. 사루미 숪가루굴 그르 들까 본다

(53c, d, f)′은 (53c, d, f)를 '종결형＋보다' 구성으로 바꾼 것인데, '보다'가 본용언의 의미로만 해석되고 있다. 한편 (53)의 다른 구문들도 '종결형＋보다' 구성으로만 교체할 경우, 본용언으로만 해석되거나 부자연스러운 구문이 된다.

그러나 (53)의 '종결형＋본용언'을 '[종결형＋보다]＋[VP]'로 해석하면 의미의 손상이 거의 일어나지 않는다. 그리하여 (53a)는 '잘못되었을까 봐, 두려워 하다'로 해석할 수 있고, (53b)는 '행하지 못할까 봐, 염려하다'로, (53c)는 '네가 믿지 아니할까 봐, 염려하다'로 해석할 수 있다. 또한 (53g)는 '밟아 죽일까 봐(염려하여), 말하는 뜻이다', (53h)는 '번거로울까 봐, 꺼려서', (53i)는 '먹고서 좋지 않을까 봐, 시름(염려)하지 말아라' 등으로 해석할 수 있다.

이상에서 현대 국어의 '[종결형＋보다]＋[후행절]'의 구조를 가진 구문이 중세 국어에서는 [종결형]＋[V]의 형태로 나타나고 있음을 보았다.

물론 현대 국어에서도 (53)과 같은 [종결형]＋[V]의 형태가 나타나는 구문을 볼 수 있다.

(54) a. 나는 그가 이 비밀을 알아 버릴까 두렵다.
     b. 그는 사고 날까 두려워서 운전을 하지 못한다.

(54a~b)에서 종결형 어미 다음에 실질 의미를 가진 어휘가 나타나고 있다. 그러나 이들 구문도 '-(으)ㄹ까 보다' 구문으로 대체가 가능하다.

한편 (53a~f)에서 볼 수 있듯이, 셋째 유형에서는 종결형 다음에 연결되는 후행 어휘로 '젛다'가 압도적으로 많이 나타난다. 이것은 '젛다'가 '두렵다'란 의미인데, '-(으)ㄹ까 보다'의 후행절로 가장 자연스럽게 올 수 있는 어휘이기 때문으로 보인다.

본고는 앞에서 '-ㄴ(은)가' 형이 단순한 '추측'의 '-ㄴ(은)가' 기능뿐만 아니라 '염려(걱정)'을 동반한 '추측'의 '-(으)ㄹ까'의 기능도 한다고 하였다. 앞에서 다룬 예문들 중에서 (47b)는 전자에 속하고, (53a)와 (53h)는 후자에 해당한다. 그런데 이 형태의 경우 둘째 유형에는 나타나지 않고 첫째와 셋째 유형에만 나타나고 있다. 이와 같이 이 '-ㄴ(은)가' 형이 둘째 유형에 나타나지 못하는 것은 표현의 정밀성과 관련이 있는 것으로 보인다. 즉 현대 국어에서도 '-ㄴ(은)가 보다' 구성은 '추측(염려, 걱정)'의 '-(으)ㄹ까 보다' 구성으로 교체가 불가능한 특징이 있는데, 이것은 '-ㄴ(은)가'와 '-(으)ㄹ까'의 분포상의 차이로 말미암은 것이다.50) 이와 관련한 현대 국어의 예를 다음에서 볼 수 있다.

> (55) a. "이제 여름인가 <u>봅니다</u>."(새의 선물: 33)
>
> b. 저녁 무렵 집에 돌아온 할머니는 혜자 이모가 나가는 것을 보고는 밤 근무가 있는 날인가 <u>보다</u> 하고 여긴다(새의 선물: 266).
>
> (55)′ a. *"이제 여름일까 봅니다."
>
> b. *저녁 무렵 집에 돌아온 할머니는 혜자 이모가 나가는 것을 보고는 밤 근무가 있는 날일까 보다 하고 여긴다.

단순한 추측 구문인 (55)을 (55)′으로 바꾸었기 때문에 부자연스러운 구문이 될 뿐만 아니라, 염려(걱정)을 동반한 '추측'의 의미도 전혀 발견할 수

---

50) 현대 국어에서 '-ㄴ(은)가' 형이 보조용언 '보다'와 결합하면 단순한 '추측' 구문이 된다. 그러나 '보다'가 '-(으)ㄹ까'와 결합하면 '추측'뿐만 아니라 '염려', '걱정'이 동반되는 구문이 되어 이들 간에는 분포의 차이가 나타난다.

없게 되었다.

한편 '-ㄴ(은)가+V' 구성이 첫째와 셋째 유형에서는 '-(으)ㄹ까+V' 구성으로의 대체가 가능하다. 그러나 앞에서 보았듯이 이 때에도 직접 대체가 이루어지기보다는 문맥적으로 가능할 수 있다는 것이다. (47b)에서 종결형으로 '-ㄴ(은)가'와 '-(으)ㄹ까'가 모두 가능한데, 이 때는 단순한 '추측'의 의미만을 나타낸다. 한편 (53a)와 (53h)의 '-ㄴ(은)가+V'는 원형에 충실한 해석이 가장 자연스럽다. 그러나 문맥상 '-(으)ㄹ까 봐+VP'로 해석하는 것도 가능하다. 그러므로 중세 국어 시기에는 '-ㄴ(은)가'와 '-(으)ㄹ까'의 상호 교체가 어느 정도는 가능했었던 것으로 보인다.

② 근대 국어

우리는 앞에서 중세 국어 단계에서는 아직 종결형 어미와 결합한 '보다' 구성이 출현하지 않았음을 확인하였다. 그런데 이러한 현상은 근대 국어에서도 마찬가지인 것으로 보인다.

근대 국어 자료를 보면, [의문형 종결형+V]의 구성에서 종결어미의 형태는 중세 국어와 같이 '-ㄴ(은)가' 형과 '-(으)ㄹ까' 형 두 가지이다. 이들 중 '-ㄴ(은)가' 형의 경우 중세 국어에서 볼 수 있었던 '-(으)ㄹ까 보다'로의 교체·현상은 나타나지 않고, 현대 국어와 같이 단순 '추측'의 기능만을 담당한다. '-ㄴ(은)가'와 결합하는 후행용언(V)의 어휘로는 주로 실질 의미를 가진 '너기다, 두리다' 등과 보조용언으로만 쓰이는 '시브다', 그리고 대용언의 기능을 하는 'ㅎ다'가 있다.

> (56) a. 님금 위ㅎ야 거상ㅎ미 일훔 어두려 ㅎᄂ 주리 아니라 님금과
>   아비와 ᄒᆞ가진가 <u>너겨</u> ᄒᆞ라 ᄒᆞ고 죵용히 죽거늘(爲君服喪非
>   爲要名妄料君父一體耳遂從容就死)<동속 孝: 30>
>   b. 등간티 아니케 잇기 어려온 일인가 <u>너기건마ᄂ</u><첩신 初 6:
>   2>
>   c. 젓ᄉ온 말ᄉᆞᆷ을 만히 ᄒᆞᆫ가 <u>너기ᄂ이다</u><첩신 初 3: 19>
> (57) 사ᄅᆞᆷ이 음식을 주면 그 조티 아닌가 <u>두려</u> 먹디 아니ᄒᆞ야 셜흔 해
>   디나되 ᄒᆞᄅᆞᆺ티 ᄒᆞ더라(人饋之食則恐其不潔不食歷三十年如一

日)<동신 烈 7: 71>
(58) a. 예셔 보매 잔을 남기는가 <u>시버</u> 뵈니<첩신 初 3: 5>
   b. 일뎡 二番 特送이 오는가 <u>시브니</u> 자네네도 아옵소<첩신 初
      1: 10>
   c. 振舞홀 양도 잇는가 <u>시브오니</u><첩신 初 8: 10>
(59) a. 뼈곰 墓祭롤 奉ᄒ게 ᄒ엳는가 <u>ᄒ노라</u><가례 1: 36>
   b. 저컨댄 맛히 儀禮를 조츠미 正ᄒ가 <u>ᄒ노라</u><가례 6: 10>
   c. 평싱애 고텨 못홀 이리 잇쑨인가 <u>ᄒ노라</u><경민 重: 38>

(56~59)에서, (56a~c)는 후행용언으로 '너기다'가 결합되어 있는데, '생각하다'로 해석하면 무리가 없다. (57)은 '두리다'가 후행용언으로 온 구문인데, 어휘 의미대로 '두려워 하다'나 또는 '염려하다'로 해석할 수 있다. 그리하여 (57)은 '음식을 주면, 그 음식이 청결하지 않은가 염려하여 먹지 않았다'는 의미로 해석된다.

한편 (58a~c)는 '-ㄴ(은)가＋시브다' 구성이고 (59a~c)는 '-ㄴ(은)가＋ᄒ다' 구성이다. 이들은 현대 국어의 쓰임과 유사하게 '추측하다', '생각하다'로 해석할 수 있다. 곧 현대 국어의 '싶다, 하다'는 의문형 종결어미와의 결합이 중세 국어에서부터 그 모습을 보이고 있으며, 근대 국어에서도 그 쓰임이 활발하다. 이것은 뒤에서 보게 될 '-(으)ㄹ까' 형에서도 동일한 특징으로 나타난다.

이상에서 의문형 종결어미 '-ㄴ(은)가' 형이 후행용언과 결합되는 양상을 살펴보았다. (56~59)에서, (58)의 '시브다'와 (59)의 'ᄒ다' 구문은 현대 국어와 그 쓰임이 유사하다. 이에 비해 실질 어휘가 결합된 (56)와 (57)의 경우는, 한편으로 현대 국어에서도 동일한 모습으로 나타날 수 있으나 다른 한편으로는 실질 어휘 대신에 '보다', '싶다', '하다' 등의 어휘로 대체될 가능성을 가지고 있다.

다음으로 '-(으)ㄹ까'와 후행용언이 결합하는 양상을 보자. 의문형 종결어미 '-(으)ㄹ까' 형이 후행용언과 결합하는 양상은 중세 국어와 유사하다. 근대 국어 자료에서도 '보다'와 직접 결합한 모습은 보이지 않는다. 다만 실질 의미를 가진 어휘와 '시브다', 'ᄒ다' 등이 후행용언으로 나타나 있다.

이들 [종결형＋V] 구성에 대한 해석은 중세 국어와 마찬가지로 세 가지 유형으로 나눌 수 있다.

첫 번째 유형은 [종결형＋V] 구성에서 V가 실질적인 어휘 의미로 해석될 수 있는 구문이다.

> (60) a. 몬저 가는 비예 보내옳가 <u>너기ᄂ이다</u><첩신 初 3: 25>
> b. 封進 雜物들도 올려 가야 京으로셔 返禮의 返書ㅣ 올 거시니 自然 더딜짜 <u>너기옵ᄂ</u><첩신 初 3: 22>
> c. 엇디 부디홀가 <u>너기시ᄂ고</u><첩신 初 4: 26>
> d. 옛ᄀ지 극진홈이 헤일 되올가 <u>너기오니</u><첩신 初 8: 22>
> e. 立酌을 ᄒ실 쟉시면 일뎡 禮를 背홀가 <u>너기옵더니</u><첩신 初 3: 8>
> (61) a. 긔별ᄒ심ᄀ티 니일은 天氣 됴홀가 <u>시브다</u><첩신 初 6: 13>
> b. 날비치 沈陰ᄒ야 만일 비 올가 <u>시브거든</u><염초: 15>
> c. 다만 冠帶ᄒ시미 됴홀가 <u>시프외</u><첩신 初 7: 12>
> (62) a. 그저 저컨대 두르티면 ᄯ 일흟가 <u>ᄒ노라</u><박해 重: 60>
> b. 저컨댄 俗을 좃기를 免티 몯홀가 <u>ᄒ노라</u><가례 1: 35>
> c. 즌믈어 아히 상홀가 <u>ᄒ노라</u><언두 上: 45>

(60~62)에서, (60)은 실질 의미를 가진 어휘인 '너기다'가 후행용언으로 결합하여 나타나는 구문이고, (61)은 '시브다'가, 그리고 (62)는 'ᄒ다'가 후행용언으로 결합된 구문이다. 이들은 모두 '생각하다', '염려하다' 등으로 해석될 수 있다.

(60)에서, (60a~c)의 '너기다'는 '생각하다'로 해석되고 (60d~e)는 '너기다'가 '염려하다'로 해석된다. 그리하여 (60a)는 '먼저 가는 배에 보낼까 생각한다'로, (60b)는 '자연 더딜까 생각된다'로, (60c)는 '어떻게 어려움을 견뎌 낼까 생각한다'로 풀이할 수 있다. 그리고 (60d)는 '헛일 될까 염려한다', (60e)는 '필경 예를 위배할까 염려하더니' 등으로 해석할 수 있다.

한편 (61a~c)의 '-(으)ㄹ까 시브다' 구성은 단순 '추측'으로만 해석되는데, 주로 '추측하다'나 '생각하다' 정도로 해석된다. (62a~c)의 '-(으)ㄹ까 ᄒ다' 구성은 문맥에 따라 '추측하다', '생각하다', '염려하다' 등으로 해석이 가능하다. 그리하여 (62a)는 '그저 염려하건대, 휘두르면 또 잃을까 염려한다'로, (62b)는 '두렵건대 세속을 추종하는 것에서 벗어나지 못할까 염려한다'로, 그리고 (62c)는 '아이가 상할까 염려한다'로 해석할 수 있다. 이들 (60~62)의 구문들은 아직 '-(으)ㄹ까 보다' 구문으로 교체가 어려운 유형이다. 그러나 앞으로 교체될 수 있는 가능성을 어느 정도 가진 유형이다.

다음으로 둘째 유형은 '종결형＋V'가 '-(으)ㄹ까 보다'로 직접 교체가 가능한 구문이다.

(63) a. 形體 드러날가 <u>저허</u> 믄득 棺의 녀허<가례 5: 26>

   b. 柩中이 震동홀가 <u>저혼</u> 故로 敢히 다으디 몯ᄒ고<가례 8: 13>

   c. 김시 도적의 손이 다시 몸의 미츨가 <u>저허</u> 믈에 ᄲᅡ뎟더니 도적이 건져내여 비롤 ᄠᅳ니라<동신 烈 4: 12>

   d. 도적기 쟝ᄎᆞ 핍박ᄒ니 더러일 배 될가 <u>저허</u> 바회예 ᄠᅥ러뎌 주그니라<동신 烈 5: 63>

   e. 샹해 강포ᄒᆞᆫ 사ᄅᆞᆷ의게 더러임을 볼가 <u>저허</u> 일즉 ᄂᆞᆺ찰 드러 사ᄅᆞᆷ을 디티 아니ᄒᆞ더니<동신 烈 2: 6>

   f. 과골이 왜적을 만나 오욕을 니블가 <u>저허</u> 믈에 ᄲᅡ뎌 죽다<동신 烈 7: 8>

(64) a. 권당을 가도왓더니 강이 면티 몯홀가 <u>두려</u> 뫼욕ᄒ고 온 ᄀᆞ라 닙고 스스로 목 줄라 죽다<동신 烈 7: 84>

   b. 도적의게 더러일가 <u>두려</u> 흠ᄯᅴ 믈에 ᄲᅡ뎌 죽다<동신 烈 5: 31>

   c. 삼년 후에 강포ᄒᆞᆫ 사ᄅᆞᆷ의 욕이 이실가 <u>두려</u> 안ᄌᆞ며 누으매 샹해 칼을 가져 종신토록 졀을 딕킈니라<동신 烈 3: 37>

(65) 홍졍애 힝혀 ᄭᅵᆯ가 <u>ᄒᆞ여</u> 죠곰 더 주는 거술<어해 初: 27>

(63)은 후행용언(V)으로 '젛다'가 위치하고 있고, (64)는 '두리다'가, 그리고 (65)는 'ᄒᆞ다'가 자리하고 있다.

이들 유형의 후행용언에 가장 생산적으로 참여하는 어휘는 '젛다'이고 그 다음이 '두리다'이다. 이들은 어휘 자체에 '두려워 하다', '염려하다' 등의 의미를 가지고 있기 때문에 '추측하다', '염려하다', '걱정하다'의 의미를 표현하는 '-(으)ㄹ까 보다' 구성과 통사·의미적으로 가장 가깝게 보인다. 물론 이들 구문은 '염려(걱정)'을 포함하는 '-(으)ㄹ까 보다' 구성으로 대체하기 이전에 후행용언이 가지고 있는 본래의 어휘 의미로 해석할 수 있다. 그렇지만 문맥 의미상 현대 국어의 '-(으)ㄹ까 보다' 구성으로 대체하여도 손색이 없는 것이 이 유형의 특징이다. 그래서 이 유형이 '-(으)ㄹ까 보다' 구성의 출현에 가장 큰 영향을 주었을 것으로 생각된다.

이들 구문 중 '-(으)ㄹ까 ᄒᆞ다' 구성인 (65)는 현대 국어에서도 볼 수 있는 구문이다. 그러나 현대 국어에서는 '염려(걱정)'을 포함한 '추측'의 의미는 '보다'에 넘기고 주로 단순 '추측'의 구문에 쓰이고 있다.

한편 (63~65)의 구문들은 후행용언에 '염려하다'의 의미가 포함되어 있는 특징과 함께 후행용언이 주로 연결형의 형태를 취하고 있다. 특히 후행용언에 후접하는 연결형 어미로는 '-어/아'가 일반적이다. 이러한 특징은 현대 국어에서 '-(으)ㄹ까 보다'가 '염려(걱정)'의 의미를 표현하는 구문에서 '봐'의 형태를 취하는 것과 유사한 점을 보인다.

마지막 세 번째 유형은 '종결형+V'의 구조를 '[종결형+보다]+[후행절]'로 해석할 수 있는 구문이다.

> (66) a. 눈에 예막이 도돌가 <u>저호미라</u><언두 下: 40>
>   b. 시러곰 祭事애 精셩이 專일티 못ᄒᆞᆯ가 <u>저허ᄒᆞ노니</u><가례 1: 28>
>   c. 주근 지아비 무들 제 흔 굼긔 몯 들가 <u>저허ᄒᆞ더니</u> 이제 쟝ᄎᆞᆺ 죽게 되어시니<동신 烈 5: 5>
>   d. 드리틸 제 블이 ᄢᅥ딜가 <u>저허ᄒᆞᄂᆞᆫ</u> 故로<화포: 17>
>   e. 반ᄃᆞ시 舅곳ᄭᅴ 孝홀 줄을 아디 몯홀가 <u>저허ᄒᆞ노라</u><여훈 上: 28>

이들 구성은 중세 국어에서 살펴보았듯이, 표면상으로는 '종결형+V'의 구조를 하고 있으나 문맥 의미에 따라 '[종결형+보다]+[후행절]'의 구조로 해석할 수 있는 구문이다.

(66a~d)는 V로 '젛다'가 결합되어 있다. (66a)는 '눈에 예막이 돋을까

봐 염려한다'로, (66b)는 '제사에 정성이 전해지지 못할까 봐 염려한다'로, (66c)는 '지아비와 한 구멍에 못 들어갈까(한 무덤에 못 묻힐까) 봐 염려하더니'로, 그리고 (66d)는 '효도할 줄을 알지 못할까 봐 염려한다'로 해석할 수 있다. 이 유형이 둘째 유형과 구별되는 특징에 대해서는 앞장 제2절 제2항 종결어미와 결합한 구성의 중세국어 편에서 논의한 바 있다.

한편 이들 구성은 두 번째 유형과 달리 V가 주로 종결 형태이거나 그에 준하는 형태로 나타나는 특징이 있다. 물론 이들 구문도 V에 대해 실질 의미를 가진 어휘로 직접 해석할 수 있다. 그리하여 (66a)의 경우 '눈에 예막이 돋을까 두려워 한다'로 해석이 가능하다. 그러나 한편으로 V를 후행절(VP)로 생각할 경우, '-(으)르까 봐'의 상정이 가능하기 때문에 세 번째 유형으로 설정할 수 있다는 것이다.

이상에서 근대 국어도 중세 국어와 마찬가지로 '종결형＋보다' 구성이 나타나기 이전에 '젛다, 너기다, 두리다, ㅎ다, 식브다' 등의 어휘들이 종결형 '-ㄴ(은)가' 및 '-(으)르까'와 결합하여 '추측'의 구문을 담당하고 있었다는 것을 확인하였다. 이들 구성들 중 일부는 본래의 특징을 현대 국어에까지 유지하고, 일부는 '종결형＋보다' 구성에 그 기능을 넘겨 준 것으로 보인다.

한편 '종결형＋싶다/하다' 구성은 중세 국어에서부터 그 모습을 나타내어 '추측'의 의미를 표현했으나, 이들도 현대 국어로 넘어오면서 그들이 가진 의미 기능의 일부를 '보다'에게 넘겨 준 것으로 보인다.

제 5 장

'싶다' 구성의 통사 · 의미 특성

　'싶다'는 본용언에 뿌리를 두지 못하고 본래부터 보조용언으로만 쓰이는 형태이지만 보조용언 중 '하다' 구성 다음으로 다양한 모습을 보이는 유형이다. 본고는 다양한 구성과 의미를 보여 주는 '싶다' 구성의 의미와 연결소의 역할을 고찰하고 각 구성의 통사 특징을 규명하고자 한다.

　보조용언 '싶다' 구성은 '희망'을 기본 의미로 하는 ① '-고 싶다' 구성과 ② '-면 싶다' 구성이 있고, '추측'을 기본 의미로 하는 ③ '듯 싶다' 구성, ④ '성 싶다' 구성, ⑤ '-다 싶다' 구성, ⑥ '-냐 싶다' 구성, ⑦ '-라 싶다' 구성, ⑧ '-랴 싶다' 구성, ⑨ '-지 싶다' 구성, ⑩ '-나 싶다' 구성, ⑪ '-ㄴ(은,는)가 싶다' 구성, ⑫ '-(ㄹ)려나 싶다' 구성, ⑬ '-(으)ㄹ까 싶다' 구성 등 모두 13 종류로 매우 다양한 모습을 보여 주고 있다. 그런데 이들 '희망'과 '추측'의 의미는 '싶다'에 의해 생성된다기보다는 선행하는 연결소에 의해 생성되는 것으로 보인다. 이것은 보조용언 구성의 연결소 중 가장 높은 생산력을 보이는 '-어/아'나 '-고'에서는 볼 수 없는 특징이다. 그러므로 본 장에서는 보조용언 '싶다' 구성에 참여하는 연결소들이 그들 구성의 의미에 어떤 영향을 주고 있는지 알아 보기로 한다.

　논의의 편의를 위해 통사 · 의미적으로 유사성이 있는 유형들을 묶어 논의하는데, 먼저 '희망'을 기본 의미로 하는 구성과 '추측'을 기본 의미로 하는 구성을 묶는다. 다음으로 '추측' 구문의 경우에는 ③④, ⑤⑥⑦⑧⑨, ⑩⑪⑫⑬ 등으로 각각 묶어 다루기로 한다.

논의의 순서는 먼저 보조용언 '싶다' 구성의 의미적 특징을 살피는데, '싶다' 구성의 의미에 대한 연결소의 역할을 중점적으로 다룬다. 다음으로 는 각 '싶다' 구성의 통사적 특징을 고찰하는데, 주어 실현 양상, 어미 분 포 양상, 선행용언의 선택 양상, 대용 양상, 부정 표현의 제약 양상 순으로 살핀다.

1. '싶다' 구성의 의미와 연결소의 역할

보조용언 '싶다' 구성의 의미는 크게 '희망'과 '추측'으로 나눈다. '희 망'을 1차적 의미로 갖는 구성으로는 연결어미와 결합한 '-고 싶다' 구성 과 '-면 싶다' 구성이 있다.[1] '추측'을 1차적 의미로 갖는 구성으로는 [관 형사형＋의존명사]와 결합한 '듯 싶다' 구성과 '성 싶다' 구성이 있고, 종 결어미와 결합한 '-다 싶다' 구성, '-냐 싶다' 구성, '-라 싶다' 구성, '-랴 싶다' 구성, '-지 싶다' 구성, '-나 싶다' 구성, '-ㄴ(은,는)가 싶다' 구성, '-(ㄹ) 려나 싶다' 구성, '-(으)ㄹ까 싶다' 구성 등이 있다. 이들 다양한 구성들은 보조용언의 주어가 선행 명제에 갖는 '희망'이나 '추측'이라는 인지 행위 가 사태의 가능성 정도에 따라 다양한 형태로 실현되는데, 특히 연결소가 각 구성의 의미를 생성하는 결정적인 역할을 담당하는 것으로 보인다.

보조용언 구성에서 의미는 선행 명제와 연결소, 보조용언, 그리고 보조 용언 뒤에 연결되는 어말 요소가 서로 유기적으로 작용하여 만들어진다(앞 의 제2장 제2절 참조). 즉 어떤 한 요소가 결정적인 역할을 담당하지 않는다. 특히 '-어/아'와 같은 연결소는 단순한 연결 기능만을 하기 때문에 허형태

---

1) 본고에서 말하는 1차적 의미란 보조용언 구성이 나타낼 수 있는 보충 의미 중에서 가장 중심이 되는 의미를 말한다. 그러므로 실질 의미와는 구별해서 이해해야 한다.

小(dummy morpheme)라고 말하기도 한다(이숙희, 1992).[2] 그러나 '싶다' 구성의 연결소는 보조용언의 의미인 '희망', '추측'의 생성에 결정적인 역할을 담당한다. 다음에서 '희망'의 '싶다' 구성과 '추측'의 '싶다' 구성으로 나누어 살펴보기로 한다.

(1) '희망'과 '싶다' 구성

국립국어연구원(1999: 3903)은 '-고 싶다'에 대해 "앞말이 뜻하는 행동을 하고자 하는 마음이나 욕구를 갖고 있음을 나타내는 말"이라 설명하고 있다. 그 외 한글학회(1992: 2644)는 '의욕', 최현배(1937/91: 531)는 '희망', 성낙수(1987)는 '바람'이라 하는 등 대다수의 논의에서 '희망'을 '-고 싶다' 구성의 1차적 의미로 설정하고 있다.

> (1) a. "목걸이가 대단한 게 아니구. 내가 직접 걸어 주고 <u>싶었을</u> 뿐야."(잃어버린 너 上: 61)
> b. 그 길로 모든 것으로부터 달아나고 <u>싶었다</u>(잃어버린 너 中: 162).
> c. 병화는 덕기의 말을 냉소한 것이나 딴청을 하고 나서, "그래 공부를 해 보고 <u>싶어?</u>"(삼대 下: 39)
> d. 친구인 종환씨는 사촌형이 하는 무역회사에서 우선 일을 배운 후 무역사업을 하고 <u>싶다고</u> 했다(잃어버린 너 上: 25).

(1)은 '-고 싶다' 구성인데, 모두 선행 명제에 대한 '희망'의 의미를 표현하고 있다. 이 때 '희망'의 의미는 '싶다'가 독자적으로 생성하는 의미라고 보기 어렵다. '싶다'는 실질 의미를 가진 본용언으로의 쓰임이 없을 뿐아니라 보조용언 구성에서도 독자적인 의미를 구축하고 있는 것 같지도 않다.[3] 그러나 이러한 '싶다' 구성에서 발견할 수 있는 특징이 있는데, 그

---

2) 다음 예문에서 연결소 '-어/아'와 '-고'는 의미 생성에 큰 관여를 하지 않는다.
   a) 그 모습이 떠올라 더욱 <u>빡빡</u> 문질러 댔다.
   b) 막상 불에 태워 <u>버리고</u> 나니, 마음이 더 괴로웠다.

것은 각 구성에 참여하고 있는 연결소들이 어떤 의미를 가지고 있다는 것이다. 그리하여 이 연결소들의 의미가 '싶다' 구성의 의미를 생성하는 역할을 하고 있다는 것이다.[4]

먼저 '-고 싶다' 구성의 '-고'는 표면상으로 '희망'의 의미와 아무런 관련이 없는 것으로 보이나 그렇지 않다. 사실 '-고 싶다' 구성의 '-고'는 다른 구성의 '-고'와 기원을 달리 하고 있다.[5] 즉 '희망'의 '-고 싶다' 구성의 '-고'는 중세어의 '-고져, -과뎌, -귓고' 등의 형태가 변형된 것이다.[6]

> (2) a. 나고져 식브녀 阿難일 브리신대 오샤ᅀᅡ 내 나리이다 엇뎨 오시
>   리오(월곡 上: 48)
>   b. 씌롤 씌요니 미츄미 나 ᄀᆞ장 우르고져 식브니 簿書ᄂᆞᆫ 엇뎨 샐
>   리 오몰 서르 지즈ᄂᆞ뇨(두시 初 10: 28)

(2)의 '-고져 식브다'는 현대어의 '-고 싶다'로 대체가 가능하고 의미도 화자의 '희망'을 표현하고 있다. 이 때 '희망'의 의미는 '-고져'에서 기인하였다고 볼 수 있다. 중세어에서 '희망'의 의미를 표현했던 또 다른 형태로 '-고져 ᄒᆞ다'가 있는데, 이 구성은 현대어에서 '-고자 하다'의 형태로 남아 여전히 희망의 의미를 나타내는 데 쓰이고 있다.[7]

---

3) 김흥수(1983)는 '싶다'의 기본 의미를 '느끼-PASSIVE-다'라 했고, 차현실(1984)은 '싶다'의 공유적 의미를 '명제 내용에 갖는 화자의 불확실한 믿음'이라 하고 '싶다'를 주체적 심리 상태를 표명하는 어소라고 하였다. 그러나 이들 의미가 '싶다'가 가진 본유의 의미인지는 좀더 검토해 보아야 할 것 같다.

4) 앞선 연구에서도 연결소가 의미에 관여하고 있다는 것을 부분적으로 언급하고 있다. 김흥수(1983)는 "'싶다' 구문의 욕구나 추측의 의미는 '싶다'보다는 그 외의 선행요소나 통사 구조상의 통합 관계에 의해 생성된다."고 하면서 '-고'와 '-고져'의 관련성을 말하고 있다. 그 외에도 차현실(1984)이나 배현숙(1989), 정경자(1995) 등에서도 이에 대해 언급하였다.

5) 여기에서 다른 구성의 '-고'란 보조용언 '있다, 보다, 나다, 말다' 등과 연결되는 것을 말한다. 이들 구성의 '-고'는 '싶다' 구성의 '-고'와 달리 본래의 형태이며, 단순 연결 기능만을 수행하는 것으로 보인다.

6) 이와 관련하여 손세모돌(1995)의 논의를 주목할 수 있는데, 본고에서 사용된 중세·근대·신소설 자료는 손세모돌(1995)을 이용하고 있다.

7) 국립국어연구원(1999: 454)에서도 '-고자'에 대해 "('있다', '없다', '계시다'의 어간, 동사 어간 또는 어미 '-으시-' 뒤에 붙어) 어떤 행동을 할 의도나 욕망을 가지고 있

그런데 근대 이후 '-고져 식브다'는 뚜렷한 이유 없이 '-고 십다'의 형태로 변하다가 현대에는 '-고 싶다'로 굳어지게 되었다. 이 때에도 의미는 여전히 '희망'을 나타내고 있다.[8]

(3) a. 불긔예도 이시려니와 아직 수이 알고 <u>시브오니</u> 셔울은 어늿긔 써나셔 여긔는 어늬씌 <u>브트시리라</u> 니르옵눈고(첩해 初 5: 11)
  b. 내 드러가 본즉 닌한이 내 나간 틈을 타 알외고 <u>시븐</u> 일을 알외고져 ᄒᆞ되(명의록 首 上: 34)

(3a)는 17세기 자료이고 (3b)는 18세기 자료이다. 여기에서도 여전히 '-고 십다'는 '희망'의 의미를 표현하고 있다. 그리고 이러한 '-고 십다'는 다음과 같이 20세기 초 신소설에 일반화되어 나타나게 된다.

(4) a. 부인이 눈물을 머금으며 … 나도 죽고 <u>십지논</u> 아니ᄒᆞ나 뎐명을 엇지ᄒᆞ리오(셜중미 2)
  b. 옥년의 마음에는 … 부인을 따라가고 <u>시프ᄂ</u> 부인이 다리고 가지 아니 홀 말을 ᄒᆞ니(혈의루 47)

이와 같이 '-고 싶다' 구성은 그 기원을 '희망'의 의미를 나타내는 '-고져'에 있기 때문에 '관용화된 쓰임'(서정수, 1985)으로 굳어진 현대 국어에 이르기까지 그 흔적을 남기고 있다.[9] 결국 현대어의 '-고 싶다' 구성은 중세어의 '희망'의 의미를 담당하던 '-고져'가 단순 연결 요소인 '-고'로 바뀌

음을 나타내는 연결어미"로 풀이하고, '-려, -려고, -으려, -으려고, -자' 등과 유사하다고 하였다.

8) 손세모돌(1995)은 '-고 싶다'가 '희망'의 의미를 가지게 된 이유로 '희망'의 의미를 가장 강력하게 담당하던 '-고져 ᄒᆞ다'가 그 기능의 일부를 '-고져 식브다'에 넘겨 주었고, 이것이 '-고 십다'를 거쳐 현대어의 '-고 싶다'로 변형했다고 설명하였다. 언어 표현이 다양화되면서 새로운 표현 형태들이 나타날 수 있기 때문에 가능한 설명으로 보인다.

9) 김흥수(1983)는 중세어의 '-고져'가 현대어의 '-고'로 변하게 된 것에 대해 보조용언 구성에서 연결소가 거의 '-어', '-고'인 것에 이끌린 점과 '-져'에 '싶다'와 유사한 '희망'의 의미가 있는데 의미의 중복으로 하나를 생략했다는 점을 들었다. 그리하여 현대어의 '-고 싶다'의 '-고'를 "미분화되고 원초적인 심리 상태를 구체화하고 '싶다'의 의존적 성격을 도와 선행 의미 내용과 이어 주는 중개적 요소"라고 하였다.

면서 '희망'의 의미를 '싶다'에 넘겨 준 것으로 보인다. 그리하여 '-고 싶다' 구성은 이제 형태적인 구성으로 굳어진 상태이기 때문에 보조사 '-서'의 삽입이나 '부사어'의 삽입이 불가능한 비분리성의 모습을 보이고 있다. 그러나 여전히 접속어미 '-고져'의 흔적이 남아 존칭 선어말 어미 '-시-'의 분포를 비롯한 일부 통사적 특징에서 분리성의 모습을 보여 준다. 그러므로 '-고 싶다' 구성은 통사적 구성과 형태적 구성의 특징을 함께 가지고 있는 형태라고 볼 수 있다.

'-고 싶다' 구성에서 보여 주는 분리성의 특징은 다음의 '-(으)면 싶다' 구성에서 두드러지게 나타난다. '-(으)면 싶다'는 국립국어연구원(1999: 3903)에서 "앞말이 뜻하는 행동을 하고자 하는 마음이나 생각을 막연하게 갖고 있거나 앞말의 상태가 이루어지기를 막연하게 바람을 부드럽게 나타내는 말"이라 하고, 한글학회(1992: 2644)에서도 '희망'이라 했듯이 '희망'을 1차적 의미로 설정할 수 있다.

> (5) a. 이런 날은 학교에 가지 않고 아랫목에 엎드려서 볶은 콩이나 주워 먹으며 뒹굴었으면 <u>싶다</u>(새의 선물: 170).
> b. 그도 함께 갔으면 <u>싶었는데</u> 그는 가지 않았다(국립국어연구원, 1999: 3909).

(5)는 '-면 싶다' 구성인데 이들도 모두 선행 명제에 대한 '희망'의 의미를 표현하고 있다.[10] 그런데 이 때에도 '희망'의 의미는 '-(으)면'에 있는 것으로 보인다. 연결어미 '-(으)면'은 불확실하거나 아직 이루어지지 않은 사실을 가정하여 말할 때나 현실과 다른 사실을 가정하여 현실이 그렇게 되기를 희망하거나 그렇지 않음을 애석해 하는 뜻을 나타낼 때 쓰인다(국립국어연구원, 1999: 2130, 4841).

'-(으)면'의 이러한 특징 때문에 '-면 싶다' 구성에서 '싶다'가 삭제되어도 '희망'의 의미가 어느 정도 보존되는 것이다.[11] 결국 '-면 싶다' 구성은

---

10) 김흥수(1988)는 "'-면 싶다' 구문이 '-고 싶다' 구문에 비해 직접 경험의 의미를 판단의 의미로 간접화함으로써 화행과 표현의 간접성을 완화시키는 효과가 있다."고 하였다.

통사적으로 접속 구성에 가까운 형태이기 때문에 높은 분리성을 보여 준다. 그러나 이 구성도 선행용언과 '싶다'를 분리할 경우 보조용언의 의미를 제대로 나타낼 수 없기 때문에 일반 접속 구성에 비해서는 분리성이 약하다. 그리하여 보조사 '-서'나 부사어의 삽입같은 분리성의 특징이 나타나지 않기도 한다.

(2) '추측'과 '싶다' 구성

'추측'을 1차적 의미로 설정할 수 있는 '싶다' 구성으로는 [관형사형＋의존명사]와 결합한 '듯 싶다', '성 싶다' 구성과 종결어미와 결합한 '-다/-냐/-라/-랴/-지 싶다' 구성, '-나/-ㄴ(은,는)가/-(ㄹ)려나 싶다' 구성, '-(으)ㄹ까 싶다' 구성 등이 있다. 이들 구성들도 연결소가 각 구성의 의미를 생성하는 결정적인 역할을 담당하는 것으로 보인다. 한편 이들 구성들은 일부의 경우를 제외하면 상당히 유사한 특징을 보여 준다.[12]

먼저 '듯 싶다', '성 싶다' 구성은 관형사형 어미('-ㄴ, -은, -는, -ㄹ, -을')와 의존 명사가 결합하여 연결소의 역할을 하고, 여기에 '싶다'가 결합하여 선행 명제에 대한 '추측'을 하게 된다.[13]

---

11) 차현실(1984)은 '싶다'의 '하다'로의 대치 가능성과 삭제 가능성을 다음의 예로 설명하고 삭제가 가능한 것은 조건문 속에 화자의 희망이 함의되어 있기 때문이라고 했다.
    a) 그 일은 내가 했으면 싶다(한다).
    b) 그 일은 내가 하기를 바란다.
    c) 그 일은 내가 했으면 좋겠다.
    d) 그 일은 내가 했으면.
  그러나 (d)처럼 '싶다'의 삭제가 이루어지면 (a)에서 보여 주는 '희망'의 의미만을 나타내는 것이 아니라 가정의 의미만으로 해석될 수 있는 개연성을 갖는다.
12) 여기에서 일부의 경우란 '-(ㄹ)려나 싶다' 구성이나 '의지'의 '-(으)ㄹ까 싶다' 구성이 다른 유형과 약간 다른 통사 특징을 보여 주는 것을 의미한다. 이들의 구별되는 특징은 다음 절에서 확인할 수 있다.
13) 한글학회(1992: 2644)는 '듯 싶다', '성 싶다' 구성에 대해 '싶다'을 의존명사와 분리하여 처리하고 있으나, 국립국어연구원(1999)은 학교 문법에 기초하여 '의존명사'와 '하다'를 하나의 단어로 간주하여 '듯싶다', '성싶다' 등으로 붙여 쓰기를 하고

    (6) a. 어제 취중에 병화더러 밥값을 해 가지고 하숙으로 가마고 약속
을 한 <u>듯도 싶으나</u> 기억이 몽롱하다(삼대 上: 47).
        b. 혜자 이모의 몸이 좀 좋아지는 <u>듯 싶자</u> 할머니에게 와서 다음
주쯤 떠나겠다고 말했다(새의 선물: 273).
    (7) a. 전혀 전화를 안 입어 보이는데 사람은 고사하고 생물이라곤 무
엇하나 살고 있지 않은 <u>성 싶게</u> 주위가 너무 고요했다(나무들
비탈에 서다: 9).
        b. 눈이 오는 <u>성 싶어</u> 창문을 열어 보았다(한글학회, 1992: 2310).

    (6)의 '듯 싶다' 구성과 (7)의 '성 싶다' 구성은 선행 명제에 대한 '추측'
을 표현하고 있는데, 이들 두 구성은 통사적으로도 거의 유사한 특징을 보
인다. 그런데 이 때의 '추측'의 의미는 '듯'과 '성'에 의해 만들어진 것이고
'싶다'는 의미와 형태를 완성시키는 역할을 담당하는 것으로 보인다.[14] 국
립국어연구원(1999: 1758, 3445)이나 한글학회(1992: 1184, 2310)에서도 이들의
의미를 '추측'으로 설명하고 있다. 또 이들 의존명사 '듯'과 '성'이 유사한
의미를 나타내는 '듯 하다', '성 하다', '성 부르다'의 형태로도 쓰인다는
것은 의미의 중심이 '듯'과 '성'에 있다는 것을 보여 주는 것이다.
    '듯 싶다' 구성은 '듯 하다' 구성과 거의 같은 의미를 보여 주고 있는
데, 의미적 측면에서 볼 때 '듯 싶다' 구성이 더 강한 추측을 나타내는 것
으로 보인다.[15]

있다. 그러나 본고는 관형사형 어미와 의존명사가 결합한 형태가 연결소의 기능을
담당하는 것으로 처리하고, '싶다'만을 독립해서 보조용언으로 보고자 한다. 이에
대한 설명은 앞의 제3장의 제6절 제1항의 설명을 참조할 수 있다.

14) 차현실(1984)은 '듯'은 가능성 내지 개연성의 사태를, '싶다'는 화자의 주관적 인식
곧 추측 판단을 나타낸다고 하면서, '듯 싶다'의 의미을 '미확인 사실에 대한 추정'
이라 하였다.

15) 다음 예문으로 '싶다'와 '하다'의 의미 차이를 살펴보자.
  a) 주부가 경애를 웃으며 바라보다가 놀리는 듯 <u>하면서도</u> 이렇게 타일렀다(삼대
上: 23).
  b) 수화기를 놓는 소리가 내 귀를 찌르는 듯 <u>했다</u>(잃어버린 너 上: 133).
이들의 추측의 강도 차이는 어휘적인 특징으로 말미암은 듯 하다. 즉 '듯 하다'의
'하다'는 실질 의미를 갖지 못하고 형식동사의 기능을 하는 어휘이기 때문에 '싶
다' 구성보다 추측의 강도가 약하게 보인다. 물론 '싶다'도 실질 의미를 가진 어휘
는 아니다. 그러나 김홍수(1983)를 비롯한 여러 논의에서 '싶다'의 어휘성에 대해

'성 싶다' 구성은 국립국어연구원(1999: 3445)에서 '성 하다' 구성과 같은 쓰임을 하는 것으로 설명하고 있다. 그러나 '성 싶다' 구성이 주로 쓰이고, '성 하다' 구성은 쓰임의 빈도가 매우 약한 것으로 보인다.[16]

또한 의존명사 '성'은 '싶다' 이외에 '부르다'와 결합하여 쓰이는 모습을 보이기도 한다.

> (8) a. 거짓말일 <u>성 부르면</u>(한글학회, 1992: 2317),
>
> b. 잘 될 <u>성 부르니까</u>(한글학회, 1992: 2317),
>
> c. 또 한 번만 장난쳐 봐라. 내가 가만히 있을 <u>성 부르냐</u>(국립국어
> 연구원, 1999: 3455).

(8)의 '성 부르다' 구성은 '성 싶다' 구성과 같은 '추측'의 의미 표현에 쓰이고 있다. 그러나 주로 굳어진 형태의 모습으로만 나타나는 통사적으로 심한 제약을 받고 있다.

'-다/-냐/-라/-랴/-지 싶다' 구성도 선행 명제에 대한 '추측'을 표현하는 데 쓰이고 있다.

> (9) a. "잘 있다는 말 한 마디만 들어도 다리 뻗고 자겠다 <u>싶었어요</u>."
> (새의 선물: 243)
>
> b. 대동병원 원장은 자기 아내가 식모를 좀 심하게 다룬다 <u>싶었다</u>
> (새의 선물: 257).
>
> c. 그리움이라는 단어가 이따금 눈에 띄고 애틋한 구절이 많아진
> 다 <u>싶을</u> 무렵부터 더 이상 편지를 보여 주지 않았다(새의 선물:
> 35).
>
> (10) a. 이모는 언제 야단을 맞았나 <u>싶게</u> 명랑한 목소리로 나를 부른
> 다(새의 선물: 219).
>
> b. 언제 난리가 났냐 <u>싶게</u> 한가롭고 평화로운 모습이었다(<유현

말하고 있듯이 '싶다'는 자립형으로는 쓰이지 못하지만 어느 정도 어휘 의미를 확보해 가고 있는 것으로 보인다.

16) 국립국어연구원(1999: 3445)에서 '성 하다'의 예로 다음을 제시하고 있다.

이곳에서 저곳으로 천전을 자주 꾀함이 결코 나쁜 버릇의 소이는 아닌 <u>성하다</u>
(김진섭, 인생예찬).

        종, 불꽃>, 국립국어연구원, 1999: 3903).

(11) a. 편지에 썼듯이 진실한 여성을 좋아하는 이형렬이고 보면 시간을 지키는 편이 교양 있게 보이리라 <u>싶었던</u> 것이다(새의 선물: 86).

    b. 자기도 죽으면 저러하리라 <u>싶던지</u> 흑흑 느끼며 우는데(<김교제, 현미경>, 한글학회, 1992: 2644).

(12) a. 자식이 이렇게 곤궁한 것을 모친까지 모른 척하고 내 버려 두랴 <u>싶었다</u>(삼대 上: 54).

    b. 사실 순제마저 붙들리거나 하면 그 꼴을 어찌 보랴 <u>싶어</u> 애가 씌우고 겁도 났다(<염상섭, 취우>, 국립국어연구원, 1999: 3903).

(13) a. "내가 은수저 곽에 잘 챙겨 놓고 지금 이러지 <u>싶다</u>."(새의 선물: 211)

    b. 이모는 그 '지은 죄'의 주역인 이형렬의 생각에 빠져들게 되어 말없이 밥만 먹는 것이지 <u>싶다</u>(새의 선물: 146).

    c. 귀신 이야기에 열중했던 이모는 무슨 엉뚱한 얘기냐는 표정으로 경자 이모를 보다가 조금 전에 그런 얘기를 했었지 <u>싶어서</u> '아하'하고 고개를 끄덕였다(새의 선물: 283).

    (9)는 '-다 싶다' 구성, (10)은 '-냐 싶다' 구성, (11)은 '-라 싶다' 구성, (12)는 '-랴 싶다' 구성, (13)은 '-지 싶다' 구성이다. 이들 구성에 대해 국립국어연구원(1999: 3903)과 한글학회(1992: 2644)는 각각 다른 종결어미('-냐/-ㄴ(은,는)가')와 결합한 구성과 함께 다루면서 "앞말이 뜻하는 내용을 생각하는 마음이 있음"과 "그렇게 생각됨(추측)"으로 풀이하고 있다. 그런데 이들 구성에서도 연결소가 각 구성의 의미를 생성하는 데 중요한 역할을 담당하는 것으로 보인다. 물론 앞에서 살핀 '-(으)면서'나 '듯, 성'보다는 직접성이 떨어지지만 그래도 여전히 보조용언의 의미 생성에 큰 몫을 차지하고 있다.[17] 한편 이들 각 구성들 간의 미미한 차이는 연결소인 종결어미에 의한 것으로 보이며, 다음 절에서 보게 되는 통사 특징에서는 거의 유사함을 보

---

17) 특히 '-(리)라'나 '-랴'의 경우에는 국립국어연구원(1999: 1952, 1876)에서도 "상황에 대한 화자의 추측", "사리로 미루어 판단하건대 어찌 그럴 것이냐고 반문하는 뜻"이라 풀이하고 있듯이 '추측'의 의미와 직접적인 관계가 있다.

인다.

'-나/-ㄴ(은,는)가/-(ㄹ)려나 싶다' 구성 또한 '추측'의 의미를 표현하는 데 쓰이는 구문이다.

> (14) a. 어디로 가나 <u>싶어</u>(한글학회, 1992: 2644).
>
> b. 그가 오나 <u>싶어</u>, 마중을 나갔다.
>
> c. 1등은 철수가 했나 <u>싶다</u>.
>
> (15) a. 처음에는 놀랐고 그 다음에는 내가 드디어 헛것을 보는가 싶<u>었다</u>(새의 선물: 203).
>
> b. 이 친구가 그 여자의 내력을 뻔히 아는가 <u>싶어</u> 무서웠던 것이다(삼대 上: 15).
>
> c. 방을 달라는 것이 춤바람 부흥의 전조가 아닌가 <u>싶어서</u> 할머니는 걱정이 되는 것이었다(새의 선물: 286).
>
> (16) a. 물을 떠 오는 걸 보니, 세수를 하려나 <u>싶다</u>.
>
> b. 배낭에서 건빵을 집어내고 있던 동호는 이 친구가 또 무슨 애길 지껄거리려나 <u>싶으면서도</u> 고개를 돌리지 않았다(나무들 비탈에 서다: 14).

(14)의 '-나 싶다' 구성과 (15)의 '-ㄴ(은,는)가 싶다' 구성은 과거나 현재의 사태에 대한 '추측'을 의미하는 구문으로 거의 구별 없이 쓰이고 있다.[18] 다만 '-ㄴ(은,는)가 싶다' 구성은 '-나 싶다' 구성에 비해 추측의 근거를 표면 문장에 요구하는 특징이 더 강한 것으로 보인다.

이와는 달리 (16)의 '-(ㄹ)려나 싶다' 구성은 미래의 사태에 대한 '추측'을 할 때 쓰이는 구문으로 선행절을 근거로 하여 후행절에서 미루어 짐작하는 내용을 표현하고 있다.

이들 '-나/-ㄴ(은,는)가/-(ㄹ)려나 싶다' 구성도 '추측' 의미의 생성에 깊이 관여하고 있다. 이들 연결소들은 다음의 '-(으)ㄹ까'와 함께 물음을 나타내

---

18) 차현실(1984)은 외부 사실을 근거로 해서 개연성이 있을 듯 싶은 불확실한 사태에 대한 화자의 불확실한 믿음이라 했고, 정경자(1995)는 객관적 근거를 통한 추측과 막연한 추측에 모두 쓰인다고 하였다. 또한 배현숙(1989)은 이미 지난 일 또는 눈에 보이지 않는 일에 대한 의심과 의구는 [+주관적 판단]이라는 의미 특성을 가진 '싶다'와 어울려 '회의' 또는 '놀라움' 등을 나타낸다고 하였다.

는 종결어미이지만 그 자체에 '추측'의 의미를 어느 정도 가지고 있다(국립국어연구원, 1999: 1044, 1041, 1892, 1844). 다만 '싶다'와의 결합이 이루어져야 완벽한 '추측'의 의미를 나타낼 수 있다는 것이 특징이다. 그러나 이들 연결소에는 '싶다'뿐만 아니라 어휘 의미적으로 전혀 관련이 없어 보이는 '보다', '하다' 등이 결합하여 거의 유사한 의미의 '추측'를 표현한다는 것은 이들의 공통 분모를 연결소에서만 찾을 수 있는 것으로 보인다.

'-(으)ㄹ까 싶다' 구성은 '추측'과 '의지'라는 두 가지 의미를 나타내고 있다.

(17) a. 나는 그 자리에 함께 있었던 이모에 대한 기억도 조금 곁들여져 떠오른 것은 아닐까 <u>싶어서</u> 질투를 느꼈다(새의 선물: 306).
      b. 장군이를 변소에 빠뜨려 보면 어떨까 <u>싶었다</u>(새의 선물: 43).
(18) a. 이번 시험에 떨어질까 <u>싶어</u> 몹시 불안하다.
      b. 혹시 그 동안 나뭇짐을 지고 유달정에를 들락거리게 된 후로 딴 마음을 품은 것이나 아닐까 <u>싶기도</u> 하였다(<문순태, 타오르는 강>, 국립국어연구원, 1999: 3903).
(19) a. 머리도 아픈데 그냥 집에 갈까 <u>싶었다</u>.
      b. 이 일은 내가 할까 <u>싶다</u>.

(17)은 선행 명제에 대한 단순한 '추측'의 의미를 나타내는 구문이고, (18)은 염려나 걱정을 동반한 '추측'의 의미를 나타내는 구문이다. 그러나 이들 구문은 거의 유사한 통사 특징을 보여 준다.

한편 (19)는 화자의 '의지'를 표현하는 구문인데, 이것은 본래 화자가 자신의 행동에 대해 나타내는 '추측'이기 때문에 화자의 '의지' 표현이 된 것이다.[19] 이러한 의미적 특징으로 말미암아 이 구문은 다른 '추측' 구문에 비해 많은 통사적 제약을 보인다.

이상으로 보조용언 '싶다' 구성의 의미를 연결소와의 관련성을 중심으

---

19) 배현숙(1989)은 '-ㄹ까'의 '막연한 의도'의 의미는 '싶다'의 [+요구성]과 [+주관적 판단]의 의미가 결합되어 '-ㄹ까 싶다'는 막연하고 불확실한 의도에서 화자 자신이 "그렇게 하기로 마음 속으로 결정한다."고 하는 "어느 정도 마음을 정하는 의도"로 바뀌게 되는 것이라고 하였다.

로 살펴보았다. 여기에서 확인한 것은 보조용언 '싶다' 구성의 의미인 '희망'과 '추측'은 '싶다' 자체보다는 연결소가 각 구성의 의미를 생성하는데 결정적인 역할을 담당하고 있다는 것이었다. 결국 보조용언 '싶다' 구성은 '희망'이나 '추측'의 의미를 가진 연결소에 '싶다'가 결합하여 그 의미를 완성시키는 것으로 볼 수 있다. 그러나 각 구성에 따른 독특한 의미의 차이를 보여 주고 있다.

2. '싶다' 구성과 통사 특성

앞절에서는 보조용언 '싶다' 구성의 의미와 연결소의 관련성을 살펴보았다. 여기에서는 각 구성들의 통사 특성을 알아 보고자 한다. 보조용언 '싶다' 구성의 통사 특성은 주로 각 구성의 연결소와 의미와 구조적인 특징에서 기인하는 것으로 보인다.

(1) 주어 실현 양상

문장에서 서술어는 그가 지배하는 주어를 가지고 있다. 보조용언도 서술어로서 주어를 지배하는데, 보조용언이 지배하는 주어의 유형은 본용언의 주어와 보조용언의 주어가 일치하여 표면 문장에 하나만 나타나는 주어 일치 구문(동일성 주어 구문)과 본용언의 주어와 보조용언의 주어가 서로 달라 따로 표면에 나타나는 주어 불일치 구문으로 나눌 수 있다(앞의 제3장 제1절 참조). 다시 주어 불일치 구문은 보조용언의 주어가 표면 문장에 직접 출현하거나 적어도 문맥상 명시적으로 확인이 가능한 '명시성 주어 구문'[20]과 보조용언의 주어가 '화자'임을 쉽게 추측할 수는 있으나 표면 문

---

20) 여기에는 본용언의 주어와 다른 주어가 표면 문장에 직접 출현한 구문과 보조용언의 주어가 표면 문장에 직접 나타나 있지는 않았지만 문맥상 쉽게 확인 가능한 구문이 포함된다.

장에 직접 나타나지 않는 것이 자연스러운 '암시성 주어 구문'으로 나누어
진다.

　일반적으로 연결어미 계열과 결합한 보조용언 구성은 주어 일치 구문
의 특징을 보이고, 종결어미 계열과 결합한 보조용언 구성은 주어 불일치
구성, 그 중에서도 암시성 주어 구문의 특징이 강하다. 그러나 절대적인 것
은 아니고 구성의 특성에 따라 다른 양상을 보이기도 한다.

　먼저 '-고 싶다' 구성은 주어 일치 구문의 특징만 나타난다. (1)의 구문
모두 본용언의 주어와 보조용언의 주어가 일치하고 있다. 또한 이 구성은
주어의 인칭에 대한 제약이 없는데, (1a~b)는 1인칭, (1c)는 2인칭, (1d)는
3인칭이 주어로 상정될 수 있다. 다만 (1b)의 경우는 보조용언에 과거 시제
형 '-었-'이 결합하여 과거의 상황을 기술하거나 심리 변화의 전반 사건을
알고 있는 전지적 시점이 설정된다면 3인칭 주어를 상정할 수 있다(차현실,
1984).

　이와는 달리 '-면 싶다' 구성은 주어 실현 양상에 일정한 제약이 없다.
즉 본용언의 주어와 보조용언의 주어가 제약 없이 자유롭게 선택될 수 있
다. 이 유형은 '-(으)면'을 통해 선행절의 내용을 가정하게 되므로 본용언의
주어에 해당하는 대상에 대한 제약을 두지 않는다. 보조용언의 주어인 '희
망'을 하는 주체는 일반적으로 화자이다. 그러나 의문문이면 2인칭 청자가
되고 전지적 시점에서는 3인칭도 주어가 될 수 있다. (5a)는 본용언의 주어
와 보조용언의 주어가 1인칭 화자인 주어 일치 구문이다. 이 구문도 다음
과 같이 전지적 시점으로 바꾸면 3인칭이 주어가 될 수 있다.

(5) a′. (그는) 이런 날은 학교에 가지 않고 아랫목에 엎드려서 볶은
　　　　콩이나 주워 먹으며 뒹굴었으면 싶었다.

　이와 같이 '-면 싶다' 구성은 '-고 싶다' 구성과 달리 본용언의 주어와
보조용언의 주어가 일치하는 경우도 있고 그렇지 않은 경우도 있다. '-면
싶다' 구성의 이러한 특징은 접속 구성의 통사론적 구성의 특징을 가지고
있기 때문인데, 이 점은 뒤에서 다루게 될 다른 통사 특징에서도 확인할

수 있다.

'추측'의 '싶다' 구성은 주어 불일치 구문 중 암시성 주어 구문이 일반적이나 각 구문에 따라 다른 특징을 보이기도 한다.

'듯(성) 싶다' 구성은 '추측'의 주체가 화자이고 본용언의 주어가 제약이 없는 암시성 주어 구문의 특징을 보인다. 그러나 전지적 시점이 되면 3인칭 주어가 표면에 드러나는 명시성 주어 구문이 된다. 예문 (6~7)에서, '추측'의 주체는 1차적으로 화자이다. 그러나 전지적 시점으로 설정하면 3인칭이 추측의 주체가 될 수도 있다.

'-다/-냐/-라/-랴/-지 싶다' 구성도 암시성 주어 구문이 일반적이고 전지적 시점에서 명시성 주어 구문이 나타난다. 예문 (9~13)에서, '추측'의 주체는 표면 문장에 드러나 있건 드러나 있지 않건 화자가 된다. 그러나 전지적 시점이 설정되면 3인칭이 추측의 주체가 될 수 있다. 특히 (9b), (11a, b), (13c)는 현재 상태에서도 추측의 주체로 3인칭 주어를 설정할 수 있는 구문이다.

'-나/-ㄴ(은,는)가/-(ㄹ)려나 싶다' 구성도 일반적으로 '추측'의 주체로 화자를 설정할 수 있는 암시성 주어 구문이고, 전지적 시점을 설정하면 3인칭이 추측의 주체가 되는 명시성 주어 구문이다. (14~16)에서, 추측의 주체는 1차적으로 화자이다. 그러나 (15c)의 '할머니'나 (16b)의 '동호'처럼 3인칭이 추측의 주체가 될 수 있다.

'-(으)ㄹ까 싶다' 구성은 '추측'의 의미를 나타내는 구문과 '의지'의 의미를 나타내는 구문이 서로 다른 특징을 보인다. (17)의 단순 추측 구문과 (18)의 염려를 동반한 추측 구문은 주어 일치 구문과 주어 불일치 구문이 모두 가능하다. 여기에서 (18a)는 주어 일치 구문으로 1, 2, 3인칭 주어가 모두 가능하다. 반면에 (17a)는 보조용언의 주어가 표면 문장에 직접 나타나는 구문, (17b)와 (18b)는 문맥상 확인이 가능한 구문으로 모두 명시성 주어 구문이다. 이처럼 보조용언의 주어로 1, 2, 3인칭이 자유롭게 올 수 있는 것은 '추측'을 1인칭 화자만 할 수 있는 것은 아니기 때문이다.

이와는 달리 '의지'를 나타내는 구문은 (19)처럼 본용언과 보조용언의 주어가 일치하고 '추측'의 주체가 화자만 가능한 주어 일치 구문이다. 만약 다음과 같이 2인칭이나 3인칭이 본용언이나 보조용언의 주어가 된다면, '의지'의 의미는 사라지고 '추측'의 의미만 남게 된다.

> (19) b′. 이 일은 그가 할까 싶다.
> (19) b″. (철수는) 이 일은 영수가 할까 싶었다.

(19b)′처럼 본용언의 주어를 1인칭에서 3인칭으로 바꾸거나 (19b)″처럼 보조용언의 주어를 3인칭으로 바꾸게 되면 '의지'의 의미는 발견할 수 없고 '추측'만을 나타내는 구문이 되고 만다.

이상에서 '싶다' 구성은 표현하는 의미에 따라 주어 실현 양상이 다르게 나타날 수 있음을 확인하였다. 이들 중 '-고 싶다' 구성은 주어 일치 구문만을 요구하고, '의지'의 '-(으)ㄹ까 싶다' 구성은 화자만 주어가 될 수 있는 주어 일치 구문만을 요구하는 특징을 보인다. 그 외 다른 구성들은 주어의 실현에 제약을 두지 않는다.

(2) 어미 분포 양상

여기에서 다루는 어미 분포 양상은 존칭 선어말 어미 '-시-'와 시상 선어말 어미의 분포 양상, 그리고 어말 어미의 분포 양상이다.

1) 존칭 선어말 어미 '-시-'의 분포 양상

보조용언 '보다' 구성의 존칭 선어말 어미 '-시-'의 분포 양상은 주로 보조용언에 '-시-'의 분포가 가능한 구문, 본용언에만 '-시-'의 분포가 가능한 구문, 본용언과 보조용언 양쪽에 '-시-'의 분포가 불가한 구문, 양쪽에 '-시-'의 분포가 가능한 구문으로 나눌 수 있다(앞의 제3장 제2절 참조).

일반적으로 연결어미와 결합한 보조용언 구성은 존칭 선어말 어미 '-시-'가 보조용언에 분포하는 특징을 보인다.[21] 그러나 '-고 싶다' 구성은 이와

---

21) 이러한 특징을 다음에서 확인할 수 있다.

는 약간 다른 양상을 보여 준다.

> (1) b'. 그 길로 모든 것으로부터 {ㄱ. 달아나고 싶으셨다/ ㄴ. ^{??}달아
> 나시고 싶었다/ ㄷ. 달아나시고 싶으셨다}.

'-고 싶다' 구성은 (1b)'에서처럼 보조용언에 '-시-'가 분포한 (ㄱ)이 자연스러울 뿐만 아니라 양쪽에 '-시-'가 분포한 (ㄷ)도 자연스러운 것으로 보인다.

'-고 싶다' 구성의 이와 같은 특징은 '싶다'가 홀로 자립해서 쓰이지는 못하나 어느 정도 어휘성과 분리성을 가지고 있음을 보여 주는 것이다. 앞에서 보았듯이 '-고 싶다' 구성은 '-고'와 결합한 다른 보조용언 구성과 달리 통사론적 구성의 '-고져'에 기원을 두고 있기 때문에 분리성의 특징이 남아 있는 것으로 보인다. 또한 연결소 '-고'는 '-어/아'에 비해 분리성이 있다.

> (20) a. 밥을 먹어 <u>버렸다</u>.
> b. 밥을 먹고 <u>버렸다</u>.
> (21) a. 과자를 먹어 <u>보았다</u>.
> b. 과자를 먹고 <u>보았다</u>.

(20)의 '버리다'는 (20a)와 같이 '-어/아'와 결합할 때에는 하나의 행위로써 분리성이 나타나지 않는다.[22] 그러나 (20b)처럼 '-고'와 결합할 때는

---

a) 지나가는 사람에게 길을 {ㄱ. 물어 보셨다/ ㄴ. ^{??}물으셔 보았다/ ㄷ. [?]물으셔 보셨다}.

b) 선생님은 그만 그 종이를 {ㄱ. 찢어 버리셨다/ ㄴ. ^{??}찢으셔 버렸다/ ㄷ. [?]찢으셔 버리셨다}.

(a~b)처럼 본용언과 보조용언의 행위나 상태가 동일인에 의해 이루어진 주어 일치 구문의 경우는 보조용언에만 '-시-'가 분포될 때 자연스럽고, 양쪽 모두에 분포되면 잉여적인 표현이 된다. 또한 본용언에만 '-시-'가 분포될 경우에는 잘 쓰이지 않을 뿐만 아니라 상당히 부자연스러운 표현이 된다.

22) 이와 같은 '-어/아'의 단순한 연결기능에 대해 이숙희(1992)는 '허형태소'(dummy morpheme)로, 최현숙(1988)은 '시제 없는 INFL'(tenseless INFL)로 표현했고, 이시형 (1990)은 선행용언과 후행용언 사이에 아무런 의미론적 제약도 주지 않는 [−방벽

단일 행위로는 해석되지 않고, "밥을 먹고 그 나머지는 버렸다."와 같은 접속 구성으로만 해석된다. (21)의 '보다'의 경우에도 '-어/아와 결합한 (21a)는 하나의 행위로만 해석되어 분리성이 일어나지 않는다. 이에 비해 (21b)는 하나의 행위로 해석되는 보조용언 구성으로 볼 수도 있지만, '먹는 행위'와 '보는 행위' 두 가지가 모두 일어난 접속 구성으로 볼 수도 있다. 이와 같이 (20b)와 (21b)가 접속 구성으로 해석될 수 있는 것은 연결소 '-고'의 분리성에 기인한다고 볼 수 있다.[23]

'-시-'의 분포 제약을 약하게 만드는 또 다른 이유는 본용언의 형태를 가지고 있는 다른 보조용언에 비해 '싶다'는 보조용언으로만 사용되어 문장 해석상 중의성이 나타나지 않기 때문이다. 앞에서 보았듯이 (21b)는 보조용언 구성으로 볼 수도 있지만 접속 구성으로 볼 수도 있는 구문이다. 이것은 '보다'가 중의적인 어휘로써 본용언과 보조용언에 모두 쓰이고 있기 때문이다. 이러한 특징들이 '-고 싶다' 구문에서 '-시-'의 분포 제약을 약하게 만들고 있는 것으로 보인다. 한편 (1b)′에서 (ㄴ)이 자연스럽지는 않으나 용인 가능한 것으로 보이는 것도 '-고'의 분리성의 영향이 아닌가 싶다.

'-면 싶다' 구성은 본용언과 보조용언의 주어가 모두 존대의 대상일 때 다음과 같이 존대의 '-시-'가 보조용언에 분포되는 것이 가장 자연스럽다. 그러나 양쪽에 모두 분포되는 것도 용인 가능한 것으로 보인다.

> (22) 선생님께서는 그만 {ㄱ. 떠났으면 싶으셨다/ ㄴ. [?]떠나셨으면 싶었다/ ㄷ. 떠나셨으면 싶으셨다}.

(22)의 (ㄷ)이 가능한 것은 동일인에게 반복된 존대 표시가 이루어지기 때문에 잉여적인 것으로 생각될 수도 있다. 그러나 분리성이 거의 없는 '-어/아'에 비해 이들은 선행용언과 후행용언의 분리성이 있기 때문에 가능한 것으로 보인다.[24]

성]을 가진다고 하였다.
23) 이시형(1990)은 '-고'의 이러한 특징을 [+방벽성]이라고 말한다.

'듯(성) 싶다' 구성은 추측의 주체가 화자인 암시성 주어 구문의 경우는 본용언에만 '-시-'의 분포가 가능하나, 추측의 주체가 제3자인 경우에는 본용언과 보조용언 모두 '-시-'의 분포가 가능하다.

> (23) a. 아버지께서 {ㄱ. 오신 듯 싶다/ ㄴ. *온 듯 싶으시다/ ㄷ. *오신 듯 싶으시다}.
> b. 선생님께서는 그것을 전에 한 번{ㄱ. *보신 듯 싶었다/ ㄴ. 본 듯 싶으셨다/ ㄷ. 보신 듯 싶으셨다}.

(23a)는 본용언의 주어가 존대의 대상이기 때문에 '-시-'의 분포가 본용언에 이루어진 (ㄱ)이 자연스럽고, 추측의 주체가 화자임에도 불구하고 보조용언에 '-시-'가 분포된 (ㄴ)과 (ㄷ)은 부자연스럽다. (23b)는 본용언과 보조용언의 주어가 존대의 대상인 '선생님'이다. 이 경우 주어 일치 구문이기 때문에 후행용언에만 '-시-'가 분포된 (ㄴ)은 자연스럽다. 또 양쪽에 '-시-'의 분포가 이루어진 (ㄷ)도 가능한 것으로 보인다. (ㄷ)이 가능한 것은 선행용언과 후행용언 간의 분리성이 있기 때문으로 보인다.

'-다/-냐/-라/-랴/-지 싶다' 구성은 추측의 주체가 화자인 암시성 주어 구문의 경우에는 '-시-'의 분포가 본용언에만 가능하다.

> (24) 철수는 그분이 {ㄱ. 오셨지 싶었다/ ㄴ. *왔지 싶으셨다/ ㄷ. *오셨지 싶으셨다}.

(24)에서 존대의 대상인 '그분'만을 존대한 (ㄱ)은 자연스러우나 존대의 대상은 높이지 않고 추측의 주체만을 존대한 (ㄴ)과 [+존대]의 대상과 [−존대]의 대상을 동시에 존대한 (ㄷ)은 부자연스럽다. 여기에서 추측의 주체인 '철수'가 [−존대]의 대상이 되는 것은 '철수'의 경우 존대를 판단하는 주체가 되기 때문에 그 자신을 존대할 수 없게 된 것이다.[25]

---

24) (22)의 '싶다'를 실질 의미를 가진 어휘로 바꾸면 이 구문의 분리성이 더 분명해진다.
   (22)′ 선생님께서는 그만 {ㄷ. 떠나셨으면 (간절히) 바라셨다}.
25) 만약 (24)를 다음과 같이 '철수'를 '할아버지'와 같은 존대의 대상으로 바꾸고 전지적 시점으로 표현한다면 양쪽 모두 '-시-'의 분포가 가능해진다.

이와는 달리 본용언의 주어와 보조용언의 주어가 동시에 존대의 대상
이 될 경우에는 다음과 같이 양쪽에 모두 '-시-'의 분포가 가능할 수 있다.

> (25) 아버지께서는 당신이 너무 늦게 {ㄱ. *오셨다 싶었다/ ㄴ. 왔다
> 싶으셨다/ ㄷ. 오셨다 싶으셨다}.

이와 같이 (ㄷ)에 '-시-'의 분포가 가능한 것은 이 구문도 선행용언과
후행용언 간의 분리성이 있기 때문으로 보인다.

'-나/-ㄴ(은,는)가/-(ㄹ)려나 싶다' 구성과 '추측'의 '-(으)ㄹ까 싶다' 구성은
보조용언의 주어가 [−존대]일 경우 본용언에만 '-시-'의 분포가 이루어질
수 있다.26)

> (26) 우승은 그분이 {ㄱ. 하셨나 싶다/ ㄴ. *했나 싶으시다/ ㄷ. *하셨
> 나 싶으시다}.
> (27) 아버지께서 먼저 {ㄱ. 가실까 싶어/ ㄴ. *갈까 싶으셔/ ㄷ. *가실
> 까 싶으셔}, 조바심이 났다.

한편 본용언과 보조용언의 주어가 항상 1인칭 화자만 가능한 '의지'의
'-(으)ㄹ까 싶다' 구성은 '-시-'의 분포가 어느 곳에도 불가능하다.

> (28) 이제 그만 {ㄱ. 갈까 싶다/ ㄴ. *가실까 싶다/ ㄷ. *갈까 싶으시다/
> ㄹ. *가실까 싶으시다}.

---

(24)′ 할아버지께서는 그분이 {ㄱ. 오셨지 싶었다/ ㄴ. *왔지 싶으셨다/ ㄷ. 오셨지
싶으셨다}.
(ㄱ)은 판단의 주체로 '할아버지'를 상정하여 선행용언에만 '-시-'가 분포된 것이고,
(ㄷ)은 판단의 주체까지도 존대를 한 경우이다. (ㄷ)이 가능할 수 있는 것은 다음에
서도 알 수 있다.
그분이 오셨지 싶으십니까, 안 오셨지 싶으십니까?

26) 만약 (26)도 전지적 시점으로 바꾸면 양쪽에 '-시-'의 분포가 가능할 수 있다.
(26)′ 우승은 그분이 {ㄱ. 하셨나 싶었다/ ㄴ. *했나 싶으셨다/ ㄷ. 하셨나 싶으셨다}.

(28)에서 화자를 높이는 것은 정상적인 언어 표현에서는 있을 수 없고 농담으로나 할 수 있는 표현이다.27)

이상에서 존칭 선어말 어미 '-시-'의 분포 양상을 살펴보았다. '싶다' 구성은 분리성의 특징으로 인해 존대의 대상이 동일인일 경우라도 양쪽에 '-시-'의 분포가 가능함을 보이고 있다.

2) 시상 선어말 어미 분포 양상

보조용언 구성에서 시상 표시는 본용언과 보조용언 중 어느 한 쪽에만 이루어지는 특징과 양쪽에 모두 실현되지 않거나 양쪽에 모두 실현되거나 하는 특징이 있다(앞의 제3장 제2절 참조).

'-고 싶다' 구성은 시상 선어말 어미가 보조용언에만 분포되어야 자연스러운 특징을 보인다.

> (29) 밥을 {ㄱ. 먹고 싶었다/ ㄴ. 먹고 싶겠다/ ㄷ. *먹었고 싶다/ ㄹ. *먹었고 싶었다}.

(29)에서 시상 표시 '-었-'과 '-겠-'이 보조용언에 분포할 때에만 자연스러운 것은 본용언과 보조용언의 행위가 하나의 행위로 이루어져 있기 때문이다. 이것은 앞에서 다룬 '-시-'의 분포 양상과 다른 '-고 싶다' 구성의 비분리적인 특징이 된다.28)

'-면 싶다' 구성은 본용언에 과거형 '-었-'이 결합했을 때 자연스러운

---

27) 일상 담화에서 때로 화자가 농담으로 다음과 같이 자신의 행동에 [+존대]를 하는 경우가 있을 수는 있다.

    이몸은 이제 그만 {ㄱ. 가실까 싶다/ ㄴ. 가실까 싶으시다}.

28) 이와는 달리 접속 구성은 후행용언이 본용언이기 때문에 선행용언과 후행용언에 각각 시상 표시를 할 수 있다.

    사과를 {ㄱ. 깎고 주었다/ ㄴ. 깎았고 주었다}.

    (ㄴ)이 가능한 것은 선행용언의 행위와 후행용언의 행위가 분리되어 있기 때문이다.

특징이 있다.29)

> (30) 밥을 {ㄱ. ?먹으면 싶다/ ㄴ. *먹으면 싶었다/ ㄷ. *먹으면 싶겠다/
> ㄹ. 먹었으면 싶다/ ㅁ. *먹겠으면 싶다/ ㅂ. 먹었으면 싶었다}.

'-면 싶다' 구성이 나타내는 '희망'은 막연하고 완곡한 특징이 있는데, 본용언에 현재형보다는 과거형으로 나타날 때 훨씬 자연스럽다. 또한 (ㅂ)처럼 본용언과 보조용언 양쪽에 '-었-'이 분포되어도 가능한데, 이것은 '-면 싶다' 구성의 과거지향적인 시제를 선호하는 구문적인 특징임과 동시에 분리성의 특징을 보여 주는 것으로 보인다.

'듯(성) 싶다' 구성은 시상 선어말 어미의 분포에 제약이 매우 약하다.

> (31) 나는 어제 철수에게 약속을 {ㄱ. 한 듯 싶었다/ ㄴ. 했었은 듯
> 싶다/ ㄷ. 했었은 듯 싶었다/ ㄹ. *한 듯 싶겠다/ ㅁ. *하겠은 듯
> 싶(었)다}.

(31)에서 과거 시상 '-었-'은 그 분포가 상당히 자유로워 본용언이나 보조용언, 그리고 양쪽 모두 분포가 가능하다. 그러나 '-겠-'의 분포는 어느 경우에나 불가능한 것으로 보인다. 이것은 '듯(성) 싶다'가 앞선 명제에 대해 '추측'을 하는데 여기에 미래 추정의 '-겠-'이 개입하게 되면 추정의 불필요한 중복이 일어나 오히려 부자연스럽게 되기 때문이다. 또한 (ㅁ)처럼 본용언에 '-겠-'이 분포할 경우에도 부자연스러운데, 장차 일어날 일에 대해 추측을 할 경우에 관형형인 '-ㄹ'이나 '-을'이 선행되어 나타나는 특징이 있기 때문이다.

> (31)' 철수는 내일 약속을 지킬 듯 싶었다.

'추측, 예정, 의지, 가능성' 등을 나타내는 '-ㄹ(을)'은 미래 추정의 '-겠-'

---

29) 배현숙(1989)은 '-(으)면'은 일반적 가정 또는 추정적 가정의 의미 기능을 가지기 때문에 그것이 이룰 수 있는 내용이든 이룰 수 없는 내용이든 모두 쓰이며, 이 때 '-었-'이 주관적인 조건을 객관화시켜 주는 요소라고 보았다.

과 함께 분포되는 것을 꺼리는 특징을 보이는데, 이것은 과거의 사건이나 행위를 나타내는 '-ㄴ/은'이 과거 시상 '-었-'을 수용하는 (31)의 (ㄴ), (ㄷ)의 특징과 다른 모습을 보여 주는 것이다.

'-다/-냐/-라/-랴/-지 싶다' 구성은 연결소의 특징에 따라 약간 다른 양상을 보인다.

> (32) 그 일은 안 {ㄱ. 되었다 싶다/ ㄴ. 된다 싶었다/ ㄷ. 되었다 싶었다/ ㄹ. 되겠다 싶다/ ㅁ. 되겠다 싶었다/ ㅂ. 되었겠다 싶었다/ ㅅ. *되겠다 싶겠다}.
> (33) 난리가 {ㄱ. 났느냐 싶다/ ㄴ. 났냐 싶었다/ ㄷ. 났느냐 싶었다/ ㄹ. 나겠느냐 싶다/ ㅁ. 나겠느냐 싶었다/ ㅂ. 났겠느냐 싶었다/ ㅅ. *났겠냐 싶겠다}.
> (34) 밥을 {ㄱ. 먹었지 싶다/ ㄴ. 먹지 싶었다/ ㄷ. 먹었지 싶었다/ ㄹ. 먹겠지 싶다/ ㅁ. 먹겠지 싶었다/ ㅂ. 먹었겠지 싶었다/ ㅅ. *먹었겠지 싶겠다}.

(32~34)의 '-다/-냐/-지 싶다' 구성은 선행용언에 '-었-'이나 '-겠-'의 분포가 자유롭게 이루어지며, 각 (ㅂ)처럼 '-었-'과 '-겠-'의 중복 분포도 가능하다. 이것은 추측의 대상인 선행 명제에 대한 시간적인 제약을 두지 않기 때문이다. 다만 각 (ㅅ)에서 보는 바와 같이 '-겠-'의 보조용언에 대한 분포가 제약을 받고 있다. 이것은 연결소 '-다/-냐/-지'와 '싶다'가 결합하여 '추측'의 의미를 표현하는데, '-겠-'이 추가됨으로써 불필요한 중복을 야기하기 때문으로 보인다.

한편 다음의 '-라/-랴 싶다' 구성은 '-었-'의 분포에는 제약이 없으나 '-겠-'의 분포에 제약을 보인다.

> (35) 물건을 {ㄱ. 훔쳤으랴 싶다/ ㄴ. 훔치랴 싶었다/ ㄷ. 훔쳤으랴 싶었다/ ㄹ. *훔치겠으랴 싶다/ ㅁ. *훔치랴 싶겠다}.

(35)에서 (ㄹ)의 본용언에 '-겠-'의 분포가 제약되는 것은 연결소 '-라/-랴'에 미래 추정의 어미 '-리'가 포함되어 있는데 여기에 또 같은 의미를

나타내는 미래 추정의 '-겠-'이 분포하여 중복이 일어났기 때문이다. 또한 (ㅁ)의 보조용언에 '-겠-'의 분포가 제약되는 것은 '-라/-랴 싶다'만으로도 추측의 의미가 완벽하게 표현되는데 여기에 불필요한 중복이 일어났기 때문이다. 이와 같이 선어말 어미의 분포 양상이 다르게 나타나는 것은 연결소의 특성으로 말미암은 것이다.

'-나/-ㄴ(은,는)가/-(ㄹ)려나 싶다' 구성에서 '-나/-ㄴ(은,는)가 싶다' 구성은 시상 어미의 분포가 자유로운 편이나, '-(ㄹ)려나 싶다' 구성은 구조적 특징 때문에 제약을 보인다

> (36) 1등은 철수가 {ㄱ. 했나 싶다/ ㄴ. 하나 싶었다/ ㄷ. 했나 싶었다/
> ㄹ. *하겠나 싶다/ ㅁ. *하나 싶겠다}.

(36)의 '-나 싶다' 구성에서 과거 시상 '-었-'의 분포는 본용언과 보조용언에 모두 자유롭게 분포된다. 그러나 미래 추정의 '-겠-'은 제약된다. '-나/-ㄴ(은,는)가 싶다' 구성은 선행 명제가 표현하는 과거나 현재의 동작이나 상태에 대해 추정하는 상황에 쓰이는 구문인데, 미래 추정의 '-겠-'이 끼어들면 (ㄹ)처럼 의미의 충돌을 일으키게 되기 때문에 부자연스러운 구문이 되는 것이다. 또한 (ㅁ)처럼 보조용언에 '-겠-'이 분포되면 추측의 구문에 불필요한 중복이 일어나 부자연스러운 구문이 된다.

한편 '-(ㄹ)려나 싶다' 구성은 다음과 같이 보조용언에 과거 시상의 '-었-'만 분포되는 특징을 보인다.

> (37) 그가 이제 {ㄱ. 공부하려나 싶다/ ㄴ. 공부하려나 싶었다/ ㄷ. *공
> 부했으려나 싶다/ ㄹ. *공부하려나 싶겠다}.

'-(ㄹ)려나 싶다' 구성은 어떤 근거를 바탕으로 장차 일어날 사태에 대해 추정을 하기 때문에 시상 선어말 어미의 분포에 심한 제약을 받는다.

'-(으)ㄹ까 싶다' 구성 중 '추측'의 의미를 표현하는 구문은 '-나/-ㄴ(은, 는)가 싶다' 구성과 유사하게 과거 시상 '-었-'의 분포는 본용언과 보조용언에 모두 자유롭게 분포되나 미래 추정의 '-겠-'은 제약되는 특징을 보인다.

(38) 얼굴이 이상히 {ㄱ. 보였을까 싶다/ㄴ. 보일까 싶었다/ ㄷ. 보였
을까 싶었다/ ㄹ. *보이겠을까 싶다/ ㅁ. *보일까 싶겠다}.

이에 비해 '의지'의 의미를 표현하는 '-(으)ㄹ까 싶다' 구성은 심한 제약
을 보인다.

(39) 이 일은 내가 {ㄱ. 할까 싶다/ㄴ. *했을까 싶었다/ ㄷ. 할까 싶었
다/ ㄹ. *하겠을까 싶다/ ㅁ. *할까 싶겠다}.

'의지'의 '-(으)ㄹ까 싶다' 구성은 화자가 장차 하려고 하는 행동이나 과
거에 하려고 했었던 행동에 대한 '의지'를 표현할 때 쓰기 때문에 보조용
언에 '-었-'이 분포된 (ㄷ)의 경우만 가능하고, 본용언에 '-었-'이 분포된
(ㄴ)은 단순 추측만을 나타내게 된다. 그리고 본용언과 보조용언에 '-겠-'이
분포되는 것도 제약된다.

이와 같이 '싶다' 구성은 연결소의 유형과 각 구성이 나타내는 의미에
따라 시상의 분포 양상이 다르게 나타난다.

3) 어말 어미 분포 양상

어말 어미는 문장을 끝맺는 요소인데 평서법, 의문법, 명령법, 청유법,
감탄법, 약속법 등이 있다. 이들은 문말에서 각기 그들에 상응하는 어미형
을 취하게 된다(앞의 제3장 제2절 참조).

'-고 싶다', '-면 싶다' 구성은 어말 어미의 분포에 약간의 제약이 따
른다.

(40) 밥을 먹고 {싶다./ 싶으냐?/ *싶어라./ *싶자./ *싶으마.}
(41) 그와 함께 갔으면 {싶다./ 싶으냐?/ *싶어라./ *싶자./ *싶으마.}

이들은 주어의 '희망'을 표현하기 때문에 자신의 희망을 진술하는 평서
형이나 상대방의 의향을 묻는 의문형은 가능하나, 그 외의 명령, 청유, 약
속 등은 불가능하다.

‘추측’의 의미를 표현하는 ‘싶다’ 구문도 의미 특성으로 인한 제약으로 명령, 청유, 약속의 표현에 제약을 받는다.

> (42) 한번 본 듯(성) {싶다./ 싶으냐?/ *싶어라./ *싶자./ *싶으마.}
> (43) 그 일은 잘 했다(냐/라/랴/지) {싶다./ 싶으냐?/ *싶어라./ *싶자./ *싶으마.}
> (44) 그도 깨어 있나(ㄴ(은,는)가) {싶다./ 싶으냐?/ *싶어라./ *싶자./ *싶으마.}
> (45) a. 누가 볼까 {싶다./ 싶으냐?/ *싶어라./ *싶자./ *싶으마.}
>   b. 내가 할까 {싶다./ *싶으냐?/ *싶어라./ *싶자./ *싶으마.}

(42)는 ‘듯 싶다’, ‘성 싶다’ 구성, (43)은 ‘-다/-냐/-라/-랴/-지 싶다’ 구성, (44)는 ‘-나/-ㄴ(은,는)가/-(ㄹ)려나 싶다’ 구성, (45a)는 ‘추측’의 ‘-(으)ㄹ까 싶다’ 구성이다. 이들은 모두 주어의 추측을 진술하는 평서형과 상대방의 의향을 묻는 의문형은 가능하나 명령, 청유, 약속 등은 추측의 의미와 충돌하기 때문에 불가능하다.

한편 (45b)의 ‘의지’의 ‘-(으)ㄹ까 싶다’ 구성은 화자의 의지만을 나타내기 때문에 평서형만을 필요로 한다. 만약 의문형이 오면 청자의 추측을 묻게 되기 때문에 의지의 의미가 사라져 나타나지 않게 된다.

(3) 선행용언의 선택 양상

국어의 보조용언 구문에서 선행용언으로 올 수 있는 동사 유형의 양상은 [+동작성] 동사만을 요구하는 구문, [−동작성] 동사만을 요구하는 구문, [±동작성] 동사를 요구하는 구문 등으로 나눌 수 있다(앞의 제3장 제3절 참조).[30]

먼저 ‘-고 싶다’ 구성은 선행용언에 대한 제약이 매우 약하다. 예문 (1)

---

30) 여기에서 [+동작성]은 자동사, 타동사가, [−동작성]은 형용사, 지정사, 피동사, 보조동사, 보조형용사 등이 포함될 수 있다.

에서, 자동사(1b), 타동사(1d), 보조동사(1a, c)가 선행용언으로 선택되었고, 다음처럼 지정사, 피동사도 선택이 가능하다.

> (46) a. 그도 <u>부자이고</u> 싶었다.
>   b. 당장이라도 따뜻한 아랫목에 몸을 <u>눕히고</u> 싶은 열망 때문에 …
>   (새의 선물: 100)

이와는 달리 형용사의 선택에는 제약이 있는데, 다음처럼 피동형으로 바꾸면 가능한 구문이 된다.

> (47) *나도 <u>예쁘고</u> 싶다.
> (47)′ 나도 <u>예뻐지고</u> 싶다.

'-면 싶다' 구성은 선행용언에 대한 제약이 거의 없는 것으로 보인다.

> (48) a. 그 영화를 <u>보았으면</u> 싶다.
>   b. 신부가 <u>예뻤으면</u> 싶다.
>   c. 그게 <u>사실이(었으)</u>면 싶다.
>   d. 구름이 <u>걷혔으면</u> 싶다.
>   e. 그것을 한 번만 만져 <u>봤으</u>면 싶었다.

예문 (5a~b)의 자동사를 비롯하여 (48)의 타동사(48a), 형용사(48b), 지정사(48c), 피동사(48d), 보조동사(48e) 등이 자유롭게 선행용언으로 선택될 수 있다. 이것은 가정적인 희망에 대한 전제 조건을 제약하지 않는 '-면 싶다' 구성의 특징으로 볼 수 있다.

'추측'의 의미를 표현하는 '싶다' 구문은 의미적 제약이 있는 일부를 제외하면 선행용언에 대한 제약이 거의 없어 보인다.

'듯 싶다', '성 싶다' 구성은 예문 (6~7)에서 자동사(7b), 타동사(6a), 피동사(6b), 보조동사(7a)의 선택을 볼 수 있고, 다음과 같이 형용사(49a), 지정사(49b)의 선택도 가능하다.

   (49) a. 그녀가 <u>예쁜</u> 듯 싶었으나,
       b. 그가 <u>부자인</u> 듯 싶다.

'-다/-냐/-라/-랴/-지 싶다' 구성은 예문 (9~13)에서 자동사(10b), 타동사 (9a,b, 10a, 12b, 13c), 형용사(11b, 13a), 지정사(13b), 피동사(9c, 11a), 보조동사 (12a) 등 다양한 유형이 선행용언으로 선택되고 있음을 확인할 수 있다.

'-냐/-ㄴ(은,는)가 싶다' 구성은 (14~15)에서 자동사(14a, b), 타동사(14c, 15a,b), 형용사(15c)가 선택되었고, 나머지 유형도 다음에서 확인할 수 있다.

   (50) a. 그것은 어려운 <u>일인가</u> 싶다.
       b. 그가 누명을 <u>벗기는가</u> 싶다.
       c. 이제야 그곳에 가 <u>보나</u> 싶다.

'추측'의 '-(으)ㄹ까 싶다' 구성 또한 선행용언 선택 제약이 거의 없는 데, (17~18)에서 형용사(17a,b, 18b)와 피동사(18a)가 선택되었고, 나머지 유형도 다음에서 확인할 수 있다.

   (51) a. 누가 <u>올까</u> 싶었다.
       b. 누가 <u>볼까</u> 싶다.
       c. 누가 <u>학생이랄까</u> 싶어, 고개를 돌려 버렸다.
       d. 그것을 보내 <u>볼까</u> 싶었으나 보내지 않았다.

이들과는 달리 '-(ㄹ)려나 싶다' 구성은 (16a, b)의 타동사와 다음의 자 동사와 같은 [+동작성] 동사만을 요구한다.

   (52) 하늘이 갑자기 어두어지는 걸 보니, 비가 <u>오려나</u> 싶다.

(52)처럼 '-(ㄹ)려나 싶다' 구성이 [+동작성] 동사만을 요구하는 것은 선행절에서 어떤 사태를 목격한 후에 앞으로 일어날 어떤 변화에 대해 후 행절에서 추측을 하는 구문상의 특징 때문이다.[31]

---

31) '-(ㄹ)려나 싶다' 구성에서 다음과 같이 [−동작성] 동사의 경우는 과정 동사로 바꾸

마지막으로 '의지'의 '-(으)ㄹ까 싶다' 구성은 선행용언의 행위에 대한 화자의 의지를 표현하기 때문에 [+동작성]의 선행 동사만을 요구하는 낮은 생산성을 보인다. (19)에서 자동사(19a), 타동사(19b)의 [+동작성] 동사만을 선행용언으로 선택할 수 있음을 확인할 수 있다.

이상에서 '싶다' 구문이 선행용언의 선택에 제약을 두지 않는 것은 '희망'이나 '추측'의 전제 조건에 대해 제약을 두지 않는 특징 때문이다.

(4) 대용 양상

보조용언 구성에서 선행절과 후행절이 동일한 내용을 가지고 있을 때, 본용언과 보조용언이 함께 대용화될 수 있고 본용언만의 분리 대용도 가능하지만, 보조용언만의 분리 대용은 불가능한 것으로 논의되어 왔다(김기혁, 1986: 20~24).[32]

그런데 보조용언 '싶다' 구성은 이와는 다른 양상을 보여 주는 것으로 보인다.

    (53) 그는 떠나고 싶었다.
        a. 나도 떠나고 싶었다.
        b. 나도 <u>그리하고</u> 싶었다.
        c. *나도 <u>그리하였다.</u>

면 가능한 구문이 된다.
    (i) *얼굴이 예쁘려나 싶다.
    (i)′ 얼굴이 <u>예뻐지려나</u> 싶다.
(i)′과 같이 과정 동사로 바뀌면, [−동작성]이 [+동작성]으로 되어 추측을 위한 전제 조건을 충족시키기 때문에 자연스러운 구문이 된다.

32) 대용화는 동일 표현의 반복을 피하기 위해 서로 인지된 내용을 압축된 대용어로 나타내는 방법이다. 일반적으로 대용은 서술구 전체를 대용 영역으로 할 때 자연스럽고, 서술구의 일부만을 대신할 때도 대용 영역이 길면 길수록 더 자연스럽다. 본고에서는 보조용언만의 분리 대용이 불가능한 것은 예외 없는 현상이기 때문에 제외시키고, 본용언만의 분리 대용과 본용언과 보조용언의 동시 대용 여부에 집중하여 살펴보기로 한다. 대용언은 '그러하다'를 주로 이용하기로 한다. 이와 관련해 앞의 제3장의 제4절 참조.

‘-고 싶다’ 구성의 경우 (53b)처럼 본용언만의 분리 대용은 본용언이 자립성을 유지하고 의미 복원력이 있기 때문에 자연스럽다. 그러나 본용언과 보조용언을 동시 대용한 (53c)는 부자연스럽다. 이것은 ‘-고 싶다’ 구성의 ‘희망’이란 의미에는 ‘행위성’은 없고 심리적인 요소가 강한 문법적인 의미만이 있기 때문에 ‘-고 싶다’의 형태가 나타나지 않으면 ‘희망’의 의미는 나타나지 않고 단순한 진술문이 되기 때문이다. 그러므로 ‘희망’의 의미를 나타내지 못하는 (53c)는 보조용언 구성이라 볼 수 없는 것이다.[33)]

이러한 특징은 ‘-면 싶다’ 구성도 마찬가지다.

    (54) 민수는 그와 함께 갔으면 싶었다.
       a. 나도 그와 함께 갔으면 싶었다.
       b. 나도 그와 함께 <u>그랬으면</u> 싶었다.
       c. *나도 그와 함께 <u>그랬다</u>.

‘추측’의 ‘싶다’ 구성도 ‘희망’의 의미를 표현하는 구문과 유사한 특징을 보인다.

    (55) 영희는 그 소리를 들은 듯(성) 싶다.
       a. 나도 그 소리를 들은 듯(성) 싶다.
       b. 나도 그 소리를 <u>그러한</u> 듯(성) 싶다.
       c. *나도 그 소리를 <u>그러했다</u>.
    (56) 그는 얘기가 끝났다 싶었다.
       a. 나도 얘기가 끝났다 싶었다.
       b. 나도 얘기가 <u>그러했다</u> 싶었다.
       c. *나도 얘기가 <u>그러했다</u>.
    (57) 철수는 비가 오는가 싶어, 빨래를 걷었다.
       a. 나도 비가 오는가 싶어, 빨래를 걷었다.
       b. 나도 <u>그런가</u> 싶어, 빨래를 걷었다.
       c. *나도 <u>그리하여</u>, 빨래를 걷었다.

---

33) (53c)의 비문법적 표시는 문장 자체는 완전한 의미를 나타내는 문법적인 구문이나 보조용언 구성에서 ‘희망’이라는 보조용언의 의미를 나타낼 수 없기 때문에 부여한 표시이다.

(58) 그는 누가 볼까 싶어, 고개를 푹 숙였다.
    a. 나도 누가 볼까 싶어, 고개를 푹 숙였다.
    b. 나도 <u>그리할까</u> 싶어, 고개를 푹 숙였다.
    c. *나도 <u>그리하여</u>, 고개를 푹 숙였다.

이처럼 '추측'의 '싶다' 구성들은 하나의 명제가 완결된 것에 '연결소
+싶다'가 결합하여 '추측'이라는 의미를 첨가하는 구문이기 때문에 각 (c)
처럼 선행용언과 보조용언을 동시에 대용하게 되면 '추측'의 의미를 어디
에서도 찾을 수 없게 된다. 그러므로 '연결소+싶다'가 나타나지 않는 각
(c)는 부자연스러운 구문이 된다.

이상에서 '싶다' 구성의 대용은 '희망'과 '추측'이라는 심리적인 의미를
표현하는 구문의 특징으로 인해 모두 제약되고 있음을 확인하였다.

(5) 부정 표현의 제약 양상

'아무도 -안-'의 영역 현상으로 '싶다' 구성의 부정 표현 양상을 살펴
보기로 한다.[34] 부정대명사 '아무(것)도'와 부정 형태소 '안'은 호응 관계를
이루며 같은 절 안에 나타나야 정문이 된다(앞의 제3장 제5절 참조).

'-고 싶다' 구성은 '아무(것)도 … 않다'의 구조 속에 본용언과 보조용언
이 함께 들어가는 것이 가능하다.

(59) a. <u>아무도</u> 공부하고 싶지 <u>않았다</u>.
    b. ?*<u>아무도</u> 공부하지 않고 <u>싶었다</u>.
    c. *공부해 보고 <u>아무도</u> 싶지 <u>않았다</u>.

---

34) '아무도 -안-'의 영역 현상은 최현숙(1988: 215~220)에서 시도하고 있는 것으로 부
   정대명사 '아무(것)도'는 부정 형태소 '안'과 같은 절 내에 나타날 때 정문이고, 이
   들이 각각 다른 절에 나타나게 되면 비문이 된다는 것이다. 이와 관련해 앞(제3장
   제5절)에서도 설명한 바 있다.

　(59a)는 본용언과 보조용언이 '아무(것)도 … 않다'의 구조 속에 함께 들어갔는데 자연스럽고, '-고 싶다'의 의미를 훼손하지도 않았다. 이는 본용언과 보조용언 사이에 절($\overline{S}$)의 경계가 없음을 의미하며, 단문임을 나타내고 있다. (59b)는 본용언만 '아무(것)도 … 않다'의 구조 속에 들어간 경우인데 어느 정도 가능한 것으로 보인다.[35] 이는 본용언과 보조용언이 다른 절을 가지고 있는 경우인데, 완전하지는 않으나 가능한 것으로 보이는 것은 '-고 싶다'의 분리성으로 말미암은 것 같다. (59c)는 '아무도'와 '안'이 동일절 속에 있기는 하나 접속문의 구조가 되어 버렸고, 의미에 있어서도 보조용언의 의미를 나타내지 못하고 있다.

　'-(으)면 싶다' 구성은 이와는 조금 다른 양상을 보인다.

　　(60) a. <u>아무도</u> 그와 함께 갔으면 싶지 <u>않았다</u>.
　　　　 b. <u>아무도</u> 그와 함께 가지 않았으면 <u>싶었다</u>.
　　　　 c. *그와 함께 갔으면 <u>아무도</u> 싶지 <u>않았다</u>.

　(60a)와 (60b)는 모두 '아무도'와 '안'이 같은 절 내에 나타났으므로 정문이다. (59a)와 다른 점은 이들은 복문의 구조를 하고 있다는 것이다. 즉 (60a)는 '아무도'와 '안'이 모문(S_1)에 나타났고 (60b)는 내포문(S_2)에 나타나 있다. 이는 '-면 싶다' 구성의 분리성을 보여 주는 것으로써 접속 구성에서 볼 수 있는 특징 중 하나이다.[36] 한편 구조상 접속문이 된 (60c)는 비문이

---

35) 이는 다음의 다른 보조용언 구성과 비교해 볼 수 있다.
　(i) a. *<u>아무도</u> 먹지 <u>않아</u> 버렸다.
　　　 b. *<u>아무도</u> 공부하지 <u>않고</u> 보았다.
　(i a)는 '-어 버리다' 구성인데 보조용언 구성으로만 쓰이는 구문이기 때문에 본용언으로 해석되지 않고 부자연스럽다. (i b)는 '-고 보다' 구성인데 '시행'의 문법적인 의미는 나타나지 않고 본용언의 의미로만 해석된다. 그러나 이것이 단문을 검증하는 절대적인 기준이 될 수 있는지는 의문스럽다. (i a)처럼 '버리다'가 '않다'와 잘 결합하지 못하는 구조적인 제약으로 설명할 수도 있고, 다음처럼 '-고 싶다' 이외에 가능하게 보이는 구문도 있기 때문이다.
　(ii) a. ??*<u>아무도</u> 먹지 <u>않고</u> 말았다.
　　　 b. ??*<u>아무도</u> 먹지 <u>않고</u> 나니,
　(ii a)와 (ii b)는 '-고 싶다'보다는 용인성이 떨어지기는 하나 가능한 것으로 보인다.
36) 접속 구성은 다음과 같이 높은 분리성을 보여 준다.

되었는데, '-(으)면 싶다' 구성이 (60a, b)처럼 분리성이 있긴 하지만 '희망'의 의미를 만들어 내는 연결소 '-(으)면'과 '싶다'를 분리하여 떨어뜨려 놓았기 때문에 구조의 분화가 일어났을 뿐만 아니라 '희망'의 의미도 나타낼 수 없게 되었다.

'듯(성) 싶다' 구성은 부정 표정의 제약이 앞의 '-(으)면 싶다'의 구성과 유사한 특징을 보인다.

> (61) a. <u>아무도</u> 약속을 한 듯 싶지 <u>않다</u>.
> b. <u>아무도</u> 약속을 하지 <u>않은</u> 듯 싶다.
> c. *약속을 한 듯 <u>아무도</u> 싶지 <u>않다</u>.

(61a)와 (61b)도 모두 '아무도'와 '안'이 같은 절 내에 나타났으므로 정문이 된다. 이들 구문도 (61a)는 '아무도'와 '안'이 모문(S₁)에 나타났고, (61b)는 내포문(S₂)에 나타나 있다. 한편 (61c)는 '아무도'와 '안'이 같은 절 내에 나타나 있으나 '듯(성)'과 '싶다'를 분리하였기 때문에 '추측'의 의미를 제대로 나타낼 수 없어 비문이 되고 말았다.

종결어미와 결합한 '싶다' 구성은 내포문의 특징을 보이기 때문에 '아무(것)도 … 않다'의 구조 속에 본용언과 보조용언이 함께 나타날 수 없는 제약이 있다.

> (62) a. *<u>아무도</u> 이번이 마지막 기회냐 싶지 <u>않았다</u>.
> b. <u>아무도</u> 이번이 마지막 기회지 <u>않냐</u> 싶었다.
> c. *이번이 마지막 기회냐 <u>아무도</u> 싶지 <u>않았다</u>.
> (63) a. *<u>아무도</u> 1등은 철수가 했나 싶지 <u>않았다</u>.
> b. <u>아무도</u> 1등은 철수가 하지 <u>않았나</u> 싶었다.
> c. *1등은 철수가 했나 <u>아무도</u> 싶지 <u>않았다</u>.
> (64) a. *<u>아무도</u> 그가 집에 갈까 싶지 <u>않았다</u>.

---

a) 사과를 깎아 먹었다.
b) <u>아무도</u> 사과를 깎지 <u>않고</u> 먹었다.
c) 사과를 깎고 <u>아무도</u> 먹지 <u>않았다</u>.
(b), (c)와 같이 접속 구성은 선행용언과 후행용언 간의 분리가 가능하고, 각각의 의미 또한 그대로 유지되는 특징이 있다.

b. <u>아무도</u> 그가 집에 가지 <u>않을까</u> 싶었다.
c. *그가 집에 갈까 <u>아무도</u> 싶지 <u>않았다.</u>

(62~64)의 각 (a)는 '아무도'와 '안'이 같은 절(S1) 내에 나타나 있으나 구조적인 제약 때문에 비문이 된다.[37] 즉 이들 구문은 이미 완결된 추측 구문인데, 여기에 다시 부정을 하였기 때문에 비문이 된 것이다. 각 (b)는 '아무도'와 '안'이 동일절(S2) 내에 있기 때문에 자연스럽다. 다만 이들은 단문이 아니라 복문이라는 것이 (59a)와 다르다. 각 (c)는 접속문의 구조가 되었고 '추측'의 의미도 드러나지 않는 비문이다.

이상에서 '싶다' 구성의 부정 표현 양상을 살펴보았는데, '-고 싶다' 구성은 단문의 구조이나 복문의 개연성도 함께 나타나는 특징을 보인다. 그 외 '-(으)면 싶다', '듯(성) 싶다' 구성과 종결어미와 결합한 구성은 복문의 양상만 나타나는 특징을 보이고 있다.

이 장에서는 보조용언 '싶다' 구성에 참여하는 연결소들이 보조용언의 의미인 '희망', '추측'의 생성에 결정적인 역할을 담당하고 있다는 것을 확인하였다. '-고 싶다' 구성의 경우 '-고'가 다른 구성의 '-고'와 기원이 다른 중세어의 '-고져'의 형태에서 변형된 것이고, 이 때 '희망'의 의미도 '-고져'에서 기인한 것으로 보인다. 그 외 '-면 싶다' 구성이나 [관형사형＋의존명사]와 결합한 '듯(성) 싶다' 구성, 그리고 종결어미와 결합한 '-다/-냐/-라/-랴/-지 싶다' 구성, '-나/-ㄴ(은,는)가/-(ㄹ)려나 싶다' 구성, '-(으)ㄹ까 싶다' 구성 등도 연결소가 의미 생성에 중요한 역할을 담당하고 있었다.

보조용언 '싶다' 구성의 통사 특성은 주로 각 구성의 연결소와 의미, 그리고 구조적인 특징에서 기인하는 것으로 보인다. 주어 실현 양상에서 '-고

---

37) 여기에서 다루는 종결어미와 결합한 '싶다' 구성의 부정 표현에 대한 제약 현상은 첫째, 이들 구성이 독립성을 가지고 다른 절을 이루고 있기 때문에 발생하는 현상이고, 둘째는 구조상으로 한 문장에 여러 개의 서술어가 있을 때 화자의 추측과 관련된 서술어는 그 순서가 가장 오른쪽에 위치해야 하는데, 그 사이에 부정 표현이 끼어 들어 그 순서가 바뀌게 되었기 때문에 일어난 현상이다. 그러므로 이들 구성은 본래 하나의 절 안에 있는 것으로 볼 수 없다.

싶다' 구성은 주어 일치 구문만을 요구하고, '의지'의 '-(으)ㄹ까 싶다' 구성은 화자만 주어인 주어 일치 구문만을 요구하는 특징을 보인다. 그 외 다른 구성들은 주어의 실현에 제약을 두지 않는다. 존칭 선어말 어미 '-시-'의 분포 양상은 '싶다' 구성의 분리성으로 인해 존대의 대상이 동일인일 경우에라도 양쪽에 '-시-'의 분포가 가능한 특징을 보인다. 시상 선어말 어미는 연결소의 유형과 각 구성이 나타내는 의미에 따라 시상 표시 양상이 다르게 나타난다. 어말 어미 분포는 주어의 '희망'이나 '추측'을 진술하는 평서형과 상대방의 의향을 묻는 의문형은 가능하나, 명령, 청유, 약속 등은 이들의 의미와 충돌하기 때문에 불가능하다. '싶다' 구문은 '희망'이나 '추측'의 전제 조건에 대해 제약을 두지 않는 특징 때문에 선행용언의 선택에 대한 제약이 매우 약하다. '싶다' 구성에서 본용언과 보조용언의 동시 대용은 '희망'과 '추측'이라는 심리적인 의미를 표현하는 구문의 특징으로 인해 모두 제약된다. 부정 표현은 '-고 싶다' 구성은 단문의 구조이나 복문의 개연성도 함께 가지고 있고, 그 외 '-(으)면 싶다', '듯(성) 싶다' 구성과 종결어미와 결합한 구성은 복문의 양상만 나타나는 특징을 보인다.

제 6 장

결 론

　이 연구는 보조용언 '보다' 구성을 중심으로 본용언과 보조용언의 결합으로 이루어진 보조용언 구성의 통사·의미적 특성을 규명하고, 자립용언에서 보조용언으로 추상화해 가는 문법화 과정을 고찰하는 데 목적을 두었다.

　지금까지 논의한 내용을 요약하여 정리하면 다음과 같다.

1. 의미론적 특성

　국어의 보조용언은 독립적인 서술어로서의 기능을 수행하지 못하고, 연결소와 함께 본용언 뒤에 위치하여 의미의 보조자 역할만을 수행하는 특징이 있다. 이러한 보조용언은 '싶다', '지다', '대다' 등과 같이 본래부터 보조용언으로만 쓰이는 것도 있으나, '보다', '버리다', '두다', '주다' 등과 같이 대부분은 본용언에 그 뿌리를 두고 있다.

(1) 보조용언 '보다' 구성의 의미 양상

보조용언 '보다' 구성은 연결소에 따라 [연결어미＋보다] 구성과 [종결어미＋보다] 구성으로 나눌 수 있다. 이들 두 구성은 의미적 특성뿐만 아니라 통사적 특성에 있어서도 구별되는 면이 많이 나타난다. [연결어미＋보다] 구성의 1차적 의미는 '시행'이고, [종결어미＋보다] 구성의 1차적 의미는 '추측'이다.

보조용언 '보다' 구성의 의미 양상을 정리하면 다음과 같다.

(1) 보조용언 '보다' 구성의 의미 분류

'보다' 구성 유형	1차적 의미	2차적 의미
'-어/아 보다'		'경험', '가정'
'-고 보다'	'시 행'	'결과'
'-다(가) 보다'		'지속', '원인'
'-나 보다'		
'-ㄴ(은,는)가 보다'	'추 측'	
'-(ㄹ)려나 보다'		
'-(으)ㄹ까 보다'		'의지'

(2) 보조용언의 의미 담당 요소

보조용언 구문에서 보조용언의 의미를 담당하는 요소, 즉 보조용언 구성의 의미 담당 요소는 연결어미와 결합한 구성과 종결어미와 결합한 구성 간에 차이가 있다.

연결어미와 결합하는 보조용언 구성의 경우, 보조용언의 의미를 담당하는 요소는 어느 하나가 아니라 명제, 연결소, 보조용언, 어말 형태 등이 공동으로 보조용언의 의미를 담당한다. 그러나 종결어미와 결합한 보조용언 구성에서는 연결소인 의문형 종결어미가 보조용언 의미의 주된 담당 요소가 되고, 보조용언은 '추측'의 의미를 선명하게 하는 촉매제 역할을 하는 것으로 보인다.

(3) 보조용언의 생략에 따른 의미 전달력 양상

보조용언의 생략에 따라 나타날 수 있는 의미와 구조 변화의 유형은 다음 두 가지로 나눌 수 있다.

(2) 보조용언의 생략에 따른 의미 전달력 양상

변화가 없는 구문	'시행', '경험'의 '-어/아 보다' 구성
	'시행', '결과'의 '-고 보다' 구성
	'지속', '원인'의 '-다(가) 보다' 구성
변화가 있는 구문	'가정'의 '-어/아 보다' 구성
	'-나/-ㄴ(은,는)가/-(ㄹ)려나/-(으)ㄹ까 보다' 구성

(2)에서, 변화가 없는 구문은 기본 문장에 문법적인 의미 첨가 이외에 거의 영향을 주지 못하는 유형으로 보조용언을 생략하면 원래 문장의 의미 전달력에 손상이 일어나지 않는 구문이다. 변화가 있는 구문은 보조용언을 생략했을 때 기본 문장의 의미나 구조에 영향을 줄 수 있는 유형이다. 이 유형은 주로 보조용언의 주어가 본용언의 주어와 다른 경우에 일어나는 현상이고 단문보다는 복문의 구조를 가지고 있다.

2. 통사론적 특성

(1) 주어 실현 양상과 논항 구조

첫째, 보조용언 '보다' 구성의 주어는 다음의 네 가지 유형으로 실현된다.

(3) 보조용언 '보다' 구성의 주어 실현 양상

동일성 주어 구문	'시행', '경험'의 '-어/아 보다' 구성
	'시행'의 '-고 보다' 구성
	'시행'의 '-고 보다 1' 구성
	'지속'의 '-다(가) 보다' 구성
	'추측'의 '-(으)ㄹ까 보다 1' 구성
	'의지'의 '-(으)ㄹ까 보다' 구성
명시성 주어 구문	'결과'의 '-고 보다 2' 구성
	'추측'의 '-(으)ㄹ까 보다 2' 구성
암시성 주어 구문	'가정'의 '-어/아 보다' 구성
	'결과'의 '-고 보다 3' 구성
	'-나 보다/-ㄴ(은,는)가/-(ㄹ)려나 보다' 구성
모호성 주어 구문	'원인'의 '-다(가) 보다' 구성

　　보조용언이 실질적인 의미를 가지고 있지는 않지만, 문장에서 서술 기능(주로 문법적인 기능이지만)을 담당하고 있기 때문에 보조용언과 호응하는 주어를 설정할 수 있었다. 한편 보조용언 구성은 다양한 주어 실현 양상을 보여 주는데, 이것은 그만큼 보조용언 구성이 다양한 유형으로 발달되어 있고, 통사·의미적으로도 복잡함을 의미한다.

　　둘째, 보조용언 구성의 논항 구조는 단문 구조와 복문 구조로 나누어 살펴볼 수 있다. 단문의 구조를 가진 보조용언 구성은 주된 행위가 핵심 내용 핵어인 본용언에서 끝나고 보조용언은 여기에 양상적인 의미만 첨가하기 때문에, 논항 구조의 합병이 일어난 후에 본용언의 주어를 보조용언이 공유하게 된다. 그러나 복문의 구조를 가진 보조용언 구성은 보조용언이 독립적으로 주어 논항을 가지기 때문에 모문과 내포문 각각의 주어 논항이 합병하게 된다. 이 때 주어가 일치하는 구문은 합병 후에 독립적으로 가지고 있던 주어를 의무적으로 공유해야 한다.

(2) 어미 분포 양상

첫째, 보조용언 구문에서 존대의 대상이 있을 경우, 존칭 선어말 어미 '-시-'는 보조용언에 분포되는 것이 일반적이다. 그러나 통사·의미적 특징에 따라 이와 다르게 나타나기도 한다. 존칭 선어말 어미 '-시-'의 분포는 다음 네 가지 유형으로 나타난다.

(4) 존칭 선어말 어미 '-시-'의 분포 양상

보조용언에 가능한 구문	'시행', '경험'의 '-어/아 보다' 구성
	'시행'의 '-고 보다' 구성
본용언에 가능한 구문	'결과'의 '-고 보다' 구성
	'원인'의 '-다(가) 보다' 구성
	'-나/-ㄴ(은,는)가/-(ㄹ)려나 보다' 구성
	'추측'의 '-(으)ㄹ까 보다' 구성
양쪽에 불가한 구문	'바람'의 '-어/아 보다' 구성
	'의지'의 '-(으)ㄹ까 보다' 구성
양쪽에 가능한 구문	'가정'의 '-어/아 보다' 구성
	'지속'의 '-다(가) 보다' 구성

(4)에서, 보조용언에 가능한 구문은 본용언과 보조용언의 주어가 일치하고, 본용언과 보조용언이 하나의 행위로 이루어져 있으며 보조용언이 [＋동작성]을 갖는다. 본용언에만 가능한 구문은 보조용언의 주어가 화자인 경우이거나 그 외 판단의 주체가 자신을 존대하는 상황일 때 나타난다. 그리고 보조용언은 [－동작성]을 가지는 특징을 보인다. 양쪽에 불가한 구문은 본용언과 보조용언의 주어가 화자인 경우에만 나타나는 현상이다. 양쪽에 가능한 구문은 본용언의 주어와 청자를 동시에 존대할 때 나타나는 현상이다.

둘째, 시상 선어말 어미의 분포 양상은 다음의 세 가지로 나타난다.

(5) 시상 선어말 어미의 분포 양상

보조용언에만 분포되는 구문	'시행', '경험'의 '-어/아 보다' 구성
	'시행'의 '-고 보다' 구성
본용언에만 분포되는 구문	'가정'의 '-어/아 보다' 구성
	'결과'의 '-고 보다 2' 구성
	'원인'의 '-다(가) 보다' 구성
	'-냐/-ㄴ(은,는)가 보다' 구성
	'추측'의 '-(으)ㄹ까 보다' 구성
양쪽에 분포가 불가한 구문	'결과'의 '-고 보다 1' 구성
	'지속'의 '-다(가) 보다' 구성
	'-(ㄹ)려나 보다' 구성
	'의지'의 '-(으)ㄹ까 보다' 구성

(5)에서, 보조용언에만 분포되는 구문은 두 개의 서술어가 하나의 행위만을 표현하는 특징으로 말미암아 나타나는 현상이고, 본용언에만 분포되는 구문은 보조용언의 행위나 판단의 시점이 현재이기 때문에 나타나는 현상이다. 한편 양쪽에 분포가 불가한 것은 보조용언의 행위나 판단의 시점이 현재이고, [연결형＋보조용언]의 형태가 굳어져 있으며, 본용언의 행위나 상태도 시상 어미의 분포가 불필요하거나 잉여적인 특징이 있기 때문이다.

셋째, 어말 어미는 '본용언＋보조용언'의 구성으로 이루어진 문장이 취하게 되는 종결 형태(서법)를 말한다. 어말 어미의 분포 양상은 다음 세 가지 유형으로 나타난다.

(6) 어말 어미의 분포 양상

제약이 없는 구문	'시행'의 '-어/아 보다' 구성
	'시행'의 '-고 보다' 구성

약한 제약 구문	'경험'의 '-어/아 보다' 구성
	'-나/-ㄴ(은,는)가/-(ㄹ)려나 보다' 구성
강한 제약 구문	'가정'의 '-어/아 보다' 구성
	'결과'의 '-고 보다' 구성
	'지속', '원인'의 '-다(가) 보다' 구성
	'추측', '의지'의 '-(으)ㄹ까 보다' 구성

　(6)에서, 제약이 없는 이유는 본용언이 주로 동작성 동사가 오며 보조용언도 동작성을 어느 정도 가지고 있어 본용언의 동작성이 보조용언에도 지속적으로 유지되어 나타나기 때문이다. 약한 제약 구문은 각 구성이 나타내는 의미적 특성에 따라, 그리고 일정한 형태로 굳어져 나타나는 통사적 특성에 따라, 어말 어미의 실현이 제약을 받는 구문이다. 강한 제약 구문도 각 구성의 의미 특성으로 인해 [연결소＋보조용언]의 구성이 완전히 굳어진 형태로 나타나기 때문에 각 유형이 가지는 고유 형태를 제외하고 다른 어말 형태를 취하지 못하는 특징을 보인다.

(3) 생산성과 주어의 의지

　보조용언 '보다' 구성의 선행용언 양상은 다음과 같이 정리할 수 있다.

(7) 보조용언 '보다' 구성의 선행용언 양상

[＋동작성] 동사만을 요구하는 구문	'시행'의 '-어/아 보다' 구성
	'시행'의 '-고 보다' 구성
	'지속'의 '-다(가) 보다' 구성
	'-(ㄹ)려나 보다' 구성
	'의지'의 '-(으)ㄹ까 보다' 구성
[－동작성] 동사만을 요구하는 구문	'원인'의 '-다(가) 보다' 구성

[±동작성] 동사만을 **요구하는 구문**	'경험', '가정', '바람'의 '-어/아 보다' 구성
	'결과'의 '-고 보다' 구성
	'-나/'-ㄴ(은,는)가 보다' 구성
	'추측'의 '-(으)ㄹ까 보다' 구성

(7)에서, [+동작성] 동사만을 요구하는 구문은 주로 본용언에 대해 주어의 [+의지]가 개입되고, [−동작성] 동사만을 요구하는 구문은 주어의 [−의지]가 개입되며, [±동작성] 동사를 요구하는 구문은 주어의 의지 개입에 비관여적이다.

(4) 대용 양상

보조용언 구성의 대용 양상에서, 본용언만의 대용이 가능한 면이나 보조용언만의 대용이 불가능한 면은 거의 예외 없이 나타난다. 그러나 본용언과 보조용언의 동시 대용에 대해서는 구문에 따라 다르게 나타난다.

보조용언 '보다' 구성의 대용 양상을 정리하면 다음과 같다.

(8) 보조용언 '보다' 구성의 대용 양상

동시 대용이 **가능한 구문**		'시행', '경험'의 '-어/아 보다' 구성
		'시행'의 '-고 보다' 구성,
		'원인'의 '-다(가) 보다' 구성
동시 대용이 **불가능한 구문**	**A형**	'가정'의 '-어/아 보다' 구성
		'결과'의 '-고 보다' 구성
	B형	'-나 보다/-ㄴ(은,는)가 보다/'-(ㄹ)려나/ -(으)ㄹ까 보다' 구성

(8)에서, 동시 대용이 가능한 구문은 주어가 일치하고, 본용언과 보조용언 간의 연속성이 있는 구문이다. 다만 '원인'의 '-다(가) 보다' 구성은 어말

형태 '-니(까)'의 영향으로 나타나는 특징이다. 동시 대용이 불가능한 구문 중 A형은 보조용언이 문법성을 강하게 나타내기 때문에 나타나는 특징이다. B형은 복문 구조인데, 본용언과 보조용언을 하나로 묶어 동시에 대용했기 때문에 '추측'의 의미를 찾을 수 없게 되었다.

(5) 부정 표현의 제약

보조용언 '보다' 구성의 부정 표현 실현 양상은 다음과 같이 정리할 수 있다.

(9) 보조용언 '보다' 구성의 부정 표현 실현 양상

가능 구문		'시행', '경험'의 '-어/아 보다' 구성
		'시행'의 '-고 보다' 구성
불가능 구문	A형	'가정'의 '-어/아 보다' 구성
		'결과'의 '-고 보다' 구성
		'지속', '원인'의 '-다(가) 보다' 구성
	B형	'-나 보다/-ㄴ(은,는)가/-(ㄹ)려나/ -(으)ㄹ까 보다' 구성

(9)에서, 가능 구문이란 '아무(것)도 … 않다'의 구조 속에 본용언과 보조용언이 함께 들어갈 수 있는 구문을 말한다. 이 유형은 단문의 구조를 가진 구문으로, 본용언과 보조용언의 결합력이 높고 어말 형태가 자유로운 특징이 있다. 불가 구문이란 '아무(것)도 … 않다'의 구조 속에 본용언과 보조용언이 함께 들어갈 수 없는 구문이다. 이 유형 중 A형은 단문의 구조를 가진 구문이나, 어말 형태의 제약으로 인해 제약되는 특징을 보인다. B형은 본용언과 보조용언의 결합력이 낮은 것으로 복문의 구조를 가진다. 이들은 본용언과 보조용언 사이에 절의 경계가 설정되어 있기 때문에 '아무도'와 '안'이 절의 경계를 벗어날 수 없다.

(6) 연결소의 역할과 통사 구조

첫째, 보조용언 구성에 참여하는 연결소의 유형으로는 연결어미 계열, 종결어미 계열, [관형사형 어미＋의존명사] 계열, 명사형 어미 계열 등이 있다. 이들 연결소들은 본래는 독립된 의미 기능을 지닌 형태였으나 보조용언 구성에 참여하면서 그들의 의미 기능이 소실되거나 약화되어 나타난다. 이와 같이 이들이 본래의 의미 기능에서 벗어나 선행성분과 후행성분을 연결시켜 주는 기능을 담당하기 때문에 이 때의 연결소들을 포괄해서 통합적 기능으로 설명하였다.

둘째, 연결어미 계열에 속하는 연결소에는 부사형 어미 또는 보조적 연결어미라고 일컬어 왔던 '-어/아', '-고', '-지', '-게'와 접속형 어미 '-어야', '-려고/자고(고자)', '-다(가)', '-면' 등이 있다. 이들 유형의 연결소들은 모두 접속어미에 그 기원을 두고 있다. 그러나 보조용언 구성으로 쓰일 경우에는 접속어미의 의미를 거의 발견할 수 없거나 접속어미에서 상당히 멀어져 있다. 그리하여 '-어/아, -고, -다(가)' 등과 같이 접속어미의 의미를 거의 발견할 수 없는 연결소와 결합한 보조용언은 보조용언 범주로의 정착이 완성된 것으로 볼 수 있다. 반면에 '-지, -게, -어야, -(으)려(고), -면' 등과 같이 접속어미의 의미가 아직까지 상당히 남아 있는 연결소와 결합한 보조용언은 아직 보조용언 범주로의 정착이 완성되지는 않고 진행 중에 있는 것으로 보인다. 그러나 본고는 이들 모두를 보조용언으로 보는 입장이며, 이들 보조용언 구성에 참여한 연결소들은 본용언과 보조용언을 연결시켜 주는 통합적인 기능을 하는 것으로 본다.

셋째, 종결어미 계열의 연결소로는 '-나', '-ㄴ(은,는)가', '-(ㄹ)려나', '-(으)ㄹ까', '-지' 등을 들 수 있다. 이들 중 '-지'는 '싶다'와만 연결되는 형태이고, 나머지는 '보다', '싶다', '하다' 등과 비교적 자유롭게 연결된다. 이들 유형의 연결소들은 보조용언 구문에서도 종결어미의 의미 특성이 강하게 작용하고 있었다. 그러나 종결어미가 '보다' 등의 후행 서술어와 결합하여 보조용언 구문에 쓰이게 되면, 문장 종결 기능뿐만 아니라 '추측' 등의 의미를 나타내는 구문으로 바뀌게 된다. 이 때 종결어미는 종결이 아닌 연결 기능을 담당하게 되어 통합적 기능을 수행한다.

넷째, [관형사형+의존명사] 계열은 그 동안 많은 논란이 있었던 유형인데, 이들 유형에 속하는 각각의 요소들을 분석하면 다음과 같다

(10) { ①[관형사형 어미('-은, 는, 을')] + ②[의존명사(듯, 양, 척, 체, 번, 만, 법, 성)] + ③[하다, 싶다] }

(10)에서, ①의 '관형사형 어미'와 ②의 '의존명사'가 결합하여 연결어미(연결소)의 기능을 담당하는 것으로 처리하고, ③의 '하다'는 형식용언이나 대용언의 특성을 지닌 보조용언으로, '싶다'는 '추측'의 의미를 나타내는 보조용언으로 처리할 것을 제안하였다. 이들 유형은 [관형사형+의존명사]의 독특한 형태가 연결소로 기능하면서 보조용언 '하다, 싶다' 등과 결합하여 보조용언 구성을 이루는 특징을 보인다.

다섯째, 명사형 어미 계열의 연결소에는 '-기'와 '-음'이 있다. 이들 '-기'와 [-음+직]도 본래 연결어미가 아니지만 선행하는 본용언과 후행하는 '하다'를 연결하여 보조용언 구성을 이룰 때 넓은 의미의 연결소 기능을 담당한다. 그러므로 이 때의 연결소를 통합적 기능의 연결소라 할 수 있다.

여섯째, 보조용언 구성에 나타나는 각 유형의 연결소들이 본래의 기능에서 벗어나 선행성분과 후행성분을 연결시켜 주는 기능을 담당한다. 이 때 각 유형의 연결소들은 본래부터 연결어미의 기능을 하던 것도 있으나, 보조용언 구성을 이룬 뒤에 새로이 연결 기능을 부여받은 것도 있다. 본고는 보조용언 구성에 참여하는 연결소들을 포괄적으로 통합적 기능을 하는 연결소로 묶어서 설명하였다. 이들 연결소들은 연결 유형에 따라 본래의 의미 특성이 거의 나타나지 않는 것도 있으나, 대부분은 본래의 의미 특성의 흔적을 가지고 있다. 그리하여 본래의 의미 특성이 강하면 강할수록 보조용언의 범위에서 멀어지는 특징을 보인다. 이처럼 각 연결소의 기능이 규명되면 국어 보조용언의 범위 설정 문제에 대한 해결의 실마리를 제공할 수 있을 것이다. 즉 연결소를 많이 설정할수록 보조용언의 범위는 넓어

지게 될 것이므로 연결소에 대한 수용이 중요한 요소가 될 수 있다.

일곱째, 보조용언 구성의 통사 구조에 대해서는 각 구성의 특징을 반영하여 구문의 특성에 따라 단문과 복문으로 각각 나누어 처리하는 절충주의 방법을 제안하였다. 이 방법은 연결어미 계열과 같이 단문의 특성이 강한 구문은 단문으로 처리하고, 종결어미 계열과 같이 복문의 특성이 강한 구문은 복문으로 처리하는 것이다.

단문으로 처리하는 구성들은 실질 의미를 나타내지 못하고, 문법적인 의미만을 보충하는 문법 형태소와 유사한 기능을 수행한다. 그러므로 이들 구성은 보조용언의 생략이 일어나도, 원래 문장의 기본 의미에 손상이 일어나 않으며 문장의 구조에도 변화가 일어나지 않는다. 이 유형에는 연결어미 계열 중 '-어/아'형, '-고'형과 접속어미 계열의 '-다(고)'형('보다')을 들 수 있다.

한편 복문으로 처리하는 구성들은 문장에서 보조용언이 자립성을 갖지는 못하지만 서술력을 가지고 있고, 주어와의 1 : 1 호응이 자연스럽게 이루어진다. 또한 보조용언이 생략되면 문장 구조의 변화가 일어나는 특징이 있다. 이 유형에 속하는 보조용언은 주로 대용언의 특징이 강하다. 종결어미 계열과 결합하는 '보다, 하다, 싶다' 등과 연결어미 '-게'와 결합하는 '하다' 등은 대용언의 특징이 강하여 실질 의미를 가진 다른 어휘로 교체가 가능하다. 이에 비해 [관형사형+의존명사] 계열과 결합하는 '하다'와 명사형 어미 계열과 결합하는 '하다'는 형식용언의 특징이 강하다.

이상과 같이 보조용언 구성은 구문의 특성에 따라 단문과 복문의 두 유형으로 나눌 수 있다. 이러한 분류 방법은 보조용언이라는 하나의 범주를 성격이 다른 두 가지 유형의 통사 구조로 나누게 되어 통일성이 약해졌다고 할 수 있으나, 각 구성의 특징을 최대한 반영하였다는 측면에서 긍정적인 평가를 할 수 있을 것이다.

3. 보조용언의 문법화 과정

(1) 문법화의 발전 단계

　문법화란 자립적인 형태소가 의존적인 형태소로 변하는 전반적인 현상을 말한다. 일반적으로 보조용언은 자립용언에서 보조용언으로 진행했거나 진행 중이고, 일부가 문법소화해 가는 과정에 있다. 그러므로 국어 보조용언의 문법화는 다음과 같이 발전한다고 볼 수 있다.

　(11)　본용언 ⇒ 보조용언 ⇒ 접 어 ⇒ 문법소

　제1단계인 보조용언화 단계는 자립적인 어휘 의미가 추상화를 거치면서 의존적인 문법 의미로 발전하는 초기 단계로서, 보조용언으로 정착한 것도 있으나 구문에 따라 아직까지 본용언의 특징이 남아 있는 것도 있다. 이와 같이 보조용언은 본용언과의 구분이 명확하지 않기 때문에 이들의 중간 단계를 인정하여 연속적인 선상에서 상대적인 차이로 살펴야 한다는 것을 알 수 있었다. 이에 속할 수 있는 용례로는 보조용언으로 분류할 수 있는 대부분이 해당한다.

　제2단계인 접어화 단계는 보조용언이 선·후의 요소들과 결합되어 의존도가 높아지고 제약적으로 쓰이는 단계로서, 자립적인 의미로의 해석이 전혀 불가능하고 추상적인 의미로만 해석된다. 아직 융합이 완성되지 않아 완전한 문법소로 정착하지 못하고 있다. 여기에 속할 수 있는 용례로는 '쓰러지다', '엎어지다'의 '지다'가 있다.

　제3단계인 문법소화 단계는 문법화가 완성된 단계로서, 융합이 이루어져 어미나 접미사와 같이 완전히 다른 범주로 바뀌는 단계이며 자립 형태로의 복귀가 불가능하다. 대표적인 용례로 '부러지다', '헤어지다'의 '지다'를 들 수 있다.

　문법화에는 어미, 조사, 접미사 등과 같이 완성되어 그 형태가 고정된 것도 있지만, 보조용언과 같이 아직 완성되지 않아 유동적이고 과정 중에 있는 것도 있다. 본고는 이들 중 특히 과정 중에 있는 형태에 관심을 두고 고찰하였다.

(2) 의미 추상화 과정의 공시적 고찰

본용언 '보다'의 의미 추상화 과정을 살펴보면,

첫째, 본용언 '보다'는 '시각적인 행위'가 중심 의미가 되지만, 그 외에 또 다른 의미가 추가되면서 의미의 추상화를 일으키고 있다. 우리는 본용언 '보다'에서 '행위성'과 '판단성'의 의미를 추출해 낼 수 있다. 여기에서 '행위성'이란 눈을 통해서 일으킬 수 있는 행위와 시각적인 행위가 이루어진 후에 결과로써 나타나는 행위가 모두 포함된다. '판단성'이란 눈을 통해서 받아들인 것에 대한 평가를 말한다.

이들 두 특징 '행위성'과 '판단성'은 보조용언 '보다'의 의미와 유연 관계를 맺는데 중요한 요인이 된다. 즉 '행위성'은 보조용언 '시행'의 의미와 유연성을 갖게 되고, '판단성'은 보조용언 '추측'의 의미와 유연성을 갖게 된다.

둘째, 본용언 '보다'의 [+시각성], [+행위성]이 보조용언 구문에서는, '시각성'의 기능은 아주 약화되거나 아예 없어지고 '행위성'만이 남게 되는 변화를 겪게 된다. 이와 같이 본용언 '보다'의 의미에서 이미 '시각성'의 자질이 약화되었기 때문에 의미의 추상화가 훨씬 더 진전된 보조용언의 의미에 이르면 '시각성'의 관여가 훨씬 더 약하게 나타난다.

연결어미와 결합된 '보다' 구성의 '행위성'에도 정도의 차이를 발견할 수 있다. '시행', '경험'의 '-어/아 보다' 구성과 '시행'의 '-고 보다' 구성, 그리고 '지속'의 '-다(가) 보다' 구성은 '행위성'이 강하게 나타나는 반면에, '가정'의 '-어/아 보다' 구성, '결과'의 '-고 보다' 구성, '원인'의 '-다 보다' 구성은 '행위성'이 매우 약하거나 거의 나타나지 않고 있다. 이러한 '행위성'의 측면에서 볼 때, 전자보다 후자의 구성들이 의미의 추상화가 더 진전된 것임을 알 수 있다. 의미의 추상화가 이루어진 만큼 형태·통사적인 제약도 전자보다는 후자가 더 많다. 우리는 이것을 제3장에서 확인한 바 있다.

셋째, 종결어미와 결합하는 '보다' 구성의 경우는, [+시각성]과 [+판단성]이 중요하게 작용하고 [+행위성]은 크게 관여하지 않는 것으로 보인다. 본용언 '보다'와는 달리 종결어미와 결합한 '보다' 구성에서는 '시각성'과 '판단성'이 상당히 약화되어 나타난다. 그리하여 어떤 경우에는 '시각성'이 거의 나타나지 않은 경우('의지'의 '-(으)ㄹ까 보다' 구성)도 있다. 또한 '판단성'의 경우 단정적인 판단이 이루어지지 않고 비단정적인 판단, 즉 '추측'만 나타난다. 이것은 구문상의 특징이기도 하지만, 의미의 추상화의 진전에 따른 결과이기도 하다.

종결어미와 결합된 '보다' 구성에서 '판단성'의 정도성에는 큰 차이가 없는 것으로 보인다. 이들은 문맥에 따라 약간의 차이가 발생되지만, '추측'이라는 틀에서 이탈의 정도가 크지 않은 것으로 보인다. 이것은 연결소인 종결어미들 간의 의미의 차이가 크지 않기 때문에 일어나는 현상이다.

(3) '보다' 구성의 통시적 고찰

보조용언 '보다' 구성은 중세 시기부터 쓰이나 아직 생산적이지 않고, 연결형 '-어/아'와 결합하여 '시행'의 의미를 표현할 때에 한정되고 있다. 그리하여 '-어/아'형을 제외한 유형은 현대 국어에 와서야 볼 수 있다.

첫째, 구문에서 '보다'에 대한 보조용언의 여부를 판단하는 검증 장치로는 ① 문장에서 '보다'와 지배할 수 있는 목적어를 상정할 수 있는가의 여부, ② 선행용언과 후행용언 사이에 보조사 '-서(셔)'의 삽입 여부, ③ 분리성을 통한 방법 등이 있다.

둘째, '보다'가 보조용언으로 쓰일 경우에는 원문에 대응하는 한자가 나타나 있지 않은 것이 일반적이며, 목적어의 상정이나 '-셔'의 삽입이 불가능하고 분리성이 매우 약한 등이 있는데, 현대 국어에서도 볼 수 있는 특징이다.

셋째, 역사적으로 볼 때 종결형 어미와 결합하는 '보다' 구성은 현대 국어에 와서 그 쓰임이 일반화되었다. 그러나 중세 국어 자료들을 통해서 우리가 발견할 수 있었던 것은 '-(으)ㄹ까 보다' 구성의 앞선 모습이라고 할 만한 용례들이 있었다는 것이다. 곧 이들 구문을 현대 국어로 바꿀 경우 '-(으)ㄹ까 보다' 구문으로 대치가 가능하다는 것이다.

여기에 나타나는 종결어미 형태는 주로 '-ㄴ(은)가', '-ㄹ(ㄺ, ㅭ, 을, 읈, 옰)가', '-ㄹ(을, 올)까/싸' 등이다. 여기에서 '-ㄹ가'와 '-ㄹ까' 형은 현대 국어 '-(으)ㄹ까'와 거의 동일한 형태라고 할 만 하다. 그러나 '-ㄴ(은)가'형은 현대 국어에 나타나는 '추측'의 '-ㄴ(은)가'의 기능뿐만 아니라, '-(으)ㄹ까'의 기능도 함께 하고 있는 것으로 보인다.

넷째, [종결형+V]로 해석할 수 있는 구문은 다음 세 가지 유형으로 나눌 수 있다. ① [종결형+V] 구성에서 V에 해당하는 어휘로 실질 의미의 동사가 나타나는 유형, ② [종결형+V] 구성을 현대 국어의 '-(으)ㄹ까 봐' 구성으로 직접 대치가 가능한 유형, ③ 표면상으로 [종결형+V] 구성이나 문맥 의미에 따라 [-(으)ㄹ까+봐]+[VP]로 볼 수 있는 유형 등이다.

다섯째, 중세와 근세 국어 시기에 '종결형+보다' 구성이 나타나기 이전에 '젛다, 너기다, 두리다, ᄒᆞ다, 식브다' 등의 어휘들이 종결형 '-ㄴ(은)가' 및 '-(으)ㄹ까'와 결합하여 '추측'의 구문을 담당하고 있었다는 것을 확인하였다. 이들 구성들 중 일부는 본래의 특징을 현대 국어에까지 유지하고 있는데 반해, 일부는 '종결형+보다' 구성에 그 기능을 넘겨 준 것으로 보인다. 한편 '종결형+싶다/하다' 구성은 중세 국어에서부터 그 모습을 나타내어 '추측'의 의미를 표현했으나, 이들도 현대 국어로 넘어오면서 그들이 가진 의미 기능의 일부를 '보다'에게 넘겨 준 것으로 보인다.

4. '싶다' 구성의 통사 · 의미 특성

(1) '싶다' 구성의 의미와 연결소의 역할

보조용언 '싶다' 구성에 참여하는 연결소들은 보조용언의 의미인 '희망', '추측'의 생성에 결정적인 역할을 담당하고 있다는 것을 확인하였다. '-고 싶다' 구성의 경우 '-고'가 다른 구성의 '-고'와 기원이 다른 중세어의 '-고져'의 형태에서 변형된 것이고, 이 때 '희망'의 의미도 '-고져'에서 기인한 것으로 보인다. 그 외 '-(으)면 싶다' 구성이나 [관형사형＋의존명사]와 결합한 '듯(싱) 싶다' 구성, 그리고 종결어미와 결합한 '-다/-냐/-라/-랴/-지 싶다' 구성, '-나/-ㄴ(은,는)가/-(ㄹ)려나 싶다' 구성, '-(으)ㄹ까 싶다' 구성 등도 연결소가 의미 생성에 중요한 역할을 담당하고 있었다.

(2) '싶다' 구성과 통사 특성

보조용언 '싶다' 구성의 통사 특성은 주로 각 구성의 연결소와 의미, 그리고 구조적인 특징에서 기인하는 것으로 보인다. 주어 실현 양상에서 '-고 싶다' 구성은 주어 일치 구문만을 요구하고, '의지'의 '-(으)ㄹ까 싶다' 구성은 화자만 주어인 주어 일치 구문만을 요구하는 특징을 보인다. 그 외 다른 구성들은 주어의 실현에 제약을 두지 않는다. 존칭 선어말 어미 '-시-'의 분포 양상은 '싶다' 구성의 분리성으로 인해 존대의 대상이 동일인일 경우에라도 양쪽에 '-시-'의 분포가 가능한 특징을 보인다. 시상 선어말 어미는 연결소의 유형과 각 구성이 나타내는 의미에 따라 시상 표시 양상이 다르게 나타난다. 어말 어미 분포는 주어의 '희망'이나 '추측'을 진술하는 평서형과 상대방의 의향을 묻는 의문형은 가능하나, 명령, 청유, 약속 등은 이들의 의미와 충돌하기 때문에 불가능하다. '싶다' 구문은 '희망'이나 '추측'의 전제 조건에 대해 제약을 두지 않는 특징 때문에 선행용언의 선택에 대한 제약이 매우 약하다. '싶다' 구성에서 본용언과 보조용언의 동시 대용은 '희망'과 '추측'이라는 심리적인 의미를 표현하는 구문의 특징으로 인해 모두 제약된다. 부정 표현은 '-고 싶다' 구성은 단문의 구조이나 복문의 개연성도 함께 가지고 있고, 그 외 '-(으)면 싶다', '듯(성) 싶다' 구성과 종결어미와 결합한 구성은 복문의 양상만 나타나는 특징을 보인다.

5. 남은 말

본고는 텍스트를 중심으로 보조용언 '보다' 구성을 체계적으로 고찰함으로써 보조용언 구성의 연구에 기여하려고 하였다. 그러나 몇 가지 점에서 충분한 논의가 이루어지지 못하고 있다.

'보다' 구성에 초점을 두다 보니, 보조용언 구성의 전반적인 특징을 체계적으로 보여 주지 못했다. 보조용언의 범위 설정과 관련하여 원형 이론의 입장을 지지하나 그에 대한 충분한 논의가 부족했다. 통사 구조에 있어서도 단문과 복문의 두 유형으로 나눔으로써 각 구성의 특징을 어느 정도 반영했다고는 하지만, 보조용언이라는 하나의 범주에 속하는 것을 두 유형으로 나누게 되어 일관성이 부족하다.

한편 제4장의 문법화 과정은 제2장, 제3장의 내용과 단절되는 느낌을 준다. 이것은 문법화에 이용되는 자료가 현대 국어만이 아니라 중세와 근대 국어를 포함하고 있기 때문이다. 이들 이외에도 처음에 계획했던 것을 충분히 반영하지 못한 점이 있다. 이러한 한계 및 남은 문제는 앞으로의 연구에서 충실히 해결해 나갈 것이다.

참고 문헌

강기진(1982), "국어 보조동사의 통사적 특성", 한국문학연구 5: 47-63. 동국대학교.
______(1984), "국어 보조동사의 의미 기능", 한국문학연구 6·7: 77-94. 동국대학교.
강명윤(1992), 한국어 통사론의 제문제, 한신문화사.
강범모(1991), "접속과 논항 구조", 언어학 13: 3-32.
강선영(Sun-Young Kang)(1991), Parametric Head-Licensing in Syntax, 서강대학교 박사학위논문.
______(1992), "Serial Verb in Korean", SICOL '92 Proceedings: 931-942. Hanguk Publishers.
______(1993), "Serial Verb Constructions in Korean and their Implications", 생성문법연구 3-1: 79-109.
강현화(1995), 동사연결구성의 다단계성에 관한 연구, 연세대학교 박사학위논문.
______(1996), "동사 연결 유형에 관한 새로운 시각", 한글 234: 133-161.
고대민족문화연구소 편(1990), 『현대 중한사전』, 고대민족문화연구소.
고영근(1965), "현대 국어의 서법체계에 대한 연구", 국어연구 15, 서울대학교 국어연구회.
______(1970), "현대 국어의 준자립형식에 대한 연구", 어학연구 6-1: 17-55. 서울대학교.
______(1973), "현대 국어의 종결어미에 대한 구조적 연구", 어학연구 10-1: 118-157. 서울대학교.
______(1980), "처소이론과 상", 난정남광우박사화갑기념논총: 531-542. 일조각.
______(1981), 중세국어의 시상과 서법, 탑출판사.
______(1983), 국어문법의 연구-그 어제와 오늘-, 탑출판사.
______(1987), "서법과 양태의 상관 관계", 국어학 신연구 I : 249-265. 탑출판사.
______(1989), 국어 형태론 연구, 서울대학교 출판부.
______(1995), 단어·문장·텍스트, 한국문화사.
______·남기심 공편(1982), 국어의 통사·의미론, 탑출판사.

324 국어 보조용언 구성 연구

______ ·성광수·심재기·홍종선 편(1992), 국어학 연구 백년사Ⅰ-총론·음성학·음운론·문법론-, 일조각.

고영진(1997), 한국어의 문법화 과정-풀이씨의 경우-, 국학자료원.

고창운(1992/1995), "현대국어의 물음씨끝 연구", 한국어의 토씨와 씨끝: 339-360. 박이정.

______(1995), 서술씨끝의 문법과 의미, 박이정.

구연미(1991), "도움풀이씨의 분류에 대한 검토", 국어국문학 28: 169-197. 부산대학교.

구종남(1985), 보조동사의 통사·의미 연구, 전북대학교 석사학위논문.

______(1992), 국어 부정문 연구, 전북대학교 박사학위논문.

구현정(1987), "씨끝 {-아/어, -게, -지, -고}의 쓰임과 의미", 건국어문학 11·12: 167-188. 건국대학교.

국립국어연구원(1999), 표준국어대사전, 두산 동아.

권영환(1991), "도움풀이씨 범주 설정에 대하여", 우리말연구 1: 157-169.

권재일(1985), 국어의 복합문 구성 연구, 집문당.

______(1986), "의존동사의 문법적 성격", 한글 194: 97-120.

______(1987), "의존구문의 역사성", 말 12: 5-24. 연세대학교.

______(1991), "한국어 문법범주에 대한 언어유형론적 연구", 언어학 13: 51-74.

______(1992), 한국어 통사론, 민음사.

______(1998), "문법변화와 문법화", 방언학과 국어학: 879-904. 태학사.

김경학(1986), 통제와 문법 이론, 한신문화사.

김규식(1909), 대한 문법, 油印〔歷文① 14, 15〕, 탑출판사.

김기혁(1981), "국어 동사류의 의미 구조", 말 6: 9-28. 연세대학교.

______(1986), 국어 보조동사 연구, 연세대학교 박사학위논문.

______(1995), 국어의 문법 연구-형태·통사론-, 박이정.

김덕균(1997), 「현대 한어 "給"의 어휘범주에 대하여」, 『외국문화연구』 20-2, 조선대학교.

김동석(1996), 최소주의 문법론, 태학사.

김동식(1980), "현대 국어 부정법의 연구", 국어연구 42, 서울대학교 국어연구회.

______(1993), 현대 국어 동사의 통사적 특성에 관한 연구, 서울대학교 박사학위논문.

김명희(1984), 국어 동사구 구성에 나타나는 의미관계 연구, 이화여자대학교 박사학위논문.

______(1988), "국어 동사구 구성에 나타나는 의미관계 연구(보조동사에 의한 복합구조를 중심으로)", 논문집 27: 1-18. 성신여자대학교.

김명희(1996), "문법화의 틀에서 보는 보조용언구문", 담화와 인지 2: 129-146.

김미경(1990), "국어 보조동사 구문의 구조", 언어 15 통합호: 31-48.

김미영(1989), 국어 양상조동사의 연구, 부산대학교 석사학위논문.

______(1995), "중세국어 '-어 ㅂ리다'와 현대국어 '-어 버리다'", 동남어문논집 5: 139-166.

______(1998), 국어 용언의 접어화, 한국문화사.

김민수(1971), 국어 문법론, 일조각.

______(1982), 국어 의미론, 일조각.

______ · 이기문(1975), 표준 문법, 어문각.

김병권(Byong-Kwon Kim)(1993), "The Structure and the Argument-Linking Convention of V-V Compounds in Korean", Harvard Studies in Korean Linguistics V: 180-192. Hanshin Publishing Company.

김봉모(1981), "국어 도움풀이씨와 보문구조 연구", 동아논총 18: 105-121. 동아대학교.

김상대(1991), " '있다'의 의미에 대하여", 인문논총 2: 5-31. 아주대학교.

김석득(1981), "우리말의 시상", 애산학보 1: 25-70.

______(1984), "도움풀이씨와 시상의 부담성", 한불연구 6: 1-40. 연세대학교.

______(1986), "도움풀이씨의 형태 · 통어론적 차원", 말 11: 33-64. 연세대학교.

______(1987), " '완료'와 '정태지속'에 대한 역사적 정보", 한글 196: 155-173.

______(1992), 우리말 형태론-말본론-, 탑출판사.

김선희(1984), "합성동사의 의미 분석", 한글 183: 99-119.

김성화(1990), 현대 국어의 상 연구, 경북대학교 박사학위논문.

______(1992), "상의 겹침에 대한 해석", 국어교육연구 24: 65-94. 경북대학교.

김세중(1994), 국어 심리술어의 어휘 의미 구조, 서울대학교 박사학위논문.

김송원(1987), "형태소 {-아/어, -게, -지, -고}에 대한 통어적 기능 고찰", 건국어문학 11 · 12: 143-165. 건국대학교.

김승곤(1977), "연결어미 '-고'에 대하여", 학술지 21: 49-62. 건국대학교.

______(1978), "상태지속어미 '아'에 대하여", 눈뫼허웅박사환갑기념논문집: 109-126. 과학사.

______(1981), "한국어 연결형 어미의 의미분석 연구(1)", 한글 173 · 174: 35-63.

______(1986), "이음씨끝 '-게'와 '-도록'의 의미와 통어적 기능", 국어학 신연구 I, 탑출판사.

______(1996), 현대 나라말본-형태론-, 박이정.

______ 엮음(1987), 새 우리말 연구, 과학사.

______ 엮음(1992/1995), 한국어의 토씨와 씨끝, 박이정.

김영욱(1997), 문법형태 연구 방법, 박이정.

김영태(1990), "의존용언의 범주와 어휘목록에 관한 시론", 대구어문논총 8: 153-176.

김영희(1980), "평가구문의 통사론적 연구", 한국학논집 7, 계명대학교, 한국어 통사론의 모색(1988): 192-233 재록.

______(1984), "'하다' 그 대동사설의 허실", 배달말 9: 31-33.

______(1988), 한국어 통사론의 모색, 탑출판사.

______(1993), "의존 동사 구문의 통사 표상", 국어학 23: 159-190.

김용석(1983), "한국어의 보조동사 연구", 배달말 8: 1-33.

______(1992), "결속이론－그 변천과 논리 형태 대용화－", 지배-결속이론의 이해 Ⅰ, 한신문화사.

______(1993), "통제이론－PRO/pro의 통제와 한국어의 공대명사 현상－", 지배-결속이론의 이해 Ⅱ, 한신문화사.

김윤경(1948), 나라 말본, 동명사 [歷文１ 54], 탑출판사.

김일웅(1992), "우리말의 '상' 표현", 우리말연구 2: 125-144.

김정대(1990), "'아, 게, 지, 고'가 명사구 보문소인 몇 가지 증거", 주시경학보 5: 130-135.

김정은(1995), 국어 단어형성법 연구, 박이정.

김종태(1986), "'-아 있다', '-고 있다' 조동사 구문에 대하여", 영남어문학 13: 478-499.

김주미(1993), 현대국어의 매인풀이씨 구문 연구, 건국대학교 박사학위논문.

김지은(1990), "도움풀이씨 '(-아) 버리다'의 의미에 대한 연구", 한글 207: 125-150.

김지홍(1993), 국어 부사형어미 구문과 논항구조에 대한 연구, 서강대학교 박사학위논문.

김진홍(1994), "'-고' 이음월의 구조에 대하여", 말 19: 105-132. 연세대학교.

김차균(1980), "'-아 있'과 '-고 있'의 의미", 언어 창간호: 41-54. 충남대학교.

______(1985), "'있다'의 의미 연구", 언어·문학 연구: 501-528. 충남대학교.

김창섭(1994), 국어의 단어 형성과 단어 구조, 서울대학교 박사학위논문.

김철남(1997), 우리말 어휘소 되기, 한국문화사.

김청자(1983), "보조동사 '보다'의 의미 연구", 국어국문학 논문집 18, 서울대학교.

김하수(1979), "'-ㄹ까'의 의미와 통사적 특징", 말 4, 연세대학교.

김형배(1997), 국어 파생 사동사의 통시적 연구, 건국대학교 박사학위논문.

김흥수(1977), "계기의 '-고'에 대하여", 국어학 5: 113-136.

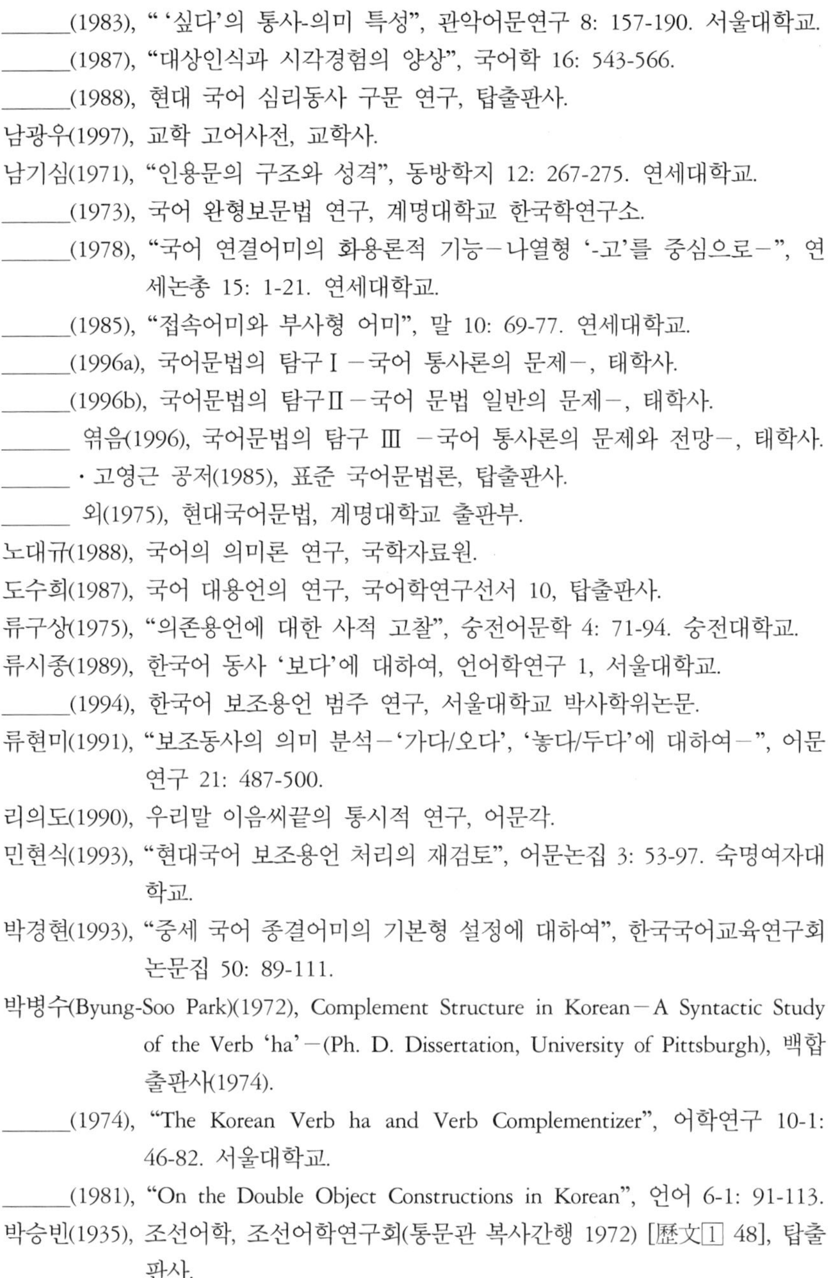

______(1983), " '싶다'의 통사-의미 특성", 관악어문연구 8: 157-190. 서울대학교.

______(1987), "대상인식과 시각경험의 양상", 국어학 16: 543-566.

______(1988), 현대 국어 심리동사 구문 연구, 탑출판사.

남광우(1997), 교학 고어사전, 교학사.

남기심(1971), "인용문의 구조와 성격", 동방학지 12: 267-275. 연세대학교.

______(1973), 국어 완형보문법 연구, 계명대학교 한국학연구소.

______(1978), "국어 연결어미의 화용론적 기능-나열형 '-고'를 중심으로-", 연세논총 15: 1-21. 연세대학교.

______(1985), "접속어미와 부사형 어미", 말 10: 69-77. 연세대학교.

______(1996a), 국어문법의 탐구 I -국어 통사론의 문제-, 태학사.

______(1996b), 국어문법의 탐구 II -국어 문법 일반의 문제-, 태학사.

______ 엮음(1996), 국어문법의 탐구 III -국어 통사론의 문제와 전망-, 태학사.

______ · 고영근 공저(1985), 표준 국어문법론, 탑출판사.

______ 외(1975), 현대국어문법, 계명대학교 출판부.

노대규(1988), 국어의 의미론 연구, 국학자료원.

도수희(1987), 국어 대용언의 연구, 국어학연구선서 10, 탑출판사.

류구상(1975), "의존용언에 대한 사적 고찰", 숭전어문학 4: 71-94. 숭전대학교.

류시종(1989), 한국어 동사 '보다'에 대하여, 언어학연구 1, 서울대학교.

______(1994), 한국어 보조용언 범주 연구, 서울대학교 박사학위논문.

류현미(1991), "보조동사의 의미 분석-'가다/오다', '놓다/두다'에 대하여-", 어문연구 21: 487-500.

리의도(1990), 우리말 이음씨끝의 통시적 연구, 어문각.

민현식(1993), "현대국어 보조용언 처리의 재검토", 어문논집 3: 53-97. 숙명여자대학교.

박경현(1993), "중세 국어 종결어미의 기본형 설정에 대하여", 한국국어교육연구회 논문집 50: 89-111.

박병수(Byung-Soo Park)(1972), Complement Structure in Korean-A Syntactic Study of the Verb 'ha'-(Ph. D. Dissertation, University of Pittsburgh), 백합출판사(1974).

______(1974), "The Korean Verb ha and Verb Complementizer", 어학연구 10-1: 46-82. 서울대학교.

______(1981), "On the Double Object Constructions in Korean", 언어 6-1: 91-113.

박승빈(1935), 조선어학, 조선어학연구회(통문관 복사간행 1972) [歷文⑴ 48], 탑출판사.

박승윤(1994), "문법화 현상-국어와 영어에서의 재범주화-", 인문과학 24: 101-113. 성균관대학교.

______(1997), " '밖에'의 문법화 현상", 언어 22-1: 57-70.

박정아(1996), '싶다'의 통사와 의미, 한국외국어대학교 석사학위논문.

박종갑(1987), 국어 의문문의 의미 기능 연구, 영남대학교 박사학위논문.

박진호(1998), "보조용언", 문법 연구와 자료, 이익섭선생회갑기념논총: 139-164. 태학사.

배현숙(1989), "'싶다' 구문의 의미 분석", 고려대학교 석사학위논문.

박형달(1976), "현대 한국어의 보조동사 연구", 언어학 1: 43-72.

______(1977), "기능적 관점에서의 보조동사 연구(상)", 언어학 2: 99-133.

______(1978), "기능적 관점에서의 보조동사 연구(하)", 언어학 3: 89-119.

박형익(1989), "동사 '주다'의 3가지 용법", 한글 203: 145-163.

배희임(1986), " '지-'와 피동", 국어학 신연구 I : 48-64. 탑출판사.

사회과학원 언어연구소(1992), 조선말 대사전, 동광출판사.

서정목(1987), 국어 의문문 연구, 탑출판사.

______(1993), "한국어의 구절구조와 엑스-바 이론", 언어 18-2: 395-435.

서정수(1971), "국어의 용언어미 '-어(서)'-변형 생성 문법적 분석-", 한글학회 50 돌기념논문집: 201-228.

______(1975), 동사 '하-'의 문법, 형설출판사.

______(1980), "보조용언에 관한 연구", 한양어문연구 2: 63-87. 한양대학교.

______(1982), "연결어미 {-고}와 {-어(서)}", 언어와 언어학 8: 53-74. 한국외국어대학교.

______(1985), "국어의 접속어미 연구", 한글 189: 51-86.

______(1986). " '-게'와 사동법", 국어학 신연구 I , 탑출판사.

______(1990), 국어 문법의 연구 I · II, 한국문화사.

______(1996), 국어 문법(수정 증보판), 한양대학교 출판부.

______ 정리(1978), "국어의 보조동사", 언어 3-2: 179-197.

서종학(1983), "중세국어 '브터'에 대하여", 국어학 12: 169-191.

서태룡(1979), "내포와 접속", 국어학 8: 109-135.

______(1988), 국어 활용어미의 형태와 의미, 국어학총서 13, 탑출판사.

성광수(1976), "국어의 간접피동에 대하여", 문법연구 3: 159-182.

성기철(1972), "어미 '-고'와 '-어'에 대하여", 국어교육 18-20 합병호: 353-367.

성낙수(1987), "이른바 도움움직씨 '싶다'의 연구", 한글 196: 237-250.

______(1988), "도움풀이씨의 재고: '하(다)'를 중심으로", 청람어문학 1: 5-24. 한국

교원대학교.

손세모돌(1995), "'-고 싶다'의 의미 정립 과정", 국어학 26: 147-169.

＿＿＿＿(1996), 국어 보조용언 연구, 한국문화사.

손호민(Ho-min Sohn)(1973), "Coherence in Korean 'Auxiliary' Verb Constructions" 어학연구 9-2: 239-251. 서울대학교.

＿＿＿＿(1976), "Semantics of Compound Verbs in Korean", 언어 1-1: 142-150.

＿＿＿＿(1986), Linguistic Expeditions, Hanshin Publishing Company.

＿＿＿＿(1990), "Grammaticalization and Semantic Shift", ICKL 7: 425-435.

송복승(1995), 국어의 논항 구조 연구, 보고사.

송상목(1985), 현대 국어의 조동사 연구, 정신문화연구원 석사학위논문.

신기철·신용철 편저(1986), 새 우리말 큰사전, 삼성이데아.

신창순(1982), "국어 부정법 연구", 언어 7-1: 241-255.

안명철(1983), "현대 국어의 양상 연구", 국어연구 56, 서울대학교 국어연구회.

＿＿＿＿(1988), "국어의 선어말어미 및 보조동사의 배열순과 발화의 의미 구조와의 관계", 인문과학연구 6: 25-39. 대구대학교.

＿＿＿＿(1990), "보조동사", 국어연구 어디까지 왔나, 서울대학교 대학원 국어연구 회편: 319-330. 동아출판사.

＿＿＿＿(1992), 현대 국어의 보문 연구, 서울대학교 박사학위논문.

안병희(1967), "문법사", 한국어 발달사(중), 한국문화사대계 5, 고려대학교.

안주호(1997), 한국어 명사의 문법화 현상 연구, 한국문화사.

안 확(1917), 조선 문법, 안동서관 [歷文① 24, 25], 탑출판사.

안효팔(1983), 허사화의 연구, 경남대학교 석사학위논문.

양동휘(1976), "On Complementizers in Korean", 언어 1-2: 18-46.

＿＿＿＿(1977), "Pragmatics of Modality in Korean", 언어 2-1: 85-96.

＿＿＿＿외(1991), 지배-결속 이론의 기초, 한신문화사.

양명희(1990), 현대 국어 동사 '하-'의 의미 기능, 서울대학교 박사학위논문.

양인석(In-Seok Yang)(1972), Korean Syntax: Case Markers, Delimiters, Complementation and Relativization, 백합출판사 (Ph. D. Dissertation, University of Hawaii 1971).

＿＿＿＿(1977), "Progressive and Perfective Aspects in Korean", 언어 2-1: 49-68.

＿＿＿＿(1978), " Pragmatics of Going-Coming Compound Verbs in Korean", 논문집 11: 49-68. 한국외국어대학교.

어용호(1974), "국어 부정문에 관하여", 문리대학보 29: 65-78. 서울대학교.

엄정호(1989), 종결어미와 보조동사의 통합 구문에 대한 연구, 성균관대학교 박사학위논문.

연재훈(1989), "국어 중립동사 구문에 대한 연구", 한글 203: 165-188.

염선모(1973), "부사어의 변형문법적 고찰", 어문학 28: 75- 98.

오 만(1979), "현대 한국어 복합동사", 언어학 4: 69-92.

옥태권(1988), 국어 상조동사의 의미 연구, 부산대학교 박사학위논문.

______(1995), "상의 실현과 그 범주", 우리말연구 5: 99-124.

우인혜(1992) "용언 '지다'의 의미와 기본 기능", 말 17: 42-67. 연세대학교.

우형식(1986), "지각동사 '보다'의 경험과 추정", 연세어문학 19: 31-52. 연세대학교.

______(1996), 국어 타동 구문 연구, 박이정.

유길준(1909), 대한 문전, 동문관 [歷文① 06], 탑출판사.

유동석(1995), 국어의 매개변인 문법, 신구문화사.

______(1996), "보조용언구문의 높임법", 이기문교수정년퇴임기념논총: 407-429.
            신구문화사.

유목상(1980), "국어의 보조서술어에 관한 연구", 남광우박사화갑기념논총: 191-
            206. 일조각.

______(1985), 연결서술어미 연구, 집문당.

______ 외(1986/87), 국어학 신연구 Ⅰ·Ⅱ·Ⅲ, 탑출판사.

유석훈(1997), "Complex Verbal Constructions in Korean", 인문과학 4: 295-339. 서
            울시립대학교.

유창돈(1962), "허사화 고구", 인문과학 7: 1-23. 연세대학교.

______(1964), 이조어사전, 연세대학교 출판부.

______(1971), 어휘사 연구, 이우출판사.

윤평현(1989), 국어의 접속어미 연구, 한신문화사.

이관규(1987), "보조동사의 특성과 문법적 범주", 한국어문교육 2: 53-60. 고려대학교.

______(1998), "보조동사의 논항 구조", 국어교육 96: 273-296.

이규방(1922), 신찬 조선어법, 이문당 [歷文① 29], 탑출판사.

이기갑(1981a), "15세기 국어의 상태 지속상과 그 변천", 한글 173·174: 401-421.

______(1981b), "씨끝 '-아'와 '-고'의 역사적 교체", 어학연구 17-2, 서울대학교.

이기동(Kee-Dong Lee)(1976a), "Auxiliary Verbs and Evaluative Viewpoints", 언어
            1-2: 47-69.

______(1976b), "조동사의 의미 분석", 문법연구 3: 215-235.

______(1977), "동사 '오다','가다'의 의미 분석", 말 2: 139-160. 연세대학교.

______(1978a), "조동사 '지다'의 의미 연구", 한글 161: 29-61.

______(1978b), "조동사 '있다'의 의미 연구", 눈뫼허웅박사환갑기념논문집: 359-

387. 과학사.

______(1979a), "조동사 '놓다'의 의미 연구", 한글 163: 49-80.

______(1979b), "'주다'의 문법", 한글 166: 3-31.

______(1981), "A Tense-Aspect-Modality System in Korean", 애산학보 1: 71-117.

______(1988), "조동사 '보다'의 의미 연구", 애산학보 6: 225-251.

______(1993), A Korean Grammar on Semantic-Pragmatic Principles, Hanguk Publishers.

이기문 감수(1990), 새 국어사전, 동아출판사.

이남순(1981), "현대 국어의 시제와 상에 대한 연구", 국어연구 46, 서울대학교 국어연구회.

______(1990), "상", 국어연구 어디까지 왔나, 서울대학교 대학원 국어연구회편: 379-387. 동아출판사.

______(1996), "'다가'攷", 이기문교수정년퇴임기념논총: 455-477. 신구문화사.

이병규(1995), 한국어 동사 구문의 잠재 논항 실현에 대해여, 연세대학교 박사학위논문.

이상복(1986), "보조동사 '보다'의 의미-통사론적 고찰", 국어학신연구 Ⅰ: 289-304. 탑출판사.

______(1991), "형태소 복합법에 관련된 몇 가지 문제", 국어의 이해와 인식, 갈음 김석득교수회갑기념논문집: 229-245. 한국문화사.

이상태(1974), "복합동사구의 구조에 대하여", 국어교육연구 6: 83-108. 경북대학교.

______(1985), "국어 '보조용언'에 관한 연구", 논문집 39: 195-208. 경북대학교.

이선희(1993), "한국어 복합술어 구문에 대하여", 말 18: 119-149. 연세대학교.

이성연(1979), "조동사의 의미분석고", 인문과학연구 1: 57-69. 조선대학교.

이숙희(Sook-Hee Lee)(1992), The Syntax and Semantics of Serial Verb Construction, Ph. D. Dissertation, University of Washington, Hanguk Publishers(1994).

이숭녕(1956), 새 문법체계의 태도론, 을유문화사, [歷文① 91], 탑출판사.

______(1983), 중세국어문법(개정증보판), 을유문화사.

이승욱(1973), 국어 문법체계의 사적 연구, 일조각.

______(1981), "부동사의 허사화", 진단학보 51: 183-202.

이승재(1992), "융합형의 형태분석과 형태의 화석", 주시경학보 10: 59-80.

이시형(1990), 한국어의 연결어미 '-어', '-고'에 관한 연구, 서강대학교 박사학위논문.

이영경(1995), "국어 문법화의 한 유형", 국어학논집 2: 171-189. 서울대학교, 태학사.

이윤표(1997), 한국어 공법주론, 태학사.

이익섭·임홍빈(1983), 국어 문법론, 학연사.

이익환(1985), 의미론 개론, 한신문화사.

이 인(In Lee)(1994), Analysys of Korean Complex Predicates : An Argument Structure account, Ph. D. Dissertation, University of Kansas, Hankuk Publishers (1995).

이정민(1975), "국어의 보문화에 대하여", 어학연구 11-2: 277-288. 서울대학교.

______·배영남(1982/1987), 언어학 사전, 한신문화사.

이정애(1998), "문법화의 이론적 배경과 연구의 흐름", 한국언어문학 40: 149-169.

이정택(1988), "'-고'와 공존하는 도움풀이씨 연구", 한글 200: 193-222.

이종철(1964), "현대 국어의 시제와 상의 연구", 국어연구 12, 서울대학교 국어연구회.

이주행(1976), "국어 조동사 연구", 한국국어교육논문집 11, 한국국어교육연구회.

이지양(1982), "현대 국어의 시상 형태에 관한 연구", 국어연구 51, 서울대학교 국어연구회.

______(1993), 국어의 융합현상과 융합형식, 서울대학교 박사학위논문.

______(1998), "문법화", 문법 연구와 자료, 이익섭선생회갑기념논총: 801-818. 태학사.

이태영(1988), 국어 동사의 문법화 연구, 한신문화사.

이필영(1997), "'것이'와 '것을'의 특수 용법에 대하여", 한양어문 15: 233-256. 한양대학교.

이해영(1992), "'보조동사구문'의 통사적 특성", 국어국문학 108: 187-208.

이홍배(Hong-Bae Lee)(1970), A Study of Korean Syntax(Ph. D. Dissertation, University of Brown), 범한서적주식회사.

이효상(1997), "문법화와 범시적 언어 연구", 한국언어학회 '97 겨울연구회 발표논문초록.

이희승(1949), 초급 국어문법, 박문출판사 [歷文① 85], 탑출판사.

______(1955), 국어학 개설, 민중서관.

______(1956), 고등문법, 박문출판사.

______(1975), 새문법, 일조각.

______ 감수(1989), 엣센스 국어 사전(제3판), 민중서림.

임규홍(1994), "'-어 가지고'에 대하여", 배달말 19: 49-80.

임지룡(1992), 국어 의미론, 탑출판사.

임홍빈(1975), "부정법 '-어'와 상태진술의 '-고'", 논문집 8: 13-36. 국민대학교.

______(1976), "부사어와 대상성", 국어학 4: 39-60.

______(1977), "피동성과 피동구문", 논문집 12: 35-59. 국민대학교.

______(1978), "국어 피동화의 의미", 진단학보 45: 94-115.

______(1985), "국어의 '통사적인' 공범주에 대하여", 어학연구 21-3: 331-384. 서울대학교.

______(1987), "국어 부정문의 통사와 의미", 국어생활 10: 72-99.

장경희(1984), 현대 국어의 양태범주에 관한 연구, 서울대학교 박사학위논문.

장석진(1973), "시상의 양상: 「계속」·「완료」의 생성적 고찰", 어학연구 9-2: 58-72. 서울대학교.

전수태(1985), "전제의 {아}와 계기의 {고}", 어문론집 24 · 25: 431-446. 고려대학교.

정경자(1995), '싶다'와 '보다'의 구문 연구: 완형 내포문과의 결합을 중심으로, 세종대학교 석사학위논문.

정렬모(1946), 신편고등국어문법 [歷文① 61], 탑출판사.

정문수(1981), 한국어 풀이씨의 상적 속성에 대한 연구, 서울대학교 석사학위논문.

정윤석(Yoon-Suk Chung)(1992), "Linking and Serial Verbs in Korean", SICOL '92 Proceedings: 931-942. Hanguk Publishers.

정인승(1956), 표준 고등말본, 신구문화사 [歷文① 79], 탑출판사.

______(1969), 표준 문법, 계몽사.

정정덕(1983), "국어의 보조용언 연구", 논문집 5-2: 51-64. 마산대학교.

정주리(1995), 국어 보문동사의 통사 · 의미론적 연구, 고려대학교 박사학위논문.

정   찬(Chan Chung)(1993), "Korean Auxiliary Verb Constructions without VP Nodes", Harvard Studies in Korean Linguistics V: 274-286. Hanshin Publishing Company.

정태구(Tae-Goo Chung)(1993), Argument Structure and Serial Verbs in Korean, Ph. D. Dissertation, University of Texas, Thaehaksa(1994).

______(1994), " '-어 있다'의 의미와 논항 구조", 국어학 24: 203-230.

______(1995), "논항 구조 이론과 연쇄 동사", 생성문법연구 5-1: 63-95.

정희원(1990), 한국어 내포문 통제구문의 유형-HPSG를 중심으로-, 서울대학교 박사학위논문.

정희정(1990), "연결어미 '-어', '-아서'에 대하여", 연세어문학 22: 101-124. 연세대학교.

______(1993), "보조동사의 하위분류에 대하여", 주시경학보 12: 114-120.

조오현(1984), 조동사 '지다'의 연구, 건국대학교 석사학위논문.

______(1991), "이음씨끝의 형태 연구", 건국어문학 15 · 16합집: 519-527. 건국대학교.

조일규(1997), 파생법의 변천 I , 박이정.

차현실(1983), " 보조용언의 인식양상 I -'보다'의 통사와 의미에 대하여-", 논문집 13: 39-61. 경기대학교.

______(1984), " '싶다'의 의미와 통사 구조", 언어 9-2: 305-326.

______(1986), "양상술어의 통사와 의미－미확인 양상술어를 중심으로－", 이화어
　　　문논집 8: 11-34. 이화여자대학교.

채현식(1995), "형식명사의 동요상황에 대하여", 국어학논집 2: 191-208. 서울대학
　　　교, 태학사.

천기석(1975a), "보문의 조건에서 조동사의 검토", 논문집 2-6: 1473-1492. 충남대
　　　학교.

______(1975b), "보문·이중구조·표현증대의 조건에서 조형용사의 검토", 한국언
　　　어문학 13: 51-67.

최경봉(1995), "의존성 단어의 구조기술 재론", 언어 20-1: 179-201.

최기용(1995), "한국어의 경동사구문 판정에 대하여", 논문집 24: 243-263. 광운대
　　　학교.

최동권(1986), "진행상 표현의 보조동사", 국어학신연구 Ⅰ: 329-338. 탑출판사.

최재희(1980), "주어 중출문의 문장구조에 대하여", 한국언어문학 19: 233-263.

______(1985), "'-고'접속문의 양상", 국어국문학 94: 139-166.

______(1989), 국어 접속문의 구성에 관한 연구, 성균관대학교 박사학위논문.

______(1992), " '싶다'구문의 통사구조 분석", 국어학연구백년사Ⅰ: 330-344. 일조각.

______(1995), "국어 의존동사 구문의 통제 현상", 한국언어문학 34: 1-16.

______(1996), "국어의 의존동사 구문의 통사론－'싶다, 보다, 하다'를 중심으로－",
　　　한글 232: 183-210.

최현배(1937/1991), 우리말본(열여섯번째 펴냄), 정음사.

최현숙(Hyon-Sook Choe)(1988), Restructuring Parameters and Complex Predicates－A
　　　Transformational Approach－, Ph. D. Dissertation, MIT.

최형용(1997), "문법화의 한 양상에 대하여", 관악어문연구 22: 469-489. 서울대학교.

한글학회 지은(1992), 우리말 큰사전, 어문각.

한재현(1981), 생략과 대용 현상, 한신문화사.

______(1983), "한국어 통사범주의 일반화", 언어 8-1: 49-69.

한학성(1995), 생성문법론, 태학사.

허　웅(1969), 옛말본, 과학사.

______(1975), 표준 문법, 신구문화사.

______(1975/1992), 우리 옛말본, 샘문화사.

______(1983), 국어학, 샘문화사.

______(1995), 20세기 우리말의 형태론, 샘문화사.

허재영(1997), "우리말 문법화 연구의 흐름", 한말연구 3: 197-217.
허철구(1991), 국어의 보조동사 연구, 서강대학교 석사학위논문.
호광수(1994a), '-고'와 공존하는 보조용언 연구, 조선대학교 석사학위논문.
_______(1994b), "보조용언의 범위 설정에 관한 고찰", 인문과학연구 16: 19-38. 조선대학교.
_______(1995), "보조용언 구성의 논항 구조 연구", 인문과학연구 17: 215-235. 조선대학교.
_______(1996), "보조용언 '보다'의 의미 고찰", 인문과학연구 18: 269-284. 조선대학교.
_______(1997a), "보조용언 '보다' 구성의 선어말 어미 분포 양상", 한국언어문학 39: 207-225.
_______(1997b), "보조용언 '보다' 구성의 주어 실현 양상", 인문과학연구 19: 145-166. 조선대학교.
_______(1998a), "보조용언 '보다' 구성의 생산성과 주어의 의지", 인문과학연구 20: 251-269. 조선대학교.
_______(1998b), "보조용언 구성의 의미 추상화", 韓國言語文學 41: 337-356.
_______(1999a), 국어 보조용언 구성 연구−'보다'의 통사・의미적 특징을 중심으로−, 조선대학교 박사학위논문.
_______(1999b), "보조용언의 문법화 과정", 인문과학연구 21: 391-409. 조선대학교.
_______(1999c), "보조용언 '보다' 구성의 역사적 변천", 國語文學 34: 151-178.
_______(2000a), "'싶다' 구성의 통사・의미 특징과 연결소", 國語文學 35: 136-177.
_______(2000b), "보조용언 구성 연결소의 통합적 분석", 언어학 8-2: 217-235.
_______(2003), "근대 한・중 지식인의 '한국' 제재 漢詩에 나타난 비유 표현", 중국인문과학 26.
홍양추(1989), "국어 부사절 내포문 연구", 한글 203: 49-92.
홍윤표(1977), "불구동사에 대하여", 이숭녕선생고희기념국어국문학논총: 385-403.
_______(1981a), "근대국어의 '-로'와 도구격", 국문학논집 10: 29-62. 단국대학교.
_______(1981b), "근대국어의 처소표시와 방향표시의 격", 동양학 11: 35-54. 단국대학교.
_______(1984), "현대 국어의 후치사 {-가지고}", 동양학 14: 25-40. 단국대학교.
_______・송기중・정 광・송철의(1995), 17세기 국어 사전, 태학사.
홍재성 외(1997), 현대 한국어 동사구문 사전, 두산 동아.
홍종선(1986), 국어 체언화 구문의 연구, 고려대학교 박사학위논문.
황병순(1980), "국어 부정법의 통시적 고찰", 어문학 40: 119-138.

________(1986a), "국어 복합동사에 대하여", 영남어문학 13: 191-203.

________(1986b), " '-아'와 '-고'의 기능에 대하여", 국어학 신연구 Ⅰ: 114-132. 탑출판사.

________(1986c), "현대 국어 동사의 상 연구", 배달말 11: 91-125.

________(1987), 국어의 상 표시 복합동사 연구, 형설출판사.

________(1988), "국어 복문구조에 대하여", 배달말 13: 89-106.

________(1989), "감각동사 '보다'와 행위동사 '보다' ", 배달말 14 : 89-106.

油谷幸利(1978), "현대 한국어의 동사 분류 －Aspect를 중심으로－", 조선학보 87: 1-35.

________(1979), " '-어 놓다と-어 두다'の의미 분석", 조선학보 91: 1-15.

Abasolo, R.(1977), "Some Observations on Korean Compound Verbs", 언어와 언어학 5: 81-88. 한국외국어대학교.

________(1978), "Semantic Trends in Verbal Compounding", Papers in Korean Linguistics, Chin-W Kim (ed): 121-128. Columbia: Hornbeam Press.

Anttila, R.(1973), An Introduction to Historical and Comparative Linguistics, New York: Macmillan.

Baker, C.M.(1989), "Object Sharing and Projection in Serial Verb Constructions", Linguistic Inquiry 20: 513-553.

Bybee, J.L.(1985), Morphology, Amsterdam: John Benjamins.

Bybee et al.(1994), The Evolution of Grammar, Chicago: Chicago University Press.

Chafe, W.L.(1970), Meaning and the Structure of Language, Chicago: Chicago University Press.

Chomsky, N.(1965), Aspects of the Theory of Syntax, Cambridge: MIT Press.

Comrie, B.(1976), Aspect, Cambridge: Cambridge University Press.

Dubois, J.W.(1985), "Competing Motivation", Iconicity in Syntax, John Haiman (ed.): 343-365. Amsterdam: John Benjamins.

Eckardt, P.A.(1923), Koreanishe Konversation-Grammatik mit Lesestücken und Gesprächen, Heidelberg [歷文② 83], 탑출판사.

Givón, T.(1971), "Historical Syntax and Synchronic Morphology: An Archeolegist's field trip", In Papers from the 7th Regional Meeting of the Chicago Linguistic Society: 394-415.

________(1979), On Understanding Grammar, New York: Academic Press.

Greenberg, J.H.(1991), "The last Stages of Grammatical Elements; Contractive and Expansive Desemanticization", Approaches to Grammaticalization Ⅰ: In

Traugott, E.C. & B. Heine(1991): 301-314.

Grimshaw, J.(1990), Argument Structure, Combridge: MIT Press.

Guiraud, P.(1974), La Grammaire, Presses Universitaires De Prance.

Heine, B. and M. Reh(1984), Grammaticalization and Reanalysis in African Languages, Hamburg: Helmut Buske.

Heine, Claudi, & Hünnemeyer.(1991), Grammaticalization, Chicago: Chicago University Press.

Hopper, P.J.(1987), "Emergent Grammar", Berkeley Linguistics Society 13: 139-157.

__________(1991), "On Some Principles of Grammaticalization", Approaches to Grammaticalization Ⅰ: In Traugott, E.C. & B. Heine(1991): 17-35.

Hopper, P.J. and E.C. Traugott(1993), Grammaticalization, Cambridge: Cambridge University Press.

Jackendoff, R.(1972), Semantic Interpretation in Generative Grammar, Cambridge: MIT Press.

__________(1990), Semantic Structure, Cambridge: MIT Press.

Larson, R.(1988), "On the Double Object Constrution", Linguistic Inquiry 19: 335-392.

Li, C.N.(1975), "Synchrony vs. Diachrony in Language Structure", Language 51: 873-886.

__________(ed.).(1977), Mechanisms of Syntactic Change, Austin: Texas University Press.

Li, C.N. and S.A. Thompson(1974), "Historical Change and Word Order: A Case Study in Chinese and its Implications", Historical Linguistics Ⅰ: Anderson, J.M. and C. Jones (ed.): 199-218. Amsterdam: North-Holland.

Li, Y.(1990), "On V-V Compounds in Chinese", Natural Language and Linguistic Theory 8: 177-203.

Lichtenberk, F.(1991), "On the Gradualness of Grammaticalization", Approaches to Grammaticalization Ⅰ: In Traugott, E.C. & B. Heine(1991): 37-80.

Meillet, A.(1912), "L'évolution des Formes Grammaticales", Scientia(Rivista di Scienza) 12, No.26: 130-148.

Radford, A.(1981), Transformational Syntax, Cambridge: Cambridge University Press.

Ridal, f.(1881), Grammaire Corénne, Yokohama [歷文②　19], 탑출판사.

Rosen, S.(1989), Argument Structure and Complex Predicates, ph. D. Dissertation, Brandeis University.

Ross, J.R.(1980), "Auxiliaries as Main Verbs", Current Papers in Linguistics Ⅱ, Tower

Press.

Samuels, M.L.(1972), Linguistic Evolution: With Special Reference to English, Cambridge: Cambridge University Press.

Spencer, A.(1991), Morphological Theory: An Introduction to Word Structure in Generative Grammar, Blackwell. (한국어판) 전상범·김영석·김진영 공역, 형태론(한신문화사, 1994).

Sweetser, E.(1988), "Grammaticalization and Semantic Bleaching", Berkeley Linguistics Society 14: 389-405.

Traugott, E.C. & B. Heine (eds.)(1991), Approaches to Grammaticalization, Volume I, Amsterdam: John Benjamins.

Traugott, E.C.(1989), "On the Rise Epistemic Meaning in English", Language 65: 31-55.

Underwood, H.G.(1890), An Introduction to the Korean Spoken Language, Yokohama [歷文② 11,12], 탑출판사.

Williams, E.(1981), "Argument Structure and Morphology", the Linguistic Review 1: 81-114.

중세 · 근대 자료

■약호(原典名)■	■간행 연대■
가례(家禮諺解)	1632
경민(警民編諺解)	1656
구간(救急簡易方)	1489
구방(救急方諺解)	1466
구황보(救荒補遺方)	1686
금삼(金剛 般若波羅密多經 三家解)	1482
남명(南明集諺解)	1482
내훈(內訓)	1475
노번(飜譯老乞大)	1510년대
노해(老乞大諺解)	1670
능엄(楞嚴經諺解)	1461
동삼(東國新續三綱行實圖: 三綱)	1618
동속(東國新續三綱行實圖: 續三綱)	1618
동신(東國新續三綱行實圖)	1618
두해(杜詩諺解)	1481(초간본), 1632(중간본)
목우(牧牛子修心訣)	1467
박번(飜譯朴通事)	1510년대
박해(朴通事諺解)	1677
번소(飜譯小學)	1518
법화(法華經諺解)	1463
벽신(辟瘟新方)	1653
분문(分門瘟疫易解方)	1542

삼강(三綱行實圖)   1481
석보(釋譜詳節)   1449(초간본)
선사내훈(宣祖 內賜本 內訓)   1573
소해(小學諺解)   1586
속삼(續三綱行實圖)   1514
송강-이(松江歌辭-李選本)   16세기 중엽
신합(新增類合)   1576
어해(語錄解)   1657(초간본), 1669(중간본)
언두(諺解痘瘡集要)   1608
여범(女範)   영조 때
여훈(女訓諺解)   17세기 초
역해(譯語類解)   1690
염초(新傳煮取焰硝諺解)   1635
용가(龍飛御天歌)   1447
월곡(月印千江之曲)   1449
월석(月印釋譜)   1459
자초(煮硝方諺解)   1698
첩신(捷解新語)   1627(초간본), 1676(중간본)
첩몽(捷解蒙語)   1790
태평(太平廣記諺解)   미상
화포(火砲式諺解)   1635
훈몽(訓蒙字會)   1527

현대 자료

김윤희(1987), 잃어버린 너(상), 도서출판 다나.
______(1987), 잃어버린 너(중), 도서출판 다나.
박완서(1978), 목마른 계절, 수문서관.
염상섭(1993), 삼대(상), 창작과 비평사.
______(1993), 삼대(하), 창작과 비평사.
은희경(1995), 새의 선물, 문학 동네.
이문열(1981), 젊은 날의 초상, 민음사.
황순원(1981), 나무들 비탈에 서다, 삼중당.

호광수(扈光秀) ————————————————————

<약력>
▪ 1965년 전북 정읍 출생
▪ 조선대학교 인문대학 국어국문학 졸업('84), 석사('94)·박사('99) 학위 취득
▪ 조선대, 여수대, 초당대, 동신대, 조선이공대 등 출강
▪ 현, 전남대학교 호남문화연구소 전임연구원

<주요논저>
"보조용언 구성의 의미 추상화", "보조용언 '보다' 구성의 역사적 변천",
"'싶다' 구성의 통사·의미 특징과 연결소", "보조용언 구성 연결소의 통합적 분석" 외 다수

국어 보조용언 구성 연구

인　쇄　2003년 9월 1일
발　행　2003년 9월 8일
저　자　호 광 수
펴낸이　이 대 현
편　집　안현진·장은미·박윤정·오희복
펴낸곳　도서출판 **역락** / 서울 성동구 성수2가 3동 301-80
　　　　(주)지시코 별관 3층(우133-835)
Tel 대표·영업 3409-2058 편집부 3409-2060 FAX 3409-2059
E-mail yk3888@kornet.net / youkrack@hanmail.net
등　록　1999년 4월 19일 제2-2803호

정가　15,000원
ISBN 89-5556-235-7-93710

*잘못된 책은 교환해 드립니다.